鈴木正信著

日本古代の氏族と系譜伝承

吉川弘文館

目次

第二部　海部直氏の氏族的展開

第三部　奈良・平安時代の大神朝臣氏

序章　本書の視座と構成

『日本古代の氏族と系譜伝承』と題する本書は、筆者がこれまでに発表した論考九本に、新稿一本を加えて一書とした論文集である。本書の課題は、古代氏族[1]の実態と諸相を、その系譜伝承の分析を通して明らかにすることにある。対象とした時代は七・八・九世紀を中心としている。はじめに、筆者の問題意識と本書の視座、および各章の構成と旧稿との関係などを概説しておきたい。

本書における「系譜」とは、政治的地位や血縁など何らかの継承の次第を伝える史資料を指している。特に系線によって図化されたものを「系図」と言う。一方、「伝承」は、ある集団において前時代から受け継がれてきた神話・伝説・説話・物語などの様々な情報を広く指している。氏族が作成・共有したという点を重視して、「氏族系譜」・「氏族伝承」と言う場合もある。また、系譜と伝承の一体性を重視して「系譜伝承」と表記することもある。

こうした系譜や伝承には、氏族の祖先がいつの時代、いかなる職掌をもって王権に奉仕したのか、祖先からいかなる世系を経て現在の人物に至るのかが語られており、その内容は当該氏族の王権内における位置づけや、王権に対する奉仕の正統性を示すものとして、きわめて政治的かつ現実的な役割を担っていた[2]。そこに込められた主張を丁寧に読み解くことによって、『古事記』や『日本書紀』など古代史研究の基本史料からは知り得なかった、古代氏族や古代国家形成の新たな一面を明らかにすることができる。

筆者は以前、系譜（系図）に関する研究の歩みを整理したが[3]、本書との関連で言及しておきたいのは、太田亮と佐伯有清の業績である。近代以降の本格的な系譜研究は、太田亮によって開始された(4)。太田は日本全国の姓氏・家系を収録した『姓氏家系辞書』(5)・『姓氏家系大辞典』(6)を著すとともに、系譜学会を設立し、機関誌『系譜と伝記』・『国史と系譜』を刊行するなど(7)、系図学（系譜学）の創設を提唱した。これらの機関誌には多くの論考が寄せられており、この時期に系譜に対する関心が高まったことがうかがえる。

ただし後年、佐伯有清が「いったい、この国では、系図学もしくは系譜学（genealogy）というものが存在するようでいて、じっさいは、いまだに樹立されてはいない(8)」と指摘したように、残念ながらこの動きは十分に成功することなく終息した。その背景には、系譜に対する史料としての評価の問題があった。当時、祖先や家系の顕彰を目的として編纂されることが多い系譜は、後世の人々による改変や造作を多分に含む信憑性の乏しい参考資料として扱われており、個人の家系や祖先を調査する「ルーツ探し」の道具に過ぎないとして、学問とは一線を画したところに置かれていた。ここに、戦前における系譜研究の限界があった。

こうした状況を打開したのが、佐伯の研究であった。佐伯は『新撰姓氏録』に掲載された一一八二の氏族を主たる対象とし、各氏族の始祖・出自・職掌などを詳細に論じた『新撰姓氏録の研究』を著すとともに(9)、古代氏族に関する多くの個別事例研究を発表した(10)。佐伯の研究は「系図を歴史研究における史料として尊重する(11)」という立場から、その系譜（系図）が発見された経緯と写本系統の確認、翻刻・校訂作業、成立年代・編者の割り出しなどの史料学的な検討を踏まえた上で、当該氏族の存在形態や、その系譜が編纂された時代背景を明らかにするというものであった。また、「系図は、それぞれの時代における歴史的な所産であったことも忘れてはなるまい。それぞれの系図が、どのような場面にぶつかって作成されたものであるのかを考えてみるとき、たとえそれが支配階級のものであろうと、人間の生きたすがたと、いとなみが、そこに浮かび上がってくるのである(12)」と述べているように、系譜（系図）研究の領域に留まらず、そこから析出される古代氏族の実像をとらえようとするところに最終的な到達点が定められていた。そして、その過程で当該氏族に関連する伝承などの様々な史資料を網羅的に収集し、系譜との綿密な比較検討を行ったのである。

たしかに、系譜はそれだけで自律的に存在していたのではない。たとえば、『古事記』序文には、

> 於レ是、天皇詔之、朕聞、諸家之所レ賷帝紀及本辞、既違二正実一、多加二虚偽一。当二今之時一、不レ改二其失一、未レ経二幾年一、其旨欲レ滅。斯乃、邦家之経緯、王化之鴻基焉。故惟、撰二録帝紀一、討二覈旧辞一、削レ偽定レ実、欲レ流二後葉一。時有二舎人一。姓稗田、名阿礼、年是廿八。為レ人聡明、度レ目誦レ口、払レ耳勒レ心。即、勅二語阿礼一、令レ誦二習帝皇日継及先代旧辞一。然、運移世異、未レ行二其事一矣。（略）於レ焉、惜二旧辞之誤忤一、正二先紀之謬錯一、以二和銅四年九月十八日一、詔二臣安萬侶一、撰二録稗田阿礼所レ誦之勅語旧辞一、以献上者、謹随二詔旨一、子細採摭。

とあり、『日本書紀』天武十年（六八一）三月丙戌条には、

> 天皇御二于大極殿一、以詔二川嶋皇子・忍壁皇子・広瀬王・竹田王・桑田王・三野王・大錦下上毛野君三千・小錦中忌部連首・小錦下阿曇連稲敷・難波連大形・大山上中臣連大嶋・大山下平群臣子首一、令レ記二定帝紀及上古諸事一。大嶋・子首、親執レ筆以録焉。

とある。これらの記事に見える「帝紀」（帝皇日継）と「旧辞」（本辞・先代旧辞・上古諸事）については、津田左右吉の先駆的な研究以来、前者は「皇室御歴代の御系譜及び皇位継承のこと」とし、後者は「上代の種々の物語の記載せられたもの」とする理解が広く行われてきた(13)。これらは本書で言うところの系譜と伝承に相当するものであり、系譜が単独ではなく、伝承と一対のものとして存在したことを示している。また、この通説的な理解に対して、「帝紀」には天皇の重要な事績や王位継承に関係する事件の記述が含まれていたとする指摘があり(14)、近年では「帝紀」と「旧

辞」の記載内容を峻別する見方は再検討を迫られている。[15] この議論にしたがうならば、系譜と伝承の不可分性はより強調されることになる。

このように、系譜はそれを取り巻く様々な伝承と関連しながら、歴史的な文脈の中で形成されてきた。佐伯はそれらを総体的に検討の俎上に載せることで、古代氏族の姿を把握しようとしたのである。その姿勢は、ほぼ同時期に発表された井上光貞[16]・後藤四郎[17]らによる優れた個別事例研究にも見られるものであり、古代氏族研究の方法論における一つの指標として位置づけることができる。それは、現在の研究水準に照らしてもなお有効であろう。

本書は、こうした視座にもとづき、系譜と伝承を個別に取り上げて検討するとともに、両者をあわせて読み解くことを通して、古代氏族の実態と諸相を描き出すことを試みたものである。

第一部「因支首氏と智証大師円珍」には、二本の論考を収めた。

『円珍俗姓系図』は、滋賀県大津市に所在する園城寺（三井寺）の所蔵になる。讃岐国の那珂郡から多度郡にかけての一帯を本拠とし、第五代天台座主となった智証大師円珍を輩出した因支首氏（のち和気公氏に改姓）の系図であり、この氏族と同祖関係を結んでいた伊予御村別君氏の系図も併記している。竪系図の形式を用い、人名の上に「子」・「次」、人名の下に「之」の文字を付すなど、原初期の系図の形態をよく留めており、現存最古の系図の一つとして国宝に指定されている。

この系図は『円珍系図』・『大師御系図』・『和気氏系図』・『和気系図』などとも呼ばれることがあるが、因支首氏が和気公に改姓する以前に作成された氏族の系図であることから、本来ならば『因支首氏系図』とするのが適切である。ただし、かかる呼称は一般的ではない。そこで、円珍個人の系譜意識が反映されているという点を重視するとともに、所蔵先である園城寺による呼称を尊重して、本書では『円珍俗姓系図』の呼称を採用することとした。

この系図に関する研究は、伴信友や大倉粂馬に始まり、その後は田中卓・佐伯有清・義江明子・吉川敏子によって、系図の構成、作成過程、成立背景などに関する詳細な研究が進められている(18)。しかし、紙面の欠損や裏打ちの状態により、世系の接続に不確かな部分が多く、文字の判読や人名の割り付けについても、いまなお検討の余地が残されているると言える。

第一章「『円珍俗姓系図』の構成と原資料」は、加藤謙吉編『日本古代の王権と地方』(大和書房、二〇一五年)に収録された同名論文に、加筆・修正を行ったものである。

『円珍俗姓系図』の構成は、本系図・略系図・書入に大別することができる。本系図は景行天皇とその皇子女の系譜(A部分)、伊予御村別君氏の系譜(B部分)、因支首氏の系譜(C部分)に細分される(第一部【図1】・【翻刻】参照)。A部分には、人名を上下二段に記した箇所(二段書き箇所)、B部分には人名を途中で折り返して記した箇所(二行書き箇所)が含まれる。さらに、計十箇所に書入が見受けられる。筆跡よりして、書入はいずれも円珍の自筆と考えられる。

このうちA部分は、第二紙から第三紙の途中までを占める。はじめに景行天皇を中央に記し、その下に景行の皇子女を上下に二段書きで、上段は大碓皇子から弟姫皇女まで、下段は五百野皇女から豊国別皇子まで、計二十四人(皇子十七人・皇女七人)を列記している。皇子女のうち第十二番目に位置する武国凝別皇子より下は、伊予御村別君氏と因支首氏の系譜である。

B部分は、第三紙の途中から始まり、第四紙の途中からは紙面の右側を占め、第六紙の途中まで続いている。武国凝別皇子の子として水別命・津守王・津守別命・阿加佐乃別命・□日女命・百日女命の六人を記し、以降は水別命の系統（Ｂ１系統）と阿加佐乃別命の系統（Ｂ２系統）に分かれる。Ｂ１系統は、水別命から□尼牟□乃別君の代まで続く。三津別命から尓閇古□までは系線で結ばれていないが、おそらく欠損によるものであり、本来は系線が存在したと思われる。一方、Ｂ２系統は阿加佐乃別命に始まり、次の和尓乃別命から忍乃別君までは二行書き（系線なし）で記されている。その下に置かれた忍尾別君の下には挿入記号があり、この忍尾別君が伊予から讃岐にやってきて、この地に本拠を構えていた因支首氏の女性と婚姻し、二人の間に生まれた□思波・与呂豆が母姓にしたがって因支首氏を名乗った経緯が示されている。よって、水別命の世代からＢ１系統の末尾の□尼牟□乃別君の代までと、Ｂ２系統の阿加佐乃別命から真浄別君までが伊予御村別君氏の系譜（Ｂ部分）であり、忍尾別君以下が因支首氏の系譜（Ｃ部分）ということになる。

本章では、特にこれらＡ・Ｂ部分を対象として、執筆の際に利用された『日本書紀』や「伊予別公系図」との関係、およびＡ・Ｂ部分の接続や二行書き箇所の挿入が後次的に行われた可能性を考察した。さらに、これまではＢ部分は伊予御村別君氏と伊予別君氏という二つの氏族の系譜が組み合わされていると考えられてきたが、こうした理解の妥当性についても再検討を行った。

第二章「『円珍俗姓系図』の成立過程と系譜意識」は、『古文書研究』第八〇号（二〇一五年）に掲載された同名論文に、加筆・修正を行ったものである。

本章では、第一章に引き続き『円珍俗姓系図』のＣ部分を取り上げた。この部分は、第四紙の途中から始まり、はじめは紙面の左側を占め、第六紙の途中から右側にも広がり、第七紙の末尾（系図全体の下端）まで続く。因支首氏の祖とされる忍尾別君に始まり、因支首氏にとってもう一人の重要人物である身（「小乙上身」）を経て、紙面下端の円珍（「得度也僧円珍」）に至っている。この身という人物は小乙上の冠位を有し、「難破《（ママ）》長柄朝廷、任㆓主帳㆒」との尻付がある。冠位などが付された人物はB部分には多いが、C部分では身が唯一であり、彼が因支首氏の中で重要な位置を占めていたことが知られる。ただし、この身については、生存年代や尻付の内容に不審な点が指摘されており[19]、これらを総じてどのように理解するのかは十分な説明がなされていなかった。

また、円珍を輩出した因支首氏は、貞観八年（八六六）に和気公へ改姓している。改姓申請の際、その対象となる氏族の系譜（本系帳など）が参照された事例が頻見することから[20]、先行研究ではこの改姓が『円珍俗姓系図』の成立に深く関わるとして注目してきた。その経緯は延暦・大同・貞観の三段階に分けることが可能であり、この系図の作成過程もこれらの各段階と連関させて理解する必要がある。

さらに、本系図の冒頭には、左に約九〇度傾斜して「□系図木長（ママ）承和初従　家□／□於円珍所□」との円珍自筆の書入がある。これまでは、この書入が『円珍俗姓系図』の成立を示す重要な手がかりであるとし、様々な解釈が試みられてきたが、先学の見解には互いに相違する点も見受けられる[21]。円珍が入手する以前にこの系図がどの段階まで作成されており、それに対して円珍がいかなる部分を加筆したのかは、『円珍俗姓系図』が現状を呈するに至った過程を復原する上で不可欠な論点である。

本章では、以上を踏まえて、身の生存年代と位階・官職を検討し、さらに因支首氏が和気公への改姓を実現させるに至った経緯と『円珍俗姓系図』の成立過程の関係を考察した。そして、円珍がこの系図の作成にどの程度関与したのか、入手後にどのように利用したのかを確認し、因支首氏（氏族）と円珍（個人）がそれぞれ有した系譜意識の位相差を見出した。

なお、第一部の末尾には【翻刻】『円珍俗姓系図』を付した。

第二部「海部直氏の氏族的展開」には、二本の論考を収めた。

京都府宮津市の籠神社が所蔵する『海部氏系図』は、この神社の神職を代々継承した海部直氏の世系を記す系図である。正式名称は『籠名神社祝部氏係（ママ）図』であるが、煩を避けるため、本書では通例にしたがって『海部氏系図』と呼称する。この系図は料紙を縦方向に使い、人名の上に「児」・「弟」などの文字を付して系線で結ぶ竪系図の形式を留めており、第一部で取り上げた『円珍俗姓系図』と並んで、現存する最古の系図と考えられている。また、籠神社には『海部氏系図』に詳細な注釈を施した『籠名神宮祝部丹波国造海部直等氏之本記』（以下『勘注系図』）も伝来している。

この『海部氏系図』と『勘注系図』は古くから神聖視され、かつては一族の者でも容易に見ることができなかったというが、昭和四十九年（一九七四）に実施された調査によって、ようやくその学術的な価値が知られるところとなった。そして、昭和五十年（一九七五）には重要文化財に登録され、さらに翌五十一年（一九七六）には「海部氏系図一巻、附海部氏勘注系図一巻」として国宝指定を受けるに至った(22)。石村吉甫は、この『海部氏系図』と『円珍俗姓系図』を「竪系図の双璧」と称している(23)。

『海部氏系図』が伝えるところによれば、海部直氏の始祖は彦火明命とされている。この彦火明命は『古事記』・『日本書紀』の神話において、瓊瓊杵命の兄あるいは子として神統譜に位置づけられるとともに、尾張国に本拠を構えた尾張連氏（のち尾張宿禰氏）によっても始祖と仰がれていた。つまり、丹後国の海部直氏と尾張国の尾張連氏は、彦火明命を介して互いに同祖系譜を形成しているのである。古代氏族にとっての系譜が、天皇家や有力氏族との政治的関係を擬制的な血縁関係として示したものであることを踏まえるならば(24)、地理的に隔絶した二氏族の間にこうした関係が結ばれた歴史的背景を読み解くことは、古代における海部直氏の存在形態や王権との関わりを考える上で重要な問題と言えよう。

第一章「『海部氏系図』の構成と成立過程」は、京丹後市教育委員会編『丹後・東海地方の文化方言等調査事業報告書』（二〇一五年）に収録された拙稿（原題「『海部氏系図』の基礎的研究」）に、加筆・修正を行ったものである。本章の一部は、丹後・東海地方のことばと文化シンポジウム（名古屋市博物館、二〇一五年九月二十六日）での講演「海部氏系図からみる尾張氏と海部氏」をもとにしている。

『海部氏系図』に関する先行研究では、この系図が本系帳といかなる関係にあるのかという点に議論が集中してきた。(25)はじめてこの系図の詳細な調査報告を行った石村は、これを竪系図と位置づけたのに対し、(26)山本信哉は本系帳が今日まで伝来したものと推定した。(27)また、後藤四郎は海部直氏が本系帳を作成した際にその写しを作成しており、これを竪系図の形式に書き改めたものが『海部氏系図』であるとしたが、(28)それに対して佐伯有清は『海部氏系図』は本系帳を書写したものであると論じた。(29)このように先行研究では、『海部氏系図』を本系帳と見るか、それとも本系帳に由来するもの（本系帳ではない）と見るかが問題となっており、これ以降、議論は進展がないまま現在に至っている。この点は『海部氏系図』のみならず、古代氏族の系譜（系図）の理解にも深く関わる問題であり、『海部氏系図』を論じる際にはまずこの点を検討する必要がある。

また、『海部氏系図』に記された海部直氏の系譜は、A部分（彦火明命～健振熊宿禰）、B部分（海部直都比～海部直□尼）、C部分（海部直伍佰道～海部直田雄）に大別することができる（第二部【翻刻】参照）。(30)A部分はいわゆる神話・伝承の時代であり、人名の頭には「始祖」・「三世孫」・「孫」の文字が付され、間の世系が省略されている。A部分とB部分との間には、系線の右側に短冊形の記号がある。(31)B部分以降は人名の頭に「児」を付し、歴代の人物を父子関係として示しており、世系の省略は見られない。A部分末尾の健振熊宿禰の尻付には海部直を賜姓されたことが見えており、これに対応する形でB部分冒頭の都比からは海部直を冠するようになる。C部分には八・九世紀の人名が挙げられている。人名の末尾には「祝」の文字が付され、尻付には籠神社に祝として奉仕した年数が注記されている。このように各部分は明確な特徴を備えており、それぞれ異なる成立過程をたどったものと推測される。しかし、これらがいかなる経緯で作成され、最終的に接合されて現状を呈するに至ったのかについては、これまで十分な説明が得られていなかった。

そこで本章では、『海部氏系図』・『勘注系図』の書誌情報を確認した上で、『海部氏系図』と本系帳との関係、および『海部氏系図』における各部分の成立過程について考察を行った。

第二章「『海部氏系図』の歴史的背景」は、『日本歴史』第八二二号（二〇一六年）に掲載された拙稿（原題「『海部氏系図』の成立背景―祝と始祖の記載をめぐって―」）に、加筆・修正を行ったものである。

本章では引き続き『海部氏系図』の特にC部分を取り上げ、第一章で言及することがかなわなかった二つの問題を検討した。それは第一に、奈良時代以降の人物の尻付には祝として神社に奉仕した年代が記されているが、伍佰道と千嶋の奉仕年数についてはその解釈が定まっていない点である。第二に、この系図の冒頭には尾張連氏の始祖とされる彦火明命が位置していることから、海部直氏は尾張連氏と同祖関係を形成していることになるが、その二代後には和邇臣氏の祖とされる健振熊宿禰が置かれており、なぜこのように一つの系譜中に尾張連・和邇臣両氏の祖が登場することになったのかが不明な点である。

前者については、伍佰道の尻付に「従乙巳養老元年合卅五年奉仕」とあるが、石村は伍佰道が「乙巳」年から養老元年（七一七）まで奉仕したと理解し、「乙巳」年については不明とした[32]。後藤は「乙巳」は大化元年（六四五・乙巳）を指しているが、これは誤伝であり、伍佰道は実際には天武十一年（六八二）から養老元年まで三十五年間奉仕したと推測した[33]。常田かおりは、「乙巳」を養老元年の干支である「丁巳」の誤りと判断した[34]。また、千嶋の尻付には「従二養老五年一、至二于養老十五年一仕奉」とあるが、養老は八年（七二四）までであり、「養老十五年」は少なくとも公的には存在しない。しかも兄弟を記載し、尻付の末尾を「奉仕」に作るのは千嶋が唯一であることから、千嶋の代は追記されたと見る説もある[35]。このように、伍佰道と千嶋の尻付に関しては先学の間で見解が分かれており、これらを整合的に説明しなければならない。

また、伍佰道は養老元年頃、千嶋は養老五年頃に籠神社へ奉仕したと仮定した場合、愛志の奉仕年は養老三年（七一九）から天平勝宝元年（七四九）まで、綿麿の奉仕年は天平勝宝二年（七五〇）から天平宝字八年（七六四）までであり、これらの四人が祝であった時期が重複することになる。先行研究ではこれを何らかの錯誤によるものととらえ、各人物の奉仕時期が重複しないように、『勘注系図』をもとに適宜修正を加えて解釈してきた。ただし『勘注系図』は後世に作成されたものであり、これを用いて『海部氏系図』を復元することは方法として適切ではない。この点は、古代における祝のあり方から再検討する必要がある。

後者については、和邇臣氏の祖とされる健振熊宿禰の位置づけが問題となる。この点について、海部直氏ははじめ和邇臣氏と結びついており、尾張連氏との関係は二次的な付会であるとする説や[36]、逆に和邇臣氏との間に系譜的な関係は存在せず、系図の当該箇所には改変が加えられているとする説などが出されている[37]。たしかに、A部分の人名の続柄には「三世孫」や「孫」とあり、世系が省略されていることや、健振熊宿禰と都比の間に系線を修正した痕跡と思われる短冊形の記号が見られることは、他氏族との関係を示すA部分が、海部直氏固有のB・C部分に架上されたことをうかがわせる。しかし、先行研究では後から何らかの手が加えられた可能性を指摘するに留まり、それ以上踏み込んだ検討はなされていなかった。

そこで本章では、伍佰道・愛志・千嶋・綿麿らの奉仕年代と祝の奉仕形態、さらに海部直氏と尾張連氏・和邇臣氏との関係について考察を行った。

なお、第二部の末尾には【翻刻】『海部氏系図』を付した。

第三部「奈良・平安時代の大神朝臣氏」には、三本の論考を収めた。

大和盆地の東南に位置する三輪山は、古来より神の坐す山として篤い崇敬を集めてきた。その麓に鎮座する大神神社（奈良県桜井市三輪）は、我が国で最も早くに創祀されたとも言われる古社であり、現在も本殿を持たず、拝殿の奥に設けられた独特な形状の三ツ鳥居を通して、三輪山そのものを御神体と仰いでいる。大神朝臣氏（三輪君氏）は、かつてこの三輪山での祭祀を職掌として大和王権に奉仕し、のちには大神神社の神主職を継承した氏族である。崇神朝に祭祀を開始したと伝えられる大田々根子命、敏達天皇の寵臣と称された逆、壬申の乱で戦功を挙げた高市麻呂など、古代史上著名な人物を数多く輩出した。

この大神朝臣氏に関する先行研究は、およそ三つの流れに大別することができる。(38) 第一に、志田諄一・阿部武彦・西山徳は、大神朝臣氏の本宗に当たる人々の事績、および複姓氏族やミワ系氏族を取り上げ、(39) 律令以前の時期を中心に氏族の動向や性格を論じた。(40) 第二に、直木孝次郎・和田萃・菱田哲郎・溝口優樹は、大神朝臣氏が職掌とした三輪山の神に対する祭祀・信仰や須恵器生産の問題を通して、古代王権のあり方を解明しようとした。(41) 第三に、是澤恭三・田中卓・溝口睦子は、『粟鹿大明神元記』や『三輪高宮家系図』(42) など、大神朝臣氏の世系や同祖関係を記した主要系図に関する史料学的検討を行った。(43)

これらの先学の驥尾に付して、筆者も以前、この氏族の足跡を整理したことがある。(44) ただし、そこでは五世紀から七世紀を主たる考察対象とし、それ以降については簡単な言及に留まった。現在のところ、大神朝臣氏は祖先たちが執り行ってきた三輪山祭祀の伝承に自氏のアイデンティティーを求め、氏族の奉事根原へと回帰することによって、逆説的に新しい時代への順応を図り、その血脈と信仰を後世へ受け継ぐことに成功したとの見通しを持っているが、これを踏まえて八世紀以降の大神朝臣氏と三輪山信仰の動向を論じることが課題として残されている。

第一章「大神朝臣狛麻呂と武蔵国高麗郡」は、王勇・河野貴美子編『衝突と融合の東アジア文化史』(勉誠出版、二〇一六年)に収録された拙稿(原題「武蔵国高麗郡の建郡と大神朝臣狛麻呂」)に、加筆・修正を行ったものである。第五節「大三輪真鳥の伝承」は、新たに書き下ろした内容である。本章の一部は、高麗郡建郡一三〇〇年歴史シンポジウム(日高市文化体育館ひだかアリーナ、二〇一五年十二月五日)での講演「高麗郡建郡と大神朝臣狛麻呂」をもとにしている。

天智七年(六六八)に高句麗が滅亡したことを直接の契機として、日本列島にはその遺民が大量に到来した。彼らは列島内に居所を定められたほか、適地へ遷される場合もあり、特に東国各地には渡来系の人々が集住することになった。そうした中で霊亀二年(七一六)には、甲斐・駿河・相模・上総・下総・常陸・下野の計七ヵ国に居住していた高句麗人一七九九人が武蔵国へ遷され、入間郡の一部を割いて新たに高麗郡が建郡された。この地からは、聖武から桓武まで六代の天皇に仕え、従三位にまで上った高麗朝臣福信が出ている。また、高麗神社(埼玉県日高市新堀)の宮司家は、天智五年(六六六)に来日し、母国の滅亡によりそのまま日本に留まった高麗王若光の子孫と伝えられている。高麗郡の建郡は、東国の地域史に留まらず、日本列島と朝鮮半島の交流史においても画期となる出来事であった。

この高麗郡が建てられた理由については、渡来系の人々を集住させることで地域の開拓を進めるためとする見方が一般的であるが、[45]そのほかにも高麗郡が地方行政整備の「モデル」としての役割を担ったとする説、渡来系の人々による地域区画の形成と支配を認めたとする説、日本が高句麗の王権を国内に取り込んだことを示す政治的意図があったとする説、対蝦夷政策における後方の兵站基地としての充実をはかったとする説など、様々な見方がある。[46]その中でも注目されるのは、高麗郡設置に議政官の意向が反映したとする原島礼二の説である。[47]

原島は、高麗郡が設置された霊亀二年の中納言は阿倍朝臣宿奈麻呂であり、この宿奈麻呂は阿倍氏の中でも引田系に属すること、同じく霊亀二年の武蔵守は大神朝臣狛麻呂であり、この氏族には引田を名乗る複姓氏族の三輪引田君氏がいること、阿倍朝臣氏と大神朝臣氏はともに三輪山周辺に本拠を構えており、両氏は親しい関係にあったことなどを指摘した。ただし、大神朝臣氏と高麗郡との具体的な関係については論じ残されていた。

そこで本章では、八世紀以降の大神朝臣氏の動向を探るための一つの切り口として、この氏族が朝鮮半島との対外交渉に従事してきたことや、高句麗遺民の列島への移住に関与したことなどから、当時、武蔵守の任にあった大神朝臣狛麻呂が高麗郡の設置にいかなる役割を果たしたのかを考察した。

第二章「上野国美和神社の官社化と神階奉授」は、『桐生史苑』第五三号（二〇一四年）に掲載された同名論文に、加筆・修正を行ったものである。第三節「軍神としての大物主命」は、新たに書き下ろした内容である。本章の一部は、桐生文化史談会・桐生市立図書館郷土史講演会（桐生市市民文化会館、二〇一三年五月十九日）での講演「三輪山伝承と上野国の美和神社」をもとにしている。

かつての上野国山田郡に鎮座していた美和神社（群馬県桐生市宮本町）に関しては、これまでも先学による言及がなされているが、[48]それらが発表されてからは長い年月が経過している。しかも、八世紀末から九世紀におけるこの神社の動向については、先行研究でも詳しく論じられてこなかった。

美和神社は延暦十五年（七九六）に官社となり、元慶四年（八八〇）には正五位下勲十二等を与えられたことが確認される。その後、この神社は『上野国神名帳』に見える。これは上野国の主要神社を記録した国内神名帳であり、平安時代中期から後期の成立とされている。貫前神社所蔵本（一宮本）・総社神社所蔵本（総社本）・伴信友著『逸各国神名帳』所収本（信友本）をはじめとして、多くの写本が伝存しているが、(49) その構成や神社の総数・神名・神階などの点で異同がある。美和神社に関する記述は、一宮本の鎮守項・郡別項と信友本の鎮守項にのみ従一位とあるが、信友本の郡別項には見えず、総社本には全く記載されていない。この相違をいかに理解すべきか、これまで検討はなされていなかった。

また、長元三年（一〇三〇）に作成された『上野国交替実録帳』(50) は、計十三断簡からなる。断簡C・D・Eは神社項と呼ばれ、上野国内に鎮座する主要な神社の施設の状態や、その修造・破損・消滅の状況について記録した部分である。その中に含まれる断簡C４の末尾には、美和神社が正一位であったことが異筆で記されているが、これは前述した『上野国神名帳』の記載と異なっており、『上野国交替実録帳』で正一位とされるほかの神社の神階に照らしても不審であるとされてきた。

さらに、上野国で官社となった時期が判明する五社のうち、美和神社は比較的早い段階で官社化されている。このことについて従来は、美和神社は上野国のみならず東国において優位にあり、朝廷の恩遇によってこうした措置が取られたと推測されてきた。(51) しかし、美和神社は小社であるのに対して、貫前・赤城・伊賀保の三社は名神大社とされている上に、この三社は美和神社より約四十年も前に神階を与えられており、美和神社に先がけて官社に預かっていた可能性が高い。したがって、上記の時期に美和神社の官社化や神階奉授が行われたことは、その優位性や朝廷の処遇では説明できず、別の理由が想定されなければならない。

そこで本章では、以上の点を踏まえた上で、『上野国神名帳』と『上野国交替実録帳』の美和神社に関する記述の信憑性を確認し、さらに八世紀末から九世紀におけるこの神社をめぐる動向について、特に祭神とされる大物主命と蝦夷征討との関係から考察を行った。

第三章「『大神朝臣本系牒略』の編纂と原資料」は、『纒向学研究』第三号（二〇一五年）に掲載された拙稿（原題「『大神朝臣本系牒略』の原資料と引用史料」）に、加筆・修正を行ったものである。

これまで大神朝臣氏の世系に言及した先行研究では、前述した『三輪高宮家系図』が頻用されていたが[52]、この系図は明治時代に編纂されたものであり、加筆・修正や推定復原が多く含まれている。一方、『百家系図稿』（静嘉堂文庫所蔵）や『諸系譜』（国立国会図書館所蔵）には載録されているが[53]、学界には広く知られていなかった系図に『大神朝臣本系牒略』がある。この系図は神代の素佐能雄命から江戸時代中頃の高宮信房（一七六九～一八二三）まで、合計九十五人を連綿と記しており（一部に重複を含む）、『三輪高宮家系図』が編纂される際にその基礎とされたものである。よって、古代における大神朝臣氏の実態を考える素材としては、まず『大神朝臣本系牒略』を利用しなければならない。

こうした経緯から筆者は以前、『大神朝臣本系牒略』の翻刻・校訂を行うとともに、編者・成立年代および史料的性格について考察を行った[54]。そして、この系図は高宮信房の手によって一七九〇年代の後半頃に編纂されたものであることを明らかにした。また、当時の高宮家には輪房（？～一六四〇）に始まる『高宮氏中興系図』が伝来していたが、信房の代に玄賓庵へ神牌を納める際にこの『高宮氏中興系図』以前に遡る系図が必要とされたことが、『大神朝臣本系牒略』の編纂目的の一つであると推測した。さらに、この系図は第一系図（古代）と第二系図（中近世）の間を途切れたままにしており、しかも出典や考証を明記しているが、これは信房が自らの代で系図を完全に復元することを諦め、それを子孫の手に委ねたことを意味しており、系図の記載内容に過度の祖先顕彰や誇張などが含まれている可能性は低いと見られることを論じた。

ただし、信房が何をもとにしてこの『大神朝臣本系牒略』を編纂したのかは、依然として未詳であった。とりわけ『大神朝臣本系牒略』という書名からは、八世紀中頃から十世紀初頭にかけて諸氏族が作成・提出した本系帳（本系牒）との関連が注目されるところである。また、古代の人名を記した第一系図（素佐能雄命～大神朝臣成主）には、執筆に当たって引用・参照したと思われる史料名が随所に示されているが、それらがどの程度正確に引用されているのか、いかなる方針で取捨選択されたのかについても検討の余地を残していた。

そこで本章では、『大神朝臣本系牒略』の成立とその歴史的背景を確認した上で、古代の神名・人名を記した第一系図を作成する際に利用された原資料について考察を行った。

第四部「国造氏族と『国造本紀』」には、三本の論考を収めた。

国造制はおよそ六～七世紀に実施された地方支配制度である。王権は政治的関係を結んだ各地の有力氏族を国造に任命して、当該地域の支配権を保障したのに対し、各地の国造は王権へ物資や労働力を供給し、戦時には国造軍を率いて軍事行動に参加した。こうした国造制の実態解明は、古代国家の形成過程を考える上で不可欠なテーマであり、これまでに膨大な研究が蓄積されている(55)。では、国造にはいかなる人物・氏族が任命されたのであろうか。第四部では、この点を考えるための足がかりとして、国造の氏姓（国造に任命された人物・氏族が称した氏姓）に関する伝承に注目するとともに、初代国造の任命時期や系譜（同祖関係）に関する最もまとまった記録である『国造本紀』について基礎的な検討を行った。

第一章「国造の氏姓と「クニの名」」は、新稿である。

国造の氏姓が、その氏族と王権の政治的関係を解明する上で重要な指標となることは、早くから指摘されてきた。[56]中でも阿部武彦・井上光貞の研究は、国造の氏姓を大和王権とその国造に任命された氏族との関係性、あるいは国造が所在する当該地域との関係性の表象として捉え、それを手がかりに諸国造の存在形態や国造制の成立・展開過程を論じたものであった。[57]また、八木充は日本列島を五つの地域に区分し、大和王権による各地域の位置づけと、そこに所在する国造の地域的多様性を関連させて説明した。[58]森公章も、国造の氏姓に反映された国造制の東西における地域的な差異を改めて指摘している。[59]このように国造の氏姓のあり方を通して国造制の地域的多様性を考察するという手法は、現在でも広く受け入れられている。

しかし、それに対して篠川賢は、国造に対する氏姓(カバネ)の賜与と国造制の施行は別個に行われたものであり、したがって国造の氏姓のあり方は国造制の内容の地域的な差異を示すものではないこと、父系出自集団の呼称としての氏姓は庚午年籍の段階で制度として成立したものであり、それ以前の氏姓は厳密には王権と関係をもつ特定個人に与えられた職名的称号であること、さらに、すべての国造は本来、「クニの名＋カバネ」を称したのであり、国造が「クニの名＋カバネ」以外の氏姓を称する場合は、庚午年籍における定姓の問題としてとらえるべきであることなどを指摘し、従来の理解に対して問題提起を行った。[60]これらの三点は相互に関連しており、いずれも傾聴に値すると思われる。

そこで本章では、先行研究による国造の氏姓の推定方法を確認した上で、国造が「クニの名＋カバネ」を称することがどの程度の普遍性をもつのか、一部の国造はいかなる経緯で「クニの名＋カバネ」以外の氏姓を称するに至ったのかなどの点を考察し、さらに国造の氏姓と『国造本紀』の国造名との関係にも言及した。

第二章「『国造本紀』の書誌学的検討」は、篠川賢・大川原竜一・鈴木正信編『国造制の研究』（八木書店、二〇一三年）に収録した拙稿（原題「「国造本紀」諸本の書誌学的検討」）に、加筆・修正を行ったものである。第六節「三浦為春本系の諸本」の「⑳徳大寺家本」は、今回新たに書き下ろした内容である。

『先代旧事本紀』は巻一「神代本紀・陰陽本紀」から巻十「国造本紀」（以下『国造本紀』）まで計十巻で構成され、大同・弘仁年間（八〇六～一二四）から延喜年間（九〇一～一二三）にかけて成立したと考えられている。[61]このうち『国造本紀』については、かつてはその史料性を疑う向きもあったが、[62]研究の進展にともない、その価値が再評価されるようになった。近年では、『国造本紀』は『先代旧事本紀』の編纂段階で成立したものではなく、六世紀代にまで遡る内容を含む可能性が指摘されており、[63]国造制研究における基本史料として利用されている。

一方、『国造本紀』の諸本に関する本格的な研究は、鎌田純一を嚆矢とする。[64]鎌田は、現存諸本の中で最も古く、しかも写本系統の祖本としての位置を占めるト部兼永本を底本とし、多数の写本・刊本との校合を行い、新たなテキストを作成した。それ以前に広く利用されていた『国史大系』[65]や『新訂増補国史大系』[66]は、いずれも兼永本よりも後に成立した写本を底本としており、対校本も限られていたため、鎌田の研究は『国造本紀』のみならず『先代旧事本紀』の研究を大きく進展させた。

しかし、約半世紀が過ぎたにもかかわらず、『国造本紀』の研究には目立った進展は見られないのが現状である。ちなみに、鎌田本の刊行後には『神道大系』に『先代旧事本紀』が収められ、新たな解題も付されたが、[67]これは鎌田の校注によるものであり、その内容は従前のテキストを基本的に踏襲している。また、佐伯有清・高嶋弘志による史料集も作成され、[68]広く利用されてきたが、これも『国造本紀』に関する箇所は鎌田が校訂したテキストを利用している。

そこで本章では、鎌田の研究では簡単な紹介に留まっていた写本や、未調査だった写本なども含め、合計三十九種類の写本・刊本について再調査を実施し、その成果を整理した[69]。そして、諸本の特徴や現在は失われてしまった伊勢本系の写本との関係などについて考察を行った。

付論「史料としての『国造本紀』」は、篠川賢ほか編『国造制の研究』（前掲）に収録した拙稿（原題「「史料」としての「国造本紀」」）に、加筆・修正を行ったものである。

『国造本紀』では北陸道の冒頭に三国国造条が載録されているが、卜部兼永本『国造本紀』ではこの箇所を「三国造」に作っている。さらに、隠顕蔵本『国造本紀』には「三方国造」、『鼇頭旧事紀』には「三国国造」とあり、それぞれ文字が異なっている。本章ではこの点に着目し、諸本の校異・校訂の妥当性を検討した上で、写本研究の意義について簡潔に述べた。

本書では、古代の「氏」との混同を避けるため、敬称は省略した。また、論文としての内容のまとまりを保つため、できる限り初出時の体裁を留めることとし、重要な史料は各章の間で重複をいとわずに掲出した。史料の引用は以下のテキストを参考にした。これら以外の史料は、引用箇所に出典を適宜記載した。固有名詞など一部を除き、旧字や異体字は常用漢字に改めた。

・『古事記』・『日本書紀』・『風土記』・『律令』…『日本古典文学大系』・『日本古典文学全集』。
・『続日本紀』・『万葉集』…『新日本古典文学大系』。
・『日本後紀』・『延喜式』…『訳注日本史料』。
・『続日本後紀』・『日本文徳天皇実録』・『日本三代実録』・『日本紀略』・『類聚国史』・『弘仁私記』・『令義解』・

『令集解』・『類聚三代格』・『類聚符宣抄』…『新訂増補国史大系』。
・『新撰姓氏録』…佐伯有清『新撰姓氏録の研究』本文篇（吉川弘文館、一九六二年）、田中卓『田中卓著作集9 新撰姓氏録の研究』（国書刊行会、一九九六年）。
・『先代旧事本紀』…鎌田純一『先代旧事本紀の研究』校本の部（吉川弘文館、一九六〇年）、鎌田純一校注『神道大系古典編8 先代旧事本紀』（神道大系編纂会、一九八〇年）、拙編「校訂 国造本紀」（篠川賢・大川原竜一・鈴木正信編『国造制の研究』八木書店、二〇一三年）。
・正倉院文書…『大日本古文書』。
・正倉院宝物銘文…松嶋順正編『正倉院宝物銘文集成』（吉川弘文館、一九七八年）。
・『古語拾遺』・『高橋氏文』…沖森卓也・佐藤信・矢嶋泉編『古代氏文集』（山川出版社、二〇一二年）。
調査・執筆に当たっては、「奈良時代古文書フルテキストデータベース」・「平安遺文フルテキストデータベース」（東京大学史料編纂所）、「木簡データベース」・「木簡画像データベース」・「墨書土器字典画像データベース」・「古代地名検索システム」（奈良文化財研究所）、「全国墨書土器・刻書土器・文字瓦横断検索データベース」（明治大学古代学研究所）、「神社資料データベース」（國學院大学）、「郡司表」（森公章『平安・鎌倉時代の国衙機構と武士の成立に関する基礎的研究』科学研究費補助金基盤研究(C)研究成果報告書、二〇一二年）などを活用した。

註

（1）本書では「氏族」を政治組織と捉え、そのまとまりはおよそ六世紀代に形成されたとの理解に立っているが、その前身としての意味で五世紀以前の集団にも「某氏」という表現を用いることがある。直木孝次郎「「氏」の構造について」（『日本古代の氏族と

天皇』塙書房、一九六四年）、義江明子『日本古代の氏の構造』（吉川弘文館、一九八六年）、中村英重『古代氏族と宗教祭祀』（吉川弘文館、二〇〇四年）、中村友一『日本古代の氏姓制』（八木書店、二〇〇九年）など参照。

（2）拙稿「氏族系譜研究の現状と分析視角」（『日本古代氏族系譜の基礎的研究』東京堂出版、二〇一二年、初出二〇一一年）。

（3）拙稿「氏族系譜研究の現状と分析視角」（前掲）。なお、本章で取り上げた太田・佐伯の業績のほかにも、研究史上の画期をなすものとして、溝口睦子『日本古代氏族系譜の成立』（学習院学術研究叢書、一九八二年）、同『古代氏族の系譜』（吉川弘文館、一九八七年）、義江明子『日本古代の氏の構造』（前掲）、同『日本古代系譜様式論』（吉川弘文館、二〇〇〇年）などを挙げることができる。

（4）太田亮『家系系図の合理的研究法』（立命館大学出版部、一九三〇年）、同『岩波講座日本歴史　系図と系譜』（岩波書店、一九三四年）、同「系図研究法概論」（雄山閣編集部編『系譜と紋章の研究法』雄山閣、一九三九年）、同『姓氏と家系』（創元社、一九四一年）、同『家系系図の入門』（新人物往来社、一九六七年）など。

（5）太田亮『姓氏家系辞書』（磯部甲陽堂、一九二〇年）、同『家系系図の合理的研究法』（前掲）。

（6）太田亮『姓氏家系大辞典』（角川書店、一九三六年）。

（7）これらは『系譜と伝記・国史と系譜』一〜三（近藤出版社、一九八八年）として復刻されている。

（8）佐伯有清『古代氏族の系図』（学生社、一九七五年）一七二頁。

（9）佐伯有清『新撰姓氏録の研究』本文編（吉川弘文館、一九六二年）、研究編（同、一九六三年）、考証編一〜六（同、一九八一〜一九八三年）、索引・論考編（同、一九八四年）、拾遺編（同、二〇〇一年）。

（10）佐伯有清『古代氏族の系図』（前掲）、同『日本古代氏族の研究』（吉川弘文館、一九八五年）など。

（11）佐伯有清『古代氏族の系図』（前掲）二一頁。

（12）佐伯有清『古代氏族の系図』（前掲）二一頁。

（13）津田左右吉『古事記及び日本書紀の新研究』（『津田左右吉全集』別巻一、岩波書店、一九六六年、初版一九一九年）二二二頁。同『日本古典の研究』上・下（『津田左右吉全集』一・二、岩波書店、一九六三年、初出一九四六・五〇年）も参照。

（14）武田祐吉『古事記研究』一（青磁社、一九四四年）、粕谷興紀「大草香皇子事件の虚と実」（『皇學館論叢』一一―四、一九七八年）。

（15）吉村武彦「倭国と大和王権」（朝尾直弘・網野善彦・石井進・鹿野政直・早川庄八・安丸良夫編『岩波講座日本通史』二　古代一、岩波書店、一九九三年）、仁藤敦史「帝紀・旧辞と王統譜の成立」（新川登亀男・早川万年編『史料としての『日本書紀』』勉誠出版、二〇一一年）など。
（16）井上光貞「カモ県主の研究」（『井上光貞著作集1　日本古代国家の研究』岩波書店、一九八五年、初出一九六五年）。
（17）後藤四郎「海部管見」（『書陵部紀要』一九、一九六七年）、同「海部に関する若干の考察」（坂本太郎博士古稀記念会編『続日本古代史論集』上、吉川弘文館、一九七二年）、同「海部直の系譜について」（『日本歴史』三三九、一九七五年）。
（18）伴信友『和気系図附考』（大鹿久義編『稿本伴信友著作集』三、温故学会、二〇〇一年、成立一八三五年）、大倉粂馬・松岡静雄『伊予上代史考　伊曾乃神社』（郷土研究社、一九三二年）、大倉粂馬『上代史の研究　伊予路のふみ賀良』（大倉粂馬翁遺稿刊行会、一九五六年）、田中卓「郡司制の成立（下）」（『田中卓著作集6　律令制の諸問題』国書刊行会、一九八六年、初出一九五三年）、同「「評（督）」に関する新史料五点」（『田中卓著作集6　律令制の諸問題』前掲、初出一九五七年）、同「『和気氏系図』の校訂」（『田中卓著作集2　日本国家の成立と諸氏族』国書刊行会、一九八六年）、佐伯有清「円珍の家系図」（『智証大師伝の研究』吉川弘文館、一九八九年、初出一九七五年）、同『新撰姓氏録の研究』考証編二（吉川弘文館、一九八二年）、同「円珍の同族意識」（『智証大師伝の研究』前掲）、同『人物叢書新装版　円珍』（吉川弘文館、一九九〇年）、義江明子「古代系譜の構造」（『日本古代の氏の構造』前掲）、同「「和気系図」異質部の「娶生」」（『日本古代系譜様式論』前掲）、吉川敏子『『和気系図』に示された系譜意識」（『律令貴族成立史の研究』塙書房、二〇〇六年、初出二〇〇四年）、同『氏と家の古代史』（塙書房、二〇一三年）など。
（19）田中卓「『和気氏系図』の校訂」（前掲）、山尾幸久『カバネの成立と天皇』（吉川弘文館、一九九八年）、松原弘宣「讃岐国西部地域における地方豪族」（『古代の地方豪族』吉川弘文館、一九八八年）、吉川敏子「『和気系図』に示された系譜意識」（前掲）など。
（20）熊谷公男「治部省の成立」『史学雑誌』八八―四、一九七九年）、義江明子「古代系譜の構造」（前掲）など。
（21）佐伯有清「円珍の家系図」（前掲）、田中卓「『和気氏系図』の校訂」（前掲）、松原弘宣「讃岐国西部地域における地方豪族」（前掲）、義江明子「古代系譜の構造」（前掲）など。
（22）石村吉甫「籠名神社祝部氏系図」（『神道論』国書刊行会、一九八三年、初出一九三三年）、村田正志「海部氏系図・附海部氏勘注系図解説」（『村田正志著作集6　古文書研究』思文閣出版、一九八五年）。
（23）石村吉甫「籠名神社祝部氏系図」（前掲）。

(24) 溝口睦子『日本古代氏族系譜の成立』(前掲)、義江明子『日本古代系譜様式論』(前掲)、拙著『日本古代氏族系譜の基礎的研究』(前掲)など。

(25)『海部氏系図』と本系帳の関係をめぐる研究史については、常田かおり「丹後の海部直氏に関する一考察」(『神道史研究』五四―一、二〇〇六年)も参照。

(26) 石村吉甫「籠名神社祝部氏系図」(前掲)、同「本系帳考」(『神道論』前掲、初出一九三四年)。

(27)『史学雑誌』四五―三(一九三四年)彙報。

(28) 後藤四郎「海部に関する若干の考察」(前掲)。

(29) 佐伯有清「古代海部氏系図の成立」(『史学雑誌』九三―九、一九八四年)。

(30) 村田正志「海部氏系図・附海部氏勘注系図解説」(前掲)、常田かおり「丹後の海部直氏に関する一考察」(前掲)。

(31) 是澤恭三は、この記号を省略・援引を意味するものと推測したが、筆者は『粟鹿大明神元記』の分析から、この記号は世系の変更にともない系線を修正した痕跡と考えている。是澤恭三「但馬国朝来郡粟鹿大明神元記に就いて」(『書陵部紀要』九、一九五八年)、拙稿「神部氏の系譜とその形成」(『大神氏の研究』雄山閣、二〇一四年、初出二〇一三年)参照。

(32) 石村吉甫「籠名神社祝部氏系図」(前掲)。

(33) 後藤四郎「海部に関する若干の考察」(前掲)。

(34) 常田かおり「丹後の海部氏に関する一考察」(前掲)。

(35) 義江明子「「児(子)」系譜にみる地位継承」(『日本古代系譜様式論』前掲、初出一九八八年)。

(36) 小林敏男「旦波大県主をめぐる歴史的世界」(『古代王権と県・県主制の研究』吉川弘文館、一九九四年、初出一九七九年)。

(37) 加藤謙吉「ワニ氏のウジの構造とその特質」(『ワニ氏の研究』雄山閣、二〇一三年、初出二〇〇六年)。

(38) このほかに、大神神社やその関係者の手によって編纂されたものとして、大神神社社務所編『三輪叢書』(大神神社社務所、一九八六年、初版一九二八年)、大神神社史料編修委員会編『大神神社史料』一~十巻・別巻(吉川弘文館、一九六八~九一年)、中山和敬『大神神社』(学生社、一九九九年、初版一九七一年)、大神神社史料編修委員会編『大神神社史』(吉川弘文館、一九七五年)などがある。

(39) 神直・神部直・神人・神人部・神部など、「ミワ」の呼称を共有し、中央の大神氏と関係を持った諸氏族を指す。

(40) 志田諄一「三輪君」(『古代氏族の性格と伝承』雄山閣、一九七四年)、阿部武彦「大神氏と三輪神」(『日本古代の氏族と祭祀』吉川弘文館、一九八四年、初出一九七五年)、西山徳「律令制と大神神社」(『上代神道史の研究』国書刊行会、一九八三年、初出一九七五年)など。

(41) 直木孝次郎「応神王朝論序説」(『古代河内政権の研究』塙書房、二〇〇五年、初出一九六四年)、同「天香久山と三輪山」(『古代河内政権の研究』前掲、初出一九七七年)、和田萃「ヤマトと桜井」(『桜井市史』上、一九七九年)、同「三輪山祭祀の再検討」(『日本古代の儀礼と祭祀・信仰』下、塙書房、一九九五年、初出一九八五年)、菱田哲郎「須恵器の生産者」(『列島の古代史』四、岩波書店、二〇〇五年)、同『古代日本国家形成の考古学』(京都大学学術出版会、二〇〇七年)、溝口優樹「ミワ系氏族と陶邑古窯跡群」(『日本古代の地域と社会統合』吉川弘文館、二〇一五年、初出二〇〇九年)、同「三輪君と須恵器生産の再編」(『日本古代の地域と社会統合』前掲、初出二〇一二年)など。

(42) 大神神社社務所編『三輪叢書』(前掲)、大神神社史料編修委員会編『大神神社史料』一(吉川弘文館、一九六八年)、上田正昭・佐伯秀夫校注『神道大系神社編12 大神・石上』(神道大系編纂会、一九八九年)などに所収。

(43) 是澤恭三「粟鹿神社祭神の新発見」(『神道宗教』一〇、一九五五年)、同「粟鹿大明神元記の研究(一)」(『日本学士院紀要』一四―三、一九五六年)、同「粟鹿大明神元記の研究(二)」(『日本学士院紀要』一五―一、一九五七年)、同「但馬国朝来郡粟鹿大明神元記に就いて」(前掲)、田中卓「一古代氏族の系譜」(『田中卓著作集2 日本国家の成立と諸氏族』前掲、初出一九五六年)、田中卓「翻刻『粟鹿大神元記』」(『田中卓著作集2 日本国家の成立と諸氏族』前掲)、同「豊前国薦神社の創祀」(『田中卓著作集11―1 神社と祭祀』国書刊行会、一九九四年、初出一九九三年)、溝口睦子『日本古代氏族系譜の成立』(前掲)。

(44) 拙稿「大神氏の成立と展開」(『大神氏の研究』前掲、初出二〇一二年)。

(45) 今井啓一「帰化人の来往」(杉原荘介・竹内理三編『古代の日本』七、角川書店、一九七〇年)、大津透「近江と古代国家」(『律令国家支配構造の研究』岩波書店、一九九三年、初出一九八七年)など。

(46) 高橋一夫「古代寺院成立の背景と性格」(『埼玉県古代寺院跡調査報告書』埼玉県県民部県史編さん室、一九八二年)、森公章「古代日本における在日外国人観小考」(『古代日本の対外認識と通交』吉川弘文館、一九九八年、初出一九九五年)、宮瀧交二「高麗郡の設置と渡来人」(『名栗の歴史』上、飯能市教育委員会、二〇〇八年)、同「古代武蔵国高麗郡をめぐる研究の現状について」(野田嶺志編『地域のなかの古代史』岩田書院、二〇〇八年)、新井孝重「古代高麗氏の存在形態」(『日本歴史』七四九、二〇一〇年）、荒井秀規「渡来人（帰化人）の東国移配と高麗郡・新羅郡」（『古代東ユーラシア研究センター年報』一、二〇一五年）など。

(47) 原島礼二「渡来人の活躍」（埼玉県編『新編埼玉県史』通史編一、一九八七年）。

(48) 周東隆一「賀茂・三輪両社の上野国山田郡鎮座についての考」（『桐生史苑』一三、一九七四年）、同「賀茂の道・三輪の道（再考）」（『桐生史苑』二〇、一九八一年）。粟田豊三郎「桐生美和神社」（『桐生史苑』一八、一九七九年）、『桐生市史』別巻（一九七一年）、『式内社調査報告』一三（皇學館大学出版部、一九八六年）、『群馬県史』通史編一（一九九一年）など。

(49) 各写本は『神道大系神社編1　総記』（神道大系編纂会、一九八六年）、三橋健『国内神名帳の研究』論考編・資料編（おうふう、一九九九年）などに所収。尾崎喜左雄『上野国神名帳の研究』（尾崎先生著書刊行会、一九七四年）も参照。

(50) 『平安遺文』九―四六〇九、『新編埼玉県史』資料編四（一九八三年）、『群馬県史』資料編四（一九八五年）などに所収。

(51) 周東隆一「古代の上野と祭祀」（『桐生市史』別巻、前掲）。

(52) 田中卓「豊前国薦神社の創祀」（『田中卓著作集11―1　神社と祭祀』前掲、初出一九九三年）、溝口睦子『日本古代氏族系譜の成立』（前掲）、佐伯有清『新撰姓氏録の研究』考証編六（吉川弘文館、一九八三年）、和田萃「ヤマトと桜井」（前掲）、同「三輪山祭祀の再検討」（前掲）、中野幡能「三輪高宮系図と大神比義」（『八幡信仰と修験道』吉川弘文館、一九九八年、初出一九八九年）。

(53) 『百家系図稿』は鈴木真年（一八三一～九四）、『諸系譜』は中田憲信（一八三五～一九一〇）が編纂した系図集である。

(54) 拙稿「大神氏の系譜とその諸本」（『日本古代氏族系譜の基礎的研究』前掲、初出二〇〇五年）、拙稿「『大神朝臣本系牒略』の史料的性格」（『大神氏の研究』前掲、初出二〇〇五年）。

(55) 国造制に関する研究史は、新野直吉『研究史国造』（吉川弘文館、一九七四年）、篠川賢「国造制研究の現状と課題」（『日本古代国造制の研究』吉川弘文館、一九九六年、初出一九八六年）、大川原竜一「国造制研究の現状と課題」（篠川賢・大川原竜一・鈴木正信編『国造制の研究』八木書店、二〇一三年）など参照。

(56) 太田亮「国造制度」（『日本上代に於ける社会組織の研究』磯部甲陽堂、一九二九年）、同「国造制度」（『全訂日本上代社会組織の研究』邦光書房、一九五五年）。

(57) 阿部武彦「国造の姓と系譜」（『日本古代の氏族と祭祀』吉川弘文館、一九八四年、初出一九五〇年）、井上光貞「国造制の研究」（『井上光貞著作集4　大化前代の国家と社会』岩波書店、一九八五年、初出一九五一年）。

(58) 八木充「国造制の構造」（『日本古代政治組織の研究』塙書房、一九八六年、初出一九七五年）。

(59) 森公章「国造制と屯倉制」(大津透・桜井英治・藤井譲治・吉田裕・李成市編『岩波講座日本歴史』二　古代二、岩波書店、二〇一四年)。
(60) 篠川賢「国造制の成立過程」(『日本古代国造制の研究』前掲)、篠川賢「国造の「氏姓」と東国の国造制」(あたらしい古代史の会編『王権と信仰の古代史』吉川弘文館、二〇〇五年)。
(61) 鎌田純一『先代旧事本紀の研究』研究の部(吉川弘文館、一九六二年)、阿部武彦「先代旧事本紀」(『日本古代の氏族と祭祀』前掲、初出一九七一年)など。
(62) 井上光貞「国造制の研究」(前掲)。
(63) 吉田晶「国造本紀における国造名」(『日本古代国家成立史論』東京大学出版会、一九七三年、初出一九七一年)、篠川賢「「国造本紀」の再検討」(『日本古代国造制の研究』前掲)など。
(64) 鎌田純一『先代旧事本紀の研究』校本の部(吉川弘文館、一九六〇年)。
(65)『国史大系』(経済雑誌社、一八九八年)。
(66)『新訂増補国史大系』(吉川弘文館、一九三六年)。
(67) 鎌田純一校注『神道大系古典編8　先代旧事本紀』(神道大系編纂会、一九八〇年)。
(68) 佐伯有清・高嶋弘志編『国造・県主関係史料集』(近藤出版社、一九八二年)。
(69) その成果の一部は、拙編「校訂　国造本紀」(篠川賢ほか編『国造制の研究』前掲)として発表した。あわせて参照されたい。

第一部　因支首氏と智証大師円珍

第一章　『円珍俗姓系図』の構成と原資料

はじめに

滋賀県大津市に所在する園城寺（三井寺）所蔵『円珍俗姓系図』は、第五代の天台座主として知られる智証大師円珍（八一四〜九一）を輩出した「讃岐国因支首」氏（のち和気公に改姓。以下、因支首氏とする）と、その同祖関係にある「伊予国御村別君」氏（以下、伊予御村別君氏とする）の系図である。竪系図の形式で記されている点や、人名の上に「子」・「次」、人名の下に「之」の文字を付す点など、原初期の系図の形態をよく留めており、京都府宮津市の籠神社所蔵『籠名神社祝部氏係（ママ）図』（『海部氏系図』）と並ぶ現存最古の系図として、国宝に指定されている。

この系図は、計七紙を貼り継いで一巻としている。横は二九・四センチ、縦は三二三・三センチである。外題・内題はない。

円珍個人の出自を記した系図である点を重視して『円珍系図』や『大師御系図』、または円珍の輩出氏族の系図であるという側面から『和気氏系図』や『和気系図』などとも呼ばれている。因支首氏が和気公に改姓する以前に作成された氏族の系図であることから、本来ならば『因支首氏系図』とするのが適切であるが、かかる呼称は一般的ではない。そこで、円珍個人の系譜意識が反映されているという点を重視するとともに[1]、所蔵先である園城寺による呼称を尊重して、本書では『円珍俗姓系図』の呼称を採用することとした。

この系図に関する研究は、伴信友[2]や大倉粂馬[3]を嚆矢とする。その後、「評」を含む史料としてこの系図に注目した田中卓は、改めて原本調査にもとづく翻刻を行い[4]、続いて系図の構成・作成過程・成立背景に関する本格的な研究が、佐伯有清[5]・義江明子[6]によって進められた。また、松原弘宣[7]や加藤謙吉[8]は、伊予・讃岐の氏族に関する考察の中でこの系図を取り上げている。近年では、吉川敏子による専論が出されている[9]。

しかし、この系図には紙面の欠損や裏打ちの状態により、世系の接続に不確かな部分が多く、文字の判読や人名の割り付けについても、いまなお検討の余地が残されていると思われる。そこで本章では、この系図が作成された歴史的背景や、そこから看取される系譜意識を検討するための足がかりとして、これまでの研究成果を整理するとともに、いまいちど文字の判読にまで立ち戻り、特に前半部分を取り上げて基礎的な考察を行うこととしたい。

なお、『円珍俗姓系図』は国宝指定を受けており、容易に実見・調査できる環境にないため、筆者は系図の原寸大コロタイプ複製版を入手してこれを基礎とし[10]、『園城寺文書』などに掲載された写真版も参照しながら釈読と分析を行った[11]。第一部末尾には【翻刻】を付した。適宜参照されたい。

一 『円珍俗姓系図』の構成

『円珍俗姓系図』は複数の部分より構成されていることが、すでに先行研究で指摘されている。本章では従来の用語にしたがって【図1】に示したように本系図・略系図・書入に大別し、本系図をさらにA・B・Cの三つに区分したい。以下、各部分について概観しておこう。

本系図のA部分は、第二紙から第三紙の途中までを占める。はじめに景行天皇を中央に記し、その下に景行の皇子

図1　『円珍俗姓系図』模式図

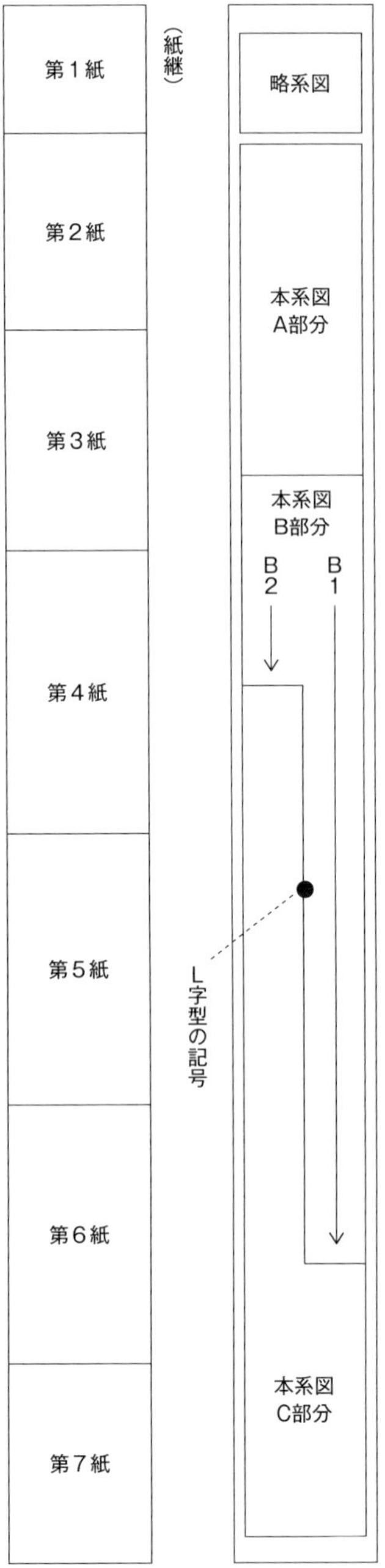

女を上下に二段書きで、上段は大碓皇子から弟姫皇女まで、下段は五百野皇女から豊国別皇子まで、計二十四人（皇子十七人・皇女七人）を列記している。皇子女のうち第十二番目に位置する武国凝別皇子の尻付には、

　伊予国御村別君、讃岐国因支首等始祖。

とあることから、武国凝別皇子より下は伊予御村別君氏と因支首氏の系譜ということになる。

　B部分は、第三紙の途中から始まり、第四紙の途中からは紙面の右側を占め、第六紙の途中まで続いている。武国凝別皇子の子として水別命・津守王・津守別命・阿加佐乃別命・□日女命・百日女命の六人を記し、以降は水別命の系統と阿加佐乃別命の系統に分かれる。以下では前者をＢ１系統、後者をＢ２系統と呼称しておく。

　Ｂ１系統は、水別命から□尼牟□乃別君の代まで続く。三津別命から尓閇古□までは系線で結ばれていないが、おそらく欠損によるものであり、本来は系線が存在したと思われる。一方、Ｂ２系統は阿加佐乃別命に始まり、次の和尓乃別命から忍乃別君までは二行書き（系線なし）で記されている。詳しくは後述するが、忍乃別君の子が真浄別君であると見られる。真浄別君の子である忍尾別君の下に挿入記号があり、そこから系線を右方向へ鍵型に延ばして、

此人、従㆓伊予国㆒到㆓来此土㆒、娶㆓因支首長女㆒生。

と記し、再び系線を戻して□思波・与呂豆へとつなげ、この二人の左傍には、

此二人、随㆑母負㆓因支首姓㆒。

と記している。これら二つの注記には、忍尾別君が伊予から讃岐にやってきて、この地に本拠を構えていた因支首氏の女性と婚姻し、二人の間に生まれた□思波・与呂豆は、母姓にしたがって因支首氏を名乗ったという経緯が示されている。よって、水別命の世代からB1系統の末尾の□尼牟□乃別君の代までと、B2系統の阿加佐乃別命から真浄別君までが伊予御村別君氏の系譜（B部分）であり、忍尾別君以下が因支首氏の系譜（C部分）ということになる。厳密に言うならば、忍尾別君は伊予御村別君氏の人物であるが、因支首氏の祖でもあるのでC部分に含めておく。

次にC部分は、第四紙の途中から始まり、はじめは紙面の左側を占め、第六紙の途中から右側にも広がり、第七紙の末尾（系図全体の下端）まで続く。前述のとおり因支首氏の祖とされる忍尾別君に始まり、因支首氏にとってもう一人の重要人物である身（「小乙上身」）を経て、紙面下端の円珍（「得度也僧円珍」）に至っている。

なお、第五紙の中央やや右寄りには、L字型の記号がある。この記号が付された場所は【図1】に示したように、B部分の上下方向（水別命の世代〜B1系統の□尼牟□乃別君の世代）のおよそ中間地点である。また、後掲の【翻刻】に見えるように、武国凝別皇子から下に延びた縦線が左方向にクランク状に折れ、水別命の世代の上に引かれた横線と合流する地点の真下に当たる。しかも、B1系統で最も左に張り出しているのは、□古乃別君の世代の柱古乃別君であるが、この柱古乃別君の左側はL字型の記号の延長線上に位置する。つまり、B1系統はこの記号よりも左側に

はみ出していない。これらのことから、この記号はB・C部分を記載する際、その境目を示すアタリとしての機能を果たしたと推測される。

以上が『円珍俗姓系図』の本系図であるが、これとは別に略系図が付されている。この略系図は第一紙に記され、本系図の上に置かれている。身を頂点に記し、そこから階段状に左右に分岐して、右側の系統は弘道・高主まで、左側の系統は広雄（円珍）・福雄までを記しており、本系図C部分後半の内容を抜粋・簡略化したものである。本系図とは異筆であり、円珍の自筆と見られている。(12) 円珍直筆とされる年未詳「円珍書状」（東京国立博物館所蔵）や、貞観五年（八六三）十一月十三日「円珍請伝法公験奏状案」（園城寺所蔵）などと比較しても、円珍の筆跡と見て差し支えない。この略系図は、後から本系図に貼り継がれたとする見方もあるが、(13) 複製や写真で見るかぎり、第一紙と第二紙以降の紙質は同じであることから、第一紙は当初より本系図の上に余白として付されており、その余白部分に後から略系図が書き込まれたと考えられる。

このほかに『円珍俗姓系図』には、以下の計十箇所に書入が見受けられる。

ア　第一紙上端に「□廿一世□□□世□／□世□四世□」とある。(14) 左に約九〇度傾斜して記されている。

イ　第一紙、略系図冒頭の身の左傍に「八男」とある。

ウ　第二紙上端、略系図と本系図の間に「□系図~~天長~~（ママ）承和初従　家□／□於円珍所□」とある。左に約九〇度傾斜して記されている。「天長」の二文字は抹消されている。

エ　第二紙下端、A部分の二段書き箇所の上に「神櫛皇子為第十郎与讃／岐朝臣解文合也」とある。(15) 左に約九〇度傾斜して記されている。

オ　第三紙、A部分の二段書き箇所の皇子の上に「一」から「十七」までの番号が付されている。

カ　第三紙、A部分の武国凝別命の尻付「讃岐国因支首等始祖」から線を引き、「貞観八年、改為二和気公一」と記す。左に約九〇度傾斜して記されている。

キ　第三紙、B部分のB2系統の和尓乃別命の左傍に「一」、二行書き箇所の阿佐乃別命の左傍に「二」、弟子乃別命を飛ばして麻呂子乃別命に「三」、波奈陋乃別公の右傍に「四」、加尼古乃別君の右傍に「五」、忍乃別君の右傍に「六」とある。「四」「五」「六」は左に約四五度傾斜して記されている。

ク　第三紙、B部分の二行書き箇所の左傍に「□系図」とある。左に約四五度傾斜して記されている。

ケ　第六紙、C部分の国成・国益に至る系線から線を引き、両者の右傍に「依二貞観八年十一月四日省符一、国益・道丸・臣足等、改為二和気公一」と記す。

コ　第三紙、A部分の裏に「伊予別公系図、武国王子為二第七一。／此系図□／以二神櫛王子一為二第九一。／天皇系図、以二神櫛一為二第九一。／以二武国凝別一為二第十一一。□／日本紀、以二神櫛一為二第十一、以二武国／凝王子一為二第十二一」とある。

このうちア・ウ・エ・カは左に約九〇度、キ・クは左に約四五度、それぞれ傾斜している点で共通している。イ〜コは筆跡・墨色が同じであり、筆跡よりして円珍自筆と考えられる。アは墨色が異なるが、傾斜がウ・エ・カと共通することから、これも円珍による追記と思われる。墨色からすると略系図と同時に記されたようである。

二　景行天皇の皇子女と『日本書紀』

以上を踏まえて、A・B部分の検討を行いたい。まず、A部分の人名の大半は『日本書紀』の記述と合致することが、佐伯有清や義江明子によって指摘されている。関連する記事を挙げておく。各記事で『円珍俗姓系図』にも見える人名には傍線を施した。

史料1『日本書紀』景行即位前紀

大足彦忍代別天皇、活目入彦五十狭茅天皇第三子也。母皇后曰二日葉洲媛命一。丹波道主王之女也。

史料2『日本書紀』景行二年三月戊辰条

立二播磨稲日大郎姫一〈一云、稲日稚郎姫。郎姫、此云二異羅菟咩一。〉為二皇后一。后生二二男一。第一曰二大碓皇子一。第二曰二小碓尊一。（略）是小碓尊、亦名日本童男。〈童男、此云二烏具奈一。〉亦曰二日本武尊一。（略）

史料3『日本書紀』景行四年二月甲子条

天皇幸二美濃一。左右奏言之、茲国有二佳人一。曰二弟媛一。容姿端正。八坂入彦皇子之女也。（略）時弟媛欲レ見二其鯉魚遊一、而密来臨レ池。天皇則留而通之。爰弟媛以為、（略）則請二天皇一曰、妾性不レ欲二交接之道一。（略）唯有二妾姉一。名曰二八坂入媛一。容姿麗美。志亦貞潔。宜納二後宮一。天皇聴之。仍喚二八坂入媛一為レ妃。生二七男六女一。第一曰二稚足彦天皇一。第二曰二五百城入彦皇子一。第三曰二忍之別皇子一。第四曰二稚倭根子皇子一。第五曰二大酢別皇子一。第六曰二渟熨斗皇女一。第七曰二渟名城皇女一。第八曰二五百城入姫皇女一。第九曰二麛依姫皇女一。第十曰二五十狭城入彦皇子一。第十一曰二吉備兄彦皇子一。第十二曰二高城入姫皇女一。第十三曰二弟姫皇女一。又妃三尾氏磐城別之妹水歯郎媛、生二五百野皇女一。次妃五十河媛、生二神櫛皇子・稲背入彦皇子一。其兄神櫛皇子、是讃岐国造之始祖也。弟稲背入彦皇子、是播磨別之始祖也。次妃阿倍氏木事之女高田媛、生二武国凝別皇子一。是伊予国御村別之始祖也。次妃日向髪長大田根、生二日向襲津彦皇子一。是阿牟君之始祖也。次妃襲武媛、生三国乳別皇子与二国背別皇子〈一云、宮道別皇子。〉・豊戸別皇子一。其兄国乳別皇子、是水沼別之始祖也。弟豊戸別皇子、是火国別之始祖也。（略）

史料4『日本書紀』景行十三年五月条

悉平二襲国一。（略）於是、其国有二佳人一。曰二御刀媛一。〈御刀、此云二彌波迦志一。〉則召為レ妃。生二豊国別皇子一。是日向国造之始祖也。

史料5『日本書紀』景行四十年七月戊戌条

天皇詔二群卿一曰、今東国不レ安、暴神多起。亦蝦夷悉叛、屢略二人民一。遣二誰人一以平二其乱一。郡臣皆不レ知二誰遣一也。日本武尊奏言、臣則先労二西征一。是役必大碓皇子之事矣。時大碓皇子愕然之、逃二隠草中一。則遣二使者一召来。爰天皇責曰、汝不レ欲矣、豈強遣耶。何未レ対レ賊、以予懼甚焉。因レ此、遂封二美濃一。仍如二封地一。是身毛津君・守君、凡二族之始祖也。

このことからも分かるように、『円珍俗姓系図』のA部分に記された人名とその表記は、ほとんどが『日本書紀』と一致していることが確認できる。よって、現状の『円珍俗姓系図』では欠損している箇所も、『日本書紀』によって文字を推測することが可能である。

一段目の右端の人名は「子大碓皇子」と推測される。その尻付を伴信友は「身毛津君始祖」としたが、この箇所は双行であり、複製によれば「始祖」の上には「等」が視認できる。一方、佐伯有清は「□（守君大田カ）君／□（島田君カ）等之始祖」とした。これは『古事記』景行段に、

大碓命。〈守君・大田君・嶋田君之祖。〉

とあることによったものであるが、欠損する文字数からして再考を要する。この箇所は史料5により「身毛津君／守君等始祖」と復元するのが適切である。

一段目左端について、佐伯・義江は、

次高城入姫皇女

次□国皇女

　　□坂入彦□

□皇女

次□

とし、田中は、

次高城入姫皇女

次豊国別皇子

　　□彦□

□皇女

次□

と推定した。しかし、この箇所には裏打ちの際に錯簡やズレが生じていることが、近年、吉川によって指摘されている。詳しくは後述するが、本章では吉川の復元にしたがい、

次高城入姫皇女

次弟姫皇女

已上十三皇母八坂入彦皇子女八

坂入媛

としておく。

二段目右端は、史料3から「五百野皇女」に作るものが多いが、伴信友が「次五百野皇女」としているように、他の人名にあわせて「次」を補うべきである。この箇所は欠損していることから、正確には「次五百野皇女」となる。

二段目左端は、史料4をもとに、

母御刀媛□加志□

次豊国別皇子

日向国造之始祖

などと翻刻されてきた。このうち「□加志□」の部分について、田中は『古事記』景行段に「日向之美波迦斯毘売」とあることから「ミハ加志毗売《（ママ）》」と推定したが（「ミハ」は用字不明とする）、ここは『日本書紀』の用字にならって「彌波迦志媛」とするのが妥当である。現状では「加」と「志」の間に墨痕は見られないが、複製によれば「加」の紙片は左と下が欠損しており、「志」にそのまま接続していないことから、本来の字形は「加」ではなく「迦」であった可能性がある。

ほかにも二段目では「母三尾氏磐城別之妹水歯郎媛」・「播磨別之始祖」・「次武国凝別皇子」・「伊予国御村別君」・「母阿倍氏木事之女高田媛」・「阿牟君之始祖」・「亦名宮道別皇子」などの文字が、史料3により復元される。さらに、二段目の豊戸別皇子の左に「已上三皇」とあることから、一段目の小碓皇子の左は「已上二皇」、二段目の稲背彦皇子の左は「已上二皇」と類推することができる。

このように『円珍俗姓系図』A部分と『日本書紀』の人名はほぼ一致している。ただし、細かく見れば二つの史料の間で表記が相違する箇所もある。それは以下の①〜⑩である（相違する文字には傍線を付した）。

①史料1には「大足彦忍代別天皇」とあるが、『円珍俗姓系図』には「大足彦忍代別尊」とある。

②史料2には「小碓尊」とあるが、『円珍俗姓系図』には「小碓皇子」とある。

③史料2に「日本童男」・「日本武尊」、史料5に「日本武尊」とあるが、『円珍俗姓系図』には「倭武《（ママ）》童男」・「倭尊」とある。

④史料2には「播磨稲日大郎姫」・「稲日稚郎姫」とあるが、『円珍俗姓系図』には「播磨稲日大郎媛」・「稲目稚郎媛」とある。

⑤史料2には「稲日稚郎姫」とあるが、『円珍俗姓系図』には「稲目稚郎媛」とある。

⑥史料3には「稚足彦天皇」とあるが、『円珍俗姓系図』には「稚足彦尊」とある。

⑦史料3では神櫛皇子を「讃岐国造之始祖」とするが、『円珍俗姓系図』には「讃岐公等祖、本姓凡直」とある。

⑧史料3には「稲背入彦皇子」とあるが、『円珍俗姓系図』には「稲背彦皇子」とある。

⑨史料3では武国凝別皇子を「伊予国御村別之始祖」とするが、『円珍俗姓系図』には「伊予国御村別君／讃岐国因支首氏等始祖」とある。

⑩史料3には「日向襲津彦皇子」とあるが、『円珍俗姓系図』には「日襲津彦皇子」とある。

このうち⑤の「日」と「目」、⑧の「入」、⑩の「向」は、単純な誤字・脱字と思われる。⑨は『円珍俗姓系図』が「讃岐国因支首氏」と「伊予国御村別君」の系譜を記したものであることを示すために、加筆された箇所である。「伊予国御村別君」の「君」は、B部分の人名に多く見られる「別君」にあわせて加えられたのであろう。⑦は讃岐国造を輩出した讃岐公氏（もと紗抜大押直・凡直、のち讃岐朝臣・和気朝臣に改姓）に関する記載である。この讃岐公氏については、因支首氏や円珍の系譜意識の問題とあわせて、第二章で述べることとしたい。

次に、②「尊」と「皇子」、③「日本」と「倭」、④「姫」と「媛」は、これらが全て日本武尊[16]に関わる異同であること、B部分冒頭の左傍に「都夫良媛」とあること、B1系統の□尼古乃別命にも「加都媛」・「□留和之古乃媛」とあることなどから、義江は「倭武尊―十城別命を始祖とする伊予別君氏とそこからの別れである因支首氏が本来的に有していた所伝によって、『書記』（『日本書紀』―筆者注）の表記に変更を加えた」と述べている。しかし、その場合であれば、「播磨稲日大郎姫」・「稲日稚郎姫」だけが「播磨稲日大郎媛」・「稲目稚郎媛」に変更され、ほかの皇女の「姫」がそのままにされた理由が判然としない。また、B部分冒頭の百日女命には「日女」とある。その姉も三文字目にわずかではあるが「日」の残画が確認でき、田中は「□日女命」と読んでいる。伊予別君氏らの所伝によってA部分の「姫」が変更されたならば、これらの「日女」が残されたことに対しても同様の疑問が残る。

むしろ、これは『日本書紀』を参照して『円珍俗姓系図』を記す際、『日本書紀』史料1〜5の間で用字を調整したのではなかろうか。④は、史料2には「播磨稲日大郎姫」とあるが、史料3・4では景行天皇の皇女は「姫」、景行天皇の妃（皇子女の母）は「媛」としていることから、この用字にあわせて「播磨稲日大郎姫」を「播磨稲日大郎媛」に書き換えて、『円珍俗姓系図』に記したものと推察される。③は、史料3に「倭」とあるのにあわせて、史料2・5の「日本」を「倭」に修正したと考えられる。①・②・⑥についても、『円珍俗姓系図』では即位した「大足彦忍代別尊」（景行天皇）と「稚足彦尊」（成務天皇）だけに「尊」を用い、それ以外は「皇子」としていることから、これにあわせて史料2の「小碓尊」を「小碓皇子」に書き換えたのであろう。なお、③の「倭尊」は、右隣に「倭武童《ママ》男」とあり「武」が抹消されていることから、田中が推定したように「武」が前行に竄入して「倭尊」になったものであり、上記の「尊」の用例とは性質が異なる。

以上のことから、『円珍俗姓系図』と『日本書紀』における表記の相違は、伊予別君氏らの所伝にもとづいて『日本書紀』の用字が変更されたのではなく、『日本書紀』の中で用字の統一をはかったために生じたと理解できる。

そして、この点を踏まえた上で、先行研究では特に言及されていないが、A部分の続柄表記に注意しておきたい。すなわち、A部分の冒頭に置かれた景行天皇の下には「之」が付されておらず、A部分とB部分をつなぐ位置にある武国凝別皇子の下にも、「之」は付されていない。ちなみに、両者には双行で尻付が記されており、このために「之」が省略されたようにも思われるが、B1系統の佐久□□別命は双行の尻付の上に「之」を付している。よって、「之」を欠いているのは、双行の尻付があるためではない。このように人名の下に「之」が付されていないのは、欠損している箇所を除けば、『円珍俗姓系図』の中では例外的である。このことは、A部分がB部分とは別個に作成され、後次的にB部分へ接合されたことを示している。A部分は、伊予御村別君氏と因支首氏が景行天皇―武国凝別皇子の流れを引く氏族であること、言い換えるならば武国凝別皇子を介した同宗関係にあることを示すために、後から架上されたと考えることができる。

三　伊予御村別君氏と伊予別君氏

次に、B部分の検討を行いたい。先行研究では、このB部分は伊予別君氏の系譜と伊予御村別君氏の系譜に分かれると理解されてきた。その根拠は次の三点である。

i　B部分の人名には「○○別」と「○○乃別」の二種類の記載方法がある。冒頭の水別命と津守別命、およびB

1系統の水別命から十城別命までが「○○別」となっている。B1系統では、倭子乃別君・加禰古乃別君以降は「○○乃別」に統一されている。B2系統は、阿加佐乃別命から「○○乃別」になっており、水別命の兄弟の中に阿加佐乃別命が「強引に割り込んだ形」になっている。

ii　B1系統の□尼古乃別命の下には「□別君之」とあるが、これは「此れ別君の祖」という文の断片であり、ここからが一つの系譜の始まりであることを意味している。

iii　佐久□□別命の下に「又名十城別命」とあるが、十城別命（王）は伊予別君氏の始祖であることから、この部分以下は伊予別君氏の系譜と考えられる。つまり、佐久□□別命の「又名」を十城別命とすることで、伊予別君氏の系譜が接合されている。

これらの点から義江は、「○○別」は伊予御村別君氏の系譜、「○○乃別」は伊予別君氏の系譜であり、B部分はこの二つの氏族の系譜に分かれると述べている。ただし、このB部分は別の理解も可能であると思われる。そこで、i～iiiを再検討してみたい。

まず、iについてであるが、細かく見ると「○○別」と「○○乃別」の表記は入り組んでおり、ある箇所を境として明確に区分できるわけではない。すなわち、B1系統の水別命・三津別命・佐久□□別命と、その又名である十城別命までは「○○別」となっているが、次の□尼古乃別命は「○○乃別」となっている。次の神子別命・黒彦別命は再び「○○別」となり（次の尓閇古□は欠損のため不明）、その次の倭子乃別君・加禰古乃別君から「○○乃別」に戻り、それ以降は「○○別」が続く。つまり、B1系統は「○○別」→「○○乃別」→「○○別」→「○○乃別」となっており、途中で「○○乃別」と「○○別」が逆転している。この箇所について義江は、「この部分を最初の□尼古乃別命の下で断ち切って、以下を省略し、「御村別系図」との第二次の接合がなされた。それ故にこの部分の冒頭には、「御村別系図」のどこかに位置していたのであろう（「乃」を含まない）「神子別命・黒彦別命」の名がすえられたのである。これ以降は○○乃別君（→公）の系図であり「此別君之□」の文言はそれをさしていったものであろう」と述べているが、この説明では、なぜ□尼古乃命の下に神子別命・黒彦別命を入れる必要があるのかが判然としない。

また、同じくB1系統の倭子乃別君・加禰古乃別君以降にも、「○○別」と「○○乃別」が混在している。倭子乃別君の子の宮手古別君、その子の大別君・小別君、大別君の子の建国別君、加禰古乃別君より三世代降った麻□別君、その次世代の金弓古別君、これら六人は「○○別」であるが、それ以外は「○○乃別」である。義江は、宮手古別君は名前に「評造小山上」を、大別君は「評督大建」を、それぞれ冠していることから、宮手古別君・大別君・小別君・建国別君らは、倭子乃別君の系統が加禰古乃別君の系統に対抗して、自分たちの系統でも「古くから評造・評督を輩出していたことを主張する意図を持って、後次的に書き加えられた」とし、麻□別君・金弓古別君も同じ段階に付加されたとする。特に麻□別君・金弓古別君は、それぞれの兄弟の末尾に置かれており、追記が可能であるとする。しかし、その場合には、評造や評督ではない小別君・建国別君を追記する必要はない。大別君・小別君の弟である加波夜須古乃別君以下の五人や、建国別君の弟の足国乃別君が、宮手古別君・大別君・小別君・建国別君らが追記される以前、どのような世系でつながれていたのかも不明である。

次に、iiについては「□別君之」の文言をどのように解釈するかが問題となる。佐伯・田中・義江は「此別君之」と読み、別君の祖を示す文言の断片とした。一方、吉川は「乃別君之」とし、この四文字は裏打ちの際に誤ってこの場所に貼り付けられたものであり、本来は尓閇古□の下にあり、「尓閇古□乃別君之」という人名であったと推測するが、まずは現在の位置で意味を取るべきであろう。

そこで注目したいのは、「□別君之」の上にある「又名」である。従来はこれを□尼古乃別命の母親を示す記載の一部として、

母阿倍角□臣
女加都媛。又名
□留和之古乃媛

と読み、□留和之古乃媛を加都媛の「又名」と理解してきた。しかし、複製によれば「又名」と「母阿倍角□臣」・「女加都媛」・「□留和之古乃媛」は文字の太さが若干異なっており、むしろ「又名」と「□別君之」は同じ太さで記されている。また、「□別君之」は「□」の箇所に亀裂が入っていることから、ここには一文字ではなく複数の文字があり、本来は「又名」とつながって「又名□別君之」とあった可能性がある。さらに、□尼古乃別命の下には「之」がないのに対し、「又名□別君之」の下には「之」がある。したがって、「□別君之」は□尼古乃別命の「又名」であり、次の「子神子別命」へ続いていたと考えられる(18)。このように「□別君之」を別君の祖ではなく、□尼古乃別命の又名と理解するならば、この位置から「別君」の系譜が始まるとの想定は成立しなくなる。

iiiについては、たしかに『日本書紀』景行五十一年八月壬子条に、

初日本武尊（略）又妃吉備武彦之女吉備穴戸武媛、生㆔武卵王与㆓十城別王㆒。（略）弟十城別王、是伊予別君之始祖也。

とあり、十城別王は伊予別君氏の祖とされている。しかし、佐久□□別命の「又名」を十城別命とすることで、伊予別君氏の系譜が接合されたのであれば、十城別命以降は「○○乃別」になっていなければならないが、現状では前述のとおり「○○別」が散見されるのであり、必ずしも「○○乃別」に統一されてはいない。また、「○○乃別」が伊

予別君氏の系譜であり、十城別命以降が伊予別君氏の系譜であるならば、その冒頭に位置する「十城乃別命」と記されなかった点も不審である。

以上ⅰ〜ⅲの検証結果からすれば、B部分は伊予御村別君氏の系譜（「〇〇別」）と伊予別君氏の系譜（「〇〇乃別」）を、単純に切り貼りしたものとは考えがたい。「〇〇別」と「〇〇乃別」の表記の相違は、B部分が複数の原史料によって作成されたか、あるいはB部分（の原史料）が段階的に作成されたことを示している可能性はあるが、少なくとも「〇〇別」が伊予御村別君氏の系譜、「〇〇乃別」が伊予別君氏の系譜というように、明確に切り分けることはできないと思われる。

そこで、伊予御村別君氏と伊予別君氏の関係を改めて検討してみよう。伊予別君（公）氏は、[19]『日本書紀』景行五十一年八月壬子条（前掲）に十城別王の後裔として見える。また、貞観九年（八六七）二月十六日「讃岐国司解」[20]には、冒頭に讃岐国那珂郡の因支首道麻呂・宅主・金布の三烟と、多度郡の因支首国益・男綱・臣足の三烟について、それぞれ改姓に預かる計四三人（那珂郡十五人、多度郡二十八人）が列記されており、それにつづく後半部分には、

右、被二民部省去貞観八年十一月四日符一称、太政官去十月廿七日符称、得二彼国解一称、管那珂・多度郡司解状称、秋主等解状称、謹案二太政官去大同二年三月廿三日符一称、右大臣宣、奉レ　勅、諸氏雑姓、概多二錯謬一。或宗異姓同、本源難レ弁、或嫌レ賤仮レ貴、枝派無レ別。此而不レ正、豈称二実録一、撰定之後、何更刊改。宜下検二故記一、請二改姓一輩、限二今年内一任令中申畢上者、諸国承知、依レ宣行レ之者。国依二符旨一、下二知諸郡一。爰祖父国益・道麻呂等、検二拠実録一進二本系帳一、并請二改姓状一。復案二旧跡一、依二太政官延暦十八年十二月廿九日符旨一、共二伊予別公等一、具注下為二同宗一之由上、即十九年七月十日進上之矣。而報符未レ下、祖耶已没。秋主等幸荷二継絶之恩　勅一、久悲二素情之未一レ允。加以因支両字、義理無レ憑、別公本姓、亦渉二忌諱一。当今　聖明照臨、昆虫霑レ　恩。望請、幸被二言上一、

忍尾五世孫少初位上身之苗裔在二此部（郡カ）一者、皆拠二元祖所レ封郡名一、賜二和気公姓一、将貽二栄于後代一者。郡司引二検旧記一、所レ申有レ道。仍請二国裁一者。国司覆審、所レ陳不レ虚、謹請二官裁一者。右大臣宣、奉レ　勅、依レ請者。省宜二承知、依レ宣行一者。国宜二承知、依レ件行レ之者。具録下于預二改姓一之人等夾名上、言上如レ件。謹解。（略）

とある。ここから、延暦十九年（八〇〇）七月十日、因支首氏が伊予別君氏と「同宗」であることを記して本系帳を提出したことが知られる。一方、伊予御村別君氏は『日本書紀』景行四年二月甲子条（史料3）に武国凝別皇子の後裔とあり、『円珍俗姓系図』A部分でも武国凝別皇子を伊予国御村別君の祖としている。このように『日本書紀』では、伊予別君氏と伊予御村別君氏は別の氏族とされている。伊予御村別君氏は因支首氏と祖（武国凝別皇子）を共有するのに対し、伊予別君氏は十城別命を祖としており、因支首氏とは祖を異にする。にもかかわらず「讃岐国司解」では、因支首氏と伊予別君氏は「同宗」であるとしている。この関係をどう整合的に解釈するかが問題となる。

　この点について佐伯は、佐久□□別命の又名を十城別命とするのは「古い所伝」であったか、もしくは別人であったものを後から同一人物としたものであり、「もともと伊予別君氏と伊予御村別君氏とは同じ氏族であって十城別王を始祖として伝えていたのが、後世に十城別王を日本武尊の子とする系譜と、武国凝別皇子の孫とする系譜のように二つの異伝が生じた」とする。

　また、義江は『日本書紀』の中でも伊予御村別君氏（武国凝別皇子）の系譜は景行天皇の皇子女を記した箇所、伊予別君氏（十城別王）の系譜は日本武尊の伝承に見えており、二つの系譜は「異質」であること、および「当時の用語例」では始祖が異なる氏族を「同宗」（「讃岐国司解」）と称するとは考えがたいことから、「両者は同じ氏族というよりもごく近い同族関係にある氏」であり、「同宗」を称して本系帳を提出した延暦十九年頃までに「伊予別君と御村別の二つの系譜伝承は統合され、武国凝別皇子を始祖とする「伊予別君（公）氏」が成立していた」とする。[21] ただし、日本武尊は『常陸国風土記』総記などに「倭武天皇」、『阿波国風土記』逸文に「倭健天皇命」と見えることや、通常は天皇の系譜は子の世代までであるのに対し、景行は孫の世代（日本武尊の子の世代）までが掲載されていることなどから、古い段階には日本武尊は大王（天皇）として扱われていた可能性も指摘されている。(22)とするならば、伊予御村別君氏の系譜は景行天皇の帝紀に、伊予別君氏の系譜は日本武尊（「倭武天皇」・「倭健天皇命」）の「帝紀」に、それぞれ掲載されていたことになり、伊予御村別君氏の系譜と伊予別君氏の系譜は、必ずしも「異質」であるとは言えなくなる。

それに対して加藤は、因支首氏自身が「讃岐国司解」で伊予別君氏と「同宗」であるとし、『円珍俗姓系図』では「伊予国御村別」と始祖を共有するのであるから、「両氏は当然同一の実体」でなければならないと述べている。さらに『先代旧事本紀』巻七「天皇本紀」景行天皇条には、

国乳別命。〈伊予宇和別祖。〉

とあるが、伊予宇和別は伊予国宇和郡を本拠とする豪族と思われ、「国名＋地名＋別」を氏姓とする氏が伊予国内に複数存在したことが確認できることから、「「国名＋地名＋別」型の伊予御村別君氏と、地名の部分を欠く伊予別君氏は、前者をフルネーム、後者を略称的な氏姓とみて、両者を同一の氏と解する方が妥当」であるとする。(23)

こうした関係の類例として、針間国造と針間鴨国造を取り上げたい。『先代旧事本紀』巻十「国造本紀」には、

針間国造
　志賀高穴穂朝、稲背入彦命孫伊許自別命、定二賜国造一。
針間鴨国造
　志賀高穴穂御世、上毛野国造同祖御穂別命児市入別命、定二賜国造一。

とあり、針間国造（播磨国飾磨郡に所在）[24]と、針間鴨国造（播磨国賀茂郡に所在）[25]が掲載されている。一方、天平六年（七三四）「大智度論」の奥書には針間国造の一族が多く記載されているが[26]、この「大智度論」は播磨国賀茂郡既多寺の知識によって写されたものであることから、「大智度論」に見える針間国造は「国造本紀」の針間鴨国造を指していると考えられる。このように、同一の氏族でも史料によって呼称が異なる場合がある。こうした事例は、ほかにも散見されるであろう。

とするならば、伊予御村別君氏と伊予別君氏が実態として同一の氏族であったかどうかは措くとしても[27]、『円珍俗姓系図』の「伊予国御村別君」と「讃岐国司解」の「伊予別公」は、同じ氏族に対して史料によって別の呼称が付されたに過ぎないのであり、少なくとも「讃岐国司解」の「伊予別公」は『円珍俗姓系図』が言うところの「伊予国御村別君」を指している（「讃岐国司解」では伊予御村別君氏の「御村」が省略されている）と思われる。この前提に立つならば、『日本書紀』では因支首氏と祖を異にする伊予別君氏が、「讃岐国司解」では因支首氏と「同宗」とされていることも、整合的に説明することが可能となる。したがって、「○○別」と「○○乃別」の書き分けや、「□別君之」・「又名十城別命」の記載などから、B部分を二つの氏族の系譜に分割する必要はないのであり、B部分はあくまでも伊予御村別君氏（「讃岐国司解」では「伊予別公」）の系譜と考えられるのである。

四　二行書き箇所と伊予別公系図

最後に、A部分二段書き箇所左端と、B部分二行書き箇所の文字について付言しておきたい。これらの箇所は従来、以下のように翻刻されてきた。

（A部分二段書き箇所左端）

次高城入姫皇女

次□国皇女　　「十七」　　次豊国別皇子　　母御刀媛□加志□

　　□坂入彦□　　女八　　　　　　□祖

□皇女

次□

（B部分二行書き箇所）

〔四〕　　〔五〕　　〔六〕

子波奈陋乃別君之子加尼古乃別君之子忍乃別君又名□　　忍尾

和尓乃別命　　子阿佐乃別命之子弟子乃別命之子麻呂子乃弟姫之　　真浄別君

「一」　　「二」　　「三」　　命之　子忍尾別君之

これに対して吉川は近年、B部分二行書き箇所の「□」は「高城」と読むことができ、同じく「弟姫之」は正しくは「弟姫皇」と記されており、これらは本来、A部分二段書き箇所上段左端の「高城入姫皇女」とその左にあった紙片が、裏打ちの際に誤ってこの位置に貼り付けられてしまったものであると推定した。そして、それにともないA部分二段書き箇所上段の「□国皇女」の「□国」の紙片は、本来はA部分二段書き箇所下段の「豊国別皇子」の箇所に移動すべきであるとし、A部分の二段書き箇所上段左端と、二行書き箇所の末尾を、それぞれ【翻刻】のように復元した。

　この復元は、『日本書紀』景行四年二月甲子条（史料3）・景行十三年五月条（史料4）と矛盾するところはなく、むしろこのように読むことでA・B部分ともに問題なく理解できる。吉川の指摘は首肯すべきであろう。よって、二行書き箇所には、和尓乃別命・阿佐乃別命・弟子乃別命・麻呂子乃別命・波奈陋乃別君・加尼古乃別君・忍乃別君の七人が記されていたことになる。なお、吉川は末尾の忍乃別君について、「忍乃別君の又の名は「忍尾真浄別君」か、「忍尾」・「真浄別君」の二つであったかのいずれかであろう」としているが、「忍尾」と「真浄別君」は文字の大きさが異なることから、筆者は前述のとおり忍乃別君の又名が忍尾であり、その子が真浄別君であったと理解しておきたい。

では、なぜこの七人は二行書きで記されたのであろうか。そもそも、この七人が前後の人物と一連で記されたならば、二行ではなく一行で記されるはずであるから、この箇所は当初は空白となっており、そこに後から七人を記入しようとした際、スペースが足りなかったために、やむをえず二行書きで記したという経緯が想定される。

それは、続柄記載からもうかがえる。和尓乃別命の上には「子」がなく、忍乃別君の下にも「之」がない。また、その左傍の真浄別君の上下にも「子」・「之」がない。これらの箇所は欠損していないことから、もとから「子」・「之」は記されていなかったと思われる(28)。とするならば、阿加佐乃別命と和尓乃別命（二行書き箇所の冒頭）の間、および忍乃別君・真浄別君（二行書き箇所の末尾）と忍尾別君の間は、それぞれ前後とつながっていなかったと考えられる。この点も七人が後から挿入されたことを示す証左となる。

さらに、この二行書き箇所の人名には、傍らに「一」～「六」の番号が別筆で付されている。これについて佐伯は、「円珍は、他の資料―もしかしたら『伊予別公系図』かもしれない―によって、その世代をあらわす数字を書き入れたのであろう」と述べている。たしかに、A部分の裏書き（書入コ・前掲）にも「伊予別公系図」が見えていることから、円珍が「伊予別公系図」を参照していたことは間違いない（前節で述べたように、この伊予別公も伊予御村別君氏の言い換えであり、実際は伊予御村別君氏を指すと見られる)。

そこで注目したいのは、「一」〜「六」の番号のうち右列の人名に付された「四」・「五」・「六」と、人名の左側に見える「□系図」(書入ク)が、同じく左に約四五度傾いて記されている点である。(29) このことは二行書き箇所の人名の傍らに付された数字と「□系図」が、互いに関連する内容であることを示すものである。

この書入クについては、伴信友は「承系図」としたが、それでは意味が通らない。一方、『園城寺余光』や田中は「御系図」と読んでいるが、この文字はおそらく円珍自筆の書入であり、(30) 円珍が自氏の系図を「御系図」と称すとは思われない。とするならば、この「系図」とは、先に佐伯が想定したように「伊予別公系図」を指すのではあるまいか。

二行書き箇所を含むB部分が伊予御村別君氏の系譜であることは、すでに述べた。また、「系図」の上の文字の残画は、「公」の第三・四画目の下端のようにも見えることから、本来はその上に文字が続いて「伊予別公系図」と記されていた可能性がある。つまり、二行書きで記された七人の人名は、伊予御村別君氏の系譜によって後から挿入されたものであり、その後、円珍が「伊予別公系図」を参照して人名の傍らに代数を書き込み、その典拠を左側に記載した結果、現状を呈するに至ったと考えられる。

結語

本章では、『円珍俗姓系図』をA部分(景行天皇とその皇子女の系譜)、B部分(伊予御村別君氏の系譜)、C部分(因支首氏の系譜)に区分し、このうち特にA・B部分を対象として、文字の判読にまで立ち戻った基礎的な検討を行った。

Ａ部分は、基本的に『日本書紀』に見える景行天皇の系譜記事を引き写したものであるが、わずかに表記の相違も存在しており、そうした箇所は『日本書紀』を参照して『円珍俗姓系図』の内容を記す際に、『日本書紀』の各記事の間で用字を調整したために生じたと見られることを述べた。また、Ａ部分冒頭の景行天皇と、Ａ・Ｂ部分の結節点に位置する武国凝別皇子の下に「之」が付されていないことから、Ａ部分はＢ部分とは別個に作成され、後次的にＢ部分へ架上されたと考えられることを指摘した。

一方、Ｂ部分は、伊予御村別君氏の系譜（「〇〇別」）と伊予別君氏の系譜（「〇〇乃別」）を組み合わせたものではなく、あくまでも伊予御村別君氏の系譜であること、そして、伊予御村別君氏と伊予別君氏が実態としていかなる関係にあるかは即断できないが、少なくとも「讃岐国司解」の「伊予別公」は『円珍俗姓系図』の「伊予国御村別君」を指しており、言い換えるならば「讃岐国司解」では伊予御村別君氏の「御村」が省略されていると理解すべきことを論じた。また、二行書き箇所の冒頭に位置する和尓乃別命の上に「子」がなく、同箇所の末尾に位置する忍乃別君の下にも「之」がなく、真浄別君の上下にも「子」・「之」がないことから、二行書き箇所は後から挿入された可能性があることを指摘した。さらに、その二行書き箇所の左傍に施された「□系図」という書入は、本来は「伊予別公系図」と記されており（伊予御村別君氏の系図を指す）、円珍はこの系図を参照して二行書き箇所の人名に世代数を書き込んだと推定した。

なお、本章ではＣ部分や略系図・書入に言及することがかなわなかった。これらの部分については、『円珍俗姓系図』が作成された歴史的背景や、そこから看取される系譜意識の問題とあわせて、第二章で改めて詳論することとしたい。

註

（1）第一部第二章参照。
（2）伴信友『和気系図附考』（大鹿久義編『稿本伴信友著作集』三、温故学会、二〇〇一年、成立一八三五年）。以下、伴信友の所説はこれによる。
（3）大倉粂馬・松岡静雄『伊予上代史考　伊曾乃神社』（郷土研究社、一九三二年）、大倉粂馬『上代史の研究　伊予路のふみ賀良』（大倉粂馬翁遺稿刊行会、一九五六年）。以下、大倉の所説は『上代史の研究　伊予路のふみ賀良』による。
（4）田中卓「郡司制の成立（下）」（『田中卓著作集6　律令制の諸問題』国書刊行会、一九八六年、初出一九五三年）、同「「評（督）」に関する新史料五点」（『田中卓著作集6　律令制の諸問題』前掲、初出一九五七年）、同『『和気氏系図』の校訂」（『田中卓著作集2　日本国家の成立と諸氏族』国書刊行会、一九八六年）など。以下、田中の所説は「『和気氏系図』の校訂」による。なお、評制（評造・評督など）に関連して『円珍俗姓系図』を取り上げた研究は多いが、ここでは割愛する。
（5）佐伯有清「円珍の家系図」（『智証大師伝の研究』吉川弘文館、一九八九年、初出一九七五年）、同『新撰姓氏録の研究』考証編二（吉川弘文館、一九八二年）、同「円珍の同族意識」（『智証大師伝の研究』前掲）、同『人物叢書新装版　円珍』（吉川弘文館、一九九〇年）など。以下、佐伯の所説は「円珍の家系図」による。
（6）義江明子「古代系譜の構造」（『日本古代の氏の構造』吉川弘文館、一九八六年）、同「「和気系図」異質部の「娶生」」（『日本古代系譜様式論』吉川弘文館、二〇〇〇年）など。以下、義江の所説は「古代系譜の構造」による。
（7）松原弘宣「讃岐国西部地域における地方豪族」（『古代の地方豪族』吉川弘文館、一九八八年）、同「古代の別（和気）氏」（『古代瀬戸内の地域社会』同成社、二〇〇八年、初出二〇〇二年）。
（8）加藤謙吉「讃岐の国造勢力と因支首」（『東アジアの古代文化』一三二、二〇〇七年）。以下、加藤の所説はこれによる。
（9）吉川敏子「『和気系図』に示された系譜意識」（『律令貴族成立史の研究』塙書房、二〇〇六年、初出二〇〇四年）、同『氏と家の古代史』（塙書房、二〇一三年）。以下、吉川の所説は『『和気系図』に示された系譜意識」による。
（10）大倉粂馬『大師御系図（複製）』（便利堂、一九三三年）。
（11）園城寺編『園城寺文書』一（講談社、一九九八年）。このほかに、恩賜京都博物館編『園城寺余光』（中島泰成閣出版部、一九四〇年）、東京国立博物館ほか編『三井寺秘宝展図録』（日本経済新聞社、一九九〇年）、大阪市立美術館ほか編『国宝三井寺展図録』

（二〇〇八年）なども利用した。

(12) 略系図の筆跡について、田中は保留とする。

(13) 義江明子「古代系譜の構造」（前掲）。

(14) ／は改行を示す。以下同じ。

(15) 大倉粂馬は「[身枚夫与]為当十郎、与讃[岐]朝臣解文合也」と読んだが、ここでは佐伯の読みにしたがった。

(16) 「倭建命」・「倭健命」などとも表記されるが、本章では「日本武尊」で統一する。

(17) 水別命の下には「之」、三津別命の上には「子」が見られないが、この間には欠損があり、本来は「水別命之―子三津別命」とあったと推定される。

(18) その場合、「□阿倍角□臣／□加都媛／□留和之古乃媛」の箇所は、「[母]阿倍角□臣／[女]加都媛／[又名]留和之古乃媛」あるいは「[娶]阿倍角□臣／[女]加都媛／[生]留和之古乃媛」などと推測される。

(19) 『続日本紀』天平宝字三年（七五九）十月辛丑条に「天下諸姓著二君字一者、換レ以二公字一」とあり、「君」を「公」に改めている。この時に、伊予別君氏もカバネを「公」に改めたと思われる。本章では「伊予別君」で統一する。

(20) 『平安遺文』一―一五二。

(21) 吉川は、十城別王（『日本書紀』）と十城別命（『円珍俗姓系図』）は別人であり、伊予別氏には十城別王・十城別命をそれぞれ祖とする「異宗同姓」の二氏があったとする。しかし、「王」と「命」は史料による言い換えに過ぎないであろう。

(22) 三浦佑之『古事記のひみつ』（吉川弘文館、二〇〇七年）など。

(23) このほかにも『天皇本紀』景行天皇条には「武国（凝脱ヵ）皇別命。〈伊予御城別（略）祖。〉」とあり、伊予御城別氏という氏族が見える。加藤はこれを「伊予御村別」の誤記とするが、筆者はこの氏族も加藤の言う「国名＋地名＋別」型の一例として理解したい。つまり、「国名＋地名＋別」型の氏族には、伊予御村別・伊予宇和別・伊予御城別の三氏がいたことになる。その場合、伊予御城別氏の「御城」は、「大足彦忍代別天皇」の「忍代」に関係する可能性があろう。

(24) 現在の兵庫県姫路市一帯。

(25) 現在の兵庫県小野市・加東市・加西市一帯。

(26) 佐藤信「石山寺所蔵の奈良朝写経」（『古代の遺跡と文字資料』名著刊行会、一九九九年、初出一九九二年）、栄原永遠男「郡的世界の内実」（『人文研究』五一―二、一九九九年）、今津勝紀「既多寺大智度論と針間国造」（栄原永遠男他編『律令国家史論集』塙書房、二〇一〇年）など。
(27)『日本書紀』の文脈においては、伊予御村別君氏と伊予別君氏は氏姓・始祖ともに異なっており、別氏として扱われている。しかし、氏姓や系譜は現実的な関係に応じて変化し得るものであり（拙著『日本古代氏族系譜の基礎的研究』東京堂出版、二〇一二年）、『日本書紀』編纂以前・以後に、両氏がいかなる関係にあったかは、史料がなく不明とせざるを得ない。あるいは、伊予別君氏と伊予御村別君氏は本来的に別の氏族であったが、のちに伊予別君氏が衰退し、『円珍俗姓系図』が作成された頃には「伊予別君」といえば伊予御村別君氏を指すようになっていた可能性もある。
(28) 阿加佐乃別命の下に「之」がなく、和尓乃別命の下にも「之」がないが、この二ヵ所には欠損があることから、本来は「之」が記されていたと思われる。
(29) 先行研究では「四」・「五」・「六」が左に傾いている点は留意されておらず、翻刻にも傾きは全く示されていない。
(30)『園城寺余光』や田中も、この書入は円珍の自筆と見ている。

第二章　『円珍俗姓系図』の成立過程と系譜意識

はじめに

滋賀県大津市の園城寺（三井寺）所蔵『円珍俗姓系図』は、智証大師円珍を輩出した讃岐国の因支首氏と、その同宗関係にある伊予御村別君氏の系図である。この系図に関しては、伴信友・大倉粂馬を先駆とし[1]、その後、田中卓・佐伯有清・義江明子・松原弘宣・加藤謙吉・吉川敏子による研究が蓄積されている[2]。しかし、いまだ文字や世系の接続に不確かな部分も多く、検討の余地を多く残している。そこで第一章では、この系図に関する基礎的な検討を行い、次の諸点を指摘した[3]。

・『円珍俗姓系図』は、本系図・略系図・書入に大別できる（第一章【図1】参照）。本系図はA部分（景行天皇とその皇子女）、B部分（伊予御村別君氏の系譜）、C部分（因支首氏の系譜）に細分される。A部分には人名を上下二段に記した箇所（二段書き箇所）、B部分には人名を途中で折り返して記した箇所（二行書き箇所）がある。略系図・書入は円珍の自筆である。

・A部分は、基本的に『日本書紀』に見える景行天皇の系譜記事を引き写している。『円珍俗姓系図』と『日本書紀』との間には、表記の相違がわずかに見られるが、それらは独自の原資料に拠ったのではなく、『日本書紀』

を参照して『円珍俗姓系図』の当該箇所を記す際に、用字を調整・統一したために生じたものである。

・『円珍俗姓系図』では原則として、子がいる人物は名前の下に「之」を付しているが、A部分の景行天皇と武国凝別皇子には、子がいるにもかかわらず「之」が付されていない。このことは、A部分が他とは別の時期に記されたこと、すなわちA部分がB部分へ後次的に架上されたことを示している。

・同様に、B部分の二行書き箇所の冒頭に位置する和尓乃別命の上には「子」がない。また、同部分末尾の忍乃別君の下にも「之」がなく、真浄別君の上下にも「子」・「之」がない。このことは、二行書き箇所が後から挿入されたことを示している。

・これまでB部分は、伊予御村別君氏と伊予別君氏という二つの氏族の系譜が組み合わされているとされてきたが、これらは厳密に区分できないことから、B部分はあくまでも伊予御村別君氏の系譜と理解すべきである。この伊予御村別君は、史料によって伊予別君氏と言い換えられる場合がある。

・B部分の「□別君之」という文言は、従来は「此れ別君の祖」の意とされてきたが、これはその上に置かれた□尼古乃別命の又名の一部である。

・B部分の二行書き箇所の左傍に、左に約四五度傾斜して記されている「□系図」は、本来は「伊予別公系図」とあり、円珍はこれを参照して書入を行った。

これらを基礎として本章では、『円珍俗姓系図』の成立過程と系譜意識について論じたい。具体的には、第一節で『円珍俗姓系図』の原資料の成立時期について、第二節で『円珍俗姓系図』(の原型)が作成された各段階について、それぞれ検討を加える。そして、それを踏まえて第三節では、因支首氏と円珍の系譜意識の抽出・比較を行うこととする。なお、第一部末尾に【翻刻】を付した。適宜参照されたい。

一　『円珍俗姓系図』の原資料とその成立時期

まず『円珍俗姓系図』の原資料を検討するための手がかりとして、C部分の身という人物に注目したい。この人物は「小乙上」(4)の冠位を有し、

難破(ママ)長柄朝廷、任二主帳一。

との尻付がある。冠位などが付された人物は、B部分には多いが、C部分では身が唯一である。この人物は略系図の冒頭にも置かれており、貞観九年(八六七)二月十六日「讃岐国司解」(5)(後掲)でも言及されるなど、因支首氏の中で重要な位置を占めていたことが知られる。しかし、この身については、以下に挙げるように複数の不審な点が指摘されている。

・身を「難破長柄朝廷」(孝徳朝、六四五〜五四)の人物とするならば、その五世代後の円珍との間は約二〇〇年となり、一世代約四〇年の計算になる。これは一般的に言われる一世代約二〇〜三〇年に比して、間隔が開きすぎている。

・官職を記す場合、ほかの人物は名前の上に置くのに対し、身は尻付としている。

・身は、貞観九年「讃岐国司解」には「少初位上身」と見えるが、孝徳朝に小乙上(のちの従八位上に相当)であった人物が、大宝元年(七〇一)以降に少初位上に任じられたとすると、かなりの長寿であり、しかも四階も降格したことになる。

これらの点から、尻付の信憑性を疑い、身は孝徳朝の人物ではないとする説が出されている。たとえば、田中卓は

彼を天武朝、山尾幸久は「七世紀末葉前後」(6)、松原弘宣は八世紀前半、吉川敏子は「八世紀前～中期」の人物とする。(7)ただし、これらの説のように身を孝徳朝以降の人物と見た場合、なぜ「小乙上」・「難破長柄朝廷」という記載が付されたのかが判然としない。一方、尻付のとおりに身を孝徳朝の人物とする見方もある。黛弘道は、藤原朝臣鎌子（六一四～六九）とその五世孫の冬緒（八〇八～九〇）や、小野朝臣妹子とその五世孫の篁（八〇二～五三）の生存年代を参考に、身が孝徳朝に生存していても差し支えないとする。(8)佐伯も「世代数のうえから問題はない」とし、「讃岐国司解」に「少初位上」とあるのは『円珍俗姓系図』の「小乙上」を「誤って読み換えた」と推測する。しかし、黛説では「任主帳」・「少初位上」、佐伯説でも「任主帳」と記された経緯について言及がない。このように、先行研究では身の生存年代に議論の関心が向いており、身に付された注記を総じてどのように理解するのかについては、十分な説明はなされていない。

そこで、改めて整理してみよう。身に関する情報は「讃岐国司解」に見える「少初位上」と、『円珍俗姓系図』に見える「小乙上」・「難破長柄朝廷」・「任主帳」に分かれる。このうち最も信頼性が高いのは、公的な文書として作成された「讃岐国司解」の「少初位上」である。また「任主帳」については、八世紀以降に主帳に任命された人物の位階の実例からして、少初位上の人物が主帳に任命されることは十分にあり得る。

では、身が主帳に任命されたとすれば、それはどの郡においてであろうか。松原は、因支首氏が讃岐国多度郡に居住していることや、応永三十年（一四二三）「良田郷田数支配帳事」(9)には、

地頭方内稲毛方六町壱段壱百歩。社家方十二丁《(ママ)》二段半四十歩。

とあり、「因支」の転訛と思しき「稲毛」という地名が同郡良田郷内に確認できることから、身を多度郡の主帳と見ている。たしかに、貞観九年「讃岐国司解」によれば、因支首氏は多度郡・那珂郡のどちらにも分布しているが、よ

り多くの居住が確認できる前者が本拠と思われることから、松原の指摘は首肯できる。その多度郡には、佐伯直氏や伴良田連氏の分布が知られる。佐伯直氏は『日本三代実録』貞観三年（八六一）十一月十一日辛巳条に、

讃岐国多度郡人故佐伯直田公男故外従五位下佐伯直鈴伎麻呂、故正六位上佐伯直酒麻呂、故正七位下佐伯直魚主、鈴伎麻呂男従六位上佐伯直貞持、大初位下佐伯直貞継、従七位上佐伯直葛野、酒麻呂男書博士正六位上佐伯直豊雄、従六位上佐伯直豊守、魚主男従八位上佐伯直粟氏等十一人、賜二佐伯宿禰姓一。即隷二左京職一。先レ是、正三位行中納言兼民部卿皇太后宮大夫伴宿禰善男奏言、書博士正六位下佐伯直豊雄款云、先祖大伴健日連公、景行天皇御世、随二倭武命一、平二定東国一。功勳盖レ世、賜二讃岐国一、以為二私宅一。健日連公之子、健持大連公子、室屋大連公之第一男、御物宿禰之胤、倭胡連公、允恭天皇御世、始任二讃岐国造一。倭胡連公、是豊雄等之別祖也。孝徳天皇御世、国造之号、永従二停止一。同族玄蕃頭従五位下佐伯宿禰真持、正六位上佐伯宿禰正雄等、既貫二京兆一、賜二姓宿禰一。而田公之門、猶未レ得レ預。謹検二案内一、真持・正雄等之興、只由二実恵・道雄両大法師一。是両法師等、贈僧正空海大法師所二成長一也。而田公是大僧正父也。今大僧都伝燈大法師位真雅、幸属二時来一、久侍二加護一。比二彼両師一、忽知二高下一。豊雄又以彫虫之小芸、忝二学館之末員一。顧望二往時一、悲歎良多。准二正雄等之例一、特蒙二改レ姓改レ居。善男等、謹検二家記一、事不二憑虚一。従レ之。

とあるように、佐伯直豊雄らの別祖に当たる倭胡連公が、允恭朝に讃岐国造に任命されたとする伝承を有している。

また、延暦二十四年（八〇五）九月十一日「太政官符」[10]には、

太政官符　治部省
□(留カ)学生空海〈俗名讃岐国多度郡方田郷戸主正六位上佐伯直道長戸口同姓真魚。〉
右、去延暦廿二年四月七日出家□□□□□(入唐者省宣カ)承知、□□(依例カ)度之。符到奉行。（略）

とあり、讃岐国多度郡弘田郷の戸主である佐伯直道長が正六位上の位階を有していることなどから、佐伯直氏は多度郡の郡領氏族と見られる。伴良田連氏も『類聚符宣抄』貞元二年（九七七）六月二十五日「讃岐国司解」に、

讃岐国司解　申言二上銓擬郡司一事

請レ被下以二散位正六位上伴良田連定信一越レ次補中任管多度郡大領外従七位上伴良田連宗定死闕替上状

右件郡大領宗定、今年四月十二日其身死去。爰郡務繁多、従事人少。国宰之煩莫レ不レ由レ斯。就中件郡、部内広遠、官物巨多。若大領非二其人一、恐雑務擁滞。今件定信、擬任年久、撫育有レ方。推二其才幹一尤足二郡領一。謹案二格条一、銓二擬郡司一、一依二国定一者。望請以二件定信一、被三越レ次補二任大領宗定死闕之替一、将レ勤二郡務一。仍録二事状一、謹解。

貞元二年六月二十五日　　正六位上行大目物部宿禰

正五位下行民部権少輔兼権介源朝臣

とあり、伴良田連宗定・定信が多度郡大領として見えている。それに対して、因支首氏で位階を有したことが知られるのは、身ただ一人である。よって、多度郡内では佐伯直氏や伴良田連氏などが郡領氏族として有力であったのに対し、因支首氏は劣勢であり、それゆえに主帳を輩出するのが精一杯であったと考えられる。

次に、「小乙上」・「難破長柄朝廷」について検討したい。前述した黛・佐伯の計算によれば、円珍の五世代前の身が孝徳朝に生存していても不自然ではない。孝徳朝の人物が大宝以降まで存命していることも、あり得なくはない。しかし、たとえその場合でも、孝徳朝に小乙上であった人物が、のちに四階も降格されて少初位上に叙されることは想定しがたい。小乙上は天武十四年（六八五）まで用いられているが、彼が孝徳朝ではなく天智あるいは天武朝に小乙上であったとしても同じことである。したがって、「小乙上」には何らかの錯誤が生じていると思われる。

そこで、B部分の足国乃別君に付された「追正大下」という冠位に注目したい。これはおそらく「追正八下」の誤記であり、「位」を省略したものと見られる。この表記を参考にするならば、身も本来は「少初位上」の「位」を省略して「少初上」とあったものが、書写の過程で「小乙上」に誤って書き写された（誤って読み替えられた）のではなかろうか。かつて佐伯は「少初位上」を「小乙上」の誤記としたが、筆者は逆に「小乙上」を「少初（位）上」の誤記と理解するのである。

　このように、身が「少初位上」であり、多度郡の「主帳」であったならば、「難破長柄朝廷」だけがこれらの要素と整合しないことから、この文言は身が大宝以降に主帳であったことを遡らせて、孝徳朝からすでに主帳（実際には評の役人）であったように記したものと推測される。これが潤色なのか、何らかの混乱によるものかは不明である。かりに前者の場合は、『日本書紀』大化二年（六四六）正月甲子条に、

賀正礼畢。即宣二改レ新之詔一曰（略）其二曰、初修二京師一、置二畿内国司・郡司・関塞・斥候・防人・駅馬・伝馬一、及造鈴契、定山河。凡京毎レ坊置二長一人一。四坊置二令一人一。掌下按二検戸口一、督中察奸非上。其坊令、取下坊内明廉強直、堪二時務一者上充。里坊長、並取二里坊百姓清正強幹者一充。若当里坊無レ人、聴二於比里坊簡用一。凡畿内、東自二名墾横河一以来、南自二紀伊兄山一以来、〈兄、此云レ制。〉西自二赤石櫛淵一以来、北自二近江狭々波合坂山一以来、為二畿内国一。凡郡以二四十里一為二大郡一。三十里以下四里以上為二中郡一、三里為二小郡一。其郡司、並取下国造性識清廉、堪二時務一者上、為二大領・少領一、強幹聡敏、工二書算一者、為二主政主帳一。凡給二駅馬・伝馬一、皆依二鈴傅符剋数一。凡諸国及関、給二鈴契一。並長官執。無次官執。

とあり、主帳が孝徳朝から置かれていたように記されていることや、『続日本紀』天平七年（七三五）五月丙子条に、

制、畿内・七道諸国、宜下除二国擬一外、別簡二難波朝廷以還、譜第重大四五人一副上之。如有下雖レ无二譜第一、而身才

絶㆑倫、并労効聞㆑衆者㆖、別状亦副、並附㆓朝集使㆒申送。其身、限㆓十二月一日㆒、集㆓式部省㆒。

とあるように、律令制下には孝徳朝から郡領を世襲した氏族（譜第郡司）が重視されたことと関連するであろう[11]。因支首氏は厳密には譜第郡司氏族ではないが、前述のように讃岐国多度郡で有力であった佐伯直・伴良田連両氏に対抗するため、自氏の由緒を孝徳朝にまで遡らせて語ろうとしたものと思われる[12]。

以上のことからすれば、身は孝徳朝の人物ではなく、実際は八世紀初めに少初位上の位階を有し、讃岐国多度郡の主帳に任じられた人物であり、当該郡において劣勢であった因支首氏にとって顕彰すべき祖先であったと理解することができる。

その上で指摘したいのは、身の名前の下に「之」が付されていないことである。冒頭でも述べたように、『円珍俗姓系図』は原則として人名の上に「子」・「次」を付し、子がいる場合は人名の下に「之」を付して（子がいない場合は付さない）、その下から系線を引いている。身のように子がいるにもかかわらず、人名の下に「之」が付されていないのは、欠損により文字が確認できない箇所を除けば、きわめて例外的である[13]。このことからすると、『円珍俗姓系図』のもとになった原資料は、身の代で終わっていた可能性が高い。

それは、次の諸点からも傍証される。まず、先行研究では、B部分に見える「□別君之」を「此れ別君の祖」と解釈し、その下の神子別君・黒子別君を伊予御村別君氏の初代、C部分の忍尾別君を因支首氏の初代として、B・C部分の世代を対応させて数えてきた。つまり、神子別君・黒子別君と忍尾別君を同じ世代として理解してきた。しかし、「□別君之」は□尼古乃別命の又名の一部であり、伊予御村別君氏の系譜の開始を示していない（第一章参照）。よって、そもそもB・C部分の世代は対応していないのである。また、B部分は□尼牟□乃別君の世代で終わっているが、その二世代前には、

次評造小乙下意伊古乃別君之

とあり、一世代前には、

子大山上川内乃別君之

とある。四世代前に分岐した倭子乃別君の系統でも、□尼牟□乃別君の三世代前には、

次評造小山上宮手古別君之

とあり、二世代前には、

子評督大建大別君之

とあり、一世代前には、

次郡大領追正大下足国乃別君

と見える。これらの冠位・官職から推測するならば、□尼牟□乃別君はおよそ八世紀初めの人物ということになり、身とほぼ同時代に位置づけられる。このことから、C部分も当初はB部分と同様、八世紀初めの身の世代まで擱筆していたと推定される。

また、B部分の足国乃別君には「追正大下」とある。これが「追正八位下」を意味することは前述したが、こうした冠位と位階の過渡的な表記は、七世紀末から八世紀初頭の一時期に集中して現れる。このことも、当該箇所を記す際に用いられた原資料が、八世紀初めに作成されたことを示唆するものである。

さらに、『弘仁私記』序には、

凡厥天平勝宝之前、毎㆓一代㆒使㆔天下諸氏各献㆓本系㆒。

とあり、天平勝宝年間（七四九〜五七）以前から、各氏族は一代ごとに「本系」を提出していたことが知られる。こ

れより前にも『続日本紀』大宝二年（七〇二）九月己丑条には、

詔、甲子年定二氏上一時不レ所レ載氏、今被レ賜レ姓者、自二伊美吉一以上並悉令レ申。

とあり、天智三年（六六四）の甲子の宣で諸氏の氏上を定めた際には、それを登録するための何らかの記録が存在していた。それは氏姓や氏上に関する記載を含む諸氏の系譜を記載したものと理解されている。[14] また、『日本書紀』持統五年（六九一）八月辛亥条には、

詔二十八氏一〈大三輪・雀部・石上・藤原・石川・巨勢・膳部・春日・上毛野・大伴・紀伊・平群・羽田・阿倍・佐伯・采女・穂積・阿曇。〉上二進其祖等墓記一。

とあり、計十八氏に対して「墓記」の上進を命じたことが見える。これは氏族の祖先が王権に代々奉仕してきたことを記した系譜の類と考えられる。[15] このほかにも、この時期には氏族に関する様々な政策が打ち出されている。『日本書紀』天智三年二月丁亥条には、

其大氏之氏上賜二大刀一。小氏之氏上賜二小刀一。其伴造等之氏上賜二干楯・弓矢一。亦定二其民部・家部一。

とあり、大氏の氏上に大刀、小氏の氏上に小刀を、伴造の氏上に干楯と弓矢を賜ったことが見える。また、『日本書紀』天武十年（六八一）九月甲辰条には、

詔曰、凡諸氏有二氏上未一レ定者、各定二氏上一、而申二送于理官一。

とあり、『日本書紀』天武十一年（六八二）十二月壬戌条にも、

詔曰、諸氏人等、各定下可二氏上一者上而申送。亦其眷族多在者、則分各定二氏上一。並申二於官司一。然後斟二酌其状一、而処分之。因承二官判一。唯因二少故一、而非二己族一者、輙莫レ附。

とあるように、氏上を選定して理官に申し送るように命じている。実際に氏上・氏長が任命された例は、たとえば

『続日本紀』文武二年（六九八）九月戊午条に、

以二無冠麻続連豊足一為二氏上一。無冠大贄為レ助。進広肆服部連佐射為二氏上一。無冠功子為レ助。

とあるほか、『日本書紀』天武五年（六七六）六月条、持統八年（六九四）正月丙戌条、『続日本紀』慶雲四年（七〇七）九月丁未条、霊亀元年（七一五）二月丙寅条、霊亀二年（七一六）九月乙未条などにも見えている。こうした政策が打ち出される中で、七世紀後半から八世紀前半にかけて、各氏族の系譜が整備・固定化されていったと思われる。

なお、上記の政策は基本的には中央氏族を主対象としているが、地方氏族もその動きに対応していたことがうかがえる。たとえば『海部氏系図』は、八世紀初めの海部直伍佰道の代から籠神社の祝を継承し、奉仕年数を記すようになる(16)。また、『出雲国造系図』は紙面の右半分に天皇家の系譜を、左半分に出雲国造の系譜を記載するが、天皇家の系譜は文武天皇（在位六九七〜七〇七年）で擱筆していることから、出雲国造の系統も原資料の段階ではこの時期で終わっていたと見られる(17)。さらに『粟鹿大明神元記』の竪系図部分は、七世紀後半から八世紀初頭にかけて生存した神部直根閉で擱筆しており(18)、その末尾には、

和銅元年歳次〈戊申。〉八月十三日、筆取神部八嶋。勘注言上正六位上新羅将軍神部直根閉。

とあり、和銅元年（七〇八）の年紀を含む奥書が付されている。もっともこの奥書は追記であることから、『粟鹿大明神元記』自体が和銅元年に成立したとは考えられないが、少なくとも神部直氏の後世の人々が、八世紀初めを画期とする歴史認識を持っていたことが確認される(19)。

このように、七世紀後半から一部では氏族系譜の提出・管理が始まっており、八世紀初めにはのちの系図につながるような記録が氏族間で広く作成されるようになったと推察される。とするならば、『円珍俗姓系図』の原資料も八世紀初めに成立したのではあるまいか。それは断片的な記録であったかもしれないが、B部分は水別命から□尼牟□

乃別君（B部分の冒頭から末尾）まで、C部分は忍尾別君から身（C部分の冒頭から途中）までが伝えられており、それらが『円珍俗姓系図』作成時に用いられたと考えられる。これまで、なぜB部分が□尼牟□乃別君の代で終わっているのか不明であったが、当初はC部分も同じ世代で終わっていたとすれば、この点も整合的に説明することができるのである。[20]

二　『円珍俗姓系図』の成立段階

では、前節で述べた原資料をもとにして、『円珍俗姓系図』はどのように作成されたのであろうか。円珍を輩出した因支首氏は、貞観八年（八六六）に和気公へ改姓しているが、先行研究では、この改姓が『円珍俗姓系図』の成立に深く関わるとして注目してきた。なぜなら、改姓申請の際、その対象となる氏族の系譜（本系帳など）が参照された事例が頻見するからである。[21] たとえば、『続日本紀』天応元年（七八一）七月癸酉条には、

右京人正六位上柴（栗カ）原勝子公言、子公等之先祖伊賀都臣、是中臣遠祖天御中主命廿世之孫、意美佐夜麻之子也。伊賀都臣、神功皇后御世、使㆓於百済㆒、便娶㆓彼土女㆒、生㆓二男㆒。名曰㆓大本臣・小本臣㆒。遥尋㆓本系㆒、帰㆓於聖朝㆒。時賜㆓美濃国不破郡柴原地㆒、以居焉。厥後因㆑居命㆑氏、遂負㆓柴原勝姓㆒。伏乞、蒙㆓賜中臣栗原連㆒。於㆑是、子公等男女十八人、依㆑請改賜㆑之。

とあり、柴原勝氏が中臣栗原連へ改姓する際に、その本系が確認されている。こうした事例は、ほかにも『続日本紀』養老元年（七一七）八月庚午条・天平宝字八年（七六四）七月丁未条・延暦十年（七九一）四月戊戌条・同年九月丁丑条、『日本三代実録』貞観三年（八六一）八月十九日庚申条・同年九月廿六日丁酉条・同年十一月十一日辛巳条・

貞観六年（八六四）八月八日壬戌条・同年八月十七日辛未条・貞観十四年（八七二）八月十三日辛亥条などにも見える。これらの記事には「本系」・「古記」・「家諜」・「家牒」・「家記」・「故記」・「実録」・「旧記」・「譜講」など様々な名称が見られるが、基本的には当該氏族の系譜に関わる記録類を指すと考えられている。第二部第一章で詳述するが、『円珍俗姓系図』と並ぶ最古の竪系図である『海部氏系図』の作成も、海部直氏による本系帳の提出と密接に関係することが指摘されている[22]。特に『日本書紀』などに始祖伝承が載録されていない地方氏族の場合は、改姓の訴えに虚偽が含まれていないかどうかを本宗氏や郡司が調べるため、申請者側が自氏の系譜を提供したと考えられる。よって、因支首氏の改姓をめぐる動きと『円珍俗姓系図』の成立とが、互いに関連している可能性は十分にあると言える。

その改姓の経緯は、『日本三代実録』貞観八年十月二十七日戊戌条と、前述した貞観九年二月十六日「讃岐国司解」から知ることができる。まず前者には、

讃岐国那珂郡人因支首秋主・同姓道麿・宅主、多度郡人因支首純雄・同姓国益・巨足・男縄（綱カ）・文武・陶道等九人、賜二姓和気公一。①其先、武国凝別皇子之苗裔也。

とあり、讃岐国那珂郡の因支首秋主ら計九人が、和気公を賜姓されたことが分かる。一方、後者にはより詳しい記述がある（後半部分はすでに第一章でも掲出したが、本章の論旨とも深く関わるため再掲する）。

讃岐国司解　申言上改姓人事
合陸烟　並為二和気公一。
那珂郡参烟
因支首道麻呂男弐人　道麻呂弟一人
一男宅成

児広雄
次福雄
児綿子女
次広成女
次時成女
二男宅麻呂〈無児。〉
因支首宅主男弍人　道麿弟
一男秋吉
児秋主
二男秋継
児秋益
次玉成女
因支首金布〈無児。〉
多度郡参烟
因支首国益男肆人　国益弟一人
一男末総
児高主
児岑成

二男総持
児浄貞
児安宗
次安道
三男持成
児純雄
児岑雄
次得雄
次生雄〈無児。〉
次宗雄
児秋雄
四男浄生
児富永
因支首男綱弐人
一男稲村
二男渠成
児黒人
次黒成

因支首臣足男弐人　国益従父弟

一男常主

児真門

次貞野

二男常吉

児貞村

右、被二民部省去貞観八年十一月四日符一称、太政官去十月廿七日符称、得二彼国解一称、管那珂・多度郡司解状称、秋主等解状称、謹案二太政官去大同二年三月廿三日符一称、右大臣宣、奉レ　勅、諸氏雑姓、概多二錯謬一。或宗異姓同、本源難レ弁。或嫌レ賤仮レ貴、枝派無レ別。此而不レ正、豈称二実録一、撰定之後、何更刊改。宜下検二故記一、請二改姓一輩、限二今年内一任令中申畢上者。諸国承知、依レ宣行レ之者。国依二符旨一、下二知諸郡一。爰祖父国益・道麻呂等、検二拠実録一進二本系帳一、并請二改姓状一。復案二旧跡一、②依二太政官延暦十八年十二月廿九日符旨一、共二伊予別公等一具注下為二同宗一之由上、即十九年七月十日進上之矣。而報符未レ下、祖耶已没。秋主等幸荷二継絶之恩　勅一、久悲二素情之未一レ允。加以因支両字、義理無レ憑。③別公本姓、亦渉二忌諱一。当今　聖明照臨、昆虫霑レ　恩。望請、幸被二言上一、①忍尾五世孫少初位上身之苗裔在二此部（郡カ）一者、③皆拠二元祖所レ封郡名一、賜二和気公姓一、将貽二栄于後代一者。郡司引二検旧記一、所レ申有レ道。仍請二国裁一者。国司覆審、所レ陳不レ虚、謹請二官裁一者。右大臣宣、奉レ　勅、依レ請者。省宜二承知、依レ宣行一者。国宜二承知、依レ件行レ之者。具録下于預二改姓一之人等爽名上、言上如レ件。謹解。（略）

前半には、讃岐国那珂郡の因支首道麻呂・宅主・金布の三烟と、多度郡の因支首国益・男綱・臣足の三烟について、それぞれ改姓に預かる計四十三人（那珂郡十五人、多度郡二十八人）が列記されている。後半には改姓の経緯が語られている。その動きは三つの時期に整理することができる。

はじめに、延暦期である。延暦十八年（七九九）十二月二十九日、『新撰姓氏録』編纂の資料として用いるため、各氏族に本系帳の提出を命じる太政官符が出された。これを受けた因支首氏は「伊予別公等」（伊予御村別君氏を指す）とともに、「同宗」である由を具に注して、延暦十九年（八〇〇）七月十日に本系帳を進上した。なお、この時の官符の内容は、『日本後紀』延暦十八年十二月戊戌条に、

勅、天下臣民、氏族已衆。或源同流別、或宗異姓同。欲拠二譜講一、多経二改易一。至レ検二籍帳一、難レ弁二本枝一。宜下布二告天下一、令上レ進二本系帳一。三韓・諸蕃亦同。但令レ載二始祖及別祖等名一、勿レ列二枝流并継嗣歴名一。②若元出二于貴族之別一者、宜下取二宗中長者署一申上レ之。凡厥氏姓、率多二仮濫一。宜下在二確実一、勿上レ容二詐冒一。来年八月卅日以前、惣令二進了一。便編入レ録、如事違二故記一、及過二厳程一者、宜二原レ情科処一、永勿レレ入レ録。②凡庸之徒、惣集為レ巻。冠蓋之族、聴二別成一レ軸焉。

と見えている。これによれば、因支首氏は「貴族之別」（景行天皇・武国凝別皇子より分かれ出た氏族）であることを示すため、本宗たる伊予御村別君氏から「宗中長者署」を受け、その支流であることを証明してもらう必要があった。また、「凡庸之徒」（傑出していない氏族）は、単独では本系帳を提出することができなかった。因支首氏が伊予御村別君氏とともに本系帳を提出したのは、そのためである。

次に、大同期である。大同二年（八〇七）三月二十三日、改姓を希望する氏族は年内にその旨を申請するよう求める太政官符が出された。これは『新撰姓氏録』編纂作業において、氏族の改姓にともなう混乱をあらかじめ避けるための措置と見られる[23]。そこで「祖父国益・道麻呂等[24]」は、おそらく符旨にあるとおり大同二年のうちに「実録」を「検拠」して本系帳を提出し、和気公への改姓を申請した。しかし、「祖耶[25]」は改姓を許可する「報符」が至らないう

ちに没した。

そして最後は、貞観期である。大同期の改姓申請の後、貞観に至って改めて秋主らが改姓を求める解状を提出した[26]。詳しい時期は不明であるが、貞観七年（八六五）から同八年の初め頃と思われる。そして、那珂・多度両郡司と讃岐国司の審査を経て、因支首氏としては約六〇年を費やして、ようやく改姓が認められた。貞観八年十月二十七日には改姓を許可する太政官符が民部省に下され、さらに十一月四日には民部省符が讃岐国に下された。これを受けて讃岐国では、改姓に預かることになった人々を調査してその名前を記載し、貞観九年二月十六日付で「讃岐国司解」が作成された。

さて、このように整理するならば、前掲の『日本後紀』・『日本三代実録』・「讃岐国司解」と『円珍俗姓系図』との間には、相互に対応する記述が見受けられる。

第一に、『日本三代実録』には「武国凝別皇子之苗裔」とあり、「讃岐国司解」でも身を忍尾別君の五世孫とする（傍線①）。これらは『円珍俗姓系図』と合致している。

第二に、『円珍俗姓系図』は因支首氏の系譜に加えて、伊予御村別君氏の系譜も並べて記載している。この系図が因支首氏の系譜を後世に伝えるため、あるいは円珍の出自を明らかにするために作成されたものであるならば、因支首氏の系譜だけを単独で記せばよいはずである。このことは、「貴族之別」は「宗中長者署」を受け、「凡庸之徒」はまとめて一巻とするという指示を踏まえて、延暦十九年に因支首氏が本系帳を同宗たる伊予御村別君氏とともに提出したことに対応する（傍線②）。

第三に、「讃岐国司解」には「別公本姓、亦渉忌諱」とある（傍線③）。これは貞観期に出された「秋主等解状」の中に見える文言であるが、国益・道麻呂らも本系帳の提出とあわせて改姓の状を請うたとあることから、必ずしも貞観期ではじめて言われるようになった内容ではなく、大同期の改姓申請の中にこの一文（あるいは類似表現）が含まれており、秋主がそれを再び取り上げたのであろう。その内容は「別」字が畏れ多いため、祖の封ぜられた郡名に因んで「和気公」を賜りたいというものである（傍線③）。佐伯はこれを、当時は「別」より「和気」の方が「とおりが良かった」ため、後者の表記を授かることを目的とした「こじつけ」と推測しているが、いずれにしろ改姓の申請では「別」を忌避したことになっている。それに対して『円珍俗姓系図』冒頭の景行天皇の尻付では、和風諡号の「大足彦思代別尊」を途中で改行している。その下には十分なスペースがあり、しかも語句としては「大足彦」と「思代別尊」の間で区切るのが適切であるにもかかわらず、あえて「別」で改行している。とするならば、これは「別」字に敬意を示すための平出と考えられる。つまり、大同期の改姓申請における「別公本姓、亦渉二忌諱一」という主張が、『円珍俗姓系図』では形を変えて平出として表現されたと見られる。

さらに『円珍俗姓系図』には、特に延暦・大同期の改姓申請の動きと連動して付加されたと思われる部分が存在する。まず、第一章および前節で述べたように、八世紀初めにはB部分の原資料（水別命～□尼牟□乃別君）が伝えられており、そこにある時期、A部分が架上されたと考えられる。ここで注目したいのは、A部分の神櫛皇子の尻付に見える「讃岐公」という氏族名である。『続日本紀』延暦十年九月丙子条には、

讃岐国寒川郡人正六位上凡直千継等言、千継等先、皇直。訳語田朝庭御世、継二国造之葉一、管二所部之界一。於レ是、因レ官命二令氏一、賜二紗抜大押直之姓一。而庚午年之籍、改二大押字一、仍注二凡直一。是以、皇直之裔、或為二讃岐直一、或為二凡直一。方今、聖朝、仁均二雲雨一、恵及二昆蚑一。当二此明時一、冀照二覆瓮一。請、因二先祖之業一、賜二讃岐公之姓一。勅、千継等戸廿一烟、依レ請賜レ之。

とあり、この氏族はかつて凡直を称していたが、延暦十年に讃岐公に改姓し、さらに『続日本紀』承和三年（八三

六）三月戊午条に、

外従五位下大判事明法博士讃岐公永直、右少史兼明法博士同姓永成等合二十八烟、改レ公賜二朝臣一。永直是讃岐国寒川郡人。今与二山田郡人外従七位上同姓全雄等二烟一、改二本居一貫二附右京三條二坊一。永直等遠祖、景行天皇第十皇子神櫛命也。

とあり、『日本三代実録』貞観六年（八六四）八月十七日辛未条にも、

右京人散位従五位上讃岐朝臣高作、右大史正六位上讃岐朝臣時雄、右衛門少志正六位上讃岐朝臣時人等、賜二姓和気朝臣一。其先、出レ自二景行天皇皇子神櫛命一也。

とあるように、承和三年には讃岐朝臣へ、貞観六年には和気朝臣へと改姓していることから、讃岐公という氏姓が用いられていたのは、延暦十年から承和三年の間に限られる。よって、義江明子も指摘したように、A部分の架上はこの間に行われたと推測されるのであり、それは延暦・大同期の改姓申請と時期的に重なることになる。[27]

また、『円珍俗姓系図』の末尾付近には、子がいるにもかかわらず、人名の下に「之」が付されていない人物が複数見られる。すなわち、宅成の下には「之」はないが、子の円珍と福雄が記されており、秋吉と秋継の下にも「之」はないが、子の秋主と継雄がそれぞれ記されている。これは『円珍俗姓系図』が、ある時点まで宅成・秋吉・秋継で擱筆しており、円珍・福雄・秋主・継雄が後から書き加えられたことを示している。[28] 四人の中で生年が分かるのは円珍のみであるが、彼は弘仁五年（八一四）の生まれであることから、この書き継ぎは少なくともこれ以降になされたことになる。それに対して、宅成は道麻呂の子であり、秋吉・秋継は宅成と同世代に当たることから、道麻呂が那珂郡の代表者として改姓申請を行った大同の頃には、宅成・秋吉・秋継らは生まれていたと思われる。つまり『円珍俗姓系図』は、大同の頃の人物までを記して一旦擱筆していた可能性がある。

これらの諸点からすれば、因支首氏と伊予御村別君氏が同宗であることを示す必要が生じた延暦・大同期に、『円珍俗姓系図』の原資料の結合がなされたのではなかろうか。つまり、それ以前に成立していたB部分の原資料（水別命〜□尼牟□乃別君）と、C部分の原資料（忍尾別君〜身）を基礎として、両者の間に二行書き箇所を挿入し、さらにB部分にA部分を架上した。一方、C部分の身以降については、延暦・大同の申請時に生まれていた人物までを書き継ぎ、そこで一旦擱筆して、『円珍俗姓系図』（の原型）が成立したと考えられる。これらの作業によって、因支首氏は景行天皇・武国凝別皇子に出自を持ち、伊予御村別君氏と同宗関係にあることが、系譜の上で明確に示されたのである。

さて、ここで付言しておきたいのは、伊予御村別君氏と因支首氏との関係についてである。C部分冒頭の忍尾別君の下には、系線を右へ鍵型に延ばして、

此人従㆓伊予国㆒到㆓来此土㆒、娶㆓因支首長女㆒生。

との注記があり、忍尾別君の子である□思波・与呂豆の左にも、

此二人随㆑母負㆓因支首姓㆒。

とある。これによれば、忍尾別君は伊予国から讃岐国に到来して因支首氏の女と婚姻し、その間に生まれた□思波・与呂豆は、母姓により因支首氏を名乗るようになったという。従来は、この伝承をおおむね史実と見てきた。たとえば、佐伯有清は「古くから伊予地方において「別」を称号として勢力をふるっていた地方豪族」が因支首氏の祖先であると述べている。松原弘宣も「讃岐国那珂・多度郡の因支首氏は伊予和気郡より移住してきた」としている[29]。

しかし、この解釈にはしたがえない。『円珍俗姓系図』の注記によれば、忍尾別君が伊予国から讃岐国へ移住して因支首氏の女を娶ったのであるから、その前から因支首氏は讃岐国に存在していたのであり、因支首氏という氏族が

伊予国から移動してきたわけではない。また、忍尾別君の到来も史実とは見なしがたい。加藤謙吉は、誤って母姓を負った氏族が父姓への改姓を申請する場合、実際は父姓の氏族と血縁関係を持たないことが多く、『日本書紀』などにも因支首氏の始祖伝承は見えないことから、因支首氏は伊予御村別君氏と本来的に無関係な讃岐国の氏族であり、後から伊予御村別君氏との同宗関係を称するようになったと論じている。筆者もこの理解に賛同したい。

もっとも、全く没交渉であった氏族同士が、にわかに同宗関係を称するとは思われない。おそらく両氏族は古い段階から、海上交通などを通じて何らかの交流を蓄積していたのであろう。(30)ただし、両氏族の系譜が明確に結び付けられたのは、いま述べた『円珍俗姓系図』（の原形）の作成過程からして、延暦・大同期と推定される。したがって、忍尾別君の伊予からの到来は、伊予御村別君氏の系譜に自氏の祖先を結び付けて同宗であることを主張するため、因支首氏が創出した伝承である可能性がある。忍尾別君が「讃岐国司解」では「忍尾」と記されている（「別君」が付されていない）ことも、この人物が本来は伊予御村「別君」と関係なく、因支首氏の祖先とされていたことを示唆するものと言えよう。

三　因支首氏と円珍の系譜意識

最後に、前節で述べた『円珍俗姓系図』（の原型）がその後に加筆され、現状を呈するに至った過程を検討することで、この系図をめぐる因支首氏と円珍の系譜意識を考察したい。

本系図の冒頭には、左に約九〇度傾斜して、

□系図本長（ママ）承和初従　家□／□於円珍所□。

との円珍自筆の書入がある。先行研究では、この書入が『円珍俗姓系図』の成立を示す重要な手がかりであるとして、様々な解釈を試みてきた。佐伯有清は「家」の上の空白を欠字と理解し、「家□」は家君（家公）のことで円珍の父である宅成を指しており、この系図は「承和の初めに家君（父）より円珍のところに送ってきた」とする。田中卓もほぼ同様に「承和年間の初に円珍の手に入った」とする。それに対して、義江明子は「円珍が自らの出自を明らかにするために作成した」ものがこの系図であり、「すでにそれ以前に存した系図を整理して円珍の世代までを書き加えて書写」させたとする。松原弘宣も「承和初年に「円珍所」において作成された」と述べている。その成立を承和の初めと見る点では共通しているが、円珍が系図の作成にどの程度関与したかについては、各氏の間で相違がある。

そこで、この頃の因支首氏を取り巻く状況を確認してみよう。まず承和三年には、前述の讃岐公氏が讃岐朝臣へ改姓している。同じ景行天皇後裔氏族の改姓は、佐伯も指摘するように、因支首氏にとって大きな刺激となったに違いない。また、『続日本後紀』承和四年（八三七）十月癸丑条には、

左京人従七位上佐伯直長人、正八位上同姓真持等、賜二姓佐伯宿禰一。

とあり、佐伯直氏が佐伯宿禰へ改姓している。このように承和の初めは、因支首氏に近い氏族たちが次々と改姓を実現させた時期と言える。

他方、この頃は円珍個人にとっても画期であった。天長十年（八三三）三月二十五日「僧円珍度牒」(31)には、

沙弥円珍。年十九。〈讃岐国那珂郡金倉郷戸主因支首宅成戸口同姓広雄。□□□（黒子右）眉根□□（下一）。〉
右依下太政官去弘仁十四年二月廿七日下二延暦寺一牒上、今年三月十七日天台法華宗年分例得度。今別当授二度縁一如レ件。

とあり、天長十年四月十五日「僧円珍戒牒」(32)にも、

今契天長十年四月十五日、於二比叡峯延暦寺一乗戒壇院一、受二菩薩大戒一。

とあるように、円珍は天長十年三月十七日に得度し、三月二十五日には度縁を授けられ、四月十五日には菩薩大戒を受けている。天長は十一年の一月に承和へ改元していることから、まさに天長の末から承和の初めにかけて、円珍は官僧としての活動を本格的に開始したのである。また『円珍俗姓系図』では、円珍の叔父の仁徳は「得度僧仁徳」とあるのに対し、円珍は「得度也僧円珍」のように「也」が付されており、得度したことをことさらに強調しているように見受けられる。このことも、承和の初めにこの系図が作成されたことをうかがわせる。

円珍は天長十年の天台宗年分度者として得度したのであるが、『類聚三代格』弘仁十四年（八二三）二月二十七日太政官符には、

太政官符

応レ試二業年分度者一事

右太政官去年六月十一日下二治部省一符称、伝燈大法師位最澄表称、夫如来制戒随レ機不レ同。衆生発心大小亦別。所以文殊豆盧上座異レ位。一師十師羯磨各別。望請、天台法花宗年分度者二人、於二比叡山一毎レ年春三月　先帝国忌日、依二法花経制一令二得度受戒一。仍即一十二年不レ聴レ出レ山。四種三昧令レ得二修練一。然則一乗戒定永伝二聖朝一、山林精進遠勧二塵劫一。謹副二別式一謹以上奏者。右大臣宣、奉　レ勅、宜レ依二来表一者。今案二式意一、応二試業一者先申二別当一聴二彼処分一。試業已訖亦申二別当一。別当執奏、仍国忌日便令二得度一。不レ可三更経二治部僧綱一。其応二試議一条、一依下太政官去延暦廿五年正月廿六日下二治部省一符旨上。於二彼寺一試、得度既畢別当申レ官、勘レ籍并与二度縁一、然後下二治部省一。

弘仁十四年二月廿七日

とあり、得度後には勘籍が行われることが分かる。この太政官符は「円珍度縁・受戒公験」にも引用されていることから、円珍の得度後にもこの手続きが行われたことは確実である。さらに、年分度者の勘籍は『延喜式』民部省上88雑色人勘籍条に、

凡雑色人等応二勘籍一者、式部・治部・兵部具注二交名一申レ官。官下レ省訖、三省先遣二史生一告下可二勘籍一之状上。即丞、録各一人相共対勘、訖更造二解文一、同署申レ官。

とあり、同91得度条に、

凡得度者勘籍三比、若有二一比相合一者聴之。

とあり、玄蕃寮71年分度者条にも、

凡年分度者、試業訖更随二所業一、互令二各論一、択二其翹楚者一、乃聴二得度一。其応レ度者、正月斎会畢日令レ度。畢省先責二手実一申レ官、与二民部一共勘籍。即造二度縁一通一、省寮僧綱共署、向二太政官一請印、即授二其身一。其別勅度者勘籍度縁亦宜レ准レ此。但沙弥尼度縁者用二省印一。

とあるように、得度が終了すると度者本人が手実を提出し、それにもとづいて治部省が交名を作成して太政官に送り、民部省に保管されていた三比の戸籍と対勘することになっていた[33]。

しかし、比叡山に籠もっている円珍の場合は、自らの戸の手実を故郷から取り寄せなければならない。とするならば、その際に手実と一緒に、自氏に伝来した系図の写しも取り寄せた可能性が考えられる。その場合、「承和初」という書入とは齟齬が生じるが、書入では「天長」を抹消して「承和」に修正している。この書入が記された時期は定かでないが、貞観八年の年紀を含む書入もあることから（後述）、これ以降に記されたとするならば、系図を入手した承和の初めからは約三十年が経過していたことになり、記憶が曖昧になっていたとしても不思議ではない。あるい

は、手実を取り寄せたことを契機として自らの出自に関心を持ち、翌年以降に改めて系図の写しを取り寄せたということもあり得よう。

その際、系図を送るよう円珍が依頼した相手は、やはり故郷にいる父の宅成であったと思われる。『智証大師年譜』斉衡二年（八五五）条[34]には、

是歳、父宅成逝矣。

とあり、『讃岐国鶏足山金倉寺縁起』[35]にも、

此年（斉衡二年―筆者注）二月十四日、師厳父成公、逝㆓去于讃州原田郷㆒。相伝云、訶利帝母并不動尊護送使㆑為㆓永別之訣㆒。

とあるように、宅成は斉衡二年に死去しており、承和の初めにはまだ健在である。よって、前掲の書入に見える「家□」は、先に佐伯が推定したように宅成を指しており、円珍は宅成に自氏の系図の送付を依頼したと見るのが妥当である。

ここで想起されるのは、『円珍俗姓系図』（の原型）は大同の頃に生存していた人々までを記した段階で一旦終わっており、それ以降に生まれた円珍ら四人が、後から書き込まれていることである。系図の成立段階を前節のように理解するならば、この追記は宅成が行ったことになる。すなわち、宅成は大同の世代で終わっていた『円珍俗姓系図』（の原型）に円珍ら四人を書き継ぎ、さらにその書き継ぎも含めて一括して書写したものを円珍に送ったという経緯が想定される。また「得度僧仁徳」・「得度也僧円珍」の箇所には、ともに抹消して上から書き直した痕跡があり、本来はそれぞれ「宅麻呂」・「広雄」とあったと思われる。この修正の筆跡は円珍のそれではなく、本系図と同筆である。円珍自筆の略系図には「宅丸」・「広雄」とあり、人名の上に「子」を付していないことから、「得度僧仁徳」・「得度

也僧円珍」の箇所を修正したのが円珍自身であるならば、略系図と同様に「子」は付さないであろう。これらのことから、宅成は円珍ら四人の書き継ぎだけでなく、僧名への修正も行ったと見られる。

以上を整理するならば、次のようになる。円珍は承和の初めに故郷にいる父の宅成へ、自氏に伝来した系図の送付を依頼した。連絡を受けた宅成は、『円珍俗姓系図』（の原型）に広雄・福雄・秋主・継雄の四人を書き継いで一括書写し、さらに宅麻呂と広雄を僧名に修正して、円珍のもとへ送った。そして、その後で円珍が自筆で書き込みを行ったものが、現状の『円珍俗姓系図』であると考えられる。したがって、円珍はあくまでも系図の送付を宅成に依頼したに過ぎず、系図の作成作業には直接関わってはいない。その意味で、『円珍俗姓系図』は円珍が作成したものではない。彼が関与したのは、略系図と書入の箇所に限られるのである。

では、円珍はいかなる点に関心をもって、この系図を読んだのであろうか。円珍の自筆部分のうち、略系図は別の機会に取り上げることとし、ここでは書入の内容に注目したい。

まず、A部分の武国凝別皇子の尻付には「讃岐国因支首等始祖」とあるが、そこから線を延ばして、

貞観八年、改為㆓和気公㆒。

と記し、C部分の枚夫から国成・国益へ至る系線の途中からも線を延ばして、

依㆓貞観八年十一月四日省符㆒、国益・道丸・臣足等、改為㆓和気公㆒。

と右傍に書き込んでいる。これらは、いずれも改姓に関する内容である。「貞観八年十一月四日省符」とは、貞観九年「讃岐国司解」（前掲）に見える民部省符のことを指す。前述のとおり和気公への改姓は、因支首氏にとって大同期からの悲願であり、それを二ヵ所に特記していることは、円珍が自氏の改姓に強い関心を持っていたことを示している。嘉祥四年（八五一）三月九日「内供奉牒并謝表」(36)には、

伝燈大法師位円珍謹言、円珍伏戴㆓天寛㆒、枉辱㆓光寵㆒。精神競越、驚惶難㆑名。窃以、供奉之職、応㆑授㆓良材㆒。田裏之貺、可㆑賞㆓勲将㆒。而天照曲臨、雲波忽潤。脱以㆓布褐㆒、頻被㆓紫衣㆒。望越㆓分外㆒、思過㆓心表㆒。円珍、荊戸薄質、蓬門賤流。本無㆓智行之資㆒、素闕㆓目足之用㆒。謬叨㆓聖沢㆒、無㆑地㆓枉悖㆒。伏願、夙拝㆓日宮㆒、祚添㆓北極㆒。夜遊㆓月殿㆒、算増㆓南山㆒。重請、甘㆑死蔑㆑生、追礼㆓白足㆒。視㆑険若㆑掌、遂尋㆓龍宮㆒。以奉㆓酬無窮之願㆒、以奉㆓答不測之仁㆒。莫㆑堪㆓惶慄之甚㆒、奉㆑表陳謝以聞。軽㆓触龍威㆒、僭越何言。円珍謹言。（略）

とあり、円珍は自らを「荊戸薄質、蓬門賤流」（家が貧しく、素質も薄く、荊や蓬の生えたあばら屋に住み、賤しい身分である）[37]と述べているが、そうした円珍の出自に対する複合心理が、『円珍俗姓系図』の書入にも表れたと見ることができる。

また、第一紙の冒頭には、

廿一世□□□□世　世　四世

とある。この箇所は損傷が激しいため、そのままでは文意が不明である。ただし、これに類似する記載は『大神朝臣本系牒略』[38]第一系図末尾に、

自㆓素尊（素戔嗚命—筆者注）㆒至㆓大田々根子命㆒十一代、自㆓大田々根子命㆒至㆓神主大神朝臣成主㆒十八代。

とあり、第二系図末尾に、

従㆓太田々根子命㆒至㆓当神主信房㆒四十五代。

とある。これは大神朝臣氏が始祖とする素戔嗚命や大田々根子命から、現実の世系において画期となる人物（大神朝臣成主・高宮信房）までの世代数を数えた記載である。ここから推測するならば、『円珍俗姓系図』冒頭の書入も「世」の文字からして、何かの世代数を計算したものと思われる。

古代の計世法には本人より起算する場合と、その子より起算する場合とがあるが、(39)「讃岐国司解」では身を忍尾別君の五世孫とするのに対し、『円珍俗姓系図』には、

忍尾別君[1]—□[2]思波—忍羽[3]—止伊[4]—身[5]

とあることから、ここでは本人（この場合は忍尾別君）より起算していることが分かる。そこで、系図冒頭の景行天皇から数えてみると、奇しくも円珍までが二十一世となる。(40)とするならば、前掲した書入の「廿一世」は、円珍が景行天皇から自分に至るまでの世代数を計算したものと考えられる。その後ろに見える「四世」は、石弓から円珍までの世代数に相当する。貞観期に讃岐国那珂郡の代表として改姓申請を行ったのは秋主であるが、その秋主の系統と円珍の系統が分岐するのが、この石弓の世代である。おそらく円珍はそのことを計算して「四世」と記したのであろう。

このように、上記の書入からは、円珍が因支首氏の重要な祖先と自身との世代数に興味を示していたことが分かる。

さらに、景行天皇の皇子には「一」から「十七」までの番号（㋐）が付され、その左上には、

神櫛皇子為㆓第十郎㆒、与㆓讃岐朝臣解文㆒合也。（㋑）

とあり、第三紙には、

伊予別公系図、武国王子為㆓第七㆒。／此系図□／以㆓神櫛王子㆒為㆓第九㆒。／天皇系図、以㆓神櫛㆒為㆓第九㆒。／以㆓武国凝別㆒為㆓第十一㆒。□／日本紀、以㆓神櫛㆒為㆓第十㆒、以㆓武国／凝王子㆒為㆓第十二㆒。（㋒）

との裏書きがある。このうち㋐は、景行天皇の皇子女の中から、皇女を除き、皇子にのみ番号を付してその出生順を示している。㋑は、『円珍俗姓系図』で神櫛皇子を景行の第十皇子とする点が「讃岐朝臣解文」と一致することを述べている。この「讃岐朝臣解文」について佐伯有清は、貞観六年に讃岐朝臣が和気朝臣への改姓を申請した際に提出した解文を、円珍が入手・閲覧したと推定する。(41)㋒は第一節で述べたように、『日本書紀』・『伊予別公系図』・『天皇

系図』(42)などと、武国凝別皇子・神櫛皇子の出生順を比較したものであり、円珍が書入を施す際にこれらを用いたことが知られる。以上、㋐〜㋒の書入からは、円珍が自氏の始祖である武国凝別皇子と、同じく景行天皇の後裔を称する讃岐公氏の始祖である神櫛皇子の出生順に関心を抱いていたことが分かる。

なお、この讃岐公氏について義江明子は、凡直（改姓前）と讃岐公（改姓後）の二つの氏姓が記されており、「新旧両姓を併記する」のはこの讃岐公氏だけであることや、神櫛皇子の出生順が「讃岐朝臣解文」と一致していること、さらに「伊予別君（公）の名はこの冒頭部のどこにも見出し得ない」ことなどから、かつて因支首氏は同宗たる伊予御村別君氏との関係を重視していたが、その意識が次第に薄れて「讃岐公との関係の方がより重要関心事」になったと述べている。しかし、『円珍俗姓系図』に見える讃岐公氏以外の景行天皇後裔氏族（播磨別・阿牟君・水沼別・火国別・日向国造各氏）は、他史料に改姓記事が見えないことからすれば、讃岐公氏のみ新旧両姓が記されているのは、それが知られるのが讃岐公だけであったためであろう。また、円珍は貞観八年の自氏の改姓について書入を行っていることから、貞観六年に讃岐朝臣氏が和気朝臣へ改姓したことを当然知っていたはずであるが、このことは『円珍俗姓系図』のどこにも見えない。もし彼が讃岐公氏との関係を重視していたのであれば、この直近の改姓についても書入を行って然るべきである。さらに、伊予御村別君氏（伊予別君氏）と因支首氏の関係は、武国凝別皇子の尻付に、

伊予国御村別君・讃岐国因支首等始祖。

と明瞭に示されている。したがって、たしかに円珍は讃岐公に注意を払ってはいるが、だからといってその関心が伊予御村別君氏から讃岐公氏へと移ったとまでは言えまい。㋐〜㋒の書入からうかがえるのは、円珍が自氏の始祖たる武国凝別皇子と、讃岐公氏の始祖である神櫛皇子の王統譜における位置づけ（出生順とその異同）に関心を寄せていたということである。

これらの点を踏まえるならば、『円珍俗姓系図』に向き合う円珍の系譜意識は、それ以前にこの系図を作成・伝来してきた因支首氏のそれとは大きく異なっている。前節で述べたように、因支首氏にとっての『円珍俗姓系図』（の原型）は、自氏が景行天皇・武国凝別皇子に出自を持つことや、伊予御村別君氏との同宗関係を主張するために作成されており、和気公への改姓の実現という最終目標を見据えたものであった。それに対して、この系図を入手した円珍の関心は、自氏の改姓の実現や、祖先と自身との世代数、さらに王統譜における自氏の始祖の出生順に集中している。つまり、因支首から和気公への改姓が実現した時点で、『円珍俗姓系図』は少なくともこの氏族にとって社会的な役割（機能）を終えたのであり、以降はもっぱら円珍個人の出自を辿るために利用されている。ここに因支首氏という「氏族」と、円珍という「個人」、それぞれの系譜意識の位相差を読み取ることができるのではなかろうか。(43)

これまでも『円珍俗姓系図』から円珍の系譜意識を析出する試みはなされてきたが、従来はそれを因支首氏の系譜意識と同一線上で扱ってきたきらいがある。しかし、両者は明確に区別されなければならない。さらに言うならば、始祖伝承と不可分であった非現実的な「氏族」の系譜意識の中から、より現実的な「個人」の系譜意識が醸成されていくという経緯を想定することができよう。

結　語

以上、『円珍俗姓系図』の成立過程を明らかにするとともに、そこから看取される系譜意識について考察を行った。論旨を整理するならば、次のとおりである。

・身は孝徳朝の人物ではなく、八世紀初めに少初位上の位階を有し、讃岐国多度郡の主帳に任じられた人物である。

系図に見える「小乙上」は、「少初上」の誤記である。「難破長柄朝廷」は、身が孝徳朝からすでにその職にあったように記したものである。
・八世紀初めには、B部分の原資料（水別命～□尼牟□乃別君）と、C部分の原資料（忍尾別君～身）が存在していた。身の下に「之」が付されていないことは、C部分の原資料がB部分と同じく、八世紀初め（身の世代）で終わっていたことを示している。
・『円珍俗姓系図』の成立過程と、延暦・大同・貞観の三期にわたる因支首から和気公への改姓申請の動きは連関している。『円珍俗姓系図』（の原型）は、因支首氏と伊予御村別君氏との同宗関係を示す必要が生じた延暦・大同期の改姓申請の際に、B・C部分の原資料を基礎とし、両者の間に二行書き箇所を挟み込み、冒頭にA部分を架上し、さらにC部分の身以降に大同の時点で生まれていた人物までを書き継いで作成された。
・因支首氏は伊予国から移住してきたのではなく、もとから讃岐国に本拠を構えていた氏族である。因支首氏と伊予御村別君氏は早くから交流していたと思われるが、忍尾別君が到来したという伝承は、伊予御村別君氏との同宗関係を主張するために、因支首氏が創出したものである可能性がある。
・承和の初め、円珍は得度後の勘籍に必要な手実を故郷から取り寄せる際、自氏に伝来した系図の写しを送付するよう、父の宅成に依頼した。宅成は『円珍俗姓系図』（の原型）に円珍ら四人を書き継いで一括書写し、宅麻呂と広雄を僧名に修正して、円珍へ送った。その後、円珍が書き込みを行い、『円珍俗姓系図』は現状を呈するに至った。よって、円珍は系図の作成には直接関わっておらず、その意味で『円珍俗姓系図』は円珍が作成したものではない。彼が関与したのは、略系図と書入の箇所に限られる。
・因支首氏にとっての『円珍俗姓系図』（の原型）は、景行天皇・武国凝別皇子に出自を持ち、伊予御村別君氏と同宗関係にあることを主張して、和気公への改姓の妥当性を示す社会的な役割（機能）を担っていた。それに対して円珍にとっての『円珍俗姓系図』は、自氏の改姓、祖先と自身との世代数、王統譜における自氏の始祖の出生順など、もっぱら自らの出自をたどるために用いられた。ここに、因支首氏という「氏族」と、円珍という「個人」との間に存在する系譜意識の位相差を見出すことができる。

冒頭でも述べたように、『円珍俗姓系図』に関しては多くの研究が積み重ねられてきたが、これまでは成立過程の問題と系譜意識の問題とを切り離して扱っており、それゆえに因支首氏の系譜意識と円珍のそれとの差異を捉えきれず、両者が区別なく論じられてきた。それに対して本章は、『円珍俗姓系図』の成立過程を因支首氏の改姓の動きに対応させて段階的に跡づけ、系図の作成に対する円珍の関与が限定的であることを指摘した上で、因支首氏と円珍の系譜意識の比較を行うことにより、先行研究の批判的な継承・発展を試みたものである。ただし、論じ残した点も少なくない。特に、書入を行った円珍が当時置かれていた状況や世俗社会との関係については、十分な言及がかなわなかった。円珍自筆の略系図に対する詳しい分析も必要である。これらはいずれも今後の課題とし、ひとまず擱筆したい。

註

（1）伴信友『和気系図附考』（大鹿久義編『稿本伴信友著作集』三、温故学会、二〇〇一年、成立一八三五年）。大倉粂馬・松岡静雄『伊予上代史考　伊曾乃神社』（郷土研究社、一九三二年）。大倉粂馬『上代史の研究　伊予路のふみ賀良』（大倉粂馬翁遺稿刊行会、一九五六年）。

（2）田中卓「郡司制の成立（下）」（『田中卓著作集6　律令制の諸問題』国書刊行会、一九八六年、初出一九五三年）、同「「評（督）」に関する新史料五点」（『田中卓著作集6　律令制の諸問題』前掲、初出一九五七年）、同「『和気氏系図』の校訂」（『田中卓著作集

2　日本国家の成立と諸氏族』国書刊行会、一九八六年）。佐伯有清「円珍の家系図」（『智証大師伝の研究』吉川弘文館、一九八九年、初出一九七五年）、同『新撰姓氏録の研究』考証編二（吉川弘文館、一九八二年）、同「円珍の同族意識」（『智証大師伝の研究』前掲）、同『人物叢書新装版　円珍』（吉川弘文館、一九九〇年）。義江明子「古代系譜の構造」（『日本古代の氏の構造』吉川弘文館、一九八六年）、同「和気系図」異質部の「娶生」」（『日本古代系譜様式論』吉川弘文館、二〇〇〇年）。松原弘宣「讃岐国西部地域における地方豪族」（『古代の地方豪族』吉川弘文館、一九八八年）、同「古代の別（和気）氏」（『古代瀬戸内の地域社会』同成社、二〇〇八年、初出二〇〇二年）。加藤謙吉「讃岐の国造勢力と因支首」（『東アジアの古代文化』一三二、二〇〇七年）。吉川敏子「『和気系図』に示された系譜意識」（『律令貴族成立史の研究』塙書房、二〇〇六年、初出二〇〇四年）、同『氏と家の古代史』（塙書房、二〇一三年）。以下、田中の所説は「『和気氏系図』の校訂」、佐伯の所説は「円珍の家系図」、義江の所説は「古代系譜の構造」、松原の所説は「讃岐国西部地域における地方豪族」、加藤の所説は「讃岐の国造勢力と因支首」、吉川の所説は「『和気系図』に示された系譜意識」による。

（3）『円珍俗姓系図』は国宝指定を受けており、容易に実見・調査できないため、筆者は系図の原寸大コロタイプ複製版（大倉粂馬『大師御系図』便利堂、一九三三年）を入手し、あわせて石田茂作・蔵田蔵・福家俊明監修『園城寺・秘宝』（講談社、一九七一年）、園城寺編『園城寺文書』一（講談社、一九九八年）などに掲載された写真版を参照して釈読を行った。

（4）小乙上は、大化五年（六四九）施行の冠位制（十九階）の第十七位、天智三年施行の冠位制（二十六階）の第二十二位である。

（5）『平安遺文』一―一五二。

（6）山尾幸久『カバネの成立と天皇』（吉川弘文館、一九九八年）。

（7）吉川は、「小乙上」・「難破長柄朝廷、任＝主帳＝」との記載は、右横の猿子之別君に付されていたものが、書写の際に竄入したと推定する。しかし、このように理解するならば、猿子之別君の子には「評造小乙下意伊古乃別君」がいることから、猿子之別君が主帳になった後で、意伊古乃別君が評造になったことになり不自然である。

（8）黛弘道「冠位十二階考」（『律令国家成立史の研究』吉川弘文館、一九八二年、初出一九七三年）。

（9）『善通寺市史』四六七。

（10）『平安遺文』八―四三一四。

（11）譜第郡司については、『続日本紀』天平勝宝元年（七四九）二月壬戌条、『日本後紀』弘仁二年（八一一）二月己卯条、『類聚三代格』天長四年（八二七）五月二十一日太政官符などにも見える。郡司の任用については、今泉隆雄「八世紀郡領の任用と出自」（『史学雑誌』八一―一二、一九七二年）、山口英男「郡領の銓議とその変遷」（笹山晴生先生還暦記念会編『日本律令制論集』下、吉川弘文館、一九九三年）、森公章「律令国家における郡司任用方法とその変遷」（『古代郡司制度の研究』吉川弘文館、二〇〇〇年、初出一九九六年）、須原祥二「郡司任用制度における譜第資格」（『日本史研究』四八八、二〇〇三年）、毛利憲一「郡領任用政策の歴史的展開」（『立命館文学』五八〇、二〇〇三年）、磐下徹「郡司譜第考」（『日本古代の郡司と天皇』吉川弘文館、二〇一六年、初出二〇一一年）など参照。

（12）これまで注意が払われていないが、「小乙上身」と同じく忍尾別君の五世孫（忍尾別君の第二子である与呂豆の系統）に、同名の「身」という人物がいる。この人物の事績が何らかの経緯で「小乙上身」の箇所に竄入したか、あるいはこの人物が与呂豆の系統から□思波の系統に養子として迎えられた可能性もあろう。

忍尾別君┬□思波―忍羽―止伊―小乙上身
　　　　└与呂豆―加都―稲母―身

（13）身には双行で尻付が記されているために「之」が省略されたようにも見えるが、B部分の佐久□□別命は名前の下、双行の尻付の上に「之」を付している。よって、「之」を欠くのは双行の尻付があるためではない。

（14）熊谷公男「治部省の成立」（『史学雑誌』八八―四、一九七九年）。

（15）坂本太郎「纂記と日本書紀」（『坂本太郎著作集2　古事記と日本書紀』吉川弘文館、一九八八年、初出一九四六年）、野口武司「「墓記」と『日本書紀』」（『梅澤伊勢三先生追悼　記紀論集』続群書類従完成会、一九九二年）、加藤謙吉「『日本書紀』とその原史料」（『日本史研究』四九八、二〇〇四年）、中村友一『日本古代の氏姓制』（八木書店、二〇〇九年）など。

（16）後藤四郎「海部に関する若干の考察」（坂本太郎博士古稀記念会編『続日本古代史論集』上、吉川弘文館、一九七二年）など。本書第二部第一章・第二章も参照。

（17）高嶋弘志「出雲国造系図編纂の背景」（佐伯有清編『日本古代中世論考』吉川弘文館、一九八七年）、拙稿「出雲国造の系譜とその諸本」（『日本古代氏族系譜の基礎的研究』東京堂出版、二〇一二年、初出二〇〇八年）など。

（18）『粟鹿大明神元記』によれば、天智九年（六七〇）に三十歳であった。

（19）拙稿「『粟鹿大明神元記』の写本系統」（『大神氏の研究』雄山閣、二〇一四年、初出二〇一二年）、同「神部氏の系譜とその形成」

（『大神氏の研究』前掲、初出二〇一三年）。

(20) 義江は、千足（因支首氏）と□古乃別君（伊予御村別君氏）の世代までは横の位置が対応しているが、枚夫（因支首氏）と伊□呂乃別君・川内乃別君（伊予御村別君氏）の世代からは対応が崩れることから、八世紀初め（枚夫の代）に「第一次の系図作成がなされた」とする。しかし、枚夫の世代から対応関係が崩れるのは、同世代の人物が計十九人もおり、左に並べて書くと紙の横幅が足りなくなることから、縦に少しずつずらしながら書いていったためと理解したい。

(21) 熊谷公男「治部省の成立」（前掲）、義江明子「古代系譜の構造」（前掲）など。

(22) 後藤四郎「海部に関する若干の考察」（前掲）、佐伯有清「古代海部氏系図の成立」（『史学雑誌』九三―九、一九八四年）など。本書第二部第一章・第二章も参照。

(23) 佐伯有清「新撰姓氏録序説」（『新撰姓氏録の研究』研究編、吉川弘文館、一九六三年）。

(24) 「祖父国益・道麻呂等」について、義江は「祖父の世代に当たる国益・道麻呂等」とするのに対し、吉川は「祖父」を宅主と見て、改姓申請をしたのは宅主・国益・道麻呂の三人であるとする。しかし、後者の理解であれば「祖父宅主・国益・道麻呂」というように、宅主の名前も併記するのが自然であろう。また「讃岐国司解」では那珂郡の冒頭に道麻呂、多度郡の冒頭に国益を記しており、これが大同時の両郡の代表者である。よって、宅主も改姓申請に関与したことは間違いないが、当該箇所の「祖父」は、文字どおり秋主の祖父の世代に当たることを示したものと理解される。

(25) 「耶」には「父」の意味があることから、この「祖耶」は前出の「祖父」を言い換えたものと思われる。

(26) 「秋主等解文」の中に見える「継絶之恩勅」についても議論がある。義江は、多度郡の国益から那珂郡の秋主へ、遠い傍系親間で因支首氏の族長位の継承が行われ、秋主が因支首氏の族長位を継承することを承認した勅を指すとする。一方、吉川は「氏姓の継・絶に関わる改姓についての大同二年の勅」を指すとする。ただし、前者のように解するならば、勅を受けたのは「秋主等」とあることから、族長位を継承した人物が複数存在するように読めてしまう。この「等」には、貞観の申請時における多度郡の代表者である純雄が含まれるのであり、この二人が族長位を継承したとは考えられない。そこで菅野朝臣真道の改姓申請を参考にしたい。『続日本紀』延暦九年（七九〇）七月辛巳条には、

左中弁正五位上兼木工頭百済王仁貞、治部少輔従五位下百済王元信、中衛少将従五位下百済王忠信、図書頭従五位上兼東宮学士左兵衛佐伊予守津連真道等上レ表言、真道等本系、出レ自二百済国貴須王一。貴須王者、百済始興第十六世王也。夫、百済大祖

都慕大王者、日神降レ霊、奄二扶余一而開レ国、天帝授レ籙、惣二諸韓一而称レ王。降及二近肖古王一、遥慕二聖化一、始聘二貴国一。是則、神功皇后摂政之年也。其後、軽嶋豊明朝御宇応神天皇、命二上毛野氏遠祖荒田別一、使二於百済一、捜二聘有識者一。国主貴須王、恭奉二使旨一、択二採宗族一、遣二其孫辰孫王一〈一名、智宗王。〉随レ使入朝。天皇嘉レ焉、特加二寵命一、以為二皇太子之師一矣。於レ是、始伝二書籍一、大闡二儒風一。文教之興、誠在二於此一。難波高津朝御宇仁徳天皇、以二辰孫王長子太阿郎王一為二近侍一。太阿郎王子亥陽君。亥陽君子、午定君。午定君、生二三男一。長子味沙、仲子辰尓、季子麻呂。従レ此而別、始為二三姓一。各因レ所レ職、以命レ氏焉。葛井・船・津連等即是也。逮二于他田朝御宇敏達天皇御世一、高麗国、遣レ使上二鳥羽之表一。群臣・諸史、莫二之能読一。而辰尓進取二其表一。能読巧写、詳奏二表文一。天皇嘉二其篤学一、深加二賞歎一。詔曰、勤乎懿哉。汝、若不レ愛レ学、誰能解読。宜三従レ今始、近二侍殿中一。既而、又詔二東西諸史一曰、汝等雖レ衆、不レ及二辰尓一。斯並国史・家牒、詳載二其事一矣。伏惟、皇朝、則レ天布レ化、稽レ古垂レ風。弘沢浹二乎群方一、叡政覃二於品彙一。故能修レ廃継レ絶、万姓仰而頼レ慶、正レ名弁レ物、四海帰而得レ宜。凡有二懐生一、莫レ不二抃躍一。真道等先祖、委二質聖朝一、年代深遠。家伝二文雅之業一、族掌二西庠之職一。真道等、生逢二昌運一、預沐二天恩一。伏望、改二換連姓一、蒙二賜朝臣一。於レ是、勅、因レ居賜二姓菅野朝臣一。

とある。これは津連真道らが連から朝臣への改姓を申請し、菅野朝臣を賜った記事である。真道は上表の中で祖先の功績を説明した後に「故能修レ廃継レ絶、万姓仰而頼レ慶、正レ名弁レ物、四海帰而得レ宜」と述べている。しかも「修レ廃継レ絶」と「正レ名弁レ物」が対応し、この文章から改姓の必要性を主張している。ここから類推するならば、改姓申請の中で用いられる「継絶」とは「正レ名弁レ物」であり、当該氏族が称してきた古い姓を「絶」やし、それを新姓により「継」ぐという意味に解される。よって、当該箇所の「継絶之恩勅」は、改姓希望に関する大同二年三月二十三日太政官符を指すと見るのが穏当である。

(27) B部分とC部分の原資料の間に、二行書き箇所が挿入された時期は不明であるが、ここではA部分の架上と同時期と推定しておきたい。

(28) 秋主の下には「之」があり、継雄（秋継の子）が秋主の下に置かれている。これは田中が指摘したように、継雄が秋主の養子に入ったことを示すと思われる。

(29) 松原弘宣「古代の別（和気）氏」（前掲）。

(30) 三舟隆之は、伊予国和気郡を舞台とする『日本霊異記』上巻十八縁と、讃岐国山田郡・鵜足郡を舞台とする『日本霊異記』中巻二十五縁が、同類異話であることから、説話のモチーフが伊予国の和気公氏から讃岐国の因支首氏へ伝えられたとする（三舟隆之

『日本霊異記』地獄冥界説話の形成」『日本霊異記』説話の地域史的研究』法蔵館、二〇一六年、初出二〇一一年）。このことは、両氏族の交流が系譜の結合以前に遡ることを示唆する。なお、氏族の交流が同祖系譜の形成につながることについては、拙稿「神部氏の系譜とその形成」（前掲）参照。

（32）『平安遺文』八―四四三三。

（31）『平安遺文』八―四四三一。

（33）この手順は、基本的に八世紀段階から変更はないとされる。野村忠夫「勘籍の本質と機能」（『官人制論』雄山閣出版、一九七五年）参照。

（34）『大日本仏教全書』二八。

（35）『香川叢書』一。

（36）『大日本仏教全書』一二七。

（37）小野勝年『入唐求法行歴の研究』上（法蔵館、一九八二年）四三頁。

（38）拙稿「『大神朝臣本系牒略』の史料的性格」（『大神氏の研究』前掲、初出二〇〇五年）。

（39）黛弘道「律令時代に於ける計世法」（『律令国家成立史の研究』吉川弘文館、一九八二年、初出一九五四年）。

（40）二行書き箇所末尾の忍乃別君と、その左傍に置かれた真浄別君は、文字の大きさが異なることから、ここでは両者を別人として計算した（第一章参照）。

（41）この時の改姓について記す『日本三代実録』貞観六年（八六四）八月十七日辛未条には、

出レ自二景行天皇皇子神櫛命一也。

とあるのみで、神櫛皇子が景行の第何皇子かは見えないが、これ以前に讃岐公から讃岐朝臣へ改姓した時の記事である『続日本後紀』承和三年三月戊午条には、

景行天皇第十皇子神櫛命也。

とあることから、貞観期に提出した解文にもこの内容が記されていたことは間違いない。よって、佐伯の見解は首肯できる。

（42）『天皇系図』は『類聚符宣抄』貞観六年八月二日宣旨に、以下のように見える。

被二右大臣宣一称、以二刑部大輔滋野朝臣安成・少外記善淵愛成等一、預下造二纂天皇系図大臣列伝一事上。宜下充二史生一人一令中給二其

事一。又斐紙随レ請充行者。

貞観六年八月二日　　　権大外記上毛野沢田〈奉〉

(43) 筆者は以前、複数の氏族系譜を取り上げて、その成立背景や伝世過程などを論じたことがある（拙著『日本古代氏族系譜の基礎的研究』前掲）。それに対して、堀川徹は「氏族系譜の意義についてはそれを取り巻く環境の差異に基づく氏族系譜のもつ意義の差異や、成立後の歴史的変化が読み取れるのであり、その点も考慮すべき」であり、「その背景にある歴史認識や思想の変化をも含みこんだ枠組みの考察が必要に思う」と述べている（堀川徹「書評　鈴木正信著『日本古代氏族系譜の基礎的研究』」『彦根論叢』三九七、二〇一三年）。本章は、そうした氏族の系譜伝承が有する社会的意義の変化、およびそれに連関する歴史意識・歴史認識の変化について、『円珍俗姓系図』を題材としてアプローチを試みたものである。

【翻刻】『円珍俗姓系図』

※系線の接続はアラビア数字を用いた。たとえば、A部分Ⅰの末尾の1は、A部分Ⅱの冒頭の1に接続する。

（略系図）

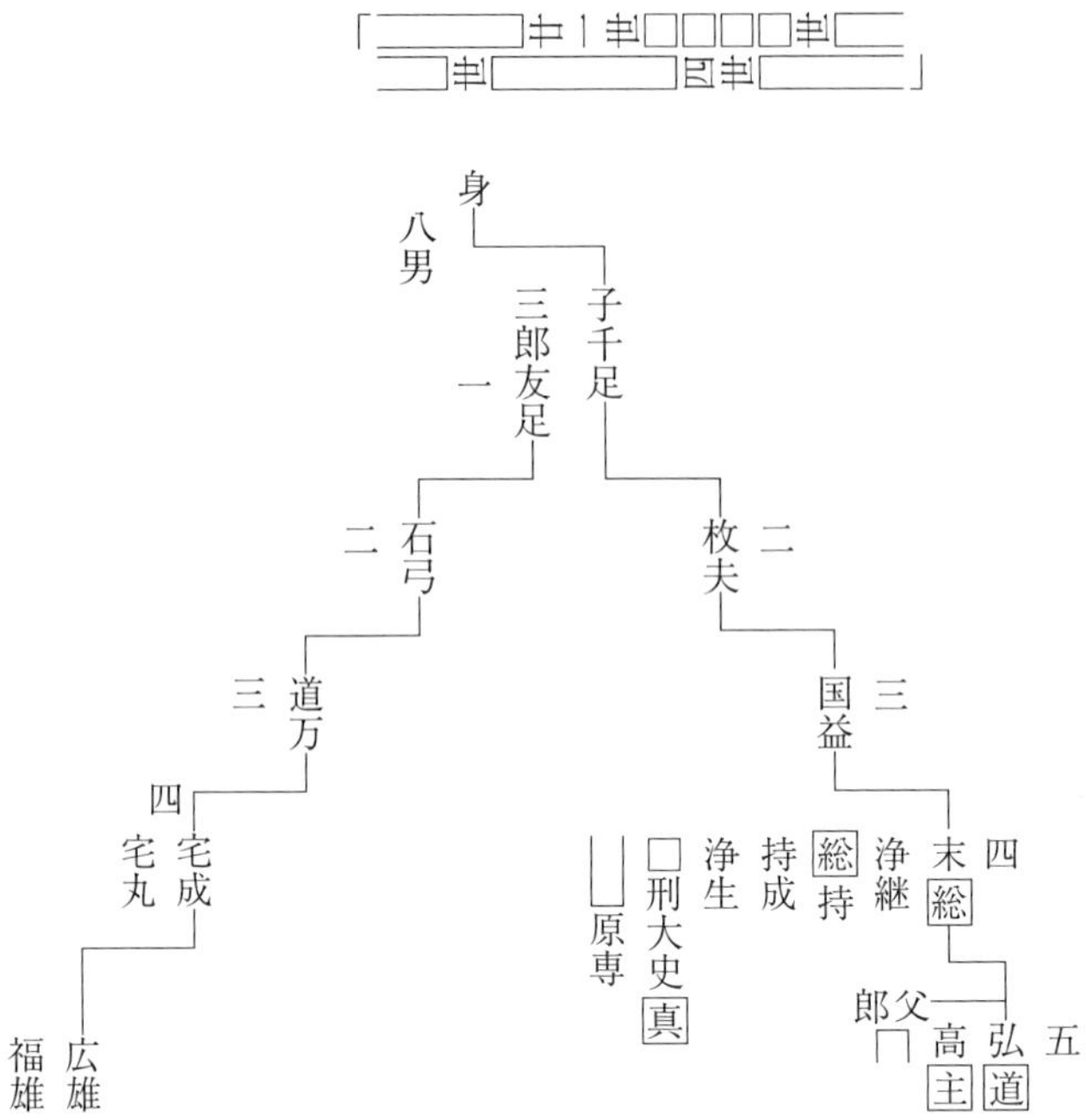

（裏書き）

伊予別公系図　武国王子為第七

此系図□

以神櫛王子為第九

天皇系図以神櫛為第九

以武国凝別為第十一□

日本紀以神櫛為第十以武国

凝王子為第十二

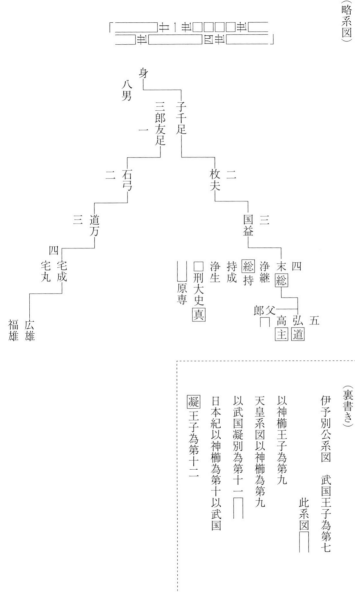

（A部分Ⅰ）

「□系図末集承和初従家□
□於円珍所□」

纏向日代宮御宇景行天皇

大足彦忍代別尊

皇子合廿四柱
男十七
女七

「神櫛皇子為第十郎与讃岐朝臣解文合也」

（A部分Ⅱ）

「一」子大碓皇子身毛津君守君等始祖

「二」次小碓皇子　亦名倭武童男
亦日倭尊
已上二皇　母播磨稲日大郎媛
一云稲目稚郎媛

「三」次稚足彦尊

「四」次五百城入彦皇子

「五」次忍之別皇子

「六」次稚倭根子皇子

「七」次大酢別皇子

次渟慰斗皇女

次渟名城皇女

次五百城入姫皇女

次麛依姫皇女

「八」次五十狭城入彦皇子

「九」次吉備兄彦皇子

次高城入姫皇女

次弟姫皇女

已上十三皇　母八坂入彦皇子女八坂入媛

次五百野皇女　母三尾氏磐城別之妹水歯郎媛

「十」次神櫛皇子　讃岐公等祖　本姓凡直

「十一」次稲背彦皇子　播磨別之始祖

已上二皇母五十河媛

「十二」次武国凝別皇子　伊予国御村別君
讃岐国因支首等始祖

「貞観八年改為和気公」

母阿倍氏木事之女高田媛

「十三」次日襲津彦皇子　阿牟君之始祖
母日向髪長大田根媛

「十四」次国乳別皇子　水沼別之始祖

「十五」次国背別皇子　亦名宮道別皇子

「十六」次豊戸別皇子　火国別之始祖

已上三皇母襲武媛

「十七」次豊国別皇子　日向国造之始祖
母御刀媛彌波迦志媛

1

（B部分Ⅰ）

1
子水別命　三津別命　又名□之 ― 子佐久□別命之　又名十城別命 ― □尼古乃別命
母阿倍角□臣
女加都媛　又名□別君之　子神子別命
□留和之古乃媛
次黒彦別命之 ― 子尓閉古□
2

津守王　又名　大[笠]別　又名小笠
次津守別命
〔四〕子波奈陋乃別君[之]子加尼古乃別君[之]〔五〕子忍乃別君〔六〕　又名忍尾
真浄別君
次阿加佐乃別命　和尓乃別命
〔一〕
〔二〕子阿佐乃別命[之]子弟子乃別命[之]〔□系図〕子麻呂子乃別命之〔三〕
子忍尾[別]君之 ―
3
次□日女命
次百日女命
右六人母高志道君祖伊知利生女都夫良媛

（B部分Ⅱ）

2
子倭子乃別君之 ― 子祢須古乃別君之 ― 子波麻古乃別君　又名法師古君
次阿麻古乃別君
次富祢古乃別君
次嶋津古乃別君之 ― 子津嶋子君
次伊波支志支君
次友足子君
次法師子君
次評造小山上宮手古別君之 ― 子評督[大]建大別君之 ― 子建国別君
次郡大領追正大下足国乃別君
次小別君
次加波夜須古乃別君
次大古乃別君
次阿米乃別君
次年乃別君
次小年乃別君
次忍熊乃別君
次加祢古乃別君之 ― 子猿子乃別君之 ―
4

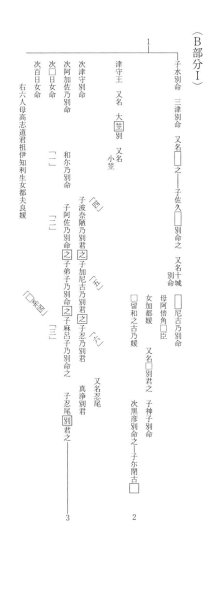

（B部分Ⅲ）

4

子□古乃別君之 → 子伊□多乃別君

次評造小乙下意伊古乃別君之 → 子大山上川内乃別君之 → 子□尼牟□乃別君

次媛古乃別君

次志止祢古乃別君

次阿比古乃別君

次奈太古乃別君

次犬古乃別君

次金弓古別君

次若子万別君

次麻□別君

次身古乃別君

次赤羽古乃別君

次竜古乃別君

次鳥古乃別君

次阿由古乃別君

次柱古乃別君

（C部分Ⅰ）

3

此人従伊予国
到来此土　娶因支首長女生

子□思波之 → 子忍羽之—子止伊之　5

次豊日之　6

次宇麻之　7

次与呂豆之 → 子加都之—子稲母之—子身之—子大庭之—子黒万呂

次牟久太之—子志己比止

次義太留

此二人随母負因支首姓

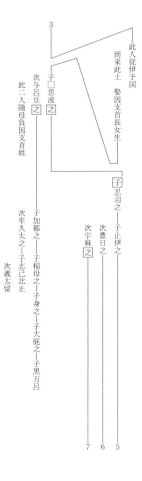

（C部分Ⅱ）

5 子小乙上身 難破長柄朝廷任主帳
- 子千足之
  - 子枚夫之 8
  - 次小牧之 9
  - 次乙足之 10
  - 次常数之 11
  - 次麻呂
- 次百足之
  - 子恵尓麻呂
  - 次葛□□
- 次友足之
  - 子足梓之 12
  - 次石弓之 13
- 次広足之
  - 子嶋足
- 次足国之
  - 子足日

6 子得足之　子大万呂

7 子牟良自之
- 子乎麻呂
- 次五百嶋之
  - 子海麻呂
  - 次嶋人
- 次足背之
  - 子益国之
    - 子陶道之
      - 子
    - 次真雄
- 次数足之
  - 子臣足之
    - 子真葝之
      - 子長成
  - 次臣次之
    - 子書成之
      - 子
  - 次浜足
  - 次角足

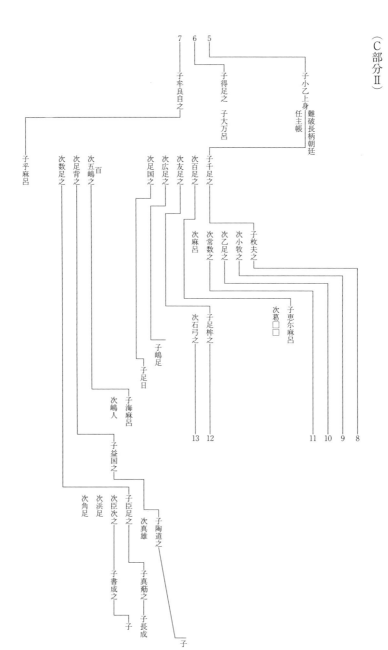

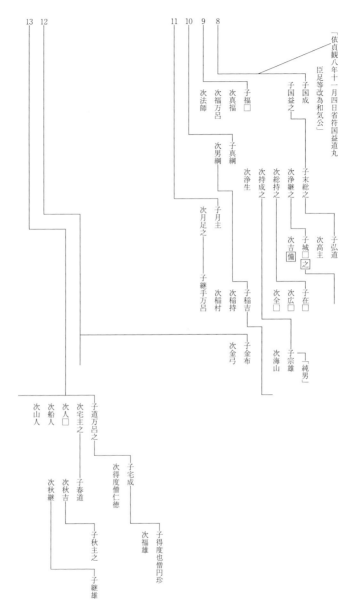

8 9 10 11 12 13

「依真観八年十一月四日省符国益道丸
臣足等改為和気公」

子国成
子国益之

子末総之
次浄継之
次総持之
次持成之
次浄生

子弘道
次高主

子城□[之]
次吉[備]

子在□
次広□
次全□

子宗雄 「純男」
次海山

子福□
次真福
次福万呂
次法師

子真綱
次男綱

子月主
次月足之

子稲吉
次稲持
次稲村

子継手万呂

子金布
次金弓

子道万呂之
次宅主之
次人□
次船人
次山人

子宅成
次得度僧仁徳

子春道
次秋吉
次秋継

子得度也僧円珍
次福雄

子秋主之

子継雄

第二部　海部直氏の氏族的展開

第一章　『海部氏系図』の構成と成立過程

はじめに

丹後国の一宮として篤い崇敬を集める籠神社（京都府宮津市）には、古代より神職を継承した海部直氏の系譜を記す『籠名神社祝部氏係図』（ママ）(1)（以下『海部氏系図』）が所蔵されている。この系図は料紙を縦方向に使い、人名の上に「児」・「弟」などの文字を付して系線で結ぶ竪系図の形式を留めており、第一部で取り上げた『円珍俗姓系図』と並んで、現存する最古の系図と考えられている。また、同社にはこの『海部氏系図』に注釈を施した『籠名神宮祝部丹波国造海部直等氏之本記』（以下『勘注系図』）も伝来している。

これらの系図は古くから神聖視され、かつては一族の者でも容易に見ることができなかったというが、昭和四十九年（一九七四）に実施された調査によって、ようやくその学術的な価値が知られるところとなった。そして、昭和五十年（一九七五）には重要文化財に登録され、さらに翌五十一年（一九七六）には「海部氏系図一巻、附海部氏勘注系図一巻」として国宝指定を受けるに至った(2)。

『海部氏系図』が伝えるところによれば、海部直氏の始祖は彦火明命(3)とされている。この彦火明命は『古事記』・『日本書紀』の神話において、瓊瓊杵命の兄あるいは子として神統譜に位置づけられるとともに、尾張国に本拠を構えた尾張連（宿禰）氏[4]によっても始祖と仰がれていた。つまり、丹後国の海部直氏と尾張国の尾張連氏は、彦火明命を介して互いに同祖系譜を形成しているのである。周知のとおり、古代氏族にとっての系譜は単なる祖先の記録ではなく、大王（天皇）家や有力氏族との政治的関係を擬制的な血縁関係として示したものであり、その意味できわめて現実的な役割を担っていた。[5]ではなぜ、地理的に隔絶した二氏族の間に、このような関係が見られるのであろうか。それを読み解くことは、古代における氏族のあり方や王権との関わりを考える上で不可欠であろう。

もっとも、そのためには『海部氏系図』の分析のみならず、全国に分布する海部の諸関係、丹後国と尾張国の氏族や古墳の分布状況、両地域間の交通・流通の実態など、複合的な角度から検討を行う必要がある。そこで本章では、上記の諸問題を考えるための基礎的作業として、『海部氏系図』・『勘注系図』の書誌情報と研究史を改めて整理した上で、その構成と成立過程について考察を行いたい。

なお、第二部末尾には【翻刻】を付した。適宜参照されたい。

一　『海部氏系図』の概要

はじめに、先学による『海部氏系図』の原本調査にもとづいて、その概要を確認しておこう。[6]この系図は、楮紙五枚からなる巻子本である。江戸時代初期に裏打ちがなされたと伝えられ、国宝に指定された後に再び改装が行われている。全長は二二八・八五センチであり、各紙の寸法は以下のとおりである。[7]

第一紙　幅二五・六五センチ×長さ四九・〇五センチ

第二紙　幅二五・六〇センチ×長さ四九・八五センチ

第三紙　幅二五・七〇センチ×長さ五〇・三〇センチ
第四紙　幅二五・七〇センチ×長さ五〇・二〇センチ
第五紙　幅二五・八五センチ×長さ二九・四五センチ

巻首右端には「籠名神社祝部氏係図」との内題がある。第一紙から第五紙まで、料紙の中央に薄く墨線が引かれ、人名をも貫通している。系線の冒頭には、

丹後国与謝郡従四位下籠名神、従㆑元于㆑今所㆓斎奉㆒祝部奉㆑仕海部直等之氏。

とあり、つづけて彦火明命から海部直田雄祝まで計十六代・十八名を記している。

系図の成立時期については、石村吉甫が籠神社の神階に注目して考察している(8)。『海部氏系図』の冒頭には、前述のように「従四位下籠名神」とあり、この系図が執筆された時点で籠神社は従四位下であったことが分かる。そこで、籠神社の神階の変遷を整理するならば、以下のとおりである。

『続日本後紀』嘉祥二年（八四九）二月庚戌条
　此日、奉㆑授㆓丹後国籠神従五位下㆒。
『日本三代実録』貞観六年（八六四）十二月二十一日甲戌条
　授㆓丹後国従五位上籠神正五位下㆒。
『日本三代実録』貞観十三年（八七一）六月八日癸未条
　授㆓丹後国正五位下籠神従四位下㆒。
『日本三代実録』元慶元年（八七七）十二月十四日庚辰条
　授㆓丹後国従四位下籠神従四位上㆒（略）。

これらによれば、籠神社は嘉祥二年に従五位下、貞観六年に正五位下、貞観十三年に従四位下、元慶元年に従四位上を授けられており、その神階が従四位下であったのは貞観十三年から元慶元年までということになる。よって、『海部氏系図』はこの間に作成されたと推測される。

このことは系図の末尾とも対応する。『海部氏系図』の末尾から二番目に置かれた海部直田継祝の尻付には、

従弘仁□（十一年カ）、至二承和十四年一、合廿八年□（仕奉カ）。

とあり、最後の海部直田雄祝の尻付は「従嘉」の二文字を残して、以下は欠損している。石村は第一～四紙の長さの平均と第五紙の長さの比較や、各人物の尻付の長さの比較を行い、『海部氏系図』は「田雄祝を最後とするか、若しくは僅かに一代の名を書するに留まるか位の余裕しかない」と推定している(9)。海部直田継祝が承和十四年（八四七）まで籠神社に奉仕したことからすると、海部直田雄祝の尻付に見える「嘉」は嘉祥の年号を意味しており、かりに彼が嘉祥元年（八四八）から数十年にわたって籠神社に奉仕したとすれば、籠神社が従四位下であった時期と重なる。このことからも『海部氏系図』は貞観十三年から元慶元年までの間に、海部直田雄祝（もしくはその子）の代に作成されたと見て間違いないであろう。

紙面には二十八顆の方形朱印が見られる。印文は鮮明ではなく、以前は「與謝之宮」などと推測されていたが(10)、のちの調査で「丹後国印」であることが判明した(11)。したがって、この『海部氏系図』は作成後に丹後国庁に提出され、公認の証として国印が捺されたということになる。

筆跡は終始同筆である。巻首の左端には右に約九〇度回転して「始」とあり、そのやや下方、彦火明命の左傍には、

養老三年〈己未〉三月廿二日　籠宮天下給。

との書入が見られる。これらは系図の本文とは別筆であり、村田正志は筆跡から平安時代中頃に記されたものと推測

している。[12]このうち前者は系図の冒頭であることを示したものであろう。それに対して後者は、養老三年（七一九）三月二十二日に「籠宮」が天降ったという内容である。これに関連して、籠神社には以下のような創祀の由来が伝えられている。[13]

・神代
　真名井原（籠神社の奥宮とされる真名井神社の鎮座地）に豊受大神を祭り、匏宮《よさのみや》と号した。
・崇神三十九年三月三日
　天照大神が倭笠縫邑からこの地に遷座し、天照大神・豊受大神の二神を祭った。社名を吉佐宮・与謝宮とも号した。四年後に天照大神は他所へ遷り、のち垂仁朝に伊勢国伊須須川上へ鎮座した（伊勢内宮）。
・雄略二十二年
　豊受大神が伊勢国度会郡山田原に遷座した（伊勢外宮）。
・白鳳十一年
　彦火火出見命を祭神とし、社名を籠宮に改めた。
・養老三年（七一九）三月二十二日
　籠宮を真名井原の地から現社地へ遷した。主祭神を海部直氏の祖神たる彦火明命に変更し、相殿には豊受大神・天照大神・海神・天水分神を祭った。

この社伝がどこまで史実にもとづくものかは定かでないが、前述の書入が「籠宮」の現社地への遷座を指していることは間違いない。義江明子はこの書入について、「平安期に入って本来の祭神から神官の系譜上の始祖たる彦火明命への祭神の転換がすすみ、中期に至ってそれが確定したことを示す。加筆以前の本来の『海部氏系図』では、彦火明命は〝籠名神に祝部として奉仕する海部直の始祖〟であって、籠名神そのものではなかった」と述べている。(14) さらに言うならば、この鎮座伝承には延暦二十三年（八〇四）成立の『皇太神宮儀式帳』・『止由気宮儀式帳』や、鎌倉時代に成立した『倭姫命世記』などの影響も想定されるであろう。

二　『勘注系図』の概要

次に、『勘注系図』の概要を確認したい。この系図は計十紙で一巻を構成している。全長は六二一・八〇センチであり、各紙の寸法は以下のとおりである。(15)

第一紙　幅一八・六五センチ×長さ三五・〇〇センチ
第二紙　幅一八・五五センチ×長さ六五・一五センチ
第三紙　幅一八・六〇センチ×長さ六五・一〇センチ
第四紙　幅一八・六〇センチ×長さ六五・〇〇センチ
第五紙　幅一八・七〇センチ×長さ六五・一〇センチ
第六紙　幅一八・七〇センチ×長さ六五・二五センチ
第七紙　幅一八・四五センチ×長さ六五・四五センチ
第八紙　幅一八・八〇センチ×長さ六五・三五センチ
第九紙　幅一八・七五センチ×長さ六五・六五センチ
第十紙　幅一八・七〇センチ×長さ六四・七五センチ

この『勘注系図』は、彦火明命から仁和年間（八八五〜八八九）頃の海部直稲雄祝までを、『海部氏系図』と同様に竪系図の形式で記載しており、『海部氏系図』には登場しない人物も多く見られる。また、その周囲には詳細な注釈を加えている。成立については、望暦祝の左傍からその子の雄豊祝、孫の田雄祝にまたがって、

一本云、本記序曰、丹波国造海部直等氏之本記者、元号曰二丹波国造本記一。豊御食炊屋姫天皇御宇、国造海部直止羅宿禰等所レ撰也。〈云々。〉歴二三世一至二子養老五年一、国造海部直千嶋祝並弟千足・千成等、更修撰之。〈一云、于時養老六年壬戌秋八月。〉〈云々。〉号曰二籠宮祝部氏之本記一。〈云云。〉至二于貞観年中一、海部直田雄祝等奉レ勅、撰二進本系一。号曰二籠名神社祝部氏系図一。〈云々。〉（略）是仁和年中、海部直稲雄等、更修下録自二往古一所レ伝之本記上、号曰二丹波国造海部直等氏之本記一。〈云々。〉以為二一軸一。〈云々。〉（略）

とあり、田雄祝の左傍にも、

一本云、氏之本記一巻者、仁和年中、海部直稲雄祝等修二録之一。子今相伝以レ為二最奥之秘記一、永世相承不レ可レ許二他見一〈云々〉。

とある。ここに記された『勘注系図』の成立過程は、以下のように整理することができる。

・推古朝（五九三〜六二八）
　丹波国造の海部直止羅宿禰が「丹波国造本記」を撰した。
・養老五年（七二一）あるいは養老六年（七二二）八月
　止羅宿禰から三代を経た国造海部直千嶋祝とその弟千足・千成らが、「籠宮祝部氏之本記」を撰した。
・貞観年間（八五九〜七七）
　海部直田雄が「本系」を撰進し、これを「籠名神社祝部氏系図」（『海部氏系図』）と号した。

・仁和年間（八八五〜八八九）

海部直稲雄が往古より伝わる「本記」を修録して「丹波国造海部直等氏之本記」（『勘注系図』）を作成した。

この記述に信を置くならば、『海部氏系図』が成立してからほどなくして、『勘注系図』が作成されたことになる。その記載内容に関しては、平安時代を降らないとする説もある。[16]しかし『勘注系図』の筆跡を分析した村田正志は、これを「近世初頭をやや降った頃」に書写されたと推測した。[17]また、末尾に置かれた稲雄の右傍には、

本記一巻者、安㆓鎮於海神胎内㆒、以㆓極秘㆒、永世可㆓相伝㆒者也〈云々〉。海部勝千代敬写㆑之。

との奥書があり、これによれば『勘注系図』は海神（像）の胎内に安置され、極秘に永く相伝されてきたものを、海部勝千代なる人物が書写したとのことである。[18]この勝千代については不詳であったが、第八十一代当主の海部穀定（一九〇〇〜八五）が作成した『籠名神社祝部氏系図』によれば、勝千代とは第七十代当主の海部永基の幼名であり、彼は寛永十年（一六三三）に宮司となり、寛文十年（一六七〇）に『籠大明神縁起秘伝』を著し、その後に『勘注系図』を書写したという。[19]したがって、『勘注系図』が現状を呈するに至ったのは十七世紀後半ということになる。

さらに、『勘注系図』には「在当国風土記」や「在風土記」として複数の箇所に文章が引用されている。これらは長らく『丹後国風土記』の逸文と考えられていたが、[20]近年では和銅六年（七一三）に撰進が命じられたいわゆる古風土記ではなく、『丹後風土記残欠』[21]の文章と一致することが指摘されている。[22]この『丹後風土記残欠』は成立年代や作者について諸説あるが、古風土記に仮託して中世〜近世に述作されたと見られている。[23]かかる『丹後風土記残欠』の文章を引用しているとするならば、『勘注系図』の成立は少なくとも『丹後風土記残欠』の成立以降に降ると理解しなければならず、その史料性に関しても再検討が必要となる。

以上を踏まえるならば、かつて村田が「勘注系図の注記については、近時古代史家の間に大いに珍重され、同系図の価値を誇大視する傾向が著しいが、文献学上遽かに賛同しがたいものもあろう」とし、「子細に点検するに、その注記の諸事項は難解であり、またそれが事実か否かを確認しがたい点も少なからず、したがって、これを史実として容認するには如何かと思考されるものも少なくない」と述べたように、[24]『勘注系図』の利用には慎重にならざるを得ない。この系図には前掲記事が言うように「自二往古一所レ伝之本記」にもとづく部分も含まれるのかもしれないが、それに加えて後世の人による考証も含まれている可能性が高い。

ちなみに、これに類似するものとしては、大神神社（奈良県桜井市）に伝来した『大神朝臣本系牒略』がある。これは大神神社の神職を継承した大神朝臣氏の系図であり、一七九〇年代の後半頃に神主の高宮信房の手によって作成されたものであるが、その作成には延暦年間（七八二～八〇六）に大神朝臣三支が作成・提出した大神朝臣氏の本系帳（に由来する史料）が用いられたと考えられる。[25]しかも、歴代の人物には詳細な注釈が加えられているが、たとえば大田々根子命の尻付には、

古事記曰、以二意富多々泥古命一為二神主一、而於二御諸山一、拝二祭意富美和之太神一。云々。

などのように、原則として出典が記されていることから、原資料に由来すると思われる部分と、後世の人物が他書を参照して加えた注釈の部分とを弁別することができる。

これに比して『勘注系図』には出典が明記されておらず、両者を切り分けることが難しい。したがって、現状では『勘注系図』はあくまでも参考史料としての扱いに留めておくのが穏当である。先行研究の中には『海部氏系図』の内容が不明確な箇所に対して、『勘注系図』の関連記事をもって補足・補完するものが見受けられるが、その内容が『勘注系図』だけに残された『海部氏系図』と同時代の伝承であるのか、あるいは後世の人々が『海部氏系図』の内

容を理解・再構築した結果なのかが明らかでない以上、『勘注系図』をもって『海部氏系図』の欠を補うという方法は差し控えるべきである。

三　『海部氏系図』と本系帳

『海部氏系図』に関する先行研究では、この系図が本系帳といかなる関係にあるのかという点に関心が集中してきた。この点は『海部氏系図』のみならず、古代氏族の系譜・系図の理解にも深く関わる問題であるので、次にその議論を改めて整理しておきたい(26)。

この系図に関して、はじめて詳細な調査報告を行った石村吉甫は、これを『円珍俗姓系図』と並ぶ「竪系図の双璧」と位置づけ、特に本系帳との関連には言及しなかった(27)。

それに対して山本信哉は、『日本後紀』延暦十八年（七九九）十二月戊戌条に、

> 勅、天下臣民、氏族已衆。或源同流別、或宗異姓同。欲拠㆓譜講㆒、多経㆓改易㆒。至㆑検㆓籍帳㆒、難㆑弁㆓本枝㆒。宜㆘布㆓告天下㆒、令㆖進㆓本系帳㆒。三韓・諸蕃亦同。但令㆑載㆓始祖及別祖等名㆒、勿㆑列㆓枝流并継嗣歴名㆒。若元出㆓于貴族之別㆒者、宜㆘取㆓宗中長者署㆒申㆖之。凡厥氏姓、率多㆓仮濫㆒。宜㆘在㆓確実㆒、勿㆖容㆓詐冒㆒。来年八月卅日以前、惣令㆓進了㆒。便編入㆑録、如事違㆓故記㆒、及過㆓厳程㆒者、宜㆓原㆑情科処、永勿㆑入㆑録。凡庸之徒、惣集為㆑巻。冠蓋之族、聴㆓別成㆑軸焉。

とあり、ここに見える本系帳の様式（始祖名・別祖名を掲載し、枝流および継嗣の歴名は記載しない）が、『海部氏系図』の「始祖以下重要なる事績のある者、祝を継いだ直系の者のみを一すぢに掲げ、其の余に及ばぬ」という特徴と一致

すること、さらに『日本三代実録』元慶五年（八八一）三月二十六日甲戌条に、

制、令下五畿七道諸国諸神社祝部氏人、本系帳三年一進上。

とあり、全国諸社の祝部氏に対して本系帳の上進が命じられていることなどから、『海部氏系図』は「本系帳の今日に存したものに非ざるか」とし、「石村氏が、ただ竪系図の最古のものと解説されたのは未だ足れりとせぬ」と論じた(28)。

これを受けて石村は『海部氏系図』について再論し、本系帳とは「その記載方法に於いて、将又その組織に於いて、自ら系線を以て綴られた系図とは趣を異にし、一門の系譜を明確にする門文が集積圧搾され、その本系を明らかにせるもの」であるのに対し、系図には広義と狭義があり、広義のそれは「系線を以て書綴られた系図は勿論その他に、門文、氏文、本系帳及び譜図帳をも包含し、書き表はし方によって書き下し風、世代風等と区分し、又その形の上より見て系線を有するものと然らざるものとに区別することが出来る」とし、狭義のそれは「系線のもののみを指す」とした。そして、山本がいう系図とは広義のそれであり、「これを以て直に系線を用ひる本系帳がある証左とせらることは、この広狭の二義を混同せられるものではあるまいか」と述べた。さらに「祖先の業績等を書き加へなければならないのに、単に奉仕の年代のみに力を注いで居る」こと、冒頭の書入に見える養老三年の現社地への遷座は「此一族にとって非常なる誇りであり記念すべき日時であるに拘らず、本文中には其事に就いて一言も触れていない」こと、前述のとおりこの系図は巻頭に「籠名神社祝部氏係図」とあるが、「本系帳の巻首に系図の文字が用いられたことは其例を見ない」ことなどから、「此系図を本系帳と認めることは出来ない」と論じた(29)。

次に、この問題に言及したのは後藤四郎である。後藤は『類聚三代格』元慶五年三月二十六日官符に、

太政官符

応三三年一進二諸神祝部氏人帳一事

右得二伊予国解一称、検二案内一、太政官去貞観十年九月十四日下二当道諸国一符称、貞観八年四月十一日符称、去年五月廿五日称、右大臣宣、諸社祝部、停レ補二白丁一。択下八位以上及六十以上人堪二祭事一者上令レ補レ之。自レ今以後、立為二恒例一。但先レ是置者令レ終二其身一者。今諸国所レ行、専忘二本符一、偏称二氏人并神戸一悉擬二補課丁一。論二之政途一、事乖二公平一。大納言正三位藤原朝臣氏宗宣、雖二是氏人并神戸百姓一、而先尽二八位已上及六十已上堪レ事者一。若無二其人一乃擬二年少一。但至レ称二氏人一無二蹠実一、仍須下神主禰宜祝部等氏、毎レ社令レ勘二申細由一、国司覆検造レ帳申送、永備中計会上者。国随二符旨一、六位以上社祝部氏人帳、毎レ年勘造附二朝集使一進レ官。今件帳期限無レ程、煩二頻勘造一。尋二其勘拠一於レ公無レ益。望請、官裁准二郡司譜図一、一紀一進以備二勘会一。謹請二官裁一者。従二位行大納言兼左近衛大将源朝臣多宣、奉レ勅、宜二三年一進一。諸国准レ此。（略）

とあり、ここに見える「祝部氏人帳」は「祝部に補せられた者が、祝部氏の氏人であることを確かめるためのもの」であり、前掲した『日本三代実録』同日条にも「本系帳」とあることから、「単なる祝部名帳（職員令義解）の如きものではなく、本系帳と見てよい」とし、貞観年間から全国諸社の祝部氏は本系帳を毎年作成し、朝集使に付して提出していたことを指摘した。そして『海部氏系図』が前述のとおり貞観十三年から元慶元年の間に作成されたとすれば、それは本系帳を毎年上進していた時期と重なることから、「本系帳の作成とこの系図の間に密接な関係があることを思わざるを得ない」とした。また『中臣氏系図』(30)所引「延喜本系解状」には、

摠造二一巻一、以写二四通一。一通准レ例、送二納省庫一。三通各分授置二三門一。

とあり、本系帳は複数作成され、氏族側にも保管されていることから、「臆測すれば、海部直家に於いて、伝来の系譜や門文などに基いて本系帳を作成した時、その写を作成するとともに、系線を用いる系図形式により、この竪系図

を作成したのではあるまいか」と推測した。[31]

さらに、佐伯有清もこの問題に触れている。佐伯は前述の『勘注系図』とは別に、籠神社には『丹波国造海部直等氏之本紀』という系図が伝来しているとし、その奥書に、

至二于貞観年中一、海部直田雄祝等奉レ勅、撰二進本系一。号曰二籠名神社祝部氏系図一。〈云々。〉

とあることから、「『海部氏系図』が貞観年間に、作成されたことは確実」であり、それが「本系帳と関係するものであることも、この奥書によって確かめられる」とした。また、先にも取り上げた『中臣氏系図』所引「延喜本系解状」の末尾には「系図略レ之」とあり、このことも「貞観期の本系帳が系図であったことを推察させる」とした上で、「『海部氏系図』は、本系帳を系図化したものではなく、本系帳そのものを書写したもの」であり、「かつて山本氏の指摘したことが、妥当であった」と論じている。[32]

このように『海部氏系図』と本系帳の関係をめぐっては、この系図を本系帳そのものと見るか、それとも本系帳に関連するもの（本系帳そのものではない）と見るかが問題となっており、これ以降、議論は特に進展がないまま現在に至っている。[33]

しかしながら、先学が議論の手がかりとした諸史料を改めて分析するならば、そこから確認できるのは、

・延暦十八年に撰進が命じられた本系帳では、始祖名・別祖名を掲載し、枝流および継嗣の歴名は記載しなかったこと。
・貞観年間から諸社の祝部氏は本系帳を毎年提出しており、元慶五年にはそれが三年一進に改められたこと。
・本系帳を撰進する際には複数（写し）が作成され、その一部を自氏で保管する場合があったこと。
・本系帳には系図が付される（一部が系図で記される）場合があり、それが省略される場合もあったこと。

以上の四点に過ぎないのであり、これらだけから『海部氏系図』が本系帳そのものであると判断することはできない。
また、佐伯が取り上げた『丹波国造海部直等氏之本紀』という系図は未詳であるが、その文章は『勘注系図』の望麿祝・雄豊祝・田雄祝らにまたがって付されている注記（前掲）と全く一致していることから、これを引き写して記された可能性もあり、この記述をもとに『海部氏系図』の史料性を論じることは困難である。

さらに、現在確認されている本系帳およびその逸文と思われるものには、「高橋朝臣本系」(34)、「賀茂朝臣本系」・「鴨県主本系」(35)、「秦氏本系帳」(36)、『丹生祝氏本系帳』(37)などがある。このうち、たとえば「高橋朝臣本系」には、

阿部朝臣同祖。大彦命之後也。孫磐鹿六獦命、大足彦忍代別天皇〈諡景行。〉御世、賜㆓姓膳臣㆒。十世之孫小錦上国益、天渟中原瀛真人天皇〈諡天武。〉御世、改㆓高橋朝臣姓㆒。三世孫五百足。男従八位上犬養。次鷹養。裔孫従五位上祖麻呂。従七位下石畠等也。

とあるように、いわゆる文章系譜の形式で記されており、ほかも同様である。これらのことからすれば、『海部氏系図』が本系帳そのものであると言えないことは明らかである。今後、竪系図形式で記された本系帳やその逸文が発見されれば別であるが、そうした史料が確認できない現状においては、『海部氏系図』はあくまでも本系帳と密接な関係にある史料である（本系帳そのものではない）と理解しておくのが適切であろう。

四 『海部氏系図』B・C部分の成立背景

とするならば『海部氏系図』と本系帳は具体的にいかなる関係にあるのか、その内実こそが問題である。かつて後藤四郎は前述のように、海部直氏が本系帳を提出した際にその写しを作成し、それをもとに系線を用いて作成したも

のが『海部氏系図』ではないかと推測したが、筆者はもう一歩進めて論じてみたい。

すでに先行研究でも指摘されているが、『海部氏系図』に記された海部直氏の系譜は、

A部分　彦火明命～健振熊宿禰

B部分　海部直都比～海部直□尼

C部分　海部直伍佰道祝～海部直田雄祝

これら三つに大別することができる。[38] A部分はいわゆる神話・伝承の時代であり、人名の頭には「始祖」・「三世孫」・「孫」の文字が付され、間の世系が省略されている。A部分とB部分との間には、系線の右側に短冊形の記号がある。[39] B部分以降は人名の頭に「児」を付し、歴代の人物を父子関係として示しており、世系の省略は見られない。健振熊宿禰の尻付には、

此若狭木津高向宮〈尒〉、海部直姓定賜〈弖〉、□(楯カ)桙賜国造仕奉〈支〉。品田天皇御宇。

とあり、[40] これに対応する形でB部分冒頭の海部直都比からは、海部直の氏姓が共有されるようになる。C部分には八・九世紀の人名が挙げられている。人名の末尾には「祝」の文字が付され、尻付には籠神社に祝として奉仕した年数が注記されている。

このC部分の最初に位置する伍佰道祝の尻付には、

従乙巳養老元年合卅五年奉仕。

とある。養老元年（七一七）に最も近い乙巳年は慶雲二年（七〇五）、その前は大化元年（六四五）であり、それぞれ十二年前・七十二年前となり、どちらも「卅五年」にはならないことから、この注記には何らかの錯誤があると思われる。[41] いずれにしても、伍佰道祝が養老元年頃に籠神社に奉仕していたとするならば、七世紀末から八世紀初めに生

存した人物ということになる。よって、B部分とC部分の境界もおよそこの時期に措定することができる。

この頃はまさに律令国家の装いが整えられ、諸氏族やその系譜に対する政策が次々と出された時期である。第一部第二章でも詳しく述べたので、ここでは簡単に触れるに留めるが、まず『続日本紀』大宝二年（七〇二）九月己丑条によれば、天智三年（六六四）に甲子の宣が出された際、諸氏の氏上を掲載した書物が存在しており、それは氏姓や氏上の記録を含む諸氏の系譜であったと見られている。(42) また『日本書紀』持統五年（六九一）八月辛亥条には、計十八氏に対して墓記の上進を命じたことが見えるが、この墓記も当該氏族の系譜の類と考えられている。(43) これらのほかにも天智三年には大氏・小氏に対する武具の賜与（『日本書紀』天智三年二月丁亥条）、天武十年（六八一）・同十一年（六八二）には氏上の選定が行われており（『日本書紀』天武十年九月甲辰条・同十一年十二月壬戌条）、天武五年（六七六）から霊亀二年（七一六）にかけては諸氏の氏上・氏長が任命されている（『日本書紀』天武五年六月条、持統八年〈六九四〉正月丙戌条、『続日本紀』文武二年〈六九八〉九月戊午条、慶雲四年〈七〇七〉九月丁未条、霊亀元年〈七一五〉二月丙寅条、霊亀二年九月乙未条など）。

こうした動きは、現存する地方氏族の系図からもうかがうことができる。たとえば『粟鹿大明神元記』の竪系図部分は、八世紀初め頃まで生存したと思われる神部直根閈で擱筆しており、和銅元年（七〇八）の奥書が付されている。この奥書部分は後からの追記であり、『粟鹿大明神元記』(44) 自体が和銅元年に成立したわけではないが、この奥書を追加した後世の人物が、七世紀後半から八世紀初めの神部直根閈の代を一つの画期と捉えていたことが分かる。(45)『出雲国造系図』は大王家と出雲国造家の系譜を左右に併記するが、前者は文武天皇（在位六九七〜七〇七年）で筆を置いていることから、後者も原資料の段階ではこの時期の叡屋臣（あるいは帯許督）の代で終わっていたと見られる。(46)『円珍俗姓系図』の場合も同様に、因支首氏と伊予御村別君氏の系譜を左右に配置し、現状では前者には九世紀の円珍の世代まで、後者には八世紀初めの□尼牟□乃別君の世代までが記されているが、原資料の段階では後者に対応する形で前者も八世紀初めの身の代で一旦擱筆しており、以降は後から書き継がれたと推測される。(47) このように七世紀後半から八世紀初めにかけて、諸氏族の間で自氏の系譜（のちに系図が作成される際に利用された原資料）が整えられるようになったと考えられる。

さらに、本系帳は前述のとおり延暦十八年（七九九）に撰進を命じる勅が下され、貞観年間には諸社の祝部氏が本系帳を毎年提出していたが、すでにそれ以前からも作成されていた。『弘仁私記』序文には、

凡厥天平勝宝之前、毎二一代一使二天下諸氏一各献二本系一。

とあり、正確な開始時期は不明であるが、諸氏族は少なくとも天平勝宝年間（七四九〜五七）より前から、一代ごとに本系帳を提出していたことが知られる。また『新撰姓氏録』序文には、

宝字之末、其争猶繁。仍緊二名儒一、撰二氏族志一。抄案弗レ半、逢二時有一レ難。諸儒解体、輟而不レ興。

とあり、『中臣氏系図』所引「延喜本系解状」の糠手子大連公の尻付にも、

案下依二去天平宝字五年撰氏族志所之宣一、勘造所レ進本系帳上云（略）

とあり、天平宝字五年（七六一）にも本系帳の提出が命じられている。よって、氏族によっては八世紀中葉から本系帳を作成しており、その撰進は前掲のとおりおよそ九世紀後半まで継続的に行われていたと推測される。その際には「延喜本系解状」（前掲）にも見られたように、氏族側にも控え（写し）が保管され、新たな本系帳の作成時に参照されることもあったと思われる。

以上を踏まえるならば、上記した氏族系譜の整備と『海部氏系図』B・C部分の成立には、対応関係が看取される。すなわち、七世紀末から八世紀初めにかけて、それ以前に海部直氏に伝えられていた祖先の伝承にもとづいて、海部

直部比から海部直□尼に至る系譜（のちのB部分に相当する）が整理された。ついで八世紀中葉から諸氏族の間で本系帳が作成されるようになると、海部直氏でも先行して成立していた部分に続けて海部直伍佰道祝以降の系譜が追加され、その作業は新たな本系帳が作成されるたびに繰り返され、九世紀後半の海部直田雄祝の代まで続けられた（のちのC部分に相当する）。そして、貞観年間に祝部氏人帳（祝部氏人本系帳）の毎年撰進が命じられたことを直接の契機として、貞観十三年（八七一）から元慶元年（八七七）のある時期に、それまで海部直氏に伝えられていた本系帳を基礎とし、そこに見える人名を系線で結んで竪系図の形式で改めて作成したものが、現在我々が目にしている『海部氏系図』であると考えられる。つまり、B部分（人名のみ）とC部分（「祝」を共有し、籠神社への奉仕年数を付す）に見られる記載様式の変化は、海部直氏が籠神社の祝に就任し、その職を継承するようになったという歴史的事象を示すのみならず、B・C両部分の成立過程の段階差をも反映していると推測されるのである。

五　『海部氏系図』A部分の成立背景

では、残るA部分はどのように成立したのであろうか。この部分には彦火明命・倭宿禰命・健振熊宿禰が挙げられているが、後二者の検討は別の機会に譲ることとし、最後に彦火明命とその後裔たる尾張連氏について簡単な見通しを述べたい。

冒頭でも触れたように、彦火明命は『日本書紀』神代下第九段本文に、

次生出之児号火明命。〈是尾張連等始祖也。〉

とあり、『日本書紀』神代下第九段一書第八にも、

正哉吾勝勝速日天忍穂耳尊、娶二高皇産霊尊之女天萬栲幡千幡姫一、為レ妃而生児、号二天照国照彦火明命一。是尾張連等遠祖也。（略）

とあるように、尾張連氏の始祖とされている。改めて言うまでもなく、この尾張連氏は尾張国に本拠を構え、尾張国造を輩出した氏族であるが(48)、それと同時に海部系氏族とも深い関わりをもっていた(49)。

まず、尾張国には海部郡海部郷（海里）があり(50)、同郡志摩郷（嶋里）には海連赤麻呂が居住していた(51)。『先代旧事本紀』巻三「天神本紀」には、天背斗女命の後裔として尾張中嶋海部直氏が見えるが、この氏族名も同郡の中嶋郷に因むと思われる。ほかにも知多郡には入海郷(52)、愛智郡大宅郷には海連馬手・津守(53)、葉栗郡には凡海部忍人(54)、丹羽郡擬少領に海宿禰（欠名）(55)などが確認できる。さらに、『延喜式神名帳』尾張国愛智郡条に所載された氷上姉子神社について、『尾張国熱田太神宮縁起』(56)は海部氏が神主として奉仕していたと伝えており、しかも海部は尾張氏の「別姓」であるとしている。このように尾張国内には海部系氏族が多く分布しており(57)、尾張連氏との関係もうかがえることから、尾張連氏はこれらの海部系氏族を統括し、伊勢湾沿岸の塩や海産物を大和王権に貢納していたと考えられている(58)。

また、尾張連氏の特徴として、非常に多くの氏族と系譜上で結びついていることが挙げられる。『新撰姓氏録』によれば、以下の諸氏族が彦火明命に繫がる系譜を有している。

左京神別天孫　尾張宿禰・尾張連・伊福部宿禰・湯母竹田連・竹田川辺連・石作連・檜前舎人連・榎室連・丹比須布・但馬海直・大炊刑部造・坂合部宿禰・額田部湯坐連・三枝部連・奄智連・額田部

右京神別天孫　丹比宿禰・尾張連・伊与部・六人部・子部・大炊刑部造・朝来直・若倭部・川上首

山城国神別天孫　尾張連・六人部連・伊福部・石作・水主直・三富部

大和国神別天孫　尾張連・伊福部宿禰・伊福部連・蝮王部首・工造

摂津国神別天孫　津守宿禰・六人部連・石作連・蝮部・刑部首・津守
河内国神別天孫　襷多治比宿禰・丹比連・若犬養宿禰・笛吹・吹田連・身人部連・尾張連・五百木部連
和泉国神別天孫　若犬養宿禰・丹比連・石作連・津守連・網津守連・椋連・綺連
未定雑姓左京　忍坂連
未定雑姓右京　凡海連
未定雑姓山城国　山代直
未定雑姓摂津国　山首・川内漢人

一方、『先代旧事本紀』巻五「天孫本紀」には冒頭の彦火明命から十八世孫の尾張乙訓与止連までが記載されているが、その中には以下の氏族の祖とされる人物が散見する。

四世孫　瀛津世襲命　尾張連等祖
　天忍男命　大蝮壬部連等祖
五世孫　建筒草命　多治比連・津守連・若倭部連・葛木厨直祖
　妙斗米命　六人部連等祖
六世孫　建田背命　神服連・海部直・丹波国造・但馬国造等祖
　建多手利命　笛連・若犬甘連等祖
　建弥阿久良命　高屋大分国造等祖
　建麻利尼命　石作連・桑内連・山辺県主等祖
　建手和弥命　身人部連等祖

九世孫　玉勝山代根古命　山代水主雀部連・軽部造・蘇宜部首等祖

若都保命　五百木部連等祖

十世孫　淡夜別命　大海部直等祖

大原足尼命　筑紫豊国国造等祖

大八椅子命　斐陀国造等祖

十五世孫　尾治岐閇連　即連等祖

尾治知々古連　久努連等祖

十六世孫　尾治阿古連　太刀西連等祖

尾治弟鹿連　日村尾治連等祖

尾治多与志連　大海部直等祖

十八世孫　尾治枚夫連　紀伊尾治連等祖

上記のとおり、尾張連氏は大規模な同祖系譜を形成していたことが知られるが、これらの中には傍線を付したように、海部直氏・但馬海直氏・凡海連氏・大海部直氏といった各地の海部系氏族も含まれている(59)。よって、尾張連氏は本拠である尾張国の周辺だけでなく、より広範囲の海部系氏族とも関係を構築していたことが分かる。

このことについて後藤四郎は、各地に分布する海部系氏族の系譜は「単なる擬制ではなく、大和朝廷の地方経営の進展という歴史の流れの中で成立した血縁的関係に基づく」とし、丹後国の海部直氏の場合も、日本海方面へ進出してきた尾張連氏との間に実際に婚姻関係を形成したと推定している(60)。たしかに、両氏族は古くから何らかの形で交流していたかもしれないが、後藤は応神朝に健振熊宿禰が国造として仕奉したことや、海部直を賜姓されたことを無批判に史実と捉えており、その所説にそのまま賛同することは難しい。そこで、以下の点に着目したい。

第一に、尾張連氏の系譜を最も詳細に伝えているのは『天孫本紀』であるが、十世孫の淡夜別命と十一世孫の乎止与命の項には、[61]

十世孫淡夜別命。〈大海部直等祖。弟彦命之子。〉次大原足尼命。〈此命、筑紫豊国々造等祖。置津与曾命之子〉次大八椅子命。〈斐陀国造等祖。彦与曾命之子。〉次大縫命。次小縫命。

十一世孫乎止与命。此命、尾張大印岐女子真敷刀俾為レ妻、生二一男一。

とあるのみであり、十世孫と十一世孫の世代がいかなる続柄にあるのかが記されていない。また『先代旧事本紀』巻十「国造本紀」尾張国造条には、

尾張国造

志賀高穴穂朝、以二天別天火明命十世孫小止与命一、定二賜国造一。

とあり、尾張国造の祖として乎止与命が挙げられている。『新撰姓氏録』河内国神別天孫　尾張連条にも、

尾張連

火明命十四世孫小豊命之後也。

とあり、尾張国以外にも乎止与命を祖とする同族がいたことが知られる。これらのことから、尾張連氏は本来は彦火明命ではなくこの乎止与命を始祖としており、それより上の世代は後から架上されたと推測されている。[62]

第二に、尾張国の中嶋・海部・春部・愛智各郡には、いわゆる本宗の尾張連氏が宿禰姓へ改姓した後も引き続き連姓を称した氏族や、無姓の尾張氏が分布していること、[63]他姓から尾張宿禰へ改姓した氏族が見られること、[64]さらに尾張を冠する族姓の氏族が見られることなどから、[65]加藤謙吉は「尾張氏とは一系的な氏族集団ではなく、尾張国の各地

を拠点とした様々な系統の在地首長集団が連合して、対外的に尾張をウジ名とする同族集団を形成していた」と述べており、[66]妥当な見解であると思われる。付け加えるならば、尾張連氏は彦火明命や乎止与命のほかにも、

・天香語山命（『日本書紀』神代下第九段一書第六、『新撰姓氏録』左京神別天孫　尾張連条など）
・武礪目命（『新撰姓氏録』右京神別天孫　尾張連条）
・阿曾連（『新撰姓氏録』左京神別天孫　尾張宿禰条）
・瀛津世襲（『日本書紀』孝安即位前紀、『古事記』孝昭段）
・意富那毘（『古事記』孝元段）
・意富阿麻比売（『古事記』崇神段）
・美夜受比売（『古事記』景行段）
・建伊那陀宿禰（『古事記』応神段）
・凡連（『古事記』継体段）

などを祖としている。このことは尾張連氏を中心とする大規模な同祖系譜が形成される以前、それぞれに異なる祖を仰ぐ複数の集団が存在しており、やがてそれら個々の伝承が整理（取捨選択）されて彦火明命のもとに一本の系譜としてまとめられていったことを示唆している。

第三に、他の氏族の事例を参照してみよう。先にも触れた『円珍俗姓系図』は『海部氏系図』と同様に複数の部分から構成されており、A部分（景行天皇とその皇子女の系譜）、B部分（伊予御村別君氏の系譜）、C部分（円珍を輩出した因支首氏の系譜）に大別される。そして、八世紀初めにはB・C部分の原資料がそれぞれ別個に作成されていたが、延暦十九年（八〇〇）の本系帳撰進を契機として、因支首氏は自氏が景行天皇の子である武国凝別命を始祖とし、伊

予御村別君氏と「同宗」であることを系譜上で主張する必要が生じ、そのためB・C部分の原資料を結合させ、さらにその上へA部分を架上することで『円珍俗姓系図』が成立したと考えられる。[67]また、紀伊国造を輩出した紀直氏の場合も、はじめは本拠である紀伊国名草郡を中心として実際に交流のあった諸氏族が、于遅比古（第六代の紀伊国造）や大名草比古（第五代）を介して小規模に結びついていたが、のちに天道根命（初代）や神皇産霊尊を介して、紀直氏と直接関係のない氏族までもが繫がりを持つようになり、于遅比古→大名草比古→天道根命→神皇産霊尊の順に代数を遡上する形で同祖系譜が形成されていったと推定される。[68]こうした同祖系譜の形成過程については、かつて義江明子も「氏族系譜の体系性とは、アプリオリに整然とした形で存在するのではなく、後次的に、種々の系譜の連鎖によって矛盾を含み込みつつ、下から、おぼろげに形成されていく」（傍点筆者）と述べている。[69]この理解は古代氏族の系譜に広く当てはまるものであり、『海部氏系図』もその例に漏れるものではなかろう。

これらの諸点を踏まえるならば、『新撰姓氏録』や『天孫本紀』に見られるように、尾張連氏を中心とする大規模な同祖系譜が形成されたのは比較的新しい時期であり、海部直氏の系譜がその中に取り込まれる過程で『海部氏系図』の冒頭に彦火明命が位置づけられた、すなわちA部分が作成されたという経緯を想定することができる。その時期を厳密に特定することは難しいが、ここでは八世紀中葉以降に諸氏族が本系帳を作成するようになってから、祝部氏人帳（祝部氏人本系帳）の作成が命じられた九世紀後半までの間と大摑みに捉えておきたい。[70]したがって、海部直氏が尾張連氏と古い段階から接点を持っていた可能性は否定できないが、系譜の形成という側面に関して言うならば、まず七世紀末から八世紀初めにかけて海部直氏独自の系譜（のちのB部分）が整理され、それを基礎として八～九世紀には実際に籠神社に奉仕した歴代の人物（のちのC部分）が順次追加されるとともに、尾張連氏との同祖関係を示す部分（のちのA部分）が架上され、現状の『海部氏系図』が伝える海部直氏の系譜が成立したと考えることができるのである。

結　語

以上、『海部氏系図』・『勘注系図』の概要を改めて整理した上で、『海部氏系図』と本系帳との関係、および『海部氏系図』の成立過程について考察を行った。前半の書誌学的な確認に関しては再言の必要はないと思われるが、後半の論旨を整理しておくならば次のとおりである。

・竪系図形式で記された本系帳やその逸文の存在が確認されない限り、『海部氏系図』はあくまでも本系帳と密接に関係する史料であり、本系帳そのものではないと判断するのが妥当である。

・七世紀末から八世紀初めにかけて、氏族系譜の整備が進められたのと軌を一にして、海部直氏の系譜もまとめられた（現存『海部氏系図』B部分に相当する）。

・八世紀中葉以降、諸氏族の間で本系帳の作成が開始されると、海部直氏も先行して成立していた系譜を基礎として本系帳を作成するようになり、そこに海部直氏の歴代の人物が順次追加されていった。この作業は九世紀後半まで続けられた（現存『海部氏系図』C部分に相当する）。

・一方、彦火明命を頂点とする尾張連氏の大規模な同祖系譜が形成されていく過程で、海部直氏の系譜もその中に取り込まれ、両氏族の同祖関係を示すため、八〜九世紀のある時点で彦火明命以下の三代が架上された（現存『海部氏系図』A部分に相当する）。

・そして、貞観年間に祝部氏人帳（祝部氏人本系帳）の毎年撰進が命じられたことを直接の契機として、貞観十三年から元慶元年の間に、本系帳に所載された人名を系線で結び、竪系図の形式を採用して改めて作成されたものが、現存する『海部氏系図』である。

冒頭にも述べたように、『海部氏系図』は現存最古の系図として高い史料的価値を有しており、古代における氏族のあり方や王権との関わりを解明するための一つの重要な切り口となり得るものである。ただし本章では、系譜に登場する人物やその尻付の内容について、逐一取り上げて詳しく検討することがかなわなかった。また、系譜の形成とはまた異なる次元の問題として、海部直氏と尾張連氏が実態としていつからいかなる交流を行っていたのか、八〜九世紀に海部直氏はなぜ尾張連氏との関係を同祖系譜として示す必要があったのか、さらに当時の籠神社がどのような状況に置かれていたのかなど、論じ残した問題は少なくない。それらはいずれも今後の課題として、ひとまず擱筆することとしたい。

註

（1）『海部氏系図』は国宝指定を受けており、容易に実見・調査できる環境にないため、本章では村田正志・秋本吉徳・真壁俊信校注『神道大系古典編13　海部氏系図・八幡愚童記・新撰亀相記・高橋氏文・天書・神別記』（神道大系編纂会、一九九二年）掲載の翻刻と、金久与一『古代海部氏の系図』（学生社、一九九九年、初版一九八三年）・海部光彦『元伊勢の秘宝と国宝海部氏系図』（元伊勢籠神社社務所、一九八八年）掲載の写真版を用いて、釈読と分析を行った。

（2）石村吉甫「籠名神社祝部氏系図」（『神道論』国書刊行会、一九八三年、初出一九三三年）、村田正志「海部氏系図・附海部氏勘注系図解説」（『村田正志著作集6　古文書研究』思文閣出版、一九八五年）。

（3）「火明命」（『日本書紀』神代下第九段本文、『新撰姓氏録』左京神別天孫　尾張宿禰条など）、「天火明命」（『日本書紀』神代下第九段一書第六）、「天照国照彦火明命」（『日本書紀』神代下第九段一書第八）、「天照国照彦天火明櫛玉饒速日尊」（『天孫本紀』）なども表記される。本章では「彦火明命」で統一しておく。なお『天孫本紀』の表記からは、物部連氏の始祖である饒速日尊との同一化がうかがえる。この点については、田中巽「尾張氏の系譜について」(『神戸商船大学紀要』五、一九五七年)、吉井巌「火明命」(『天皇の系譜と神話』塙書房、一九六七年、初出一九六六年)など参照。

(4)「尾治連」とも表記される。『日本書紀』天武十三年(六八四)十二月己卯条に、

大伴連、佐伯連、阿曇連、忌部連、尾張連、倉連、中臣酒人連、土師連、掃部連、境部連、櫻井田部連、伊福部連、巫部連、忍壁連、草壁連、三宅連、児部連、手繈丹比連、靫丹比連、漆部連、大湯人連、若湯人連、弓削連、神服部連、額田部連、津守連、縣犬養連、稚犬養連、玉祖連、新田部連、倭文連、〈倭文、此云二之頭於利一。〉氷連、凡海連、山部連、矢集連、狹井連、爪工連、阿刀連、茨田連、田目連、小子部連、菟道連、猪使連、海犬養連、間人連、春米連、美濃連、諸會臣、布留連、五十氏賜姓曰二宿禰一。

とあり、『続日本紀』大宝二年(七〇二)十一月丙子条にも、

行至二尾張国一。尾治連若子麻呂・牛麻呂、賜二姓宿禰一。(略)

とあるように、のちに連から宿禰へ改姓している。本章では「尾張連」で統一する。

(5)溝口睦子『日本古代氏族系譜の成立』(学習院学術研究叢書、一九八二年)、拙著『日本古代氏族系譜の基礎的研究』(東京堂出版、二〇一二年)など。

(6)以下、『海部氏系図』・『勘注系図』の概要については、石村吉甫「籠名神社祝部氏系図」(前掲)、金久与一『古代海部氏の系図』(前掲)、村田正志「海部氏系図・附海部氏勘注系図解説」(前掲)、同「海部氏系図の複製と押印印章の解明」(『日本歴史』四七七、一九八七年)、同「海部氏系図の調査余談」(『神道大系月報』九九、神道大系編纂会、一九九一年)、同「解説　海部氏系図・附海部氏勘注系図」(村田正志ほか校注『神道大系古典編13　海部氏系図・八幡愚童記・新撰亀相記・高橋氏文・天書・神別記』前掲)、田中卓「『海部氏系図』の校訂」(『田中卓著作集2　日本国家の成立と諸氏族』国書刊行会、一九八六年)、文化庁「海部氏系図解説」(海部光彦『元伊勢の秘宝と国宝海部氏系図』前掲)などによる。また、本章で取り上げたほかに、与謝郡役所編『与謝郡誌』(名著出版、一九七二年、初版一九二三年)、太田亮『日本国誌資料叢書　丹波・丹後』(講談社、一九七七年、初版一九二五年)、同『岩波講座日本歴史　系図と系譜』(岩波書店、一九三四年)、佐々木秀子「籠神社海部氏の系図を観る」(『史窓』一一、一九五七年)、久美浜町誌編纂委員会編『久美浜町誌』(一九七五年)、佐伯有清『新撰姓氏録の研究』考証編三(吉川弘文館、一九八二年)、海部穀定『元初の最高神と大和朝廷の元始』(おうふう、二〇〇六年、初版一九八四年)などでも『海部氏系図』が取り上げ

られている。
(7)村田正志「解説　海部氏系図・附海部氏勘注系図」(前掲)の数値にしたがった。村田は全長を示していないが、ここでは各紙の長さを合計した。
(8)石村吉甫「籠名神社祝部氏系図」(前掲)。
(9)石村吉甫「籠名神社祝部氏系図」(前掲)。
(10)村田正志「海部氏系図・附海部氏勘注系図解説」(前掲)。
(11)村田正志「海部氏系図の複製と押印印章の解明」(前掲)。
(12)村田正志「海部氏系図の複製と押印印章の解明」(前掲)。
(13)海部穀定『丹後国一の宮籠神社御由緒略記』(一九三三年)、同『元初の最高神と大和朝廷の元始』(前掲)などによる。
(14)義江明子「「児(子)」系譜にみる地位継承」(『日本古代系譜様式論』吉川弘文館、二〇〇〇年、初出一九八八年)。
(15)村田正志「解説　海部氏系図・附海部氏勘注系図」(前掲)の数値にしたがった。村田は全長を示していないが、ここでは各紙の長さを合計した
(16)瀧川政次郎「丹後国風土記逸文考」(『日本歴史』四八〇、一九八八年)。
(17)村田正志「海部氏系図・附海部氏勘注系図解説」(前掲)。
(18)村田は「同氏勝千代によって書写されたと解すべきか、或は勝千代その人により海部氏系図を書写し、補注を加えたと解すべきか、なほ考慮すべきものであろう」と述べている。村田正志「解説　海部氏系図・附海部氏勘注系図」(前掲)参照。
(19)金久与一『古代海部氏の系図』(前掲)。ただし、海部穀定が勝千代を永基の幼名と判断した根拠は不明である。
(20)瀧川政次郎「丹後国風土記逸文考」(前掲)。
(21)永浜宇平編『丹後史料叢書』一(名著出版、一九七二年、初版一九二七年)所収。
(22)荊木美行「『海部氏勘注系図』所引の風土記関係記事をめぐって」(『風土記逸文研究入門』国書刊行会、一九九七年、初出一九九六年)。
(23)邨岡良弼「丹後風土記偽撰考」(『歴史地理』三―五、一九〇一年)、井上通泰『上代歴史地理新考』南海道・山陽道・山陰道・北陸道(三省堂、一九四一年)、高橋卓郎「現在に生きる冠島の古代信仰」(網野善彦ほか編『海と列島文化』二、小学館、一九九一

年)、榎村寛之「丹後国風土記残欠と呼ばれる文献についての考察」(『祭祀研究』二、二〇〇一年)、加藤晃「『勘注系図』『残欠』と丹後国風土記逸文」(『両丹地方史』七〇、二〇〇二年)、同「『丹後国風土記残欠』への訣別」(『舞鶴地方史研究』三六、二〇〇四年)、福岡猛志「「丹後国風土記残欠」についての基礎的考察」(『愛知県史研究』一七、二〇一三年)など。
(24) 村田正志「海部氏系図の調査余談」(前掲)。
(25) 拙稿「大神氏の系譜とその諸本」(『日本古代氏族系譜の基礎的研究』前掲、初出二〇〇五年)、拙稿「『大神朝臣本系牒略』の史料的性格」(『大神氏の研究』雄山閣、二〇一四年、初出二〇〇五年)。本書第三部第三章も参照。
(26) 本系帳との関係をめぐる研究史については、常田かおりによる簡潔なまとめがあり、本章もこれを参考にした。常田かおり「丹後の海部直氏に関する一考察」(『神道史研究』五四―一、二〇〇六年)。
(27) 石村吉甫「籠名神社祝部氏系図」(前掲)。
(28) 『史学雑誌』四五―三(一九三四年)彙報。
(29) 石村吉甫「本系帳考」(『神道論』前掲、初出一九三四年)。
(30) 『群書類従』巻六二。
(31) 後藤四郎「海部に関する若干の考察」(坂本太郎博士古稀記念会編『続日本古代史論集』上、吉川弘文館、一九七二年)。
(32) 佐伯有清「古代海部氏系図の成立」(『史学雑誌』九三―九、一九八四年)。なお、佐伯は後年、「「本系」のような文章で記された系譜(「譜牒」)が、やがて「系図」、いわゆる「竪系図」へと変化をとげた」とも述べている(佐伯有清「古代の系譜と新撰姓氏録」『新撰姓氏録の研究』拾遺編、吉川弘文館、二〇〇一年、初出一九九一年)。本章で取り上げたのは、あくまでも「古代海部氏系図の成立」(前掲)発表時の見解である。
(33) その後、門脇禎二は「石村氏の説の方が、現在からみると当たっていたと思う」と述べており(門脇禎二「丹後王国論序説」『日本海域の古代史』東京大学出版会、一九八六年、初出一九八三年)、村田は「平安初期に屢諸氏から上進された本系帳の書式にあっても、ほぼ同様であったらう」と解説している(村田正志「海部氏系図・附海部氏勘注系図解説」前掲)。ただし、両氏とも特に論拠を示しているわけではない。
(34) 『太子伝玉林抄』膳姓高橋姓事条所引『新撰姓氏録』逸文。
(35) 鴨脚家本『新撰姓氏録』残簡。

(36)『本朝月令』・『年中行事秘抄』所引。
(37)田中卓「『丹生祝氏本系帳』の校訂と研究」(『田中卓著作集2　日本国家の成立と諸氏族』前掲、初出一九五八年)。
(38)村田正志「海部氏系図・附海部氏勘注系図解説」(前掲)、常田かおり「丹後の海部直氏に関する一考察」(前掲)。
(39)是澤恭三は、この記号を省略・援引を意味するものと推測した(是澤恭三「但馬国朝来郡粟鹿大明神元記に就いて」『書陵部紀要』九、一九五八年)。それに対して筆者は『粟鹿大明神元記』の分析から、この記号は世系の変更にともない系線を修正した痕跡と考えている(拙稿「神部氏の系譜とその形成」『大神氏の研究』雄山閣、二〇一四年、初出二〇一三年)。
(40)この尻付は、『古事記』応神段に、

此之御世、定㆓賜海部・山部・山守部・伊勢部㆒也。

とあり、『日本書紀』応神五年八月壬寅条に、

令㆓諸国㆒定㆓海人及山守部㆒。

とあることにもとづいて記された可能性がある。
(41)後藤は、この「乙巳」は大化元年(六四五・乙巳)を指し、この年に始まる大化改新を契機として、海部直氏が海部の管掌者としての地位を失い、籠神社の祝へ転身したことを示しており、伍佰道祝が実際に奉仕したのは天武十一年(六八二)から養老元年までの三十五年間であるとした(後藤四郎「海部に関する若干の考察」前掲)。それに対して常田は、乙巳を養老元年の干支である丁巳の誤りであると推測している(常田かおり「丹後の海部直氏に関する一考察」前掲)。
(42)熊谷公男「治部省の成立」(『史学雑誌』八八―四、一九七九年)。
(43)坂本太郎「纂記と日本書紀」(『坂本太郎著作集2　古事記と日本書紀』吉川弘文館、一九八八年、初出一九四六年)、加藤謙吉「『日本書紀』とその原資料」(『日本史研究』四九八、二〇〇四年)など。
(44)『粟鹿大明神元記』によれば、天智九年(六七〇)に三十歳であったとあることから、生存年代を推定した。
(45)拙稿「神部氏の系譜とその形成」(『大神氏の研究』前掲、初出二〇一三年)。
(46)高嶋弘志「出雲国造系図編纂の背景」(佐伯有清編『日本古代中世論考』吉川弘文館、一九八七年)、拙稿「出雲国造の系譜とその諸本」(『日本古代氏族系譜の基礎的研究』前掲、初出二〇〇八年)など。
(47)本書第一部第一章参照。

(48)尾張連氏の出自を大和国の葛城地方に求める説が古くからあるが、近年ではこの氏族は尾張国を本貫とし、のちに大和国葛城地方をはじめとする畿内各地へ進出したとする見方が一般的である。ここでは細かい検討は割愛するが、筆者もそのように考えている。
(49)海部・凡海・大海・海など、ウジナに「海」を含む氏族を便宜上このように総称しておく。
(50)『和名類聚抄』など。
(51)『平城宮木簡』七―一一三〇一。
(52)『平城宮発掘調査出土木簡概報』一九―二〇下（一六七）、『愛知県史』資料編六（愛知県、一九九九年）、寺崎保広「藤原宮出土「尾張国知多評」木簡補訂」（『奈良文化財研究所年報』一九九九―一、一九九九年）。
(53)天平勝宝二年（七五〇）四月六日「仕丁送文」（『大日本古文書』二五―一四〇）。
(54)『万葉集注釈』所引『尾張国風土記』逸文。
(55)『小右記』長徳二年（九九六）十月十三日条。
(56)小島鉦作・井後政晏校注『神道大系神社編19　熱田』（神道大系編纂会、一九九〇年）などに所収。寛平二年（八九〇）の奥書があるが、西田長男はこれを後世の仮託とし、実際は鎌倉時代初めの成立と推定した（西田長男「尾張国熱田太神宮縁記」『群書解題』六、続群書類従完成会、一九六二年）。それに対して尾崎知光は、平安時代末から鎌倉時代初めに原型が作成されたとした上で、「編集が鎌倉期であるとしても、内容そのものは平安時代及びそれ以前のものとして十分その存在価値を有する」と述べている（尾崎知光「尾張国熱田太神宮縁記について」熱田神宮熱田文庫編『増補改訂尾張国熱田太神宮縁記』熱田神宮宮庁、一九六七年）。
(57)崇神天皇の妃には尾張大海媛がおり（『日本書紀』崇神元年二月辛亥条）、この伝承も尾張連氏と海部系氏族との関係をうかがわせる。また、海部系氏族以外にも、海部郡・中嶋郡には磯部（天平勝宝五年〈七五三〉六月十五日「貢進仕丁歴名帳」〈『大日本古文書』二五―九一〉、『日本三代実録』貞観八年〈八六六〉七月二十六日条）、葉栗郡・丹羽郡には敢石部（『平城宮木簡』三―二八九五、『飛鳥藤原京木簡』二―一六〇一）の分布が確認できる。
(58)吉井巌「火明命」（前掲）、新井喜久夫「古代の尾張氏について（上）（下）」（『信濃』二一―一・二、一九六九年）、松前健「尾張氏の系譜と天照御魂神」（『松前健著作集9　日本神話論1』おうふう、一九九八年、初出一九七一年）、服部良男「尾張連始祖系譜成立に関する一考察」（『日本歴史』三〇七、一九七三年）、和田萃「尾張氏をめぐる伝承と史実」（森浩一編『東海学が歴史を変える』五月書房、二〇〇二年）、加藤謙吉「尾張氏・尾張国造と尾張地域の豪族」（篠川賢・大川原竜一・鈴木正信編『国造制の研究』八木書店、二〇一三年）など。

(59)『天孫本紀』で建田背命の後裔として見える海部直氏は、後ろに丹波国造・但馬国造が続いていることから、これらと地域的に近接する丹後国籠神社の海部直氏を指すとする説がある（太田亮『日本上代に於ける社会組織の研究』磯部甲陽堂、一九二九年）。ただし、その場合には建田背命が『海部氏系図』に見られないことが問題となる。また『天孫本紀』で海部直氏の前に置かれた神服連氏の本拠は不明であるが、『新撰姓氏録』和泉国神別天孫の綺《かにはた》連氏に関係する氏族である可能性があり、大和国（『続日本後紀』承和三年〈八三六〉閏五月辛卯条）、摂津国（『延喜式』践祚大嘗祭31卯日条）、伊勢国（『神宮雑例集』二）、三河国（『延喜式』践祚大嘗祭16神服条）、出羽国（『日本三代実録』元慶四年〈八八〇〉三月十一日甲子条）などにも、神服連（神服部連公・神服部連・神服部）氏の分布が確認できる。よって、『天孫本紀』所載の建田背命後裔氏族の居地は必ずしも丹波・但馬周辺に限定できないのであり、ここに見える海部直氏が丹後国の海部直氏を指すか否かについては、なお検討が必要であろう。

(60) 後藤四郎「海部直の系譜について」（『日本歴史』三二九、一九七五年）。

(61)「乎止与命」（『天孫本紀』）、「小止与命」（『国造本紀』）、「小豊命」（『新撰姓氏録』）などと表記される。本章では「乎止与命」で統一する。

(62) 新井喜久夫「古代の尾張氏について（上）（下）」（前掲）など。なお、重松明久は『天孫本紀』で十二世孫とされている建稲種命が、『古事記』応神段で尾張連氏の祖とされていることや、『延喜式神名帳』尾張国春部郡条に見える内津神社の祭神とされていることなどから、この建稲種命こそが尾張連氏の本来の始祖であり、それより上の世代は後世の架上であるとする（重松明久「尾張氏の熱田社奉祀をめぐって」『古代国家と宗教文化』吉川弘文館、一九八六年、初出一九六三年）。また、松倉文比古は『天孫本紀』で彦火明命の十四世孫に当たる尾治弟彦連と十五世孫に当たる尾治金連の項に、

十四世孫尾治弟彦連。次尾治針名根連。次意乎己連。此連、大雀朝御世、為二大臣一供奉。

十五世孫尾治金連。次尾治岐閇連。〈即連等祖。〉次尾治知々古連。〈久努連祖。〉此連、去来穂別朝御世、為二功能臣一供奉。

とあり、『天孫本紀』で両者がともに前の世代との続柄を明示していないことから、十三世孫と十四世孫、十四世孫と十五世孫の間にも系譜の断絶があることを指摘している（松倉文比古「尾張氏系譜について」『龍谷大学論集』四三四・四三五合併号、一九

八九年）。これらのことも、尾張連氏の系譜が段階的に成立したことを物語っている。

(63) 天平六年（七三四）「尾張国正税帳」（『大日本古文書』一―六〇七）、天平勝宝五年（七五三）六月十五日「貢進仕丁歴名帳」（前掲）、応和三年（九六三）八月二十一日「尾張国司解」（『類聚符宣抄』七　諸国郡司事）など。

(64) 『続日本紀』神護景雲二年（七六八）十二月甲子条、延暦元年（七八二）十二月庚戌条。

(65) 大宝二年（七〇二）「御野国加毛郡半布里戸籍」（『大日本古文書』一―五六）、神亀三年（七二六）「山城国愛宕郡雲上里計帳」（『大日本古文書』一―三三三）。

(66) 加藤謙吉「尾張氏・尾張国造と尾張地域の豪族」（前掲）。

(67) 本書第一部第一章参照。

(68) 拙稿「紀伊国造の成立と展開」（『日本古代氏族系譜の基礎的研究』（前掲、初出二〇一一年）。

(69) 義江明子「古代系譜の構造」（『日本古代の氏の構造』吉川弘文館、一九八六年）。

(70) 貞観四年（八六二）には六人部から善淵朝臣へ、貞観五年（八六三）には六人部連から善淵宿禰へ、貞観六年（八六四）には甚目連公から高尾張宿禰へ、それぞれ改姓した記事が見えるが（『日本三代実録』貞観四年五月十三日庚辰条、貞観五年十二月十一日己巳条、貞観六年八月八日壬戌条）、いずれも彦火明命の後裔であることが改姓の理由として挙げられている。このように貞観年間に彦火明命が改めて取り沙汰されていることは、尾張連氏の同祖系譜の形成過程を考える上で注目される。

第二章　『海部氏系図』の歴史的背景

はじめに

『籠名神社祝部氏係《ママ》図』（以下『海部氏系図』）は、古代に籠神社の祝（祝部）として奉仕した海部直氏の世系を記す系図である。料紙を縦方向に用い、人名に「児」などの文字を付して系線で結ぶ竪系図の形態を留めており、『円珍俗姓系図』と並ぶ現存最古の系図として国宝に指定されている。第一章ではこの『海部氏系図』に関して基礎的な検討を行い、以下の点を指摘した。

・七世紀末から八世紀初めにかけて、海部直氏は自氏の系譜の整備を開始した。八世紀中葉には諸氏族の間で本系帳が作成されるようになり、海部直氏もそれ以前より伝来した系譜を基礎として本系帳を作成した。その更新作業は九世紀後半まで続けられた。そして、貞観年間に祝部氏人帳（祝部氏人本系帳）の毎年撰進が命じられたことを直接の契機として、貞観十三年（八七一）から元慶元年（八七七）の間に、それまでの本系帳を竪系図の形式に改めて作成されたものが、現存する『海部氏系図』である。

・『海部氏系図』とともに籠神社に伝来した『籠名神宮祝部丹波国造海部直等氏之本記』（以下『勘注系図』）は、古伝承を含む可能性もあるが、基本的には後世の人物が『海部氏系図』の内容に考証を加えたものである。その成立は『丹後風土記残欠』よりも降ると見られ、現状を呈するに至ったのは奥書によれば十七世紀後半である。よって、『海部氏系図』の内容が不明確な箇所を『勘注系図』から復元することは、方法として適切ではない。ただし、前章では基礎的な考察に終始したこともあり、『海部氏系図』の記載内容にはいまなお検討の余地が残されている。特に重要な論点としては、以下の二つが挙げられる。

第一に、奈良時代以降の人物の尻付には祝として神社に奉仕した年代が記されているが、伍佰道(1)と千嶋の奉仕年数については解釈が定まっていない。

第二に、この系図の冒頭には尾張連（宿禰）氏の始祖とされる彦火明命(2)が位置していることから、海部直氏は尾張連氏と同祖関係を形成していることになるが、その二代後には和邇臣氏の祖とされる健振熊宿禰が置かれている。このように一つの系譜中に尾張・和邇両氏の祖が登場することになった経緯に関しても未詳である。

これらの点は『海部氏系図』の信憑性の評価のみならず、古代における神祇制度や地方氏族の存在形態とも深く関わるであろう。そこで本章では、『海部氏系図』にこうした記述がなされた歴史的背景を明らかにしたい。具体的には、第一節で系図の現状と問題点を確認し、第二節では祝の継承について、第三節では彦火明命と健振熊宿禰の関係について論じることとする(3)。

なお、第二部末尾に【翻刻】を付した。適宜参照されたい。

一　『海部氏系図』の現状と問題点

はじめに『海部氏系図』の現状を確認しておく(4)。この系図は、料紙の中央に薄く引かれた墨線にしたがって、彦火明命から田雄まで計十六代（十八人）を記している。冒頭に「丹後国与謝郡従四位下籠名神」とあるが、籠神社の神階は貞観十三年に従四位下となり、元慶元年には従四位上になっていることから（『日本三代実録』貞観十三年六月癸未条・元慶元年十二月庚辰条）、この系図は貞観十三年から元慶元年までの間に作成されたと考えられる。その内容は、神話・伝承の時代に相当する彦火明命から健振熊宿禰まで（以下、A部分）、海部直の氏姓を共有するようになる都比から□尼まで（B部分）、さらに籠神社の祝を継承するようになる伍佰道から田雄まで（C部分）に区分される。A部分は後述するように他氏族との関係を示しており、B・C部分は海部直氏独自の系譜である。

冒頭で述べた第一の論点は、このうちC部分に関係する。この部分には、伍佰道・愛志・千嶋・綿麿・望麿・雄豊・田継・田雄らの名前と、籠神社に祝として奉仕した初年・末年および合計年数が記されているが、前述のとおり伍佰道と千嶋については判然としない点がある。まず、伍佰道の尻付には、

従乙巳養老元年合卅五年奉仕。

とある。石村吉甫は「乙巳」を奉仕初年の干支と見て、伍佰道は「乙巳」年から養老元年（七一七）まで奉仕したと理解したが、「乙巳」年については不明とした。(5) 後藤四郎は「乙巳」は大化元年（六四五・乙巳）を指しており、大化改新で海部直氏は海部の管掌者としての地位を失って籠神社の祝となり、そのことが伍佰道の奉仕の初年として誤伝されたとした。また、伍佰道が祝となったのは実際には天武十一年（六八二）であり、そこから養老元年まで三十五年間奉仕したと推測した。(6) それに対して常田かおりは、いわゆる大化改新は海部直氏に対してそれほど大きな影響を与えるものではなかったとし、「乙巳」を養老元年の干支である「丁巳」の誤りと判断して、伍佰道は養老元年から三十五年間奉仕したと論じた。(7)

ただし、石村や後藤のように「乙巳」年から養老元年まで奉仕したと見た場合、養老元年以前の「乙巳」は十二年

前の慶雲二年（七〇五）か、七十二年前の大化元年ということになり、「合卅五年奉仕」という記載と矛盾する。また、大化元年や天武十一年から海部直氏が祝を務めていたのであれば、その時期に該当すると思われる力（伍佰道の二代前）や□尼（一代前）の尻付にも奉仕年が記され、人名の下に「祝」が付されるはずである。さらに、各神社の祝が神祇官の管轄下に組織化されたのは浄御原令以降とされており、(8)しかも大宝二年（七〇二）の祈年祭では祝の掌握が全国には及んでおらず、(9)奉幣の対象が畿外へ拡大したのは大宝令以降と見られている。(10)これらを踏まえるならば、孝徳朝や天武朝の段階で籠神社に祝が置かれていた可能性は低い。

むしろ、他の人物の尻付には「従某年、至于某年」とあるのに対して、伍佰道の尻付には「至于」の文字がなく、さらに「丁」を「乙」に誤写した実例もあることからすれば、(11)常田が説いたように「乙巳」は「丁巳」の誤りで養老元年を指しており、伍佰道はそれから三十五年間奉仕したと理解するのが妥当である。すなわち、伍佰道の尻付は、

従㆓丁巳養老元年㆒、合卅五年奉仕。

と読むべきである。奉仕の末年は、数え年で計算すれば天平勝宝三年（七五一）、満で計算すれば天平勝宝四年（七五二）となる。

一方、千嶋の尻付には、

従㆓養老五年㆒、至㆓于養老十五年㆒仕奉。

とあるが、養老は八年（七二四）までであり、「養老十五年」は少なくとも公的には存在しない。また、他の人物は兄弟の記載がなく、尻付の末尾を「奉仕」に作るのに対し、千嶋のみ弟（千足・千成）の記載があり、末尾を「仕奉」に作る。このことについて義江明子は、千嶋を除けば、愛志の奉仕末年の翌年が綿麿の奉仕初年となることから、千嶋の代は追記されたと見ている。(12)ただし、「養老十五年」は養老元年から十五年目の意味で記されており、公的な年

号としては天平三年（七三一）を指している可能性や、あるいは養老の後で十五年以上続いた年号は天平であることから、本来は「天平十五年」（七四三）とあったものが「養老十五年」に誤写された可能性も否定できまい。また、かりに義江が言うように千嶋の箇所が追記であったとしても、追記がなされた時点で海部直氏内に対して説得力を持つ内容でなければならず、千嶋が祝であったということまでが創作されたとは考えがたい。したがって、奉仕の末年を特定することは難しいが、少なくとも千嶋が養老五年（七二一）から天平三年あるいは同十五年まで奉仕したと伝えられていたことは認めてよいであろう。

二　籠神社の祝とその継承

各人物の尻付を前節のように理解するならば、祝の継承に不可解な点が生じる。それは、伍佰道・愛志・千嶋・綿麿が祝として奉仕した時期が重複することである。繰り返しになるが、各人物の奉仕年代は以下のとおりである。

・伍佰道…養老元年（七一七）から天平勝宝三年（七五一）あるいは同四年（七五二）まで。
・愛　志…養老三年（七一九）から天平勝宝元年（七四九）まで。
・千　嶋…養老五年（七二一）から天平三年（七三一）あるいは同十五年（七四三）まで。
・綿　麿…天平勝宝二年（七五〇）から天平宝字八年（七六四）まで。

よって、養老元年から天平勝宝元年までは伍佰道と愛志の二人、養老五年から天平三年あるいは同十五年までは伍佰道・愛志・千嶋の三人、天平勝宝二年から天平勝宝三年あるいは同四年までは伍佰道と綿麿の二人が、同時に祝として奉仕していた計算になる。

先行研究ではこれらを何らかの錯誤によるものととらえ、各人物の奉仕時期が重複しないように、『勘注系図』をもとに適宜修正を加えて解釈してきた。しかし、第一章で論じたように、後世に成立した『勘注系図』を用いて『海部氏系図』を復元することは控えるべきである。そこで、この点について籠神社における祝のあり方から検討を行いたい。

祝に関しては多くの研究が蓄積されている[13]。それらをもとに概要を整理するならば、次のようになる。周知のとおり、祝は神社に置かれた神祇職（神職）の一つである。たとえば『日本書紀』神功皇后摂政元年二月条には、

適㆓是時㆒也、昼暗如㆑夜。已経㆓多日㆒。時人曰、常夜行之也。皇后問㆓紀直祖豊耳㆒曰、是怪何由矣。時有㆓一老父㆒曰、伝聞、如㆑是怪謂㆓阿豆那比之罪㆒也。問㆓何謂㆒也。対曰、二社祝者、共合葬歟。因以、令㆑推㆓問巷里㆒、有㆓一人㆒曰、小竹祝与㆓天野祝㆒、共為㆓善友㆒。小竹祝逢病而死之。天野祝血泣曰、吾也生為㆓交友㆒。何死之無㆓宜同㆑穴乎。則伏㆓屍側㆒而自死。仍合葬焉。蓋是之乎。乃開㆑墓視之実也。故更改㆓棺櫬㆒、各異処以埋之。則日暉炳燦、日夜有㆑別。

とあり、ここに見える小竹祝・天野祝のように、かつては神を祭る人物を広く祝と呼称していたが、律令制下には官社に奉仕する氏族や集団の中から祝を任命するようになり、職員令1神祇官条に、

伯一人。〈掌、神祇祭祀。祝部・神戸名籍。大嘗。鎮魂。御巫。卜兆。総㆓判官事㆒。余長官判㆑事准㆑此。〉（略）

と規定されるとおり、神祇官が祝（祝部）を管掌するようになった。その職掌については、まずもって神社の祭事をつかさどることが挙げられるが、それは具体的には『令集解』神祇令9季冬条穴記に、

穴云、中臣・忌部、当司及諸司中取用耳。東西文部同意也。或云、忌部者此神部也。但中臣者、為㆑供㆓此事㆒、常置㆓此司㆒耳。班謂㆑班㆓諸国㆒也。時行事社々祝部、参㆓神祇官㆒受取耳。

とあるように、祈年祭などの際に神祇官へ参集して幣帛を受けることであり、また、『類聚三代格』貞観十年（八六八）六月二十八日太政官符所引弘仁三年（八一二）五月三日太政官符に、

太政官符

応下以二大社封戸一修中理小社上事　四箇条之初条

右撰格所起請称、太政官去弘仁十三年四月四日下二大和国一符称、得二彼国解一称、検二案内一、太政官去弘仁三年五月三日符称、有レ封之社、令三神戸百姓一修造上。無レ封之社、令三禰宜・祝部等一永加中修理上。国司不レ存二検校一有レ致二破壊一者、遷替之日拘二其解由一者。国依二符旨一行来尚矣。而今有レ封神社已有二治力一。無レ封神社。全無二修料一。仍貪レ幣、祝部無レ由レ修レ社。吏加二検責一各規二遁隠一、推二其苦跡一誠有二所以一。仍検二神苗裔一本枝相分、其祖神則貴而有レ封。其裔神則微而無レ封。仮令、飛鳥神之裔天太玉・臼滝・賀屋鳴比女神四社、此等類是也。望請、以二無レ封苗裔之神一、分二付有レ封始祖之社一、則令三有レ封神主鎮二無レ封祝部一。然則社有二修掃之勤一、国無二祟咎之兆一者。右大臣宣、奉レ勅依レ請者。事施二一国一、遵行有レ便。伏望、下二知四畿内及七道諸国一者。中納言兼左近衛大将従三位藤原朝臣基経宣、奉レ勅依レ請。（略）

とあるように、神社の清掃・修理を行うことであった。祝以外に宮司・神主・禰宜などの神職が置かれる神社もあったが、いま見た弘仁三年五月三日太政官符や、『類聚三代格』貞観十年六月二十八日太政官符所引天長二年（八二五）十二月二十六日太政官符には、

太政官符

応三以レ女為二禰宜一事

右撰格所起請称、太政官去天長二年十二月廿六日符称、承前之例、諸国小社、或置レ祝無二禰宜一、或禰宜・祝並置。

旧例紛謬、准拠無レ定。加以、或国独置二女祝一永主二其祭一。左大臣宣、自レ今以後、禰宜・祝並置社者、以レ女為二禰宜一。但先置者、令レ終二其身一者。諸国依レ格、遵来年久。而太政官斉衡三年四月二日符称、得二神祇官解一称、検二案内一、住吉・平岡・鹿島・香取等神主并祝・禰宜、皆是把レ笏。自余神社、未レ預二此例一。祭祀之日、拱レ手従レ事。望請、三位已上神社神主并祝・禰宜等、同預二把笏一以増二神威一。謹請二　官裁一者。右大臣宣、奉　レ勅、入色者依レ請。白丁者不レ在二此限一者。如今諸国神社、其数巨多。国司偏称二霊験一、請増二爵位一。二三年間、或叙二三位以上一。因レ茲、諸国雑色人等、皆補二禰宜・祝一莫レ非二把笏一。差使乏レ人、職此之由。熟尋二物情一。諸社有レ祝、専主二祭事一。至二于禰宜一有レ職無レ務。伏望、除二非先置社一之外、新叙三位已上神社禰宜、依二天長二年十二月廿六日符一、停二把笏一以レ女補任。然則、於レ公有レ益。於レ社無レ損者。中納言兼左近衛大将従三位藤原朝臣基経宣、奉レ勅依レ請。（略）

とあり、祝だけが置かれた神社があったことが分かる。[14] 籠神社もそうした神社の一つであったと見られる。明法家の解釈には、『令義解』職員令1神祇官条に、

謂、為二祭主一賛辞者也。其祝者、国司於二神戸中一簡定、即申二太政官一。若无二戸人一者通取二庶人一也。

とあり、『令集解』職員令1神祇官条令釈に、

釈云、説文曰、祝者為二祭主一賛辞者也。師説云、或国司選定、或神祇官遣二使卜定一也。有二神戸一者、取二神戸内一。无二神戸一者、取二庶人一也。民部例、免二課役一。若犯レ罪差替。遭レ喪服闋復任也。

とあるように、有封社の祝は神戸から、無封社は庶人から採用されたとする説がある。ただし、この規定は複数の神祇職が置かれた神社を想定しており、実際にはその神社に伝統的に奉仕を続けてきた氏族の中から選任されることが多かったと考えられている。[15] たしかに、『延喜式』民部省下2神主禰宜祝条には、

凡諸社神主・禰宜・祝者、択下八位以上及六十以上堪二祭事一者上補之。雖二元来定氏之社、并神戸百姓一、而先尽二八位及六十以上一。然後及二壮年白丁一、即免二課役一。

とあり、神祇職の任用にあたっては「元来定氏之社」が存在し、祝を輩出する氏族が固定化していた神社があったことが知られる。また、『常陸国風土記』行方郡条には、

古老曰、石村玉穂宮大八洲所馭天皇之世、有レ人。箭括氏麻多智、截二自レ郡西谷之葦原一、墾闢新治レ田。此時、夜刀神、相群引率、悉尽到来。左右防障、勿レ令二耕佃一。〈俗云、謂レ蛇為二夜刀神一。其形蛇身頭角、率引免レ難時、有二見人一者、破二滅家門一、子孫不レ継。凡此郡側郊原、甚多所レ住之。〉於レ是、麻多智、大起二怒情一、着二被甲鎧一之、自身執レ杖、打殺駈逐。乃至二山口一、標梲置二堺堀一、告二夜刀神一云、自レ此以上、聴レ為二神地一。自レ此以下、須レ作二人田一。自レ今以後、吾為二神祝一、永代敬祭。冀勿レ祟勿レ恨。設レ社、初祭者。即還、発二耕田一十町余一。麻多智子孫、相承致レ祭。至レ今不レ絶。

とあるように、箭括麻多智が夜刀神を駆逐した後、自分が祝となって永久に神を敬祭することを宣言し、以降は麻多智の子孫が祝を継承して祭祀を行ったとある。さらに、承和十四年（八四七）三月七日「太政官符案」[16]には、

太政官符　尾張国司

応下従三位熱田神戸・百姓永停二公役一、一向中修理神社并神宮上事

右、得二神主外正七位下祝部宮麿等解一称、件社并神宮寺等、内縁神願営作雑事、触レ類繁多。神戸・百姓須レ仕二一向神事一。而当郡司等、或差二往還逓送之役一、昼夜追レ使、或班二給交易雑物并正税一、不レ論二斎限一、強行二刑罰一。自余濫行、不レ可二勝計一。因レ玆、年中修理、已致二闕怠一。社破之祟屢発二郷邑一、託宣之咎頻示。神主等雖レ陳二此由一、国郡曾不レ改レ行。神戸民弊、無レ過二斯甚一。望請、依二太政官去弘仁二年九月廿三日五月三日両度符

旨一、永停二止公役一、専勤二神事一者。（略）

とあり、『類聚国史』巻十九 神祇十九 天長元年（八二四）四月甲午条にも、

以二祝部枚麻呂一、補二正一位勲一等鴨別雷大社祝一。

とあるように、熱田神宮や賀茂別雷神社などには祝部をウジナとする氏族が奉仕していたことが分かる。[17] これらは特定の氏族が祝を継承するにしたがい、その職名がウジナ化したことを示していよう。これらのことからすれば、海部直氏も籠神社の「定氏」として祝を継続的に輩出してきたものと理解される。

ここで留意すべきは、祝の人数である。『令集解』職員令1神祇官条古記には、

古記云、問。祝部何人。答。取二神戸之内一、又无二神戸一所者、在二祝部一人身一。或国司選定進上也。或神祇官遣二使卜定一也。

とあり、無封社の祝は一人であったとする説を示しているが、実際には複数の祝が置かれた事例が散見する。天平二年（七三〇）十二月二十日『大倭国正税帳』[18]には、

大神神戸（略）用肆伯伍拾陸束肆把〈祭神卅六束、神嘗酒料百束、神田一町八段、種稲卅六束、祝部三人食料二百八十四束四把。〉

とあることから、西宮秀紀は大神神社に三人の祝が存在したことを指摘している。また、『続日本紀』天平勝宝八年（七五六）二月壬子条には、

賜二河内国諸社祝・禰宜等一百十八人正税一、各有レ差。

とあるように、河内国の禰宜・祝は一一八人であり、『続日本紀』神亀三年（七二六）二月辛亥条には、

出雲国造従六位上出雲臣広嶋、斎事畢、献二神社剣鏡并白馬鵠等一。広嶋并祝二人並進二位二階一。賜二広嶋絁廿疋、

綿五十屯、布六十端。自余祝部一百九十四人禄一各有レ差。

とあり、『続日本紀』神護景雲二年（七六八）二月庚辰条にも、

出雲国国造外従五位下出雲臣益方、奏二神事一。授二外従五位上一。賜二祝部男女百五十九人爵各一級一。禄亦有レ差。

とあるように、出雲国の祝は一九六人、あるいは一五九人と見える。それに対して、『延喜式神名帳』によれば河内国は九三社、出雲国は一四六社であることから、西宮は各神社には多ければ二〜三人の祝が存在したと推定している。(19)

さらに、『肥前国風土記』基肄郡姫社郷条には、

此郷之中有レ川、名曰二山道川一。其源出二郡北山一、南流而会二御井大川一。昔者、此川之西、有二荒神一、行レ路之人、多被二殺害一、半凌半殺。于レ時、卜二求崇由一、兆云、令三筑前国宗像郡人珂是古、祭二吾社一、若合レ願者、不レ起二荒心一、覓二珂是古一、令レ祭二神社一。珂是古、即捧レ幡祈禱云、誠有レ欲二吾祀一者、此幡順レ風飛往、堕二願レ吾之神辺一。便即挙レ幡、順レ風放遣。于レ時、其幡飛往、堕二於御原郡姫社之社一。更還飛来。落二此山道川辺一之。因レ此、珂是古、自知二神之在処一、其夜夢見三臥機〈謂二久都毘枳一。〉・絡垜〈謂二多々利一。〉舞遊出来、壓二驚珂是古一。於レ是、亦識二女神一。即立レ社祭之。自レ爾已来、行レ路之人、不レ被二殺害一。因曰二姫社一。今以為二郷名一。

とあり、祭祀を主催した主体（卜兆を行った人物）と、祭祀を行った主体（珂是古）が異なることが指摘されている。(20)大関邦男もかつては役割を分担する複数の人物によって祭祀が行われる場合があり、そうした律令以前の体制が律令制下にも引き継がれたと論じている。(21)

これらの事例から類推するならば、籠神社にも複数の祝が奉仕していた可能性がある。そもそも『延喜式神名帳』丹後国与謝郡条には、

籠神社。〈名神大。月次・新嘗。〉

とあり、籠神社は祈年祭（二月）に加えて、月次祭（六月・十二月）と新嘗祭（十一月）にも預かることになっている。かりに祝が一人だけであったならば、その人物が神祇官へ年にたびたび参向している間、神社での祭祀が滞ってしまうこともあり得よう。そうした事態を未然に防止し、神社での祭祀を円滑に行うために、官社化以前より奉仕していた「定氏」の中から複数の祝が選ばれたことは想像に難くない。

したがって、伍佰道・愛志・千嶋・綿麿の祝としての奉仕年が重複しているからといって、それを必ずしも錯誤によるものと理解する必要はなく、むしろ彼らは二〜三人体制で勤務していたと見られる。すなわち、養老元年に伍佰道が奉仕を開始した後、養老三年には愛志が、養老五年には千嶋が加わり、天平三年もしくは同十五年に千嶋が、天平勝宝元年に愛志が奉仕を終え、天平勝宝二年からは綿麿が加わり、そして天平勝宝三年あるいは同四年に伍佰道が奉仕を終えるまで、それぞれ複数の人物が同時期に祝として奉仕していたと考えられる。千嶋だけが比較的短期間で奉仕を終えているが、『延喜式』臨時祭47神司遭喪条には、

凡諸神宮司及神主等、未レ満二六年一、遭レ喪解任、不レ得二補替一。仍令二祝部行一レ事。服闋之日、復任満レ限。其禰宜・祝部、一補之後、不レ須二輙替一。

とあるように、祝は一度補任された後はたやすく交替しないとの規定があることからすれば、千嶋はおそらく早世したのであろう。

さて、『海部氏系図』では伍佰道の子を愛志とし、その子を千嶋、その子を綿麿としている。しかし、義江明子はこの系図の人名は「見」でつながれているが、実際には籠神社の祝職の継承次第を示している可能性を指摘した[22]。そこで、上記四人の奉仕時期を検証してみると、前述のとおり愛志は天平勝宝元年に奉仕を終え、翌天平勝宝二年からは綿麿が奉仕を開始している。祝の職が世襲されるならば、愛志と綿麿は親子と推測される。愛志の奉仕末年と綿麿

の奉仕初年の間には一年の間隔があるが、『令集解』職員令1神祇官条古記には、

古記云（略）問、祝部犯レ罪、遭レ喪、若為処分。答、犯レ罪差替、遭レ喪服闋復任耳。

とあり、『令集解』職員令1神祇官条讃記にも、

讃云、若犯レ罪差替。遭レ喪服闋復任者。是時行事耳。

とあるように、祝は服喪期間が終了した後に再任されることから、綿麿は愛志が没したことを受けて祝となったが、そのまま喪に服して一年後に奉仕を再開したと理解される。

それに対して、伍佰道は養老元年、愛志は養老三年、千嶋は養老五年に奉仕を開始しており、しかも伍佰道は三十五年間奉仕したとある。かりに三人が親子三代であり、千嶋が養老五年に二十歳で祝となったとして、一世代を二十〜三十年で試算すると、伍佰道は奉仕を開始した養老元年にはすでに五十五〜七十五歳であったことになり、その年齢からさらに三十五年間奉仕したというのは現実的ではない。よって、伍佰道・愛志・千嶋は親子三代とは考えられない。また、もし彼らが兄弟であったとすれば、おそらく千嶋の弟のように横並びで記されるはずである。とするならば、海部直氏という一つの氏族として把握される勢力の中には複数の系統が存在しており、上記三人はそれぞれ異なる系統から出て祝の職に就いたと考えられる。はたして、天平九年（七三七）『但馬国正税帳』(23)には、

齎太政官逓送疫病者給粥糧料符来使単壱拾日〈使五日。将従五日。〉

〈丹後国与射郡大領外従八位上海直忍立、将従一人、合二人経二日、々別給米三升五合、酒一升。〉

とあり、丹後国与謝郡大領として海直忍立なる人物が見える。彼は氏姓や職位からして籠神社の祝を輩出した海部直氏の一族と思われるが、(24)『海部氏系図』にはその名が記されていないことから、海部直氏は籠神社の祝を輩出する系統と、与謝郡司を輩出する系統に分かれていたとの指摘がある。(25)同様の例としては、信濃国諏訪郡の金刺舎人氏が諏

訪大社の大祝と諏訪郡司の系統に分かれていたことが知られるほか、(26)筆者も以前、紀伊国名草郡の紀直（宿禰）氏について論じたことがある。(27)すなわち、貞観三年（八六一）二月二十五日「紀伊国直川郷墾田売券」(28)の末尾には計十二の保証判署名があり、続けて計九名の郡判署名が置かれているが、その先頭に名草郡大領として署名している紀宿禰縄継は『紀伊国造次第』には記載されていないことから、紀伊国造職を継承した系統とは異なる系統の出身であったことが分かる。また、第三十六代の紀伊国造であった紀直広世は、『紀伊国造次第』の中で血縁関係を明示し得ないほどの傍系から国造職を継承したことや、紀直氏の本宗が直姓から宿禰姓へ改姓した後も引き続き直姓を名乗っていること、(29)第十九代の国造であった忍穂の尻付には、

立二名草郡一、兼二大領一。

とあり、名草郡大領を兼帯したことを明示しているが、貞観十六年（八七四）の段階で一人一行で記されていたのは忍穂と広世の二人のみであり、両者の間に対応関係がうかがえること、さらに、第三十五代の国造であった槻雄の尻付には、

已上不二兼大領一。

とあり、忍穂から槻雄までは大領を兼帯しなかったと明記していることなどからすれば、(30)広世は紀直氏の中でも名草郡司を輩出した系統から出て国造職を継承したと考えられる。こうした事例はほかにも散見されよう。そもそも、古代氏族の族長位が直系・傍系を含む複数の系統によって継承されていたことは、周知のとおり阿部武彦や井上光貞による先駆的研究があり、(31)個別事例としては津守連氏(32)・賀茂県主氏(33)・利波臣氏(34)・出雲臣氏(35)などでもその傾向が確認されている。

これらを参考にするならば、海部直氏という氏族は複数の系統から構成されており、各系統から祝が選任されて籠

神社に奉仕したと考えられる。この傾向は伍佰道が奉仕を終えた天平勝宝三年あるいは同四年、すなわち八世紀中葉で終わっており、『海部氏系図』から知り得る限りでは、それ以降の祝は一人に限定されたことになっている。このことは、八世紀後半に律令祭祀体制が大きな変革期を迎えたことと無関係ではあるまい(36)。詳しい検討は別の機会に譲りたいが、この時期に籠神社でも祭祀の体制が変化し、祝を輩出する系統も一本化されたと見ることができる。

三　彦火明命と健振熊宿禰

次に、冒頭で述べた第二の論点について検討したい。『海部氏系図』では海部直氏の始祖を彦火明命とし、その二代後（途中に世系の省略を含む）に健振熊宿禰を置いている(37)。『日本書紀』神代下第九段本文には、

　次生出之児、号二火明命一。〈是尾張連等始祖也。〉

とあり、『日本書紀』神代下第九段一書第八にも、

　正哉吾勝勝速日天忍穂耳尊、娶二高皇産霊尊之女天萬栲幡千幡姫一、為レ妃而生児、号二天照国照彦火明命一。是尾張連等遠祖也。（略）

とあるように、彦火明命は尾張連氏の祖ともされていることから、海部直氏は尾張連氏と同祖関係を形成していることになる。一方、健振熊宿禰については『古事記』仲哀段に、

　於レ是、息長帯日売命、於レ倭還上之時、因レ疑二人心一、一二具喪船一、御子載二其喪船一、先令レ言二漏之御子既崩一。如レ此上幸之時、香坂王・忍熊王聞而、思レ将二待取一、進二出於斗賀野一、為二宇気比獦一也。爾香坂王、騰二坐歴木一而是、大怒猪出、堀二其歴木一、即咋二食其香坂王一。其弟忍熊王、不レ畏二其態一、興レ軍待向之時、赴二喪船一将レ攻二空船一。

爾自二其喪船一下レ軍相戦。此時忍熊王、以二難波吉師部之祖、伊佐比宿禰一為二將軍一。太子御方者、以二丸邇臣之祖、難波根子建振熊命一為二将軍一。故、追退到二山代一之時、還立、各不レ退相戦。爾建振熊命。権而令レ云、息長帯日売命者既崩。故、無レ可二更戦一。即絶二弓絃一。欺陽帰服。於レ是其将軍既信レ詐、弭レ弓蔵レ兵。爾自二頂髪中一、採二出設弦一、〈一名云二宇佐由豆留一。〉更張追撃。故、逃二退逢坂一、対立亦戦。爾追迫敗レ於二沙沙那美一、悉斬二其軍一。於レ是、其忍熊王与二伊佐比宿禰一、共被二追迫一、乗レ船浮レ海歌曰（略）即入レ海共死也。

とあり、『日本書紀』神功皇后摂政元年三月庚子条にも、

命二武内宿禰・和珥臣祖武振熊一、率二数万衆一、令レ撃二忍熊王一。（略）

とある。また『日本書紀』仁徳六十五年条にも、

飛驒国有二一人一、曰二宿儺一。其為人、壹体有二両面一。面各相背。頂合無レ項。各有二手足一。其有レ膝而無二膕踵一、力多以軽捷。左右佩レ剣、四手並用二弓矢一。是以、不レ随二皇命一、掠二略人民一為レ楽。於是、遣二和珥臣祖難波根子武振熊一而誅レ之。

とある。これらの記事に見えるように、健振熊宿禰は和邇臣氏の祖とされている。その世系については、『新撰姓氏録』右京皇別下　真野臣条に、

天足彦国押人命三世孫、彦国葺命之後也。男大口納命。男難波宿禰。男大矢田宿禰。従二気長足彦皇尊一〈謚神功。〉征二伐新羅一。凱旋之日、便留為二鎮守将軍一。于レ時、娶二彼国王猶榻之女一、生二二男一。二男兄佐久命。次武義命。佐久命九世孫和珥部臣鳥、務大肆忍勝等、居二住近江国志賀郡真野村一。庚寅年、負二真野臣姓一也。

とあるほか、『和邇部氏系図』にも、

天忍男命―世襲足媛命

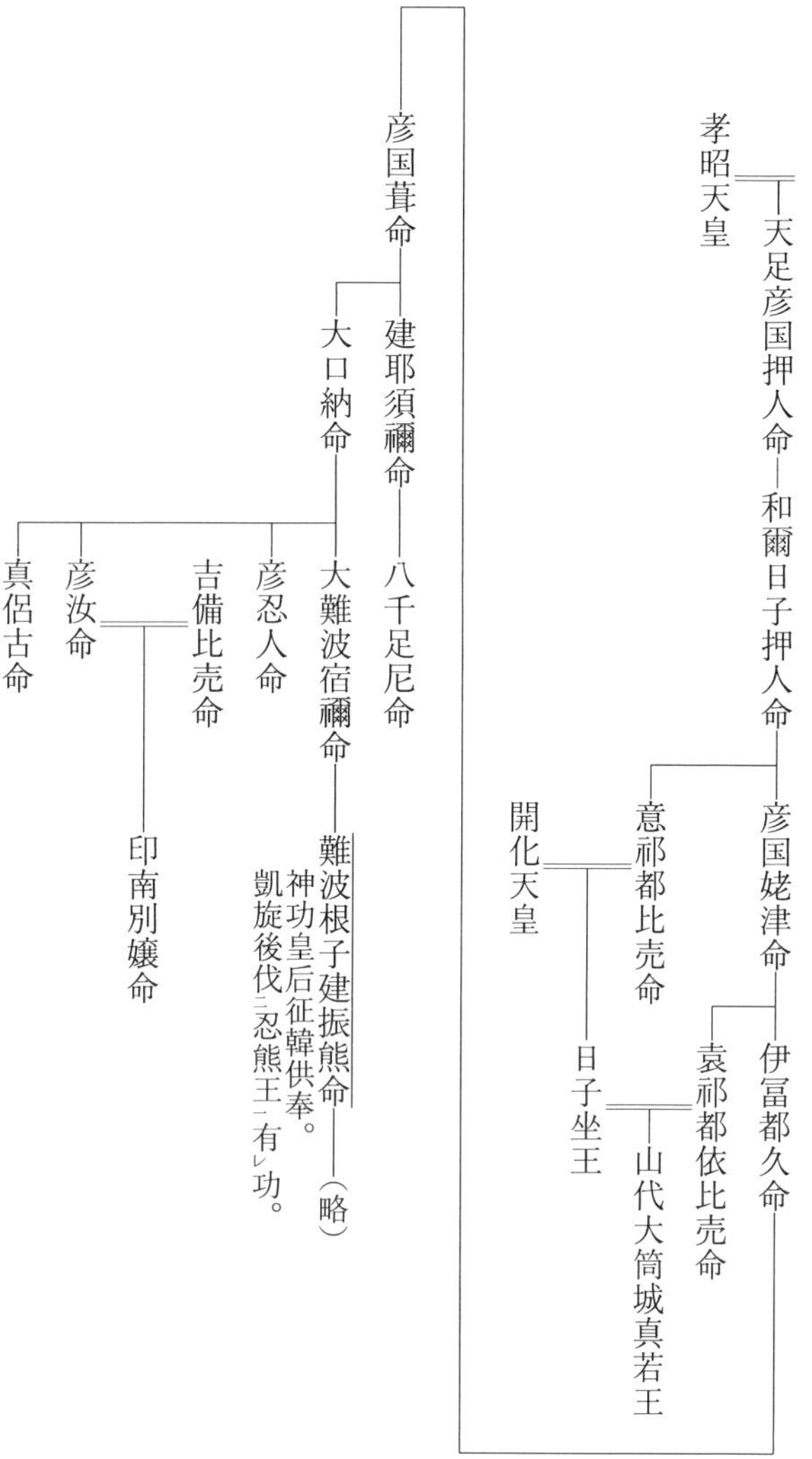

とあるように、(38)孝昭天皇の子である天足彦国押人命（天押帯日子命）の後裔とするのが一般的であり、(39)彦火明命の後裔とする史料は他に知られない。したがって、尾張連氏と同祖であることを主張する海部直氏の系譜の途中に、和邇臣氏の祖が登場することは不審である。

この点について、海部直氏ははじめ和邇臣氏と結びついており、尾張連氏との関係は二次的な付会であるとする説(40)や、逆に和邇臣氏との間に系譜的な関係は存在せず、系図の当該箇所には改変が加えられているとする説などが出されている。[41] たしかに、A部分の人名の続柄には「三世孫」や「孫」とあり、世系が省略されていることや、健振熊宿禰と都比の間に系線を修正した痕跡と思われる短冊形の記号が見られることは、[42] 他氏族との関係を示すA部分が、海部直氏固有のB・C部分に架上されたことをうかがわせる。しかし、先行研究では後から何らかの手が加えられた可能性を指摘するに留まり、それ以上踏み込んだ検討はなされていない。そこで、海部直氏と尾張連・和邇臣両氏がどのように結びついているのかという観点から、もう一歩進めて論じてみたい。

まず、和邇臣氏は海人集団との関係が指摘されている。『古事記』応神段には、

許能迦邇夜　伊豆久能迦邇　毛毛豆多布　都奴賀能迦邇　余許佐良布　伊豆久邇伊多流　伊知遅志麻　美志麻邇斗岐　美本杼理能　迦豆伎伊岐豆岐　志那陀由布　佐佐那美遅袁　須久須久登　和賀伊麻勢婆夜　許波多能美知邇　阿波志斯袁登売　宇斯呂伝波　袁陀弖呂迦母　波那美波　志比斯那須　伊知比韋能　和邇佐能邇袁　波都邇波　波陀阿可良気美　志波邇波　邇具漏岐由恵　美都具理能　曾能那迦都爾袁　加夫都久　麻肥邇波阿弖受　麻用賀岐　許邇加岐多礼　阿波志斯袁美那　迦母賀登　和賀美斯古良　迦久母賀登　阿賀美斯古邇　宇多多気陀邇　牟迦比袁流迦母　伊蘇比袁流迦母

（この蟹や　何処の蟹　百伝ふ　角鹿の蟹　横去らふ　何処に到る　伊知遅島　美島に著き　鳰鳥の　潜き息づき　しなだゆふ　佐佐那美路を　すくすくと　我が行ませばや　木幡の道に　遇はし嬢女　後姿は　小楯ろかも　歯並みは　椎菱如す　櫟井の　丸邇坂の土を　初土は　膚赤けらみ　底土は　丹黒き故　三つ栗の　その中つ土を　かぶつく　真火には当てず　眉画き　濃に画き垂れ　遇はしし女人　かもがと　我が見し子ら　かくもがと　我が見し子に　うたたけだに　対ひ居るかも　い添ひ居るかも）

とあるように、天皇に献上された角鹿の蟹が琵琶湖沿岸を経て大和へ運ばれたとする歌謡が見えるが、和田萃はその

経路上に和邇部が分布しているとして、和邇臣氏は日本海沿岸や琵琶湖・巨椋池で漁労に従事した人々を中央で管掌した氏族であったと見ている。(43) 加藤謙吉も、和邇部が分布する郡の約六割が臨海部に位置していることや、『古事記』上巻に、

於是、到二気多之前一時、裸菟伏也。（略）最後之来大穴牟遅神、見二其菟一言、何由汝泣伏。菟答言、僕在二淤岐嶋一。雖レ欲レ度二此地一、無二度因一。故、欺二海和邇一〈此二字以レ音。下效レ此。〉言、吾与レ汝競、欲レ計二族之多小一。故、汝者随二其族在一悉率来、自二此嶋一至二于気多前一、皆列伏度。爾吾踏二其上一、走乍読度。於レ是、知下与二吾族一孰多上。如レ此言者、見レ欺而列伏之時、吾踏二其上一、読度来。今将レ下レ地時、吾云、汝者我見レ欺言竟、即伏二最端一和邇、捕レ我悉剥二我衣服一。（略）

とあるように、動物の和邇（鮫）が海上交通を掌る舵取・水手の象徴として描かれていること、さらに『日本書紀』仲哀八年正月壬午条に、

幸二筑紫一。時岡県主祖熊鰐、聞二天皇之車駕一、予抜二取五百枝賢木一、以立二九尋船之舳一、而上枝掛二白銅鏡一、中枝掛二十握剣一、下枝掛二八尺瓊一、参二迎于周芳沙麼之浦一。而献二魚塩地一。因以奏言、自二穴門一至二向津野大済一為二東門一、以二名籠屋大済一為二西門一。限二没利嶋・阿閇嶋一為二御筥一、割二柴嶋一為二御甂一。〈御甂、此云二彌那陪一。〉以二逆見海一為二塩地一。既而導二海路一。自二山鹿岬一、廻之入二岡浦一。到二水門一、御船不レ得レ進。則問二熊鰐一曰、朕聞、汝能鰐者、有二明心一以参来。何船不レ進。熊鰐奏之曰、御船所二以不レ得レ進者、非二臣罪一。是浦口有二男女二神一。男神曰二大倉主一。女神曰二菟夫羅媛一。必是神之心歟。天皇則祷祈之、以二挾抄者倭国菟田人伊賀彦一為レ祝令レ祭。則船得レ進。皇后別船自二洞海一〈洞、此云二久岐一。〉入之。潮涸不レ得レ進。時熊鰐更還之、自レ洞奉レ迎二皇后一。（略）

とあるように、熊鰐という名の人物が天皇の水先案内人を務めていることなどから、和邇臣氏は魚介類の貢進や海

運・水運を担った海人集団を配下とする氏族であったと述べている。[44] これらの指摘を踏まえるならば、海部直氏と和邇臣氏が関係を構築した前提として、両氏が海人集団を統括するという共通の職掌を有していたことが想定される。

また、健振熊宿禰は『古事記』仲哀段・『日本書紀』神功皇后摂政元年三月庚子条（前掲）によれば、反乱を起こした忍熊王と山城・近江で戦ってこれを破ったとされ、『日本書紀』仁徳六十五年条（前掲）には、仁徳朝に飛驒に赴いて両面宿儺を討伐した人物と伝えられている。同じく和邇臣氏の祖とされる彦坐王（日子坐王）は『古事記』崇神段に、

又此之御世、大毘古命者、遣㆓高志道㆒、其子建沼河別命者、遣㆓東方十二道㆒而、令㆑和㆓平其麻都漏波奴〈自㆑麻下五字以㆑音。〉人等㆒。又日子坐王者、遣㆓旦波国㆒、令㆑殺㆓玖賀耳之御笠㆒。〈此人名者也。玖賀二字以㆑音。〉（略）

とあり、彦坐王の子とされる丹波道主命は『日本書紀』崇神十年九月甲午条に、

以㆓大彦命㆒遣㆓北陸㆒。武渟川別遣㆓東海㆒。吉備津彦遣㆓西道㆒。丹波道主命遣㆓丹波㆒。因以詔之曰、若有㆓不㆑受㆑教者㆒、乃挙㆑兵伐之。既而共授㆓印綬㆒為㆓将軍㆒。

とあるように、ともに丹波の平定に派遣されたという伝承が見られる。これらの伝承の舞台となった山城・近江・丹波には和邇部が確認でき、その分布は近江から美濃・若狭・越前、丹波から但馬・因幡へと広がっている。[45] このことは同祖系譜の形成とも関連している。和邇臣氏の祖とされた人物については後で改めて触れるが、まず『古事記』孝昭段には、

兄天押帯日子命者、〈春日臣・大宅臣・粟田臣・小野臣・柿本臣・壹比韋臣・大坂臣・阿那臣・多紀臣・羽栗臣・知多臣・牟邪臣・都怒山臣・伊勢飯高君・壹師君・近淡海国造之祖也。〉

とあり、『古事記』景行段にも、

又娶二近淡海之安国造之祖、意富多牟和気之女、布多遅比売一、生御子、稲依別王。〈一柱。〉

とある。このうち天押帯日子命は『日本書紀』孝昭六十八年正月庚子条に、

天足彦国押人命、此和珥臣等始祖也。

とあるように和邇臣氏の始祖とされており、意富多牟和気も『先代旧事本紀』巻十「国造本紀」淡海国造条に、

淡海国造

志賀高穴穂朝御世、彦坐王三世孫大陀牟夜別、定二賜国造一。

とあるように、彦坐王の三世孫として見えることから、近江国に所在した淡海国造と近淡海之安国造は、ともに和邇臣氏の系譜に連なっていることが確認できる。同じように、『日本書紀』景行四年二月是月条には、

天皇聞二美濃国造、名神骨之女、兄名兄遠子、弟名弟達子、並有国色一、則遣二大碓命一、使レ察二其婦女之容姿一。時大碓命便密通而不二復命一。由レ是、恨二大碓命一。

とあるが、この神骨は『古事記』開化段に、

若倭根子日子大毘毘命、坐二春日之伊邪河宮一、治二天下一也。此天皇（略）又娶二庶母伊迦賀色許売命一、生御子、御真木入日子印恵命。〈印恵二字以レ音。〉次御真津比売命。〈二柱。〉又娶二丸邇臣之祖、日子国意祁都命之妹、意祁都比売命一〈意祁都三字以レ音。〉生御子、日子坐王。〈一柱。〉（略）次日子坐王（略）又娶二近淡海之御上祝以伊都玖〈此三字以レ音。〉天之御影神之女、息長水依比売一、生子、丹波比古多多須美知能宇斯王。〈此王名以レ音。〉次水穂真若王。次神大根王。亦名八瓜入日子王。

とも見えており、彦坐王（日子坐王）の子とされている。『日本書紀』景行四十年七月戊戌条にも、

天皇詔二群卿一曰、今東国不レ安、暴神多起。亦蝦夷悉叛、屢略二人民一。遣二誰人一以平二其乱一。群臣皆不レ知二誰遣一也。

日本武尊奏言、臣則先労二西征一。是役必大碓皇子之事矣。時大碓皇子愕然之、逃隠二草中一。則遣二使者一召来。爰天皇責曰、汝不レ欲矣、豈強遣耶。何未レ対レ賊、以予懼甚焉。因レ此、遂封二美濃一、仍如二封地一。是身毛津君・守君凡二族之始祖也。

とある。この身毛津君は『釈日本紀』所引「上宮記」一云に、

（略）生児乎非王、娶牟義都国造、名伊自牟良君女子、名久留比弥命、生児汗斯王。（略）

とあり、牟義都国造は君姓を称していたことから、牟義都国造を輩出した氏族であると推定されるが、(46)その祖となった大碓皇子は『日本書紀』景行四年二月是月条（前掲）で神骨の女と婚姻しており、母系を通じて和邇臣氏の系譜に結びついていることが分かる。さらに『国造本紀』には前述した淡海国造に加えて、

額田国造
志賀高穴穂朝御世、和邇臣祖彦訓服命孫大直侶宇命、定二賜国造一。
三野前国造
春日率川朝、皇子彦坐王子八爪命、定二賜国造一。
但遅麻国造
志賀高穴穂朝御世、竹野君同祖彦坐王五世孫船穂足尼、定二賜国造一。
稲葉国造
志賀高穴穂朝御世、彦坐王児彦多都彦命、定二賜国造一。(47)

とあり、近江国に所在した淡海国造、美濃国に所在した額田・三野前国造、但馬国に所在した但遅麻国造、因幡国に所在した稲葉国造も、彦坐王や彦訓服命など和邇臣氏の祖とされる人物に連なっている。これらのことは、和邇臣氏

の勢力の展開が、各地域における同祖関係の形成と密接に関連することを示している。すなわち、大和王権が東山道・北陸道・山陰道の各方面に進出した際、のちに和邇臣氏の祖として仰がれることになった人物が主導的な役割を果たし、当該地域に和邇部が設置された（当該地域の集団が和邇部として編成された）。そして、彼らと周辺の氏族とが交流を重ねた結果、系譜上の結びつきが形成されたと考えられる。[48] 丹後国の海部直氏の場合は、特に日本海の海上交通によって、若狭・越前・但馬・因幡などに設置された和邇部と交流を行うようになり、それがやがて中央の和邇臣氏との同祖関係へ発展したと見ることができる。

その時期は未詳であるが、海部直氏の系譜が健振熊宿禰に結びついている点に注目したい。和邇臣氏は『古事記』孝昭段（前掲）によれば、春日臣・大宅臣、粟田臣・小野臣・柿本臣・壹比韋臣・大坂臣・阿那臣・多紀臣・羽栗臣・知多臣・牟邪臣・都怒山臣・伊勢飯高君・壹師君各氏の計十五氏と同祖関係を形成している。また、『新撰姓氏録』には、右京皇別下　真野臣条（前掲）に加えて、

左京皇別下

大春日朝臣

出レ自二孝昭天皇皇子天帯彦国押人命一也。仲臣令下家重二千金一、委レ糟為上堵。于レ時、大鷦鷯天皇〈謚仁徳。〉臨二幸其家一、詔号二糟垣臣一。後改二為春日臣一。桓武天皇延暦廿年、賜二大春日朝臣姓一。

小野朝臣

大春日朝臣同祖。彦姥津命五世孫米餅搗大使主命之後也。大徳小野臣妹子、家二于近江国滋賀郡小野村一、因以為レ氏。日本紀合。

和安部朝臣

大春日朝臣同祖。彦姥津命三世孫難波宿禰之後也。続日本紀合。

和爾部宿禰

和安部朝臣同祖。彦姥津命四世孫矢田宿禰之後也。続日本紀合。

櫟井臣

和安部同祖。彦姥津命五世孫米餅春大使主命之後也。

和安部臣

和安部朝臣同祖。彦姥津命五世孫米餅春大使主命之後也。

葉栗臣

和安部朝臣同祖。彦姥津命三世孫建穴命之後也。

吉田連

大春日朝臣同祖。観松彦香殖稲天皇〈諡孝昭。〉皇子天帯国押人命四世孫彦国葺命之後也。（略）

丸部

和安部同祖。彦姥津命男伊富都久命之後也。

丈部

天足彦国押人命孫比古意祁豆命之後也。

右京皇別下

粟田朝臣

大春日朝臣同祖。天足彦国忍人命之後也。日本紀合。

山上朝臣

同氏。日本紀合。

和邇部

天足彦国押人命三世孫彦国葺命之後也。

安那公

同レ上。

野中

同彦国葺命之後也。

山城国皇別

小野朝臣

孝昭天皇皇子天足彦国押人命之後也。

粟田朝臣

天足彦国押人命三世孫彦国葺命之後也。

小野臣

同命七世孫人花命之後也。

和邇部

小野朝臣同祖。天足彦国押人命六世孫米餅搗大使主命之後。一本、彦姥津命三世孫難波宿禰之後也。日本紀漏。

大宅
　小野朝臣同祖。
葉栗
　小野同祖。彦国葺命之後也。
村公
　天足彦国押人命之後也。
度守首
　村公同祖。
大和国皇別
柿下朝臣
　大春日朝臣同祖。天足彦国押人命之後也。敏達天皇御世、依家門有㆓柿樹㆒、為㆓柿本臣氏㆒。
布留宿禰
　柿本朝臣同祖。天足彦国押人命七世孫米餅搗大使主命之後也。（略）
久米臣
　柿本朝臣同祖。天足彦国押人命五世孫大難波命之後也。
摂津国皇別
井代臣
　大春日朝臣同祖。米餅搗大使主命之後也。居㆓大和国添上郡井手村㆒、因負㆓姓井出臣㆒。

津門首
櫟井臣同祖。米餅搗大使主命之後也。
物部首
大春日朝臣同祖。
和邇部
大春日朝臣同祖。天足彦国忍人命之後也。
物部
物部首同祖。米餅搗大使主命之後也。
羽束首
天足彦国押人命男彦姥津命之後也。
河内国皇別
大宅臣
大春日同祖。天足彦国押人命之後也。
壬生臣
大宅同祖。
物部
天足彦国押人命七世孫米餅搗大使主命之後也。
和泉国皇別

葦占臣
　大春日同祖。天足彦国押人命之後也。
物部
　布留宿禰同祖。天足彦国押人命之後也。
網部物部
　同レ上。日本紀漏。
根連
　同レ上。
櫛代造
　同レ上。
未定雑姓右京
　中臣臣
　観松彦香殖稲天皇〈諡孝昭。〉皇子天足彦国押人命七世孫鍬着大使主之後也。
未定雑姓和泉国
　猪甘首
　天足彦国押人命之後也。

とあり、計四三氏と同祖関係を形成している。さらに『国造本紀』では、

　甲斐国造

纒向日代朝世、狭穂彦王三世孫臣知津彦公此宇塩海足尼、定二賜国造一。

武社国造

志賀高穴穂朝、和邇臣祖彦意祁都命孫彦忍人命、定二賜国造一。

吉備穴国造

纒向日代朝御世、和邇臣同祖彦訓服命孫八千足尼、定二賜国造一。

吉備品治国造

志賀高穴穂朝、多遅麻君同祖若角城命三世孫大船足尼、定二賜国造一。

とあり、前掲した淡海・額田・三野前・但遅麻・稲葉の各国造に、甲斐・武社・吉備品治・吉備穴の各国造を加えた計九氏が和邇臣氏の祖を介した同祖関係を結んでいる。(49) これらの系譜の頂点に位置する人物(始祖)は、『古事記』孝昭段(前掲)や『日本書紀』孝昭六十八年正月庚子条(前掲)に見える天足彦国押人命(天押帯日子命)であり、その子孫として先に触れた健振熊宿禰や、『新撰姓氏録』・『国造本紀』各条(前掲)などに見える姥津命・彦国葺・彦坐王・狭穂彦などがいる。他氏族はこれらの人物を祖(別祖)とすることで和邇臣氏の系譜に結びついている。このことは、はじめに健振熊宿禰などをそれぞれ祖とする複数の集団(氏族群)が存在し、それらの系譜が次第に統合され、最終的に天足彦国押人命へ集約されたことを示唆する。(50)

また、天足彦国押人命の名義には「天(アメ)」・「足(タラシ)」の語が含まれているが、これらの語は七世紀後半頃の天皇の和風諡号に見えることから、天足彦国押人命のもとに和邇臣氏の系譜が整理されたのも、その前後の時期であったと推定されている。(51) よって、海部直氏が健振熊宿禰を介して和邇臣氏に結びついたのは、その系譜が天足彦国押人命に集約される七世紀後半よりも前の段階ということになる。

一方、尾張連氏もやはり海人集団と関わりを有していたことが知られる。尾張国内には海部郡海部郷（『和名類聚抄』など）があるが、平城宮出土木簡[52]には、

・尾治国海郡嶋里人

・海連赤麻呂米六斗　　一八四×二二×三　〇五一

と記したものがあり、同郡志摩郷（嶋里）には海連赤麻呂が居住していたことが分かる。『先代旧事本紀』巻三「天神本紀」（以下『天神本紀』）には、

天背斗女命。尾張中嶋海部直等祖。

とあり、天背斗女命の後裔として尾張中嶋海部直氏が見えるが、この氏族名も同郡の中嶋郷に因むと思われる。また、平城宮跡出土木簡[53]には、

・尾張国知多郡入海郷□［　

・□三斗　　［　　］　　（一六四）×二五×六　〇三九

と記したものもあり、知多郡内には入海郷という郷が存在した。さらに、『万葉集注釈』所引『尾張国風土記』逸文には、

尾張国風土記云、葉栗郡川嶋社〈在₂河沼郷川嶋村₁。〉奈良宮御宇天皇時、凡海部忍人申ᵀ、此神化₂為白鹿₁、時々出現ᴸ。有ㇾ詔、奉ㇾ斎為₂天社₁。

とあり、葉栗郡に凡海部氏が分布していたことが確認できる。このほかにも天平勝宝二年（七五〇）四月六日「仕丁送文」[54]によれば、愛智郡大宅郷には海連馬手・津守が居住しており、『小右記』長徳二年（九九六）十月十三日条には、海宿禰（欠名）が丹羽郡擬少領であったことが見える。伝承においても、『日本書紀』崇神元年二月丙寅条には、

次妃尾張大海媛、生二八坂入彦命・渟名城入姫命・十市瓊入姫命一。

とあり、崇神天皇の妃に尾張大海媛が見える。『尾張国熱田太神宮縁起』には、

宮酢姫下世之後、建レ祠崇二祭之一。号二氷上宮天神一。其祠在二愛智郡氷上邑一。以二海部氏一為二神主一。海部是尾張氏別姓也。

とあり、尾張国に鎮座する氷上姉子神社の神主は海部氏が務め、この海部氏は尾張連氏の「別姓」であると伝えられている。これらのことから、尾張連氏は伊勢湾の海人集団を統括し、大和王権に対する海産物の貢納を担ったと考えられている。[55] 尾張連氏の場合も、こうした氏族的性格の共通性が、海部直氏と尾張連氏との間に同祖関係が形成されるに至った一つの要因と思われる。

そして、この尾張連氏も非常に多くの氏族と同祖関係を形成している。『新撰姓氏録』には、

左京神別下天孫

尾張宿禰

火明命廿世孫阿曾連之後也。

尾張連

尾張宿禰同祖。火明命之男天賀吾山命之後也。

伊福部宿禰

尾張連同祖。火明命之後也。

湯母竹田連

火明命五世孫建刀米命之後也。男武田折命、景行天皇御世、擬レ殖賜レ田。夜宿之間、菌生二其田一。天皇聞食

而賜二姓菌田連一。後改為二湯母竹田連一。

竹田川辺連

同命五世之後也。仁徳天皇御世、大和国十市郡刑坂川之辺有二竹田神社一。因以為二氏神一。同居住焉。緑竹大美、供二御箸竹一。因レ茲賜二竹田川辺連一。

石作連

火明命六世孫建真利根命之後也。垂仁天皇御世、奉二為皇后日葉酢媛命一、作二石棺一献レ之。仍賜二姓石作大連公一也。

檜前舎人連

火明命十四世孫波利那乃連公之後也。

榎室連

火明命十七世孫呉足尼之後也。山猪子連等、仕二奉上宮豊聰耳皇太子御杖代一。爾時、太子巡二行山代国一。于レ時、古麻呂家在二山城国久世郡水主村一、其門有二大榎樹一。太子曰、是樹如レ室。大雨不レ漏。仍賜二榎室連一。

丹比須布

火明命三世孫天忍男命之後也。

但馬海直

火明命之後也。

大炊刑部造

火明命四世孫阿麻刀禰命之後也。

坂合部宿禰

火明命八世孫邇倍足尼之後也。

額田部湯坐連

天津彦根命子明立天御影命之後也。允恭天皇御世、被レ遣二薩摩国一、平二隼人一。復奏之日、献二御馬一匹一。額有二町形廻毛一。天皇嘉レ之、賜二姓額田部一也。

三枝部連

額田部湯坐連同祖。顕宗天皇御世、喚二集諸氏人等一、賜二饗醼一。于レ時、三茎之草生二於宮庭一、採以奉献。仍負二姓三枝部造一。

奄智造

額田部湯坐連同祖。

額田部

同命孫意富伊我都命之後也。

右京神別下天孫

丹比宿禰

火明命三世孫天忍男命之後也。男武額赤命七世孫御殿宿禰男色鳴、大鷦鷯天皇御世、皇子瑞歯別尊、誕二生淡路宮一之時、淡路瑞井水奉レ灌二御湯一。于レ時、虎杖花飛入二御湯瓮中一。色鳴宿禰称二天神寿詞一。奉レ号曰二多治比瑞歯別命一。乃定二丹治比部於諸国一、為二皇子湯沐邑一。即以二色鳴一為レ宰、令レ領二丹比部戸一。因号二丹比連一遂二為氏姓一。其後庚午年、依レ作二新家一、加二新家二字一、為二丹比新家連一也。

尾張連
火明命五世孫武礪目命之後也。
伊与部
同レ上。
六人部
同レ上。
子部
火明命五世孫建刀米命之後也。
大炊刑部造
同神三世孫天礪目命之後也。
朝来直
同レ上。
若倭部
同神四世孫建額明命之後也。
川上首
火明命之後也。
山城国神別天孫
尾張連

火明命子天香山命之後也。

六人部連

火明命之後也。

伊福部

同レ上。

石作

同レ上。

水主直

同レ上。

三富部

同レ上。

大和国神別天孫

尾張連

天火明命子天香山命之後也。

伊福部宿禰

同レ上。

伊福部連

伊福部宿禰同祖。

蝮王部首
　火明命孫天五百原命之後也。
工造
　同神十世孫大美和都禰乃命之後也。
摂津国神別天孫
津守宿禰
　尾張宿禰同祖。火明命八世孫大御日足尼之後也。
六人部連
　同神五世孫建刀米命之後也。
石作連
　同神六世孫武椀根命之後也。
蝮部
　同神十一世孫蝮王部犬手之後也。
刑部首
　同神十七世孫屋主宿禰之後也。
津守
　火明命之後也。
河内国神別天孫

襷多治比宿禰
火明命十一世孫殿諸足尼命之後也。男兄男庶、其心如レ女。故賜レ襷為二御膳部一。次弟男庶、其心勇健。其力足レ制二十千軍衆一。故賜レ靫号二四十千健彦一。因負二姓靫負一。
丹比連
火明命之後也。
若犬養宿禰
同神十六世孫尻綱根命之後也。
笛吹
火明命之後也。
吹田連
火明命児天香山命之後也。
身人部連
火明命之後也。
尾張連
火明命十四世孫小豊命之後也。
五百木部連
火明命之後也。
和泉国神別天孫

若犬養宿禰

火明命十五世孫古利命之後也。

丹比連

同神男天香山命之後也。

石作連

同レ上。

津守連

同上。

網津守連

同レ上。

椋連

同レ上。

綺連

津守連同祖。　天香山命之後也。

未定雑姓左京

忍坂連

火明命之後也。

未定雑姓右京

凡海連
　火明命之後也。
未定雑姓山城国
　山代直
　火明命之後也。
未定雑姓摂津国
　山首
　火明命十一世孫尾張屋主都久代命之後也。
　川内漢人
　火明命九世孫否井命之後也。

とあり、計六十二氏が尾張連氏と同祖関係を結んでいる。また、『先代旧事本紀』巻五「天孫本紀」には冒頭の火明命から十八世孫の尾張乙訓与止連までの間で、以下の人物が計三十一氏の祖とされている。

四世孫、瀛津世襲命。〈亦云葛木彦命。尾張連等祖。〉（略）次天忍男命。大蝮壬部連等祖。
五世孫、建筒草命。〈健額赤部之子。多治比連・津守連・若倭部連・葛木厨直祖。〉（略）次妙斗米命。六人部連等祖。
六世孫、建田背命。神服連・海部直・丹波国造・但馬国造等祖。（略）次建多手利命。笛連・若犬甘連等祖。次建弥阿多良命。〈高屋大分国造等祖。〉次建麻利尼命。〈石作連・桑内連・山辺県主等祖。〉次建手和弥命。〈身人部連等祖。〉

（略）

九世孫、弟彦命。（略）次玉勝山代根古命。〈山代水主雀部連・軽部造・蘇宜部首等祖。〉次若都保命。〈五百木部連等祖。〉（略）

十世孫、淡夜別命。〈大海部直等祖。弟彦命之子。〉次大原足尼命。〈筑紫豊国国造等祖。置都与曾命之子。〉次大八椅子命。〈斐陀国造等祖。彦与曾命之子。〉

（略）

十五世孫、尾張金連。次尾治岐閇連。〈即連等祖。〉次尾治知々古連。〈久努連等祖。〉（略）

十六世孫、尾張坂合連。（略）次尾治阿古連。〈太刀西連等祖。〉（略）次尾治弟鹿連。〈日村尾治連等祖。〉次尾治多与志連。〈大海部直等祖。〉

（略）

十八世孫、尾張乙訓与止連。（略）次尾治枚夫連。紀伊尾治連等祖。

ほかにも『国造本紀』には、

斐陀国造

志賀高穴穂朝御世、尾張連祖瀛津世襲命子大八埼命、定㆓賜国造㆒。

丹波国造

志賀高穴穂朝御世、尾張同祖建稲種命四世孫大倉岐命、定㆓賜国造㆒。

とあり、斐陀・丹波の二国造が尾張連氏と同祖関係を結んでいる。

これらの系譜の頂点に位置する始祖は、いうまでもなく彦火明命である。その子孫としては『天孫本紀』に、

天照国照彦火明櫛玉饒速日尊、天道日女命為レ妃、天上誕二生天香語山命一。（略）児天香語山命。（略）

とあり、『天神本紀』にも、

天香語山命、尾張連等祖。

とあるように、天香語山命が見えるほか、『新撰姓氏録』・『天孫本紀』・『国造本紀』各条（前掲）に見える瀛津世襲命・乎止与命・建稲種命などが位置づけられており、これらが他氏族との結節点となっている。先行研究では、前述した和邇臣氏と同様、尾張連氏も複数の集団（氏族群）によって構成されていた段階があり(56)、それらの系譜が最終的に彦火明命のもとへ統合されていったことが指摘されている(57)。

ただし、この彦火明命を介して同祖関係を形成している氏族には、但馬海直（『新撰姓氏録』左京神別）、伊与部・朝来直（『同』右京神別）、津守宿禰・津守（『同』摂津国神別）、山代直（『同』未定雑姓山城国）、津守連・丹波国造・但馬国造・高屋大分国造・山辺県主・山代水主雀部連・筑紫豊国国造・斐陀国造・久努連・紀伊尾治連（『天孫本紀』）など、尾張以外を本拠地（出身地）とする氏族も多く含まれていることから、こうした関係は尾張連氏と各氏族とが古い段階から直接的な交流を行っていたことにもとづくとは思われない。むしろ、それは彦火明命を頂点として尾張連氏の系譜が整理・統合されていく過程で、各氏族の系譜が間接的に尾張連氏へ結びつけられたことにより発生した可能性が高い(58)。

その時期は、彦火明命を介した同祖系譜が『古事記』や『日本書紀』の記事には全く見えず、『新撰姓氏録』段階になってはじめて確認できることや、『日本後紀』大同四年（八〇九）二月辛亥条に、

勅、倭漢惣歴帝譜図、天御中主尊標為二始祖一。至レ如二魯王・呉王・高麗王・漢高祖命等一、接二其後裔一、倭漢雑糅、敢垢二天宗一。愚民迷執、輙謂二実録一。宜二諸司官人等所レ蔵皆進一。若二有挟レ情隠匿、乖レ旨不レ進者一、事覚之日、必

処二重科一。

とあり、平安時代のはじめには多くの氏族が自氏の系譜を遡らせて皇統譜や神統譜につなげる傾向が見られることから、おそらくは氏族秩序の変容が本格化する八世紀後半から九世紀にかけて、早く見積もっても諸氏族が本系帳の編纂を本格的に開始する八世紀中葉以降のことと推測される。特に彦火明命については、『日本三代実録』貞観四年（八六二）五月十三日庚辰条に、

美濃国厚見郡人外従五位下行助教六人部永貞、讃岐少目従七位上六人部愛成、散位従七位下六人部行直等三人、賜二姓善淵朝臣一。天孫火明命後。少神積命之裔孫、与二伊与部連・次田連等一同祖也。

とあり、『日本三代実録』貞観五年（八六三）十二月十一日己巳条にも、

右京人左史生正八位下六人部連吉雄、賜二姓善淵宿禰一。天孫火明命之後也。

とあるように、六人部氏が善淵朝臣へ、六人部連が善淵宿禰へ、それぞれ改姓している。『日本三代実録』貞観六年（八六四）八月八日壬戌条にも、

尾張国海部郡人治部少録従六位上甚目連公宗氏、尾張医師従六位上甚目連公冬雄等同族十六人、賜二姓高尾張宿禰一。天孫火明命之後也。

とあり、ここでは甚目連公が高尾張宿禰へ改姓している。これらはいずれも彦火明命の後裔であることを改姓の理由として挙げている。このことは彦火明命を中心とする系譜の統合が、九世紀中葉まで続いていたことをうかがわせる。海部直氏の系譜が尾張連氏に結びつけられたのも、この頃を大きく前後するものではなかろう。

とするならば、海部直氏の系譜に健振熊宿禰が加えられた段階と、彦火明命が加えられた段階との間には、時間差が存在することになる。つまり、海部直氏は日本海沿岸地域の和邇臣氏（和邇部）と交流するようになり、七世紀後

半までのある時期に自氏の系譜を健振熊宿禰に結びつけ、和邇臣氏と同祖であることを主張するようになった。しかし、八世紀中葉に氏族秩序の再編が始まり、諸氏族が本系帳を作成するようになると、海部直氏は彦火明命を中心とする尾張連氏の大規模な同祖関係の中に取り込まれ、それ以前から称していた系譜の上に彦火明命が架上されることとなった。このような経緯で、彦火明命の後裔に健振熊宿禰を位置づける海部直氏の系譜が成立したと考えられるのである。

　したがって、はじめは和邇臣氏と同祖を称していた海部直氏が、のちに尾張連氏と同祖を称するようになったという点において、『海部氏系図』は一種の仮冒系譜と言える。ただし、一般的な仮冒では、自氏の系譜を新しい別の氏族の祖に付け替えることが行われるが、『海部氏系図』は途中に健振熊宿禰が不自然な形で置かれたままになっている。これは、その尻付に、

　此若狭木津高向宮〈尓〉、海部直姓定賜〈弖〉、□(楯カ)桙賜国造仕奉〈支〉品田天皇御宇。

とあるように、健振熊宿禰が海部直を賜姓されて国造として奉仕したという伝承が[59]、すでに海部直氏の周辺で広く受け入れられており、その存在を自氏の系譜から切り離すことができなかったためと思われる。彦火明命を架上した時期の海部直氏にとって、健振熊宿禰はもはや和邇臣氏との紐帯としてではなく、地方伴造（海部直）あるいは国造（丹波国造）としてのいわゆる「奉事根原」を示す自氏の祖として認識されていたのであろう。他史料では、「難波根子建振熊命」（『古事記』仲哀段、『和邇部氏系図』）、「難波根子武振熊」（『日本書紀』神功皇后摂政元年三月庚子条）というように「難波根子」の語を冠しているが、『海部氏系図』ではそれがなく、「健振熊宿禰」という独自の表記となっていることも、健振熊宿禰が海部直氏の系譜に取り込まれていたことを物語っている。

結　語

本章では『海部氏系図』を取り上げ、特に伍佰道・愛志・千嶋・綿麿らの奉仕年代と、海部直氏・尾張連氏・和邇臣氏の関係について考察を行った。論旨を整理するならば、次のとおりである。

・伍佰道の尻付に見える「乙巳」は「丁巳」の誤りであり、養老元年を指している。伍佰道はこの年から天平勝宝三年あるいは同四年まで祝の職にあった。また、千嶋は養老五年からおそらく天平三年あるいは同十五年まで祝を務めた。

・伍佰道・愛志・千嶋・綿麿らは、同時期に祝として籠神社に奉仕した。このうち愛志と綿麿は親子であるが、伍佰道・愛志・千嶋は親子三代でなく、海部直氏を構成する異なる系統の出身であった。つまり、海部直氏の内部には複数の系統が存在し、八世紀前半にはそれらの中から祝が選任され、二〜三人が同時に籠神社に奉仕した。この体制は八世紀中葉に終わり、以降の祝は一人に限定された。

・海部直氏は海上交通によって、日本海沿岸地域に分布した和邇部と交流するようになり、七世紀後半以前のある時期に健振熊宿禰を祖とすることで自氏の系譜を和邇臣氏へ結びつけた。しかし、八世紀中葉以降に尾張連氏の系譜が彦火明命を頂点として整理・統合されると、海部直氏もその大規模な同祖関係の中に取り込まれ、その結果として彦火明命を始祖と仰ぐようになった。こうして彦火明命の後裔に健振熊宿禰が位置づけられた。

これまでの研究では、籠神社に奉仕した祝は一人であるとの前提に立ち、奉仕年の重複を錯誤と見なしてきた。また、海部直氏の系譜中に尾張連氏と和邇臣氏の祖が同時に登場することについても、付会や改変と見るに留まっていた。しかし、以上のように考えるならば、これらの点は整合的に理解することができる。現代の我々にとって一見不自然に思われる記述も、古代の人々にとっては明確な意味を持って記されている場合がある。そうした記述を切り捨てず丁寧に読み解く姿勢が、系譜や伝承を扱う際には特に必要とされよう。

なお、本章では籠神社における祝のあり方が他社にどこまで敷衍できるのか、また、尾張連氏の同祖関係に組み込まれることが海部直氏にとっていかなる意義を持っていたのかなどの点については、史料的な制約もあり十分に言及できなかった。いずれも別稿に譲ることとし、ひとまず擱筆したい。

註

（1）『海部氏系図』に見える人名は、B部分では「海部直＋個人名」、C部分では「海部直＋個人名＋祝」と表記されているが、本章では煩を避けるため「田雄」のように個人名の部分のみ記載する。以下同じ。

（2）「火明命」・「天火明命」・「天照国照彦火明命」・「天照国照彦天火明櫛玉饒速日尊」などとも表記されるが、本章では『海部氏系図』にしたがい「彦火明命」で統一する。

（3）本章では主として、金久与一『古代海部氏の系図』（学生社、一九九九年、初版一九八三年）、海部光彦『元伊勢の秘宝と国宝海部氏系図』（元伊勢籠神社社務所、一九八八年）掲載の写真版、および村田正志・秋本吉徳・真壁俊信校注『神道大系古典編13　海部氏系図・八幡愚童記・新撰亀相記・高橋氏文・天書・神別記』（神道大系編纂会、一九九二年）掲載の翻刻を用いて考察を行った。

（4）『海部氏系図』の概要については、石村吉甫「籠名神社祝部氏系図」（『神道論』国書刊行会、一九八三年、初出一九三三年）、村田正志「海部氏系図・附海部氏勘注系図解説」（『村田正志著作集6　古文書研究』思文閣出版、一九八五年）、同「海部氏系図の複製と押印印章の解明」（『日本歴史』四七七、一九八七年）などによる。

（5）石村吉甫「籠名神社祝部氏系図」（前掲）。

（6）後藤四郎「海部に関する若干の考察」（坂本太郎博士古稀記念会編『続日本古代史論集』上、吉川弘文館、一九七二年）。

（7）常田かおり「丹後の海部氏に関する一考察」（『神道史研究』五四—一、二〇〇六年）。
（8）西宮秀紀「祝・祝部に関する基礎的考察」（『律令国家と神祇祭祀制度の研究』塙書房、二〇〇四年、初出一九七八年）。
（9）久禮旦雄「神祇令・神祇官の成立」（『ヒストリア』二四一、二〇一三年）など。
（10）加藤優「律令制祭祀と天神地祇の惣祭」（『奈良国立文化財研究所学報』三二、一九七八年）、佐々田悠「律令制祭祀の形成過程」（『史学雑誌』一一一—一二、二〇〇二年）など。
（11）たとえば『続日本紀』天平勝宝元年（七四九）十二月丁亥条の「丁亥」を「乙亥」に作る写本がある。青木和夫・稲岡耕二・笹山晴生・白藤禮幸校注『新日本古典文学大系14 続日本紀』三（岩波書店、一九九二年）校異補注参照。
（12）義江明子「「児（子）」系譜にみる地位継承」（『日本古代系譜様式論』吉川弘文館、二〇〇〇年、初出一九八八年）。
（13）主な論考としては、林陸朗「上代神職制度の一考察」（『神道学』二九、一九六一年）、岩橋小彌太「祝部」（『神道史叢説』吉川弘文館、一九七一年）、西宮秀紀「祝・祝部に関する基礎的考察」（前掲）、同「律令国家に於ける神祇職」（『律令国家と神祇祭祀制度の研究』前掲、初出一九八五年）、川原秀夫「律令官社制の成立過程と特質」（林陸朗先生還暦記念会編『日本古代の政治と制度』続群書類従完成会、一九八五年）、大関邦男「律令制と神職」（林陸朗・鈴木靖民編『古代日本の国家と祭儀』雄山閣出版、一九九六年）などがある。
（14）西宮秀紀は、全国諸社の神祇職の構成を分析し、祝のみ置かれた神社が最も多かったと推定している。西宮秀紀「律令国家に於ける神祇職」（前掲）。
（15）林陸朗「上代神職制度の一考察」（前掲）、岩橋小彌太「祝部」（前掲）、大関邦男「律令制と神職」（前掲）など。
（16）『平安遺文』一—八三。
（17）このほかにも、たとえば日吉大社には祝部氏が、諏訪大社や大山祇神社には大祝氏がそれぞれ奉仕していたことが知られる。
（18）『大日本古文書』一—三九七。
（19）西宮秀紀「祝・祝部に関する基礎的考察」（前掲）。
（20）関和彦「村落首長の実像と村落支配」（『日本古代社会生活史の研究』校倉書房、一九九四年）。
（21）大関邦男「律令制と神職」（前掲）など。
（22）義江明子「「児（子）」系譜にみる地位継承」（前掲）。

(23)『大日本古文書』二―五五。

(24)『日本書紀』雄略七年是歳条の「漢手人部・衣縫部・宍人部」とある箇所に「皆不レ読レ部」との注を付した写本があることや、『釈日本紀』巻十六　秘訓一　神代上「鏡作部」の項に、

問。部字可レ読否如何。答。師説、不レ読ニ部字一。一部之内、諸姓部等並同レ之。

とあることから、「部」は読まれない場合のあることが指摘されている（平野邦雄「「部」の本質とその諸類型」『大化前代社会組織の研究』吉川弘文館、一九六九年）。また、尾張国・隠岐国の「海部郡」（『和名類聚抄』）がそれぞれ「海郡」（『平城宮木簡』七―一一三〇一）・「海評」（『評制下荷札木簡集成』一七九）と記されることや、「神部牛丸」（延喜五年〈九〇五〉九月十日「東大寺領因幡国高庭庄坪付注進状案」（『大日本古文書』家わけ第十八　東南院文書二―五三七）が同一文書内の別の箇所で「神牛丸」とも記されることなどから、「部」の省略は表記の面にも及ぶことが分かる。よって、海直忍立の場合も「部」が省略されており、この人物は海部直氏の一族であったと考えられる。

(25)後藤四郎「海部直の系譜について」（『日本歴史』三二九、一九七五年）、常田かおり「丹後の海部氏に関する一考察」（前掲）。

(26)川原秀夫「律令官社制の成立過程と特質」（前掲）。

(27)拙稿「『紀伊国造次第』の成立とその背景」（『日本古代氏族系譜の基礎的研究』東京堂出版、二〇一二年、初出二〇一一年）。

(28)『平安遺文』一―一三〇。波々伯部守「紀伊国直川郷墾田売券をめぐって」（『和歌山市史研究』一一、一九八三年）、栄原永遠男「「紀伊国直川郷墾田売券」について」（『紀伊古代史研究』思文閣出版、二〇〇四年、初出一九八七年）も参照。

(29)『日本後紀』延暦二十三年（八〇四）条に「紀直豊成」とあり、『日本後紀』嘉祥二年（八四九）条に「紀宿禰高継」とあることから、紀直氏の本宗はこの間に直姓から宿禰姓へと改姓したと推定される。また、『続日本後紀』承和二年（八三五）三月癸丑条には紀直継成ら十三人が、『日本三代実録』貞観五年（八六三）九月十三日壬寅条には紀直貞吉が、それぞれ紀宿禰に改姓したとあり、六国史以外でもこの頃になると紀宿禰を称する人物が多く見られるようになる（貞観三年二月二十五日「紀伊国直川郷墾田売券」）。それに対して、紀直広世は貞観十六年（八七四）に『紀伊国造次第』を書写した段階でも依然として直姓を名乗っている。

(30)紀伊国造が名草郡大領を兼帯したとする先行研究もあるが（薗田香融「岩橋千塚と紀国造」〈『日本古代の貴族と地方豪族』塙書房、一九九一年、初出一九六七年〉、高嶋弘志「神郡の成立とその歴史的意義」〈佐伯有清編『日本古代政治史論考』吉川弘文館、一九八三年〉など）、これについては熊田亮介・篠川賢による的確な批判がある。熊田亮介「令制下の国造について」（『日本歴史』

四二一、一九八三年）、篠川賢「律令制下の紀伊国造」（『日本常民文化紀要』二一、二〇〇〇年）参照。
（31）阿部武彦「古代族長継承の問題について」（『日本古代の氏族と祭祀』吉川弘文館、一九八四年、初出一九五四年）、井上光貞「カモ県主の研究」（『井上光貞著作集1　日本古代国家の研究』岩波書店、一九八五年、初出一九六二年）。
（32）田中卓「住吉大社神代記の研究」（『田中卓著作集7　住吉大社神代記の研究』国書刊行会、一九八五年、初出一九五一年）。
（33）井上光貞「カモ県主の研究」（前掲）。
（34）米田雄介「一地方豪族の歴史」（『古代国家と地方豪族』教育社、一九七九年）。
（35）平石充「八・九世紀における出雲臣について」（『出雲古代史研究』六、一九九六年）。
（36）小倉慈司「八・九世紀における地方神社行政の展開」（『史学雑誌』一〇三―三、一九九四年）。
（37）彦火明命と健振熊宿禰の間には倭宿禰命が置かれており、田中卓はこの人物を大倭直氏の祖とされる椎根津彦（『日本書紀』神武即位前紀甲寅年十月辛酉条など）に比定している（田中卓「神武天皇の御東征と大倭国造」『田中卓著作集2　日本国家の成立と諸氏族』国書刊行会、一九八六年、初出一九五七年）。しかし、「倭宿禰」は氏族名であり、椎根津彦を指しているかは即断できない。この点については、別の機会に検討したい。
（38）ここでは健振熊宿禰以外の人物の尻付は省略した。
（39）拙稿「美濃・近江の国造と同祖系譜」（『日本古代氏族系譜の基礎的研究』前掲、初出二〇〇四年）、古系図研究会（加藤謙吉代表）「『和珥部氏系図』について」（加藤謙吉『ワニ氏の研究』雄山閣、二〇一三年、初出二〇〇六年）など参照。
（40）小林敏男「旦波大県主をめぐる歴史的世界」（『古代王権と県・県主制の研究』吉川弘文館、一九九四年、初出一九七九年）。
（41）加藤謙吉「ワニ氏のウジの構造とその特質」（『ワニ氏の研究』前掲）。
（42）是澤恭三は、この記号を省略・援引を意味するものと推測した（是澤恭三「但馬国朝来郡粟鹿大明神元記に就いて」『書陵部紀要』九、一九五八年）。それに対して筆者は『粟鹿大明神元記』の分析から、この記号は世系の変更にともない系線を修正した痕跡と考えている（拙稿「神部氏の系譜とその形成」『大神氏の研究』雄山閣、二〇一四年、初出二〇一三年）。
（43）和田萃「ワニ坂とワニ氏」（東大寺山古墳研究会編『東大寺山古墳と謎の鉄刀』雄山閣、二〇一〇年）。
（44）加藤謙吉「ワニ氏のウジの構造とその特質」（前掲）。
（45）和邇臣氏（和邇部）の分布については、岸俊男「ワニ氏に関する基礎的考察」（『日本古代政治史研究』塙書房、一九六六年、初出一九六〇年）、加藤謙吉「ワニ氏のウジの構造とその特質」（前掲）を参照されたい。なお、先行研究では、但馬における和邇臣氏（和邇部）の分布は指摘されていないが、禰布ヶ森遺跡（兵庫県豊岡市）から「丸部臣」と記した木簡が出土している（『木簡研究』三一―四六―二〈一八〉など）。
(46) 拙稿「美濃・近江の国造と同祖系譜」（前掲）など。
(47) 額田国造を三河国や近江国に所在した国造とする説もあるが、筆者は美濃国池田郡額田郷に所在した国造と考えている。拙稿「額田国造の本拠地をめぐって」（『日本古代氏族系譜の基礎的研究』前掲、初出二〇〇三年）参照。
(48) 拙稿「美濃・近江の国造と同祖系譜」（前掲）。
(49) どの国造を同祖関係にあると見るかは先行研究によって異なるが、本章では拙編「国造関係史料集」（篠川賢・大川原竜一・鈴木正信編『国造制の研究』八木書店、二〇一三年）に準拠した。以下同じ。
(50) 系譜を遡るにつれて同祖関係を形成する氏族の数が増加することや、そうした関係が下の世代から上の世代へ系譜を遡って形成されることについては、義江明子「古代系譜の構造」（『日本古代の氏の構造』吉川弘文館、一九八六年）、拙稿「紀伊国造の成立と展開」（『日本古代氏族系譜の基礎的研究』前掲、初出二〇一一年）など参照。
(51) 岸俊男「ワニ氏に関する基礎的考察」（前掲）。
(52) 『平城宮木簡』七―一一三〇一。
(53) 『平城宮発掘調査出土木簡概報』一九―二〇下（一六七）、『愛知県史』資料編六（愛知県、一九九九年）、寺崎保広「藤原宮出土「尾張国知多評」木簡補訂」（『奈良文化財研究所年報』一九九九―一、一九九九年）。
(54) 『大日本古文書』二五―一四〇。
(55) 吉井巌「火明命」（『天皇の系譜と神話』塙書房、一九六七年、初出一九六六年）、新井喜久夫「古代の尾張氏について（上）（下）」（『信濃』二一―一・二、一九六九年）、松前健「尾張氏の系譜と天照御魂神」（『松前健著作集9　日本神話論1』おうふう、一九九八年、初出一九七一年）、服部良男「尾張連始祖系譜成立に関する一考察」（『日本歴史』三〇七、一九七三年）、加藤謙吉「尾張氏・尾張国造と尾張地域の豪族」（篠川賢ほか編『国造制の研究』前掲）など。
(56) 加藤謙吉「尾張氏・尾張国造と尾張地域の豪族」（前掲）など。
(57) 重松明久「尾張氏の熱田社奉祀をめぐって」（『古代国家と宗教文化』吉川弘文館、一九八六年、初出一九六三年）、新井喜久夫

「古代の尾張氏について（上）（下）」（前掲）、松倉文比古「尾張氏系譜について」（『龍谷大学論集』四三四・四三五合併号、一九八九年）など。

（58）地域的に近接した氏族が地縁にもとづく同祖系譜を形成することについては、拙稿「紀伊国造の成立と展開」（前掲）参照。

（59）『続日本紀』延暦二年（七八三）三月庚寅条には、

丹後国丹波郡人正六位上丹波直真養、任二国造一。

とあり、『続日本紀』延暦四年（七八五）正月癸亥条にも、

丹波国天田郡大領外従六位下丹波直広麻呂（略）居レ職匪レ懈、撫レ民有レ方。於レ是、詔並授二外従五位下一。

とあるように、律令制下には丹波直氏が国造や丹波国天田郡大領に任命されている。また、『朝野群載』巻九　功労　永祚二年（九九〇）二月二十三日「丹後国司解」には、

丹後国司解　申レ請二官裁一事

請下被二殊蒙二官裁一、依二采女従五位下丹波直勝子辞一譲二姪同姓徳子一。補中任采女職上状。

右得二勝子解状一称、謹検二案内一、去天慶七年被レ補二当職一。徒レ事之後、未レ闕二職掌一、依二其労効一。安和二年、初預二栄爵一。永延元年、更叙二内階一。計二其年労一、卅五ヶ年于今。遺命不レ幾、旦暮難レ期。方今以二所レ帯職一、譲二与同姓姪一之例、継踵不レ絶。近則紀伊国采女紀寛子、譲二於同安子一。備後国采女壬生平子、譲二於同貞子一等是也。以往之例、不レ可二勝計一者。国加二覆審一、所レ申有レ実。仍言上如レ件。望請、官裁以二件徳子一、被レ替二紳采女職一、将レ令レ勤二譜第業一。仍録二事状一、謹言。（略）

とあり、この氏族は采女も貢進している。これらのことからすれば、丹波国造の輩出氏族は本来的には丹波直氏であったと考えられる。『海部氏系図』には健振熊宿禰が丹波国造に任じられたとあるが、これは与謝郡の譜第郡司氏族であることを主張するための後世の付会か、あるいは丹波直氏に代わって一時的に海部直氏が国造を輩出したことを伝えたものと考えておきたい。なお、国造に任命された氏族が原則として国造国名を冠するウジナを称していたことについては、篠川賢「国造の「氏姓」と東国の国造制」（あたらしい古代史の会編『王権と信仰の古代史』吉川弘文館、二〇〇五年）、拙稿「甲斐国造の「氏姓」と氏族的展開」（『日本古代氏族系譜の基礎的研究』前掲、初出二〇一一年）、および本書第四部第一章など参照。

【翻刻】『海部氏系図』

※系線の接続はアラビア数字を用いた。たとえば、一八七頁の左下の1は一八八頁の右下の1に接続する。

籠名神社祝部氏係（ママ）図

丹後国与謝郡従四位下籠名神従元于今所斎奉祝部奉仕海部直等之氏

「袮」

始祖彦火明命

正哉吾勝々也速日天押穂耳尊　第三御子

三世孫倭宿禰命

「養老三年己未三月廿二日　籠宮天下給」

孫健振熊宿禰

此若狭木津高向宮尓海部直姓定賜弖

□（楯カ）桙賜国造仕奉支品田天皇御宇

児海部直都比

児海部直県

1

1

児海部直阿知

児海部直力

海部直□尼

児海部直伍佰道祝

従乙巳養老元年合卅五年奉仕

児海部直愛志祝

従養老三年至于天平勝宝元年合卅一年奉仕

児海部直千嶋祝

従養老五年至于養老十五年仕奉

弟海部直千足

弟海部直千成

児海部直綿麿祝

従天平勝宝二年至于天平宝字八年合□(十四カ)年奉仕

2

2

児海部直望麿祝
従天平神護元年至于□（延暦カ）十年合十五年奉仕

児海部直雄豊祝
従延暦十一□（年至于カ）弘仁十年合廿五年奉仕

児海部直田継祝
従弘仁□（十一年カ）至于承和十四年合廿八年□（奉仕カ）

児海部直田雄祝
従嘉□（祥カ）

第三部　奈良・平安時代の大神朝臣氏

第一章　大神朝臣狛麻呂と武蔵国高麗郡

はじめに

天智七年（六六八）、唐・新羅連合軍の攻撃によって高句麗が滅亡した。その遺民には唐へ強制移住させられた人々や、新羅へ亡命した人々、のちに渤海の建国に参加した人々のほか、日本列島へ移り住んだ人々もいた。たとえば『日本書紀』天武十四年（六八五）二月庚辰条には、

大唐人・百済人・高麗人、并百卌七人賜二爵位一。

とあり、大唐人・百済人・高句麗人(1)の計一四七人に爵位を賜ったことが見える。『日本書紀』天武十四年九月庚午条には、

化来高麗人等、賜レ録各有レ差。

とあり、来日した高句麗人に禄を与えたことが知られる。『日本書紀』持統称制前紀朱鳥元年（六八六）閏十二月条にも、

筑紫大宰、献二三国高麗・百済・新羅百姓男女、并僧尼六十二人一。

とあり、高句麗・百済・新羅の男女および僧尼六十二人が献上されている。さらに『令集解』賦役令15没落外蕃条所

引霊亀三年（七一七）十一月八日太政官符には、

　外蕃免課役事。高麗・百済、敗時投化、至于終身、課役倶免。自余依令施行。

とあり、高句麗・百済の滅亡後に倭（日本）へ投化した人々に対して、終身にわたり課役を免除することを定めている。これらの史料に見えない人々も存在したはずであり、列島に渡った高句麗人はかなりの数に上ったと思われる。彼らは列島内に居所を定められ、中には適地へ遷される場合もあった。『日本書紀』持統元年（六八七）三月己卯条には、

　以投化高麗五十六人、居于常陸国。賦田受稟、使安生業。

とあり、高句麗より投化した五十六人を常陸国へ移住させている。そして『続日本紀』霊亀二年（七一六）五月辛卯条には、

　以駿河・甲斐・相摸・上総・下総・常陸・下野七国高麗人千七百九十九人、遷于武蔵国、置高麗郡焉。

とあるように、甲斐・駿河・相模・上総・下総・常陸・下野の計七ヵ国に居住していた高句麗人一七九九人が武蔵国へ遷され、高麗郡(2)が建郡された。実際に各地から人々が移ってきたことは、郡域に含まれる堂ノ根遺跡(3)や女影廃寺(4)など複数の遺跡から、各国の土器や瓦が出土していることからも確認できる(5)。高麗郡は高麗郷と上総郷の二郷で構成されており（『和名類聚抄』）、上総郷が単独で存在することから、特に上総国からの移住者が多かったと推測される。

　この高麗郡からは、聖武から桓武まで六代の天皇に仕え、従三位に上った高麗朝臣福信が出ている。『続日本紀』延暦八年（七八九）十月乙酉条には、

　散位従三位高倉朝臣福信薨。福信、武蔵国高麗郡人也。本姓肖奈。其祖福徳、属唐将李勣抜平壌城。来帰国家、為武蔵人焉。福信、即福徳之孫也。小年随伯父肖奈行文入都。時与同輩、晩頭往石上衢、遊戯相

撲㆒。巧用㆓其力㆒、能勝㆓其敵㆒。遂聞㆓内裏㆒、召令㆑侍㆓内竪所㆒、自㆑是着㆑名。初任㆓右衛士大志㆒、稍遷、天平中、授㆓外従五位下㆒、任㆓春宮亮㆒。聖武皇帝、甚加㆓恩幸㆒。勝宝初、至㆓従四位紫微少弼㆒。改㆓本姓㆒賜㆓高麗朝臣㆒、遷㆓信部大輔㆒。神護元年、授㆓従三位㆒、拝㆓造宮卿㆒、兼歴㆓武蔵・近江守㆒。宝亀十年上㆑書言、臣、自㆑投㆓聖化㆒、年歳已深。但雖㆓新姓之栄、朝臣過㆑分。而旧俗之号、高麗未㆑除。伏乞、改㆓高麗㆒以為㆓高倉㆒。詔許㆑之。天応元年、遷㆓弾正尹㆒兼㆓武蔵守㆒。延暦四年、上㆑表乞㆑身、以㆓散位㆒帰㆑第焉。薨時、八十一。

とあり、彼の薨伝が所載されている。これによれば、福信の祖父に当たる福徳は高句麗が滅亡した際に倭（日本）へ帰来して武蔵国に居したという。この氏族の本姓は高句麗五部の消奴部に由来する肖奈公であったが[6]、『続日本紀』天平十九年（七四七）六月辛亥条には、

正五位下肖奈福信、外正七位下肖奈大山、従八位上肖奈広山等八人、賜㆓肖奈王姓㆒。

とあり、天平十九年に王姓を賜って肖奈王となったことが分かる。『続日本紀』天平勝宝二年（七五〇）正月丙辰条には、

従四位上肖奈王福信等六人、賜㆓高麗朝臣姓㆒。

とあり、肖奈王姓から高麗朝臣姓へ改姓したことが見え、さらに『続日本紀』宝亀十年（七七九）三月戊午条には、

従三位高麗朝臣福信、賜㆓姓高倉朝臣㆒。

とあるように、最終的には高倉朝臣姓へ改姓している。この氏族は武蔵守・介を多く輩出し、中央で活躍しながらも、出身地の武蔵国に影響力を保ったと見られる[7]。

中央で活躍が知られる高麗朝臣氏に対し、武蔵国の高麗郡に居住した人々の中心的存在であったと伝えられるのが高麗王若光である。『日本書紀』天智五年（六六六）十月己未条には、

高麗遣二臣乙相奄鄙等一進レ調。〈大使臣乙相奄鄙、副使達相遁、二位玄武若光等。〉

とある。彼はこの時に来日した高句麗の使者の中に見える玄武若光と同一人物と目されており、母国の滅亡によって帰国の機会を失ったため、そのまま列島に留まったと考えられる(8)。その後、『続日本紀』大宝三年（七〇三）四月乙未条には、

　従五位下高麗若光、賜二王姓一。

とあり、高句麗の王族に連なることを意味する高麗王の氏姓を賜ったことが見える(9)。『高麗氏系図(10)』巻首部には、

　（巻頭欠）因レ之、従来貴賤相集、埋二屍城外一。且依二神国之例一、建二霊廟御殿後山一、崇二高麗明神一。郡中有レ凶、則祈レ之也。長子家重継レ世也。天平勝宝三辛卯、僧勝楽寂。弘仁与二其弟子聖雲一同、納二遺骨一。一宇草創、云二勝楽寺一。聖雲若光三子也。

とあり、その没後には高麗郡の地に若光を祭神とする高麗神社（埼玉県日高市新堀）が創祀されたとある。神主家によれば、「高麗郡建郡と同時に若光は高麗郡の大領（郡長）に任ぜられた」とも伝えられているという(11)。

　このように武蔵国高麗郡は、高句麗に出自を持ち、その国名をウジナに冠する二つの氏族と密接な関係を有していた(12)。特に高麗朝臣氏は中央で大きな足跡を残し、在地では高麗神社神主家が高麗王氏の後裔を称した。とするならば、高麗郡の古代史を生きた人々は、倭（日本）や高句麗を取り巻く東アジア世界の政治的・文化的な「衝突」を経て朝鮮半島から到来し、日本列島の中へ「融合」していった人々であると言うことができる。逆に言えば、この地域の歴史的な展開過程を復元することは、武蔵や東国の地域史に留まらず、倭（日本）の成立・形成史や、列島と東アジアとの交流史を解明することにもつながるであろう。本章ではその第一歩として、高麗郡が設置された当時に武蔵守の任にあった大神朝臣狛麻呂に焦点を当ててみたい。

一　高麗郡の建郡とその背景

高麗郡が建てられた理由については、いくつかの説が出されている。それらを整理するならば、次のようになる。

・渡来系の人々を集住させ、地域の開拓を進めるためとする説[13]。
・高麗郡が地方行政を整備する上での「モデル」としての役割を担ったとする説[14]。
・高麗郡が置かれた当時の議政官の構成氏族と、武蔵国司や武蔵国の在地氏族との結びつきを想定する説[15]。
・各地に分散していた高句麗系遺民の集住を要望する動きに応えるためとする説[16]。
・渡来系の人々に対する優遇政策を遂行するためとする説[17]。
・渡来系の人々の生活・慣習を維持できる場として、同国人による地域区画の形成と支配を認めたとする説[18]。
・「反畿内的で在地性の強い」北武蔵に高句麗人を集住させて、「律令体制を浸透させる」ためとする説[19]。
・日本型の中華思想（小中華主義）にもとづき、日本が高句麗の王権を国内に取り込んだことを示す政治的意図があったとする説[20]。
・対蝦夷政策における後方の兵站基地としての充実をはかったとする説[21]。
・八世紀前半に全国的に実施された国郡再編の一環としての側面を重視する説[22]。

おそらく、高麗郡が置かれた理由はこれらのうち択一的なものではなく、いくつかが複合的に絡み合っていると思われる。詳しい検証は別の機会に譲ることとして、ここでは第三に挙げた点を掘り下げてみたい。これについて原島礼二は、次のように指摘している。

・高麗郡が置かれた霊亀二年時の左大臣は「物部氏の一族」の石上朝臣麻呂であり、大納言は大伴宿禰安麻呂であった。高麗郡域はかつて入間郡に含まれていたが、その入間郡では物部直氏や大伴部直氏が有力であった。

・霊亀二年時の中納言は、阿倍朝臣宿奈麻呂であった。彼は「北武蔵への関心が若干強い阿倍氏の後裔」であり、かつ「阿倍氏のなかでも引田氏を名のる系統」であった。この系統から出た引田朝臣祖父は、大宝三年に武蔵守に任じられていた。

・霊亀二年時の武蔵守は、大神朝臣狛麻呂であった。彼の出身母体である大神朝臣氏(23)には、三輪引田君氏という複姓氏族がいた。また、大神朝臣氏と阿倍朝臣氏はともに三輪山周辺に本拠を構えており、両氏は「大変親しい関係を保っていた」。

そして、これらの点を踏まえて原島は、武蔵国における高麗郡の設置に、議政官構成氏族（石上・大伴・阿倍各氏）の意向が反映していると推測した。ただし、これに対して宮瀧交二は、議政官を構成する氏族と「武蔵国ゆかりの同族」との関係が、「果たして建郡という国策を導き出すほどの関係かどうかについては見解が分かれる」と述べている(24)。『続日本紀』大宝三年七月甲午には、

従五位下引田朝臣祖父、為二武蔵守一。

とあり、たしかに引田朝臣祖父は武蔵守に就任しているが、『続日本紀』和銅元年（七〇八）三月丙午条には、

正五位下当麻真人桜井、為二武蔵守一。

とあり、和銅元年に武蔵守は当麻真人桜井に交代していることから、引田朝臣祖父は高麗郡が置かれた霊亀二年の時点ではすでに武蔵守を退任している。また、原島は「入間地方の名族の利害が高麗建郡に関係したことだけは否定することができない」とするが、高麗郡が置かれることが物部直氏・大伴部直氏にいかなる利益をもたらしたのかが判

然としない。この説をそのまま認めることは、現状では難しいであろう。

二　武蔵守としての大神朝臣狛麻呂

しかし、原島が大神朝臣氏や三輪引田君氏の存在を指摘した点は傾聴に値する。前述のとおり、高麗郡が置かれた霊亀二年、武蔵守の任にあったのは大神朝臣狛麻呂であった。彼は大和国城上郡大神郷[25]を本拠とする大神朝臣氏の人物である。壬申の乱で戦功を挙げて中納言に上り、従三位を贈られた高市麻呂や（『日本書紀』天武元年〈六七二〉六月己丑条、同年七月是日条、持統六年〈六九二〉二月乙卯条、同年三月戊辰条、『続日本紀』慶雲三年〈七〇六〉二月庚辰条）、摂津大夫・兵部卿などを歴任した安麻呂の弟に当たる（『続日本紀』和銅元年〈七〇八〉九月壬戌条、和銅七年〈七一四〉正月丙戌条）。狛麻呂の経歴をまとめるならば、次のとおりである。

『続日本紀』慶雲元年（七〇四）正月癸巳条
　正六位上（略）大神朝臣狛麻呂（略）並授㆓従五位下㆒。
『続日本紀』和銅元年（七〇八）三月丙午条
　従五位上大神朝臣狛麻呂、為㆓丹波守㆒。
『続日本紀』和銅四年（七一一）四月壬午条
　従五位上（略）大神朝臣狛麻呂（略）並正五位下。
『続日本紀』霊亀元年（七一五）四月丙子条
　正五位下（略）大神朝臣狛麻呂（略）並正五位上。

『続日本紀』霊亀元年五月壬寅条

　正五位上大神朝臣狛麻呂、為二武蔵守一。

これらの史料によれば、彼は慶雲元年に正六位上から従五位下となり、和銅元年には丹波守に任じられ、この時には従五位上であった。和銅四年には正五位下、霊亀元年には正五位上となり、同年に前述のとおり武蔵守に任命されたことが知られる。そして『続日本紀』養老三年（七一九）七月庚子条には、

　武蔵国守正四位下多治比眞人県守、管二相摸・上野・下野三国一。

とあり、多治比真人県守が武蔵守として見えることから、狛麻呂はそれ以前に武蔵守を退いていたことが分かる。卒伝などは残されておらず、これ以上の事績は未詳である。ただし『日本三代実録』仁和三年（八八七）三月乙亥朔条には、

　授二豊後介外従五位下大神朝臣良臣従五位下一。先レ是、良臣向レ官披訴。清御原天皇壬申年入二伊勢一之時、良臣高祖父三輪君子首、為二伊勢介一従レ軍有レ功、卒後贈二内小紫位一。古之小紫位准二従三位一。然則、子首子孫、不レ可レ叙二外位一。於レ是、下二外記一而考二実之一。外記申明云、贈従三位大神朝臣高市麻呂・従四位上安麻呂・正五位上狛麻呂兄弟三人之後、皆叙二内位一。大神引田朝臣・大神椙田朝臣・大神掃石朝臣・大神真神田朝臣等、遠祖雖レ同、派別各異、不レ見下応レ叙二内位一之由上。加之、神亀五年以降、有レ格、諸氏先叙二外位一、後預二内叙一。良臣姓大神真神田朝臣也。子首之後、至二于全雄一、无下預二五位一者上。今請叙二内品一、事乖二格旨一。勅、毀二良臣及故兄全雄外位告身一、特賜二内階一。

とあり、大神朝臣良臣の奏上に高市麻呂・安麻呂・狛麻呂三兄弟のことが見えている。ここで狛麻呂は正五位上と記されていることから、これが極位であったと推定される(26)。

さて、狛麻呂がその名に冠している「狛」という文字は、しばしば「高麗」と通用されることがある。その場合は高句麗の意味で用いられていることが、以下の史料から確認できる。

『日本書紀』雄略二十年条

高麗王大発㆓軍兵㆒、伐尽㆓百済㆒。爰有㆓少許遺衆㆒、聚㆓居倉下㆒。兵粮既尽、憂泣茲深。於是、高麗諸将、言㆓於王㆒曰、百済心許非常。臣毎㆑見之、不㆑覚自失。恐更蔓生。請遂除之。王曰、不㆑可矣。寡人聞、百済国者、為㆓日本国之官家㆒、所㆓由来㆒遠久矣。又其王入仕㆓天皇㆒。四隣之所㆓共識㆒也。遂止之。〈百済記云、蓋鹵王乙卯年冬、狛大軍来。攻㆓大城㆒七日七夜。王城降陥、遂失尉礼。国王及大后・王子等、皆没㆓敵手㆒。〉

『日本書紀』欽明七年（五四六）是歳条

高麗大乱。凡欠死者二千余。〈百済本記云、高麗、以㆓正月丙午㆒、立㆓中夫人子㆒為㆑王。年八歳。狛王有㆓三夫人㆒。正夫人無㆑子。中夫人生㆓世子㆒。其舅氏麁群也。小夫人生㆑子。其舅氏細群也。及㆓狛王疾篤㆒、細群・麁群、各欲㆑立㆓其夫人之子㆒。故細群死者、二千余人也。〉

『日本書紀』欽明九年（五四八）六月壬戌条

遣㆑使詔㆓于百済㆒曰、徳率宣文、取帰以後、当復何如。消息何如。朕聞、汝国為㆓狛賊㆒所㆑害。宜共㆓任那㆒策励同㆑謀、如㆑前防距。

『日本書紀』欽明十一年（五五〇）四月乙未条

百済遣㆓中部奈率皮久斤・下部施徳灼干那等㆒、献㆓狛虜十口㆒。

『日本書紀』欽明十四年（五五三）八月丁酉条

百済遣㆓上部奈率科野新羅・下部固徳汶休帯山等㆒、上㆑表曰、去年臣等同㆑議、遣㆓内臣徳率次酒・任那大夫等㆒、奏二海表諸弥移居之事一。伏待二恩詔一、如三春草之仰二甘雨一也。今年忽聞、新羅与二狛国一通レ謀云、百済与二任那一、頻詣二日本一。意謂是乞二軍兵一、伐二我国一歟。事若実者、国之敗亡、可二企踵而待一。庶先日本軍兵、未レ発之間、伐二取安羅一、絶二日本路一。其謀若レ是。臣等聞レ茲、深懐二危懼一。即遣二疾使軽舟一、馳レ表以聞。伏願、天慈速遣二前軍・後軍一、相続来救。逮二于秋節一、以固二海表弥移居一也。若遅晩者、噬レ臍無レ及矣。所レ遣軍衆、来二到臣国一。衣糧之費、臣当二充給一。来二到任那一、亦復如レ是。若不レ堪レ給、臣必助充、令レ無二乏少一。別的臣敬受二天勅一、来撫二臣蕃一。夙夜乾々、勤二修庶務一。由レ是、海表諸蕃、皆称二其善一。謂三当万歳、粛二清海表一。不幸云亡、深用追痛。今任那之事、誰可二修治一。伏願、天慈速遣二其代一、以鎮二任那一。又復海表諸国、甚乏二弓馬一。自レ古迄レ今、受二之天皇一、以禦二強敵一。伏願、天慈多貺二弓馬一。

『日本書紀』欽明十五年（五五四）十二月条

百済遣二下部杆率汶斯干奴一、上レ表曰、百済王臣明、及在二安羅一諸倭臣等、任那諸国旱岐等奏、以斯羅無道、不レ畏二天皇一、与レ狛同レ心、欲レ残二滅海北弥移居一。臣等共議、遣二有至臣等一、仰乞二軍士一、征伐二斯羅一。而天皇遣有至臣、帥レ軍以二六月一至来。臣等深用歓喜。以二十二月九日一、遣レ攻二斯羅一。臣先遣二東方領物部莫哥武連一、領二其方軍士一、攻二函山城一。有至臣所二将来一民竹斯物部莫奇委沙奇、能射二火箭一。蒙二天皇威霊一、以二月九日酉時一、焚レ城抜之。故遣二単使馳船一奏聞。別奏、若但斯羅者、有至臣所レ将軍士亦可レ足矣。今狛与二斯羅一、同レ心戮レ力。難レ可成レ功。伏願、速遣二竹斯嶋上諸軍士一、来二助臣国一。又助二任那一、則事可レ成。又奏、臣別遣二軍士万人一、助二任那一。并以奏聞。今事方急。単船遣奏。但奉二好錦二疋・毾㲪一領・斧三百口、及所レ獲城民、男二女五一。軽薄追用悚懼。

『新撰姓氏録』山城国諸蕃高麗

桑原史

出レ自二狛国人漢胸一也。

八坂造

出レ自二狛国人之留川麻乃意利佐一也。

『新撰姓氏録』摂津国諸蕃高麗

高安漢人

出レ自二狛国人小須須一也。

これらの史料のうち『日本書紀』雄略二十年条・欽明七年是歳条や『新撰姓氏録』では、「高麗」を後段で「狛」と言い換えている。その他の記事でも、百済・新羅・任那との関係で「狛」が登場しており、それが高句麗を指していることは明らかである。また、以下の史料からは、高句麗に出自をもつ氏族がそのウジナに「狛」の語を含む例が知られる。

『新撰姓氏録』右京諸蕃高麗

狛首

出レ自二高麗人安岡上王一也。

『新撰姓氏録』山城国諸蕃高麗

狛造

出レ自二高麗国主夫連王一也。

『新撰姓氏録』河内国諸蕃高麗

大狛連

出レ自二高麗国人伊利斯沙礼斯一也。

大狛連

出レ自二高麗国溢士福貴王一也。

『新撰姓氏録』未定雑姓河内国

狛染部

高麗国須牟祁王之後也。

狛人

高麗国須牟祁王之後也。

さらに、山城国相楽郡には大狛郷・下狛郷[27]が存在した（『和名類聚抄』）。この地名は、天平宝字五年（七六一）「造金堂所解案[28]」に「狛村」、年月日未詳「相楽郡司解[29]」に「大狛郷」、安和二年（九六九）七月八日「法勝院領目録[30]」に「大狛庄」とも見える。この一帯には『続日本紀』和銅四年（七一一）七月戊寅条に、

山背国相楽郡狛部宿禰奈売、一産二三男一。賜二絁二疋、綿二屯、布四端、稲二百束、乳母一人一。

とあり、天平勝宝五年（七五三）六月十五日「智識優婆塞等貢進文[31]」にも、

狛人黒麻呂。〈年十五。山城国相楽郡戸主狛人麻嶋戸口。〉

とあるように、狛部氏や狛人氏が居住していた。『日本書紀』天武十年（六八一）四月庚戌条にも、

錦織造小分、田井直吉麻呂、次田倉人椹足〈椹、此云二武矩一。〉・石勝、川内直県、忍海造鏡・荒田・能麻呂、大狛造百枝・足坏、倭直龍麻呂、門部直大嶋、宍人造老、山背狛烏賊麻呂、并十四人、賜レ姓曰レ連。

とある。ここに見える大狛造氏や山背狛氏の本拠は記されていないが、後者は「山背」を冠していることから、やは

り山背国相楽郡を本拠とする氏族であろう。前掲した『新撰姓氏録』山城国諸蕃高麗に見える狛造氏も、この地を本拠としたと推測される。(32)このように「狛」をウジナに含む氏族が多数関係する大狛郷・下狛郷は、『行基年譜』(33)に、

泉寺布施屋。〈在二相楽郡高麗里一。〉

と見えており、ここでは高麗里と言い換えられている。『日本霊異記』中巻第十八　呰読法華経僧而現口喎斜得悪死報縁には、

去天平年中、山背国相楽郡部内、有二一白衣一。姓名未レ詳也。同郡高麗寺僧栄常、常誦二持法華経一。（略）

とあり、この地には高麗寺(34)が建立されていたことも知られる。また『日本書紀』欽明二十六年（五六五）五月条には、

高麗人頭霧唎耶陛等投二化於筑紫一、置二山背国一。今畝原・奈羅・山村高麗人之先祖也。

とあり、高句麗人の頭霧唎耶陛が投化して山背国へ遷され、この人物は畝原・奈羅・山村の高句麗人の先祖になったとある。ここに見える山村は『新撰姓氏録』山城国皇別　曰佐条に、

曰佐

紀朝臣同祖。武内宿禰之後也。欽明天皇御世、率二同族四人・国民卅五人一帰化。天皇矜二其遠来一、勅二珍勲臣一、為二卅九人之訳一。時人号曰二訳氏一。男諸石臣。次麻奈臣。是近江国野洲郡曰佐・山代国相楽郡山村曰佐・大和国添上郡曰佐等祖也。

とあり、山城国相楽郡内の地名であることが確認できる。『日本三代実録』貞観三年（八六一）八月十九日庚申条には、

左京人散位外従五位下伴大田宿禰常雄賜二伴宿禰姓一。先レ是、正三位行中納言兼民部卿皇太后宮大夫伴宿禰善男等奏言、常雄款称、謹稽二家諜一、伴大田宿禰同祖、金村大連公第三男狭手彦之後也。狭手彦、宣化天皇世、奉二使任

那一。征二新羅一、復二任那一、兼助二百済一。欽明天皇世、百済以二高麗之寇一、遣レ使乞レ救。狭手彦復為二大将軍一、伐二高麗一。其王踰レ城而遁。乗レ勝入レ宮。尽得二珠宝・貨賂一、以献レ之。儀（磯）城嶋天皇世、還来献二高麗之囚一。今山城国狛人是也。（略）

とあり、伴大田宿禰常雄が伴宿禰へ改姓した際の款状によれば、常雄の祖先である大伴連狭手彦が、欽明朝に百済を救援するため大将軍として派遣され、高句麗を討伐して多くの宝物を持ち帰り、帰国した際には高句麗人の捕虜を献上し、彼らが山背国の狛人の祖になったという。このほかにも『日本後紀』弘仁二年（八一一）八月己丑条には、

山城国人正六位上高麗人東部黒麻呂、賜二姓広宗連一。

とあり、山城国には高句麗人の東部黒麻呂なる人物も見える。以上のことから、山城国相楽郡大狛郷・下狛郷の「狛」や、そこに居住した狛造氏・狛部氏・大狛造氏・山背狛氏などの「狛」は、高句麗に由来することが確認できる。漢字表記では異なる「狛」と「高麗」であるが、その意味が通じる場合があることからすれば、名前に「狛」を含む大神朝臣狛麻呂は、高句麗（高句麗人）と何らかの関係を有していた可能性がある。

では、高麗郡設置当時に武蔵守の任にあった狛麻呂は、武蔵国に関連する政策に対してどの程度の影響力を有したのであろうか。そこで参考となるのが、冒頭で触れた高麗朝臣福信である。以下のとおり、彼は三度も武蔵守に任命されている。

天平勝宝八年（七五六）「法隆寺献物帳[35]」

従四位上行紫微少弼兼武蔵守巨万朝臣福信。

『続日本紀』宝亀元年（七七〇）八月丁巳条

造宮卿従三位高麗朝臣福信、為二兼武蔵守一。

『続日本紀』延暦二年（七八三）六月丙寅条

　弾正尹従三位高倉朝臣福信、為二兼武蔵守一。

福信の武蔵守在任中には、武蔵国に関連する重要な政策が実施されている。最初に武蔵守に任じられていた期間には、『続日本紀』天平宝字二年（七五八）八月癸亥条に、

　帰化新羅僧卅二人、尼二人、男十九人、女廿一人、移二武蔵国閑地一。於レ是、始置二新羅郡一焉。

とあるように、新羅郡[36]が設置されている。二度目に武蔵守であった期間は、『続日本紀』宝亀二年（七七一）十月己卯条に、

　太政官奏、武蔵国、雖レ属二山道一、兼承二海道一。公使繁多、祗供難レ堪。其東山駅路、従二上野国新田駅一、達二下野国足利駅一。此便道也。而枉従二上野国邑楽郡一、経二五箇駅一到二武蔵国一。事畢去日、又取二同道一、向二下野国一。今東海道者、従二相模国夷参駅一、達二下総国一。其間四駅、往還便近。而去レ此就レ彼、損害極多。臣等商量、改二東山道一、属二東海道一、公私得レ所、人馬有レ息。奏可。

とあり、武蔵国の所属が東山道から東海道へ変更されている。前者は藤原朝臣仲麻呂の政権下で出されたものであるが、この時に仲麻呂は紫微内相と中衛大将を兼ねていたのに対して（『続日本紀』天平宝字元年〈七五七〉五月丁卯条、天平宝字二年八月甲子是日条、『公卿補任』）、福信は『続日本紀』天平勝宝元年（七四九）八月辛未条に、

　中衛少将従四位下肖奈王福信、並為二兼少弼一。

とあるように、紫微少弼と中衛少将を兼ねていた。このことから原島礼二は、福信は仲麻呂の右腕として厚い信頼を得ており、新羅郡が置かれた背景には、福信から仲麻呂への働きかけがあったと見ている[37]。一方、中村順昭は、新羅郡の建郡は公式令3論奏式条に規定する事項であり、武蔵国の所属変更も郡の廃置と同様に論奏式による手続きが取

られたと推定されることから、太政官がこれらの政策を立案した際に、「武蔵国の長官である高麗福信が関与しなかったとは考えにくい。むしろ武蔵守高麗福信が中央で発言力を持っていたことが、このような政策を実現した要因であったと考えられる」と述べている。(38) いずれも首肯すべき指摘であろう。

これらの事例を参考にするならば、武蔵守の意向が武蔵国に関する政策に影響することは、当然あり得ると言える。もっとも、大神朝臣狛麻呂の場合は、高麗朝臣福信のように武蔵国の出身ではなく、彼一人が発起人になるような形で高麗郡の建郡を進言したとは思われない。ただし、前述のとおりその名からして彼は高句麗（高句麗人）と何らかの関係を有していた可能性があり、そうした人物が武蔵守の任にある時期だからこそ、高麗郡の建郡事業が円滑に進んだ側面もあったと考えられる。

三　大神朝臣氏と三輪引田君氏

そのことは、狛麻呂を輩出した大神朝臣氏およびその同族の対外交渉への関わり方からもうかがうことができる。大神朝臣氏には、三輪引田君（大神引田公・大神引田朝臣）氏、大神私部公氏、大神波多公氏、大三輪真上田君（神麻加牟陀君・大神真神田君・大神真神田朝臣）氏、三輪栗隈君氏、神宮部造氏、大神大網造氏、神掃石公（大神掃石朝臣）氏、大神椋田朝臣氏など、非常に多くの複姓氏族が確認できる。(39) このうち、特に三輪引田君氏からは高句麗へ派遣された人物が出ている。すなわち『日本書紀』天武十三年（六八四）五月戊寅条には、

三輪引田君難波麻呂為㆓大使㆒、桑原連人足為㆓小使㆒、遣㆓高麗㆒。

とあり、『日本書紀』同十四年（六八五）九月癸亥条には、

遣二高麗国一使人等還之。

とあることから、三輪引田君難波麻呂が大使として「高麗」に派遣され、約一年にわたって現地に滞在した後、翌年に帰国したことが知られる。この時点ですでに高句麗は滅亡していることから、これらの記事に見える「高麗」とは、『三国史記』新羅本紀文武王十年（天智九年、六七〇）七月条に、

安勝為二高句麗王一。（略）

とあり、『三国史記』新羅本紀文武王十四年（天武三、六七四）九月条にも、

安勝為二報徳王一。〈十年封二安勝高句麗王一。（略）〉

とあるように、新羅が高句麗最後の宝蔵王の嗣子である安勝を高句麗王として冊封し、のちに報徳王に任命して、(40)旧百済領内の金馬渚(41)に再興した高句麗（小高句麗国・報徳国とも）のことを指している。難波麻呂が派遣された天武十三年以前には、『日本書紀』天武十年（六八一）七月辛未条に、

小錦下佐伯連広足為二大使一、小墾田臣麻呂為二小使一、遣二高麗国一。

とあり、『日本書紀』天武十一年（六八二）六月壬戌条にも、

高麗王、遣二下部助有卦婁毛切・大古昴加一、貢二方物一。則新羅遣二大那末金釈起一、送二高麗使人於筑紫一。

とあるように、約十年にわたりほぼ毎年のように倭（日本）から高句麗へ使節が派遣され(42)、高句麗からも使者が来日していた。しかも、難波麻呂が帰国した天武十四年九月癸亥（二十日）からわずか七日後の庚午（二十七日）には、冒頭に挙げたように化来した高句麗人に対して禄が与えられていることから、彼は高句麗の遺民を倭（日本）に引率した可能性がある(43)。

なお、この点に対して鈴木靖民は、派遣の目的が遺民の引率であるならば一年以上も滞在する必要はないとし、

「亡命者を受け入れる時期としても、かつて天智朝に高句麗が滅亡した際のような画期的な事態がとくにこの時勃発した様子もない」ことから、「高句麗遺民からの来朝を重視したためであることは事実であるが（略）確乎たる具体的な使命をもった訳ではなかろう」と述べている(44)。

しかし、この時期は再興された高句麗にとって、やはり画期であったと理解したい。『三国史記』新羅本紀文武王二十年（天武九、六八〇）三月条には、

以二金銀器及雑綵百段一賜二報徳王安勝一。遂以レ王妹妻之。

とあり、新羅の文武王の妹が安勝のもとに降嫁したことが分かる。『三国史記』新羅本紀神文王三年（天武十二、六八三）十月条には、

徴二報徳王安勝一為二蘇判一。賜二姓金氏一。留二京都一。

とあるように、安勝に新羅の第三等である蘇判の官位と、新羅王と同じ金姓が与えられ、居所も金馬渚から金城（慶州）に移されている。また『三国史記』新羅本紀神文王四年（天武十三、六八四）十一月条には、

安勝族子将軍大文、在二金馬渚一。謀叛事発、伏レ誅。余人見二大文誅死一殺二害官吏一、拠レ邑叛。王命二将士一討レ之。逆闘二幢主逼実一死レ之。陥二其城一、徒二其人於国南州郡一、以二其地一為二金馬郡一。

とあり、安勝の一族である大文が金馬渚で蜂起して鎮圧される事件が発生し、この地の住民は南方に移住させられることになった。つまり、天武十三〜十四年の前後は、旧百済領内に再興された高句麗の存在意義が失われ、解体に向かっていた時期である。難波麻呂はこうした情勢の中で派遣されたのである。したがって、当初の主要な目的ではなかったかもしれないが、彼は結果として高句麗（小高句麗国・報徳国）の遺民を引き連れて帰国したと見ることができる。滞在期間が一年にも及んだのは、渡航後に起こった大文の反乱の影響により、帰国の日程が遅れたためか、予

定よりも多くの遺民が発生したためであろう。

この難波麻呂が出た後、三輪引田君氏の活躍はしばらく知られないが、『続日本紀』神護景雲二年（七六八）二月壬午条には、

大和国人従七位下大神引田公足人・大神私部公猪養・大神波多公石持等廿人、賜二姓大神朝臣一。

とあり、大神引田公足人・大神私部公猪養・大神波多公石持ら計二十人に大神朝臣が賜与されている。(45) この三氏は、他の複姓氏族に比べて大神朝臣への改姓が早いことから、(46) 本宗たる大神朝臣氏と比較的近い関係にあったと考えられている。(47) 一方、本宗の狛麻呂は生没年ともに未詳であるが、前述のとおり慶雲元年以前には官途に就いていることから、難波麻呂が高句麗に渡った天武十三年には、すでに生まれていたと思われる。おそらく狛麻呂は幼少期に、難波麻呂の活躍を身近で聞いていたに違いない。

また、大神朝臣氏は大和国城上郡大神郷に本拠を構えていたのに対し、三輪引田君氏の本拠は大和国城上郡辟田郷(48)と推定されている。両者はともに三輪山麓の初瀬川北岸に位置し、近接している。この地には、古代には曳田神社が鎮座しており（『延喜式神名帳』大和国城上郡条）、これは現在の乗田神社に比定されている。(49) この神社は本来、谷を一つ隔てた西の丘の上に鎮座しており、地元の伝承によればそこは古宮跡と称され、三輪引田君難波麻呂の屋敷跡があった場所であるという。(50) これがどこまで史実かは不明であるが、曳田神社が現在よりも西寄りの地点に鎮座していた場合には、辟田郷は大神郷のより近くに比定されることになる。

そして、乗田神社から初瀬川を挟んだ対岸には、大字に狛という地名が残っている。この地はもと東岩坂村と呼ばれており、永正四年（一五〇七）に山城国の豪族である狛山城守がこの地に入部したことにともない、狛村に改名したとも言われている。よって、狛という地名そのものが古代にまで遡る確証はない。しかし、山城国の狛氏が本拠を

構えていたのは、前述したとおり高句麗にゆかりのある相楽郡の大狛郷・下狛郷である。また『日本三代実録』元慶元年（八七七）十二月二十五日辛卯条には、

山城国相楽郡人外従五位下行侍医狛人野宮成、改二本居一、貫二隷右京五条一。

とあり、『新撰姓氏録』山城国神別地祇　狛人野条にも、

狛人野
同命（大物主命―筆者注）児櫛日方命之後也。

とある。この狛人野氏も大狛郷・下狛郷の付近に居住したと思われる(51)。注目すべきは、この氏族が大物主命の子である櫛日方命の後裔を称している点である。次節で詳述するが、大物主命は大神朝臣氏の祖先神であり、三輪山麓に鎮座する大神神社の祭神ともされる神である。櫛日方命は『新撰姓氏録』左京神別下地祇　石辺公条に、

石辺公
大国主〈古記一云、大物主。〉命男久斯比賀多命之後也。

とあり、『新撰姓氏録』山城国神別地祇　石辺公条にも、

石辺公
大物主命子久斯比賀多命之後也。

とあるように、石辺公氏の系譜の中でも大物主命（あるいは大国主命）の子として見えているほか、『粟鹿大明神元記』には大国主命（一名大物主）の子として、

生児久斯比賀多命。〈大神朝臣祖也。自二神武天皇御世一始而、至二綏請（綏靖カ）天皇御世一、為二内臣一、国権曰レ賜。墓在二泉国知努乎曾村一。〉

と記されている。狛人野氏が高句麗人や高句麗王の人物の末裔を称さず、その系譜を大神朝臣氏の祖先に結びつけていることは、『新撰姓氏録』に系譜が記載される前から、大和国の大神朝臣氏と山城国の狛人野氏との間に何らかの交流関係が蓄積されていた可能性を示唆する。

このように山城国に居住した高句麗にゆかりのある人々の後裔が、中世になって現在の桜井市狛一帯へ移住してきたことからすれば、この地には同じ高句麗系の人々が古くから居住していたのではあるまいか。たとえ狛の地名に拘泥せずとも、かつて難波麻呂がともなってきた高句麗遺民の一部が大神朝臣氏や三輪引田君氏の本拠の近くに居住地を与えられ、両氏との結びつきを維持しながら定着していったことは十分に想定される。そうした人々の中に、側に仕えるなどして何らかの形で狛麻呂との間に関係を持った者がいた可能性があろう。(52)

四　大神朝臣氏と対外交渉

次に、狛麻呂を輩出した大神朝臣氏と対外交渉との関係を示すものとして、以下の三点を指摘したい。第一は、大神朝臣氏とその同族の中に、難波麻呂のほかにも対外交渉に関与した人物が散見することである。

『日本書紀』垂仁三年三月条

新羅王子天日槍来帰焉。（略）〈一云、初天日槍、乗レ艇泊二于播磨国一、在二於完粟邑一。時天皇遣下三輪君祖大友主、与二倭直祖長尾市一於播磨上、而問二天日槍一曰、汝也誰人、且何国人也。天日槍対曰、僕新羅国主之子也。然聞三日本国有二聖皇一、則以二己国一授二弟知古一而化帰之。

『日本書紀』大化元年（六四五）七月丙子条

又詔二於百済使一曰、明神御宇日本天皇詔旨、始我遠皇祖之世、以二百済国一、為二内官家一、譬如二三絞之綱一。中間以二任那国一、属二賜百済一。後遣二三輪栗隈君東人一、観二察任那国堺一。是故、百済王随レ勅、悉示二其堺一。而調有レ闕。由レ是、却二還其調一。任那所出物者、天皇之所二明覧一。夫自レ今以後、可四具題三国与二所レ出調一。汝佐平等、不易面来。早須明報。今重遣二三輪君東人・馬飼造一〈闕レ名。〉

『日本書紀』大化五年（六四九）五月癸卯条

遣二小華下三輪君色夫・大山上掃部連角麻呂等於新羅一。

『日本書紀』天智二年（六六三）三月条

遣二前将軍上毛野君稚子・間人連大蓋、中将軍巨勢神前臣訳語・三輪君根麻呂、後将軍阿倍引田臣比邏夫・大宅臣鎌柄一、率二二万七千人一、打二新羅一。

まず『日本書紀』垂仁三年三月条には、大友主が新羅から到来した天日槍を尋問するために派遣されたとある。この大友主については、のちに改めて触れるが、大神朝臣氏の始祖とされる伝承上の存在である。(53)そうした人物に対外交渉に関わる事績が仮託されていることは、大神朝臣氏が本来の職掌である三輪山での祭祀と並んで、対外交渉の分野にも早い段階から進出していたことを物語っている。

次に『日本書紀』大化元年七月丙子条には、百済と任那の境界を観るため、(54)三輪栗隈君東人が二度にわたり朝鮮半島へ派遣されたとある。東人が出た三輪栗隈君氏は、山城国久世郡栗隈郷を本拠とする大神朝臣氏の複姓氏族の一つである。

『日本書紀』大化五年五月癸卯条には、三輪君色夫が新羅へ派遣されたことが見える。この年には『日本書紀』大化五年是歳条に、

新羅王遣二沙喙部沙飡金多遂一為レ質。従者卅七人。〈僧一人、侍郎二人、丞一人、達官郎一人、中客五人、才伎十人、訳語一人、雑傔人十六人、并卅七人也。〉

とあるように、新羅から人質や多くの従者（僧・官人・才伎・訳語・雑傔人）が来日しており、色夫はこうした人々の送迎を担当したと見られる。

『日本書紀』天智二年三月条には、白村江の戦いの際、三輪君根麻呂が中将軍に任命され、前・後将軍らとともに計二万七千人の兵を率いて出征したとある。なお、『日本書紀』に登場する三輪君根麻呂と、『粟鹿大明神元記』に登場する神部直根閈は、ともにネマロという名前であること、生存・活躍した時期が合致していること、さらに『日本書紀』の根麻呂は新羅出兵の「中将軍」とされているが、『粟鹿大明神元記』にも根閈を「新羅将軍」と記した箇所が見られることなどから、従来の研究では両者を同一人物とする説が出されていた(55)。たしかに『粟鹿大明神元記』根閈尻付には、

右人、後岡本朝庭御宇天豊財重日姫足天皇御宇時、但馬国民率、新羅誅仕奉。即返参来、同朝庭御宇、始叙二朝来郡大領司一。所レ擬仕奉。（略）庚午年籍粟鹿郷上戸主神部直根閈、年卅矣。

とあり、白村江の戦いに従軍したことが伝えられている。しかし、溝口睦子も指摘しているとおり、この解釈には明らかに無理がある。溝口は、『日本書紀』の方は三輪君氏であるのに対し、『粟鹿大明神元記』は神部直氏であり、両者の氏姓が異なっていること(56)、『粟鹿大明神元記』の中で根閈を「新羅将軍」としているのは、後から加えられた巻首書入と奥書の部分に限られており、成立当初から存在する竪系図の部分ではこのことに一切触れていないこと(57)、『日本書紀』で将軍に任命されたのは、いずれも臣・連・君の姓を持つ畿内周辺の氏族であり、この中に一人だけ直姓の地方氏族である神部直氏が含まれるのは不自然であることなどの点から、三輪君根麻呂と神部直根閈とは別人で

あるとした。そして、『粟鹿大明神元記』の巻首書入や奥書で根閇が「新羅将軍」とされているのは、これらの部分を追記した後世の神部直氏の人物が、『日本書紀』の三輪君根麻呂と自氏の祖先とを（意図的に）混同したためであると論じた。(58) この指摘は的確であり、筆者も賛同したい。補足するならば、根閇は庚午年籍が作成された天智九年（六七〇）に三十歳とあることから、天智二年には二十三歳であった計算になる。この年齢は、対外的な軍事行動で数千人規模の兵を指揮する将軍として、やや若すぎる印象が否めない。(59) このことからも、やはり三輪君根麻呂と神部直根閇を同一人物と見なすのは困難であろう。(60)

第二に、高句麗に出自を持つ氏族の中に、大神朝臣氏と関係がうかがえるものがある。周知のとおり、和泉国大鳥郡南東部から和泉郡北東部(61)にかけては陶邑窯跡群が広がっており、丘陵や谷などの自然地形によって陶器山（MT）・高蔵寺（TK）・栂（TG）・光明池（KM）・大野池（ON）・谷山池（TN）の六地区に大きく分けられる。(62) このうち栂地区は古代の和泉国大鳥郡上神郷(63)にほぼ相当する。(64) この地域には神直氏（『新撰姓氏録』和泉国神別）が本拠を構えていたが、(65) これに加えて『新撰姓氏録』未定雑姓和泉国　神人条には、

神人
　高麗国人許利都之後也。

とある。これらの神直氏・神人氏はウジナに「ミワ」を共有することから、大神朝臣氏との政治的な関係が想定される。すなわち、大神朝臣氏はこれらを中央伴造として統轄し、神直氏は地方伴造として陶邑で生産される須恵器を大神朝臣氏へ貢納し、神人氏はその管理のもとで須恵器生産に従事した工人集団であると考えられる。そして、その神人氏が高句麗人の後裔を称していることは、大神朝臣氏や神直氏が陶邑の高句麗系工人集団と関係を構築したか、あるいはすでに関係のあった集団を陶邑に居住させ、自らの部民として編成したことを示唆するものと言える。(66)

第三に、大神朝臣氏が奉祭する大物主命[67]の神格も看過すべきでない。それは以下の史料からうかがうことができる。

『日本書紀』神功皇后摂政前紀（仲哀九年九月己卯条）

令二諸国一集二船舶一練二兵甲一。時軍卒難レ集。皇后曰、必神心焉、則立二大三輪社一、以奉二刀矛一矣。軍衆自聚。

『釈日本紀』所引『筑前国風土記』逸文

筑前国風土記曰、気長足姫尊、欲レ伐二新羅一。整二理軍士一、発行之間、道中遁亡。占二求其由一、即有二祟神一。名曰二大三輪神一。所以樹二此神社一、遂平二新羅一。

『続日本紀』天平九年（七三七）四月乙巳条

遣二使於伊勢神宮、大神社、筑紫住吉・八幡二社及香椎宮一、奉レ幣、以告二新羅无レ礼之状一。

このうち『日本書紀』神功皇后摂政前紀（仲哀九年九月己卯条）には、神功皇后が新羅に出兵しようとしたが、軍卒が集まらなかったため、皇后はこの状況を神の意志によるものと判断し、「大三輪社」を建立して刀・矛を奉納したところ、多くの兵士が集まったとある。『筑前国風土記』逸文もほぼ同じであるが、こちらは大物主命（大三輪神）を「祟神」と明記しており、神の社を建てて祭ったところ、新羅を平定することができたとある。

この「大三輪社」は『延喜式神名帳』筑前国夜須郡条の於保奈牟智神社に比定されている[68]。大物主命は、山林・樹木の神、雷神・蛇神、祟り神、人間と婚する神、光を発する神、国家の守護神など、様々な神格を有していることが、先行研究によって指摘されている[69]。それらは重層的な形で人々に認識され、古くから不可分なものであったが、時と場合によって特定の側面がクローズアップされることがあった。『筑前国風土記』逸文では、大物主命は「祟神」として描かれているが、その祟りを鎮めることが対外交渉を成功に導くことにつながっているのであり、その意味で大物主命は（重層的な神格の一つとして）軍神としての神格を有していたと言うことができる[70]。

また、この伝承には大神朝臣氏の人物が直接登場するわけではないが、たとえば『日本書紀』神功皇后摂政前紀（仲哀九年十二月辛亥条）には、

於是、従レ軍神表筒男・中筒男・底筒男、三神誨二皇后一曰、我荒魂、令レ祭二於穴門山田邑一也。時穴門直之祖践立・津守連之祖田裳見宿禰、啓二于皇后一曰、神欲レ居之地、必宜レ奉レ定。則以二践立一、為下祭二荒魂一之神主上。仍祠立二於穴門山田邑一。

とあり、新羅出兵で神功皇后が住吉三神の託宣を受けた際、津守連氏の祖である田裳見宿禰が祭祀を行うべきことを進言している。同様に『肥前国風土記』三根郡物部郷条でも、

物部郷。〈在二郡南一。〉此郷之中、有二神社一。名曰二物部経津主之神一。曩者、小墾田宮御宇豊御食炊屋姫天皇、令三来目天子為二将軍一、遣三征二伐新羅一。于レ時、皇子奉レ勅、到二於筑紫一。乃遣二物部若宮部一、立二社此村一、鎮二祭其神一。因曰二物部郷一。

とあり、推古朝に来目皇子が新羅へ派遣された際、その途上で物部若宮部に物部経津主之神を祭らせている。これらに共通しているのは、出征先の各地で神社を創祀する際に、その神を奉祭する氏族が必ず関与している点である。もっとも『日本書紀』神功皇后摂政前紀（仲哀九年九月己卯条）や『筑前国風土記』逸文の場合は、神功皇后の時代のこととされており、そのまま史実であったと見ることはできないが、ある時期の対外交渉に実際に大神朝臣氏（あるいはその同族）の人物が従軍しており、そうした人物の手によって筑前国に大三輪社が創祀されたと考えられる。

次に『続日本紀』天平九年四月乙巳条には、大神神社をはじめとする諸社に新羅の無礼を報告したとある。この頃、新羅は唐との国交を回復したことで、日本に対してそれまでの従属的な態度を改めて対等外交を行うようになっており、同年正月に帰国した遣新羅使は新羅が常礼を失していることを報告した（『続日本紀』天平九年二月己未条）。そこ

で、朝廷では対新羅関係について官人を召して意見を徴したところ、使者を派遣して問い糺すべきであるという意見や、派兵して征伐すべきであるとの意見が出された（『続日本紀』天平九年二月丙寅条）。前掲した諸社への奉幣は、こうした状況を受けて実施されたものである。ここで列挙されている諸社は、神功皇后の新羅出兵に関する伝承を持つ神社（大神神社・住吉神社）、または神功皇后・応神天皇などを祭った神社（宇佐神宮・香椎宮）であり、対新羅外交に霊験が期待できる諸社に対して奉幣を行ったものと考えられる。そして、その中には大神朝臣氏が奉祭した大神神社も含まれているのである。

以上、大神朝臣氏（複姓氏族を含む）は、その祖とされる大友主が対外交渉に活躍したとの伝承を有し、実際には七世紀中葉から孝徳朝の三輪栗隈君東人・三輪君色夫、天智朝の三輪君根麻呂など対外交渉に従事した人々を多く輩出していた。また、高句麗に出自を持つ和泉国の神人氏を、大神朝臣氏はその部民として取り込み、大神朝臣氏（中央伴造）―神直氏（地方伴造）―神人氏（部民）という政治的関係を構築していた。さらに、大神朝臣氏が奉祭する大物主命についても、対外交渉に霊験を示す軍神としての伝承があり、そうした神格は八世紀以降も信仰の対象となっていた。とするならば、このように対外交渉に従事した伝統を有する大神朝臣氏より出た狛麻呂だからこそ、高句麗遺民の移配・集住に関わる政策に積極的に取り組み、その結果として高麗郡の建郡が円滑に進められたのではなかろうか。霊亀二年当時、武蔵守の任にあった大神朝臣狛麻呂が高麗郡の設置において果たした役割は、決して小さくなかったと考えられるのである。

五　大三輪真鳥の伝承

最後に、対外交渉に関与した大神朝臣氏のイメージが、後世へどのように語り継がれたのかという点について、付言しておきたい[71]。『羅山林先生文集』巻四十七「日本武将賛」には、

大矢田宿禰、神功撃二新羅一時為之将。且留守二新羅一。

とあり、大矢田宿禰という人物が神功皇后の新羅出兵に従軍し、戦後も新羅に留まったという記事がある。『羅山林先生集』は江戸時代の儒学者である林羅山の詩文集である。この大矢田宿禰は、『新撰姓氏録』右京皇別　真野臣条に、

天足彦国押人命三世孫彦国葺命之後也。男大口納命。男難波宿禰。男大矢田宿禰、従二気長足姫皇尊一〈諡神功。〉征二伐新羅一。凱旋之日、便留為二鎮守将軍一。于レ時、娶二彼国王猶榻之女一、生二二男一。二男兄佐久命、次武義命。佐久命九世孫和珥部臣鳥、務大肆忍勝等、居二住近江国志賀郡真野村一。庚寅年、負二真野臣姓一也。

とあり、和邇臣（和珥臣）氏の系譜の中に見えている。すなわち、大矢田宿禰は和邇臣氏の祖ともされる難波宿禰の子であり（『古事記』仲哀段、『日本書紀』神功皇后摂政元年三月庚子条・仁徳六十五年条）、神功皇后にしたがって新羅を征伐し、鎮守将軍に任命されてその地に留まり、新羅王の猶榻の女と婚姻して二人の子を儲けたという。ただし、『日本百将伝一夕話[72]』巻一では、

前文に大矢田を留めて新羅を守らすといふ。一説に、新羅に留まり、後欺かれて死たりしは大三輪真鳥也。

とあり、この大矢田宿禰に関して、それは大三輪真鳥という人物であるという異説を紹介している。この大三輪真鳥は『神功皇后三韓退治図会[73]』にも以下のように見えている。

武内宿禰撃二新羅王一

是よりして新羅国中免し遣はし給ひ、大三輪真鳥といへる者を新羅一国の宰として残しおかせられて、是より又新羅の西に当れる百済国へと征伐に赴かせ給ひけり。（略）

介丸於二錦江一撃二鼉龍一

爾る程に神功皇后には新羅国王巴三錦を首尾よく撃せ給ひ、其死骸は新羅国なる西岳といへる処に葬りて、偖、新羅国の宰として大三輪真鳥といへる者に三百余騎をさしそへ止め給ひ、又もや四十二万余の御軍勢と引率作給ふて、新羅の西に隣れる百済国へと赴かせ給ひぬ（略）

翠燕吹二短笛一欺二真鳥一

新羅国なる如猛虎の守人翠燕女には、国王巴三錦の死を深く悲み、いかにもして其遺骸を得て厚く葬らばやと思ふといへども、何方の地へ隠せしにや、其遺骸の在所さだかならねば、翠燕きつと思ひを定め、こは倭国人大三輪真鳥、是国に宰となりて止り居るを幸ひに、言を工みに欺きおほせ、国王巴三錦の遺骸の隠し在所を知らんとて、一夜慶営といへる処の大三輪真鳥の在所近く出来り、短笛を以て秘曲を尽し吹けるが、元来翠燕はこよなき笛には堪能なる者ゆゑ、其声怨が如く訴るがごとく、連々続々として之が為に草木も眠れるばかりなれば、大三輪真鳥、寝所に在て深く其音をい感じ、坐に故郷のことを思ひやり何者がかかる秘曲をなすやらんと、其主までも慕はしくて、自ら忍んで門を出、彼笛の音をしらべんとして、佶とこなたを見わたしたるが、折しも月夜のことなれば、四辺はいとも明らかにて、彼吹笛の其主は、是此国の官女の体なるゆゑ、大三輪真鳥一人感じ、あたり近くぞ打よりけるが、此者絶世の美人にして、面に淡粧をなし、首に一珠一翠一金一玉を飾り、其様疎々散々として、若妲己の再来にあらずんば即ち褒似の分身なるべしと怪しむばかり思はれて、大三輪真鳥も俄に心恍惚として、更に言葉もなく在けるが、美女静に笛を納めて、頻迦の如き声音をして、君は此新羅宰人にてはやといふに、真鳥といふにも吾こそは日本国の者にて其名は大三輪真鳥といえる此国の宰なりと答つつ、此方よりも彼美女の名を問ふに、妾は翠燕といえる新羅国の太子如猛虎の守人なりと告聞し、其身の薄命なることをも語りたり。心ありげに見えたるにぞ。真鳥頻りに心迷い、恋々の思ひをいひ出たるが、翠燕此時妾に国王巴三錦の遺骸のかくしある地を告知し給へば、君の御意に従がふべしとあるにより、さらば国王の死骸のうずみし地を告まうさん。是より正に西北に当れる、西岳といへる所なりと。其所をば告知せば、翠燕大いに歓びつ。真鳥を拝していひ出るには、明朝、妾下僕を従へて門前へ出来れば、君、妾と共に西岳にいたり、其所をば告知しめ給へ。其後、妾が身は君の御意のままにせんと、艶を含みていへるにぞ。真鳥は翠燕に計略ありとは一点しらず、其旨直地に心得て翠燕女と別れたり。翠燕は其翌日になるをば待、武士七八人に計略を示して下僕の如く粉作し其身に従へ、慶営なる大三輪真鳥が門前まで出来るに、真鳥は早くも門外へ出て待居たれば、是より真鳥と共々に西岳へと翠燕はいたり。巴三錦の遺骸の埋みある所を真鳥に打きき、軈て従へし者をして土を発いて、巴三錦の棚を出すやいなや、翠燕、懐中より剣を出し、何心なき大三輪真鳥を直地に刺さんと飛かかれば、真鳥は大いに駭きて、偖は一婦の計略に陥りたりとこなたへむけ、身をかはして用意をせしが、彼の翠燕に従ひし者共、八方よりしておつとりまき、遂に真鳥を害したり。（略）

皇后以二弓末一録二石於七字一

神功皇后には、百済・高麗の二国を従え給ふて、新羅国へと帰らせ給ひ、翠燕女のことを聞給ふて、異国の婦人たりといへども、其ふるまひや賞すべしと、反つて是を賞し給ひ、大三輪真鳥の不覚のことは、是日本に恥辱なりと、大いに御後悔をぞなさせ給へり。（略）

ここでは、神功皇后の朝鮮半島への出兵の後、大三輪真鳥は新羅国の宰相に任じられて現地に留まったが、翠燕という美女の計略にはまって殺害されたことが、非常に詳しく語られている。

しかし、この大三輪真鳥なる人物は『古事記』・『日本書紀』などの古代の文献には確認できない。『栗鹿大明神元記』・『大神朝臣本系牒略』・『三輪高宮家系図』など、後世に作成された大神朝臣氏の系譜史料にも全く見えない。よって、なぜ和邇臣氏の系譜に属する大矢田宿禰を、大三輪真鳥という人物とする異説が出されたのかも不明である。

この点について金時徳は、雄略朝から武烈朝にかけて活躍したとされる平群臣真鳥を「虚構化」した人物が、この大三輪真鳥であると推測しているが(74)、その場合はなぜウジナを大三輪としたのかが判然としない。むしろ、神功皇后の時代にかけられていることからすれば、ここでは大三輪君大友主がそのモデルの一人であった可能性を指摘したい。大三輪君大友主は、『日本書紀』垂仁三年三月条（前掲）で、新羅から到来した天日槍を尋問するために派遣されている。その活動は厳密には国内に留まっているが、外国からの使節を迎えるという点においては対外交渉の一環ととらえることもできる。また『日本書紀』仲哀九年二月丁未条には、

天皇忽有㆓痛身㆒、而明日崩。時年五十二。即知、不㆑用㆓神言㆒而早崩。（略）於是、皇后及大臣武内宿禰、匿㆓天皇之喪㆒、不㆑令㆑知㆓天下㆒。則皇后詔㆓大臣及中臣烏賊津連・大三輪大友主君・物部胆咋連・大伴武以連㆒曰、今天下未㆑知㆓天皇之崩㆒。若百姓知之、有㆓懈怠㆒者乎。則命㆓四大夫㆒、領㆓百寮㆒、令㆑守㆓宮中㆒。（略）

とあり、仲哀天皇が崩じた際、神功皇后と武内宿禰の命を受けて、中臣連烏賊津・物部連胆咋・大伴連武以らとともに宮中を警護した「四大夫」の一人とされている。このように対外交渉に関与し、神功皇后の時代においても王権内で重要な地位にあった大三輪君大友主のイメージが、近世の百将列伝において、神功皇后の海外出兵で活躍した矢田部宿禰のイメージと混同され、それを大三輪真鳥とする異説が生じたのではあるまいか。もちろん大三輪真鳥の物語はあくまでも創作であり、史実と見なすことはできないが、そこからは古代氏族の伝承が後世の人々によって理解・再構築されていった過程をうかがうことができよう。

結　語

武蔵国高麗郡に関する従来の研究では、大神朝臣氏や三輪引田君氏への言及は見られたが、これらの氏族の存在が具体的にいかなる意味を持ったのかについては論じ残されていた。そこで本章では、霊亀二年（七一六）に武蔵守の任にあった大神朝臣狛麻呂に着目し、大神朝臣氏が七世紀中葉から約半世紀にわたって朝鮮半島との対外交渉に従事してきたことや、三輪引田君難波麻呂が高句麗遺民の列島への移住に関与したと推測されることなどから、狛麻呂はかかる大神朝臣氏の氏族としてのバックグラウンドをもって、高麗郡の建郡に一定の役割を果たしたことを指摘した。武蔵守としての大神朝臣狛麻呂の存在は、高麗郡設置が実現するに至るまでの不可欠な要素の一つとして位置づけることができる。したがって、外交に関与した祖先や奉祭神に関する氏族伝承は、八世紀における大神朝臣氏の行動に大きな影響を与えていたと言える。そして、こうした大神朝臣氏の側面は、後世の人々によって大三輪真鳥の伝承へと再構築・再生産され、近世まで語り継がれていったのである。

以上を踏まえて、最後に今後の見通しを二点簡単に述べておきたい。第一に、冒頭で触れた高麗王若光に関連して、藤原宮跡から次の木簡が出土している。(75)

□□〔高麗ヵ〕若光　　（一八七）×（九）×四　〇八一

この木簡は、上下端・左右両辺いずれも原形を留めておらず、用途も不明であるが、同じ遺構から出土した木簡には、宮内省・中務省とその被官、王家、門の警護などに関わるものが多く、また、紀年を持つものは天武十年（六八一）から和銅二年（七〇九）に及んでおり、とりわけ文武二年（六九八）以降に集中している。(76)よって、ここに見える人物が若光を指すならば、この木簡は七〇〇年前後に若光が上記の内容に関係する何らかの職務に従事していたこと、つまり中央（藤原京内もしくはその周辺）に居住していたことをうかがわせるものである。これまでの研究では、若光は高句麗滅亡後（高麗郡が置かれる以前）に武蔵国へ移住したとする説(77)、高麗郡の建郡にともなって移住したとする説(78)、中央に居住していたとする説(79)などが出されてきたが、今後は当該木簡を踏まえて改めて検討する必要があろう(80)。

第二に、列島内には前述した山城国相楽郡大狛郷・下狛郷のほかに、河内国大県郡巨麻郷・若江郡巨麻郷、甲斐国巨麻郡、武蔵国多磨郡狛江郷、紀伊国那賀郡山崎郷狛村など、高句麗人（遺民）の集住に由来すると思しき地名が多く確認できる(81)。『新撰姓氏録』などによれば、ほかにも高句麗に由来をもつ氏族は各所に分布していた。それに対して、武蔵国高麗郡への移住は全国的な規模で実施されたのではなく、あくまでも東国の計七ヵ国に限られている。このことは、高麗郡の建郡が第一義的には東国経営の中で理解されるべきことを示唆している。しかし、かといってこの問題を東国史の中に解消してしまうこともまた、正確な理解には及ぶまい。そこで注目されるのは、高麗王姓の賜与に「「高句麗王権」の取り込みの象徴性」を見出す研究を援用して(82)、高麗郡が置かれた意義を説明しようとする議論である(83)。今後はそれを発展的に継承する形で、律令国家の支配理念に関わる王姓賜与の問題と、より実際的な地方行政に関わる建郡の問題とを、ひとまず別個に考える必要があると思われる。この点については、同じく王姓を有する百済王氏・肖奈王氏や、国名を冠する摂津国百済郡・武蔵国新羅郡との比較も含めて、別の機会に詳論することとしたい。

註

(1) 史料では「高麗人」と表記されるが、本章では高句麗から列島へ到来した人々（遺民を含む）を総じて「高句麗人」と表記する。

(2) 現在の埼玉県日高市高麗本郷・高麗川を遺称地名とし、郡域は日高市・飯能市・狭山市一帯に比定される。また、高麗郷は現在の日高市高麗本郷付近、上総郷は飯能市平松・芦苅場付近に比定される。明治二十九年（一八九六）に入間郡と合併するまで存続した。

(3) 埼玉県飯能市芦刈場に所在。

(4) 埼玉県日高市女影に所在。

(5) 高橋一夫「奈良・平安時代」（入間市史編さん室編『入間市史』一九九四年）など。

(6) 佐伯有清「背奈氏の氏称とその一族」（『新撰姓氏録の研究』拾遺編、吉川弘文館、二〇〇一年、初出一九九一年）。

(7) 福信は武蔵守に三回（後述）、石麻呂と大山は武蔵介に各一回（『続日本紀』宝亀九年〈七七八〉二月辛巳条、天平宝字五年〈七六一〉十月壬子条）、それぞれ任じられている。また、高麗朝臣大山は高麗郡司であった可能性が指摘されている。中村順昭「八世紀の武蔵国司と在地社会」（『律令官人制と地域社会』吉川弘文館、二〇〇八年、初出二〇〇六年）参照。

(8) 坂本太郎・家永三郎・井上光貞・大野晋校注『日本古典文学大系68　日本書紀』下（岩波書店、一九六五年）頭注。

(9) 近年、加藤謙吉は、「高麗若光」の「高麗」はウジナではなく「高句麗出身者であることを示す通称」であるとした上で、高麗王姓を名乗る人物が若光のほかに見えないことなどから、若光が賜姓されたのは「高麗王」姓ではなく、あくまでも「王」姓であったとする説を提起している（加藤謙吉「高麗若光と高麗福信」『東アジアの中の韓日関係史』上、J&C〈韓国〉、二〇一〇年）。たしかにその可能性は否定できないが、たとえば『続日本紀』大宝二年（七〇二）九月乙酉条に、

従五位下出雲狛、賜臣姓。

とあり、『続日本紀』和銅六年（七一三）六月庚戌条にも、

従七位上家原河内、正八位上家原大直、大初位上首名三人、並賜連姓。

とあるように、それまでカバネを持たなかった氏族（人物）に対してカバネのみが新たに与えられる際には、ウジナを省略する場合も散見する。この問題は本章の主題からは外れるので、ここではひとまず若光は高麗王という氏姓を賜ったと理解しておき、別の機会に詳しい検討を行いたい。

(10) 高麗神社所蔵。高麗澄雄『高麗神社と高麗郷』（高麗神社社務所、一九三一年）所収。東京大学史料編纂所にも謄写本が所蔵され

ている。

(11) 高麗澄雄『高麗神社と高麗郷』(前掲)。

(12) 高麗朝臣氏と高麗王氏を同族とする見方もあるが、福徳と若光は倭（日本）へ到来した時期や理由が異なること、王姓の賜姓時期が異なること、高麗朝臣氏は当初は王姓を賜与される血統とは認められていなかったこと、高麗王氏の家系を記した『高麗氏系譜』に高麗朝臣氏の系統が登場しないことなどから、田中史生は「高麗王氏と肖奈氏が別系統の氏族であることを窺わせるものはあっても、同系統と思わせるものは全くない」と述べている（田中史生「王姓賜与と日本古代国家」『日本古代国家の民族支配と渡来人』校倉書房、一九九七年、初出一九九四年）。筆者も、両氏は密接な関係にはあったが、別個の氏族であると理解する。

(13) 今井啓一「帰化人の来往」（杉原荘介・竹内理三編『古代の日本』七、角川書店、一九七〇年）、大津透「近江と古代国家」(『律令国家支配構造の研究』岩波書店、一九九三年、初出一九八七年)、富元久美子「渡来人による新郡開発」（天野努・田中広明編『古代の開発と地域の力』高志書院、二〇一四年）など。

(14) 高橋一夫「古代寺院成立の背景と性格」(『埼玉県古代寺院跡調査報告書』埼玉県県民部県史編さん室、一九八二年)、同「奈良・平安時代」(前掲)。

(15) 原島礼二「渡来人の活躍」(埼玉県編『新編埼玉県史』通史編一、一九八七年)、森田悌『武蔵の古代史』(さきたま出版会、二〇一三年)。

(16) 原島礼二「渡来人の活躍」(前掲)。

(17) 近江昌司「背奈福信と相撲」(直木孝次郎先生古稀記念会編『古代史論集』中、塙書房、一九八八年)。

(18) 森公章「古代日本における在日外国人観小考」(『古代日本の対外認識と通交』吉川弘文館、一九九八年、初出一九九五年)。

(19) 加藤かな子「北武蔵の古代氏族と高麗郡設置」(『駒沢史学』三七、一九八七年)。

(20) 宮瀧交二「高麗郡の設置と渡来人」(『名栗の歴史』上、飯能市教育委員会、二〇〇八年)、同「古代武蔵国高麗郡をめぐる研究の現状について」(野田嶺志編『地域のなかの古代史』岩田書院、二〇〇八年)、荒井秀規「渡来人（帰化人）の東国移配と高麗郡・新羅郡」(『古代東ユーラシア研究センター年報』一、二〇一五年)。

(21) 新井孝重「古代高麗氏の存在形態」(『日本歴史』七四九、二〇一〇年)。

(22) 森田悌『武蔵の古代史』(前掲)。

(23) 氏姓は、神君・三輪君・大三輪君・大三輪朝臣などとも表記される。本章では、いわゆる本宗氏族を大神朝臣氏と呼称する。
(24) 宮瀧交二「古代武蔵国高麗郡をめぐる研究の現状について」（前掲）。
(25) 現在の奈良県桜井市三輪を遺称地名とし、この一帯に比定される。
(26) 大神朝臣氏の系譜を記した『大神朝臣本系牒略』・『三輪高宮家系図』でも、狛麻呂の極位は「正五位上」とある（後掲）。これらの系図については、拙稿「大神氏の系譜とその諸本」（『日本古代氏族系譜の基礎的研究』東京堂出版、二〇一二年、初出二〇〇五年）、拙稿「『大神朝臣本系牒略』の史料的性格」（『大神氏の研究』雄山閣、二〇一四年、初出二〇〇五年）参照。
(27) 現在の京都府山城町上狛・精華町下狛を遺称地名とし、この一帯に比定される。
(28) 『大日本古文書』一六―七二九。
(29) 『大日本古文書』二三―六一六。
(30) 『平安遺文』三〇二。
(31) 『大日本古文書』二五―六五。
(32) 佐伯有清『新撰姓氏録の研究』考証編五（吉川弘文館、一九八三年）。
(33) 新川登亀男『社会的結合としての行基集団に関する基礎的研究』（科学研究費補助金基盤研究（C）（2）研究成果報告書、一九九九年）。
(34) 寺跡が京都府木津川市山城町上狛に所在する。
(35) 『大日本古文書』四―一七七。
(36) 現在の新座市・和光市・志木市一帯に比定される。
(37) 原島礼二「渡来人の活躍」（前掲）。
(38) 中村順昭「八世紀の武蔵国司と在地社会」（前掲）。
(39) 拙稿「大神氏の複姓氏族」（『大神氏の研究』前掲、初出二〇一二年）。
(40) 高句麗王と報徳王の関係については、高句麗王は「本国王」、報徳王は「徳化王」に相当すると理解したい。金子修一「唐代冊封制一班―周辺諸民族における「王」号と「国王」号」（『隋唐の国際秩序と東アジア』名著刊行会、二〇〇一年、初出一九八四年）、李成市「六〜八世紀の東アジアと東アジア世界論」（大津透・桜井英治・藤井讓治・吉田裕・李成市編『岩波講座日本歴史』二、岩波書店、二〇一四年）参照。

(41) 現在の韓国全羅北道益山市金馬面に比定される。

(42) ここに見える高麗王は前述の安勝を指している。

(43) 村上四男は、「六八五年、日本朝廷では化来高麗人に禄を賜うているが、小高句麗国の滅亡時に多数の高句麗人が我国に来投したからであろう。三輪引田麻呂《マヽ》等が、六八四年五月に彼地に趣、六八五年九月に帰来したのは、亡命者を伴わんがためであったのかも知れない」と述べている。村上四男「小高句麗国の滅亡」（『朝鮮古代史研究』開明書院、一九七八年、初出一九六六年）参照。

(44) 鈴木靖民「百済救援の役後の百済および高句麗の使について」（『日本歴史』二四一、一九六八年）。

(45) この記事には「大神引田公」とあることから、天武十三年から神護景雲二年までの間に、三輪引田君氏は大神引田公へ改姓したと見られる。天平宝字三年（七五九）には、「君」から「公」への表記変更が命じられている（『続日本紀』天平宝字三年十月辛丑条）。

(46) 同じ複姓氏族の大神真神田君氏も貞観四年（八六二）に大神朝臣へ改姓しているが（『日本三代実録』貞観四年三月己巳朔条）、大神引田君氏らの改姓からは約一〇〇年遅れる。

(47) 阿部武彦「大神氏と三輪神」（『日本古代の氏族と祭祀』吉川弘文館、一九八四年、初出一九七五年）、拙稿「大神氏の複姓氏族」（『大神氏の研究』前掲）。

(48) 現在の奈良県桜井市白河一帯に比定される。

(49) 奈良県桜井市白河に所在。

(50) 松本俊吉「曳田神社」（『式内社調査報告』三、皇學館大学出版部、一九八二年）。

(51) 佐伯有清『新撰姓氏録の研究』考証編三（吉川弘文館、一九八二年）。

(52) 荒井秀規は、狛麻呂の養育者が高句麗人であった可能性を指摘している（荒井秀規「渡来人（帰化人）の東国移配と高麗郡・新羅郡」前掲）。ちなみに、大神朝臣氏の家系を記した『大神朝臣本系牒略』では、

（略）
　仕天武・持統・文武三朝。中納言。従四位上。左京太夫。贈従三位。氏上。
├高市麻呂――――――――（略）

母高市連安人女。当流正嫡也。（略）

安麻呂
仕文武・元明朝。従四位上。摂津太夫。兵部卿。氏上。
母同。（略）

柏《ママ》麻呂
仕元明・元正二朝。正五位上。武蔵守。
母同。和銅元年三月丹波守。于時従五位上。同三年正月正五位下。霊亀元年正月正五位上。五月武蔵守。〈続紀。〉

豊嶋賣
命婦。仕元明・元正二朝。
母同。（略）

とあり、同じく『三輪高宮家系図』にも、

（略）
氏上。直大弐。左京大夫。長門守。中納言。従四位上。

高市麻呂
母高市連安人女。（略）
氏上。摂津大夫。兵部卿。従四位上。

安麻呂

母同上。（略）

正五位上。武蔵守。

狛麻呂 ――――――――――― （略）

母同上。
和銅元年三月丹波守。
于時従五位上。同三年正月
叙正五位下。霊亀元年正
月叙正五位上。同年五月任武
蔵守。

豊嶋賣
命婦。母同上。

とある。これらの所伝が正しければ、狛麻呂の母は高市連氏の出身ということになり、高句麗との関係をうかがうことはできない。ただし、その場合でも、大神朝臣氏と高句麗（高句麗人）との間には、本文で述べたような密接な関係があったと考えられる。

(53) 拙稿「大神氏の成立と展開」（『大神氏の研究』前掲、初出二〇一二年）。
(54) 現在の京都府宇治市大久保付近に比定される。
(55) 是澤恭三「但馬国朝来郡粟鹿大明神元記に就いて」（『書陵部紀要』九、一九五八年）、田中卓「一古代氏族の系譜」（『田中卓著作集2　日本国家の成立と諸氏族』国書刊行会、一九八六年、初出一九五六年）など。
(56) 是澤は「氏の大姓として三輪君が通用されていた」と述べており、田中も『日本書紀』の記載に誤りがあると見ているが、ともに推測の域に留まる。是澤恭三「但馬国朝来郡粟鹿大明神元記に就いて」（前掲）、田中卓「一古代氏族の系譜」（前掲）。
(57) 『粟鹿大明神元記』の構造と成立過程については、拙稿「『粟鹿大明神元記』の写本系統」（『大神氏の研究』前掲、初出二〇一二年）、同「神部氏の系譜とその形成」（『大神氏の研究』前掲、初出二〇一三年）参照。

(58) 溝口睦子『日本古代氏族系譜の成立』（学習院学術研究叢書、一九八二年）。

(59) 時代も目的も異なるため一概に比較することはできないが、たとえば大伴宿禰弟麻呂が征東副将軍に任命されたのは、五十三歳の時である（『続日本紀』延暦二年〈七八三〉十一月乙酉条、『日本紀略』大同四年〈八〇九〉五月癸酉条）。

(60) この点については、拙稿「神部氏の系譜とその形成」（『大神氏の研究』前掲）も参照。

(61) 現在の堺市・和泉市・岸和田市・大阪狭山市にまたがる泉北丘陵一帯に比定される。

(62) 田辺昭三『須恵器大成』（角川書店、一九八一年）、中村浩『和泉陶邑窯の歴史的研究』（芙蓉書房出版、二〇〇一年）。なお、狭山池（SY）地区や富蔵（TM）地区を含める場合もある。

(63) 現在の大阪府堺市南区の上神谷《にわだに》に比定される。

(64) 中村浩『和泉陶邑窯の歴史的研究』（前掲）など。

(65) 佐伯有清『新撰姓氏録の研究』考証編四（吉川弘文館、一九八二年）。

(66) いわゆる中央伴造―地方伴造―部民という体制をとった場合でも、それらの氏族の間に同祖関係が形成される（それが史料の中に確認できる）とは必ずしも限らない。そこに、ある時点での政治的関係を切り取って固定化するという氏族系譜の一つの特質があると言える。拙稿「氏族系譜研究の展望」（『日本古代氏族系譜の基礎的研究』前掲）、同「大神氏始祖伝承の歴史的背景」（『大神氏の研究』前掲、初出二〇一三年）参照。

(67) 三輪山に鎮座する神は、史料によっては「大三輪神」・「大物主神」・「大物主大神」・「坐御諸山上神」・「意富美和之大神」・「美和之大物主神」などと表記されるが、本書では「大物主命」で統一する。拙稿「大三輪神の神格とその重層性」（『大神氏の研究』前掲、初出二〇一二年）参照。

(68) 現在の大己貴神社（福岡県筑前町弥永）に比定。

(69) 池田源太「三輪の神の諸形態と保護精霊」（『古代日本民族文化論考』学生社、一九七九年、初出一九七一年）、同「大神神社の鎮座」（『大神神社史』前掲）、同「古代史の中の三輪山」（東京三輪いかづち講編『神郷三輪山―神々の秘境をひらく』同友館、一九九〇年）、和田萃「三輪山祭祀の再検討」（『日本古代の儀礼と祭祀・信仰』下、塙書房、一九九五年、初出一九八五年）、拙稿「大三輪神の神格とその重層性」（前掲）など。

(70) 和田萃「三輪山祭祀の再検討」（前掲）、拙稿「大三輪神の神格とその重層性」（前掲）。本書第三部第二章も参照。

(71) 金時徳は、日本の前近代における対外戦争の伝承が近世の軍記物語へ受容された過程について、精緻な考察を行っている。金時徳『異国征伐戦記の世界』(笠間書院、二〇一〇年)。
(72) 松亭金水編。安政四年(一八五七)成立。
(73) 瀬川恒成編。天保十三年(一八四二)成立。
(74) 金時徳『異国征伐戦記の世界』(前掲)。
(75)『藤原宮木簡』三―一三一六。なお、この木簡には姓(カバネ)が記されていないことから、単にこれを省略したものか、あるいは若光が王姓を賜与された大宝三年以前に作成されたと考えられる。同じ遺構から出土した木簡には姓を記すものが多いことから、ここでは後者の可能性を指摘しておきたい。
(76)『藤原宮木簡』三　解説。
(77) 宮瀧交二「古代武蔵国高麗郡をめぐる研究の現状について」(前掲)など。
(78) 原島礼二「渡来人の活躍」(前掲)。
(79) 近江昌司「仲麻呂政権下の高麗朝臣福信」(林陸朗先生還暦記念会編『日本古代の政治と制度』続群書類従完成会、一九八五年)。
(80) 荒井秀規は、来日後の若光について、相模国大磯との関連を指摘した上で、「霊亀二年(七一六)に若光が健在であり高麗郡へ移住したのか、その前は大磯に居たのか、いずれも不明である。だが、若光が後代に神と崇められるほど、渡来した高句麗人の拠り所となる人物であったこと、彼を慕う高句麗人が相模国では多く大磯の地に居住していたこと、その一部が武蔵国高麗郡に移り住んだこと、などは史実と見なしてよいであろう」と述べている(荒井秀規「相模国余綾郡の誕生」『大磯町史』通史編六、二〇〇四年)。荒井秀規「古代相模の「渡来人」と「帰化人」」(『三浦古文化』四八、一九九〇年)も参照。
(81) 河内国大県郡巨麻郷は現在の大阪府柏原市本堂付近、河内国若江郡巨麻郷は同東大阪市若江北町・若江南町から八尾市久宝寺付近、甲斐国巨麻郡は山梨県西部一帯、武蔵国多磨郡狛江郷は東京都狛江市・調布市一帯、紀伊国那賀郡山崎郷狛村は和歌山県岩出町山付近に、それぞれ比定される。このうち、たとえば甲斐国巨麻郡について、関晃は「かなり多くの高句麗系帰化人が居住していたことを物語る」と述べている(関晃「甲斐の帰化人」『関晃著作集3　古代の帰化人』吉川弘文館、一九九六年、初出一九五九年)。なお、末木健「甲斐仏教文化の成立」(『山梨県埋蔵文化財センター・山梨県立考古博物館研究紀要』五、一九八六年)、原正人「巨麻郡と渡来人」(『山梨県史』通史編一、二〇〇四年)も参照。

（82）田中史生「王姓賜与と日本古代国家」（前掲）。
（83）宮瀧交二「古代武蔵国高麗郡をめぐる研究の現状について」（前掲）など。

第二章　上野国美和神社の官社化と神階奉授

はじめに

群馬県桐生市宮本町には美和神社[1]が鎮座している。社名は旧来「美和神社」と表記されていたが、のちに「美和神社」と「三輪神社」が混用されるようになった[2]。社伝[3]には、

延享元年八月二十七日、神祇管領卜部朝臣兼雄ヨリ、上野国山田郡薗田庄桐生鎮座三輪ノ御神号ヲ贈進セラル。

とあり、延享元年（一七四四）、神祇管領の卜部（吉田）兼雄から「三輪ノ御神号」を与えられたという。おそらくこのことも影響して、近世以降に「三輪神社」という表記が広まったものと思われる。その後、明治に入ってから「美和神社」に戻され、現在に至っている。

現在の祭神は大物主命と素盞嗚命である。このうち素盞嗚命は明治四十一年（一九〇八）に八坂神社を合祀した際に加えられたものであり、かつては大物主命のみを祭神としていた[4]。また、境内には末社として思兼神社・機神社・母衣輪神社・松尾神社・琴平神社・西宮神社が鎮座しているが、いずれも江戸時代後期から明治時代にかけて勧請されたか、あるいは付近から移転されたものである。

この美和神社については、これまで周東隆一や粟田豊三郎が言及しているほか[5]、『桐生市史』・『式内社調査報告』・

『群馬県史』などで取り上げられているが、[6]これらが発表されてからは長い年月が経過しており、しかも八世紀末から九世紀における動向については、詳しく論じられていないように見受けられる。そこで本章では、特に官社化と神階奉授の問題、およびその歴史的背景について考察を加えることとしたい。

一　美和神社の神階とその変遷

まず、美和神社が古代の史料にどのように見えているかを確認しておこう。この神社は『日本後紀』延暦十五年（七九六）八月甲戌条に、

　上野国山田郡賀茂神・美和神、那波郡火雷神、並為二官社一。

と初見する。この記事から、美和神社は同郡の賀茂神社や那波郡の火雷神社とともに、延暦十五年に官社となったことが分かる。周知のとおり、官社とは神祇官の統制のもとで国家的な待遇を受け、神名帳[7]に登録されて、祈年祭などの祭礼時に幣帛を受領した神社である[8]。これを十世紀前半段階に集大成したものが、『延喜式』巻九・十 神名上・下（以下『延喜式神名帳』）である。上野国条には、

　上野国十二座。〈大三座。小九座。〉
　片岡郡一座。〈小〉
　　小祝神社。
　甘楽郡二座。〈大一座。小一座。〉
　　貫前神社。〈名神大。〉

宇芸神社。
群馬郡三座。〈大一座。小二座。〉
伊加保神社。〈名神大。〉
榛名神社。
甲波宿禰神社。
勢多郡一座。〈大。〉
赤城神社。〈名神大。〉
山田郡二座。〈並小。〉
賀茂神社。
美和神社。
那波郡二座。〈並小。〉
火雷神社。
委文神社。
佐位郡一座。〈小。〉
大国神社。

とある。上野国の官社（式内社）は以上の合計十二社であり、この中に美和神社も山田郡の小社として記載されている。

次に、美和神社の神階について『日本三代実録』元慶四年（八八〇）五月二十五日戊寅条には、

授二上野国正四位上勲八等貫前神従三位勲七等一。従四位下赤城石神・伊賀保神、並従四位上。正五位下甲波宿禰神従四位下。正五位下小祝神・波己曾神、並正五位上勲十二等。従五位上賀茂神・美和神、並正五位下勲十二等。正六位上稲裹地神従五位下勲十二等。

とある。この記事からは、美和神社が元慶四年以前に従五位上を有していたこと、そして元慶四年に正五位下勲十二等を賜ったことが知られる。この前後については不明であるが、社伝には、

清和天皇貞観四年五月十五日ヲ持テ従五位下勲十二等ヲ授ケラレ、其後、朱雀天皇、白河天皇、崇徳天皇、高倉天皇、後鳥羽天皇、土御門天皇、亀山天皇、後宇多天皇各朝ヨリ位階ヲ贈進セラレタリ。

とあり、貞観四年（八六二）に従五位下勲十二等を授けられ、朱雀・白河・崇徳・高倉・後鳥羽・土御門・亀山・後宇多の各天皇の代にも位階を与えられたという。

この社伝の内容を、前掲の『日本三代実録』元慶四年五月二十五日戊寅条と比較するならば、貞観四年に従五位下を授けられたとする点は問題ない。ただし、そのほかの内容は他史料と照合することができず、特に後半で述べられている朱雀朝から後宇多朝にかけての位階贈進については、詳しい年月日や位階が見えないことから、どこまで史実を伝えているか定かでない。推測をたくましくするならば、『日本三代実録』にある「元慶四年五月二十五日に正五位下を賜った」という内容が、何らかの理由で「貞観四年五月十五日に従五位下を賜った」と誤伝された可能性も否定できまい。よって、この社伝から読み取れるのは、平安時代から鎌倉時代にかけて美和神社の神階が徐々に上昇していったという程度のことであろう。

その後、美和神社は『上野国神名帳』に見える。これは上野国の主要神社を記録した国内神名帳であり、平安時代中期から後期の成立とされている。貫前神社所蔵本（一宮本）・総社神社所蔵本（総社本）・伴信友著『逸各国神名帳』(9)

所収本（信友本）をはじめとして、多くの写本が伝存している。(10) 上記三種に限ってみても、その構成や神社の総数・神名・神階などの点で異同がある。少し長くなるが、各本の冒頭と山田郡条を挙げておこう。

『上野国神名帳』（一宮本）

神名帳　上野国

惣五百四十九座

鎮守十二社

正一位　抜鉾太神
正一位　伊賀保大明神
正一位　赤城大明神
従一位　小祝大明神
従一位　宇芸大明神
従一位　椿名大明神
従一位　甲波宿禰大明神
従一位　賀茂大明神
従一位　美和大明神
従一位　火雷大明神
従一位　倭文大明神
従一位　大国大明神

（略）

山田郡　十二社

従三位　　賀茂大明神
従四位上　玉田女明神
従一位　　三輪大明神
従四位上　礒部明神
従四位上　吉和明神
従四位上　御魂明神

余社六座

『上野国神名帳』（総社本）

上野十四郡諸社神名帳
総五百四十九勧請故、当社号二総社大明神一。是当社之宝物也。

（略）

総社大明神与二抜鉾大明神一、父子一体分身弥勒菩薩也。是一宮親也。
総社大明神〈磐筒男、磐筒女神〉
総社大明神摂社。外宮中鎮守十社相殿也。
正一位　　抜鉾大明神
正一位　　赤城大明神

正一位　伊賀保大明神
正一位　岩根大明神
正一位　若伊賀保大明神
正一位　榛名大明神
正一位　小祝大明神
従一位　火雷大明神
従一位　倭文大明神
従一位　浅間大明神

（略）

山田郡　十二社
従三位　賀茂明神
従四位　玉田女明神
従四位　磯部明神
従四位　吉和明神
従五位　御槐明神
従五位　清御子明神
右之外在二六社一。

『逸各国神名帳』所収「上野国神名帳」（信友本）

上野国神名帳
上野国総五百七十九座
鎮守十二社
正一位　抜鉾大明神
正一位　赤城大明神
正一位　伊香保大明神
正一位　榛名大明神
正一位　甲波宿禰大明神
従一位　小祝大明神
従一位　火雷大明神
従一位　倭文大明神
従一位　大国玉大明神
従一位　加茂大明神
従一位　美和大明神
従一位　宇芸大明神
（略）
山田郡　二十三座
従三位　賀茂明神

従四位上　玉田女明神
従四位上　礒部明神
従四位上　吉知明神
従四位上　御槐明神
　　余社十八座

まず、総社本は冒頭に前書があり、次に総社神社内に祭られている「鎮守十社」を記し（鎮守項）、さらに国内の計五四九社を郡ごとに掲載している（郡別項）。一宮本は、総社本にある前書部分がなく、冒頭に「鎮守十二社」を記した後、各郡の諸社を載せている。信友本は、一宮本と同じ構成であるが、総社本・一宮本よりも三十社多い計五七九社を掲載するという特徴がある。

美和神社に関する記述も、各本の間で異なっている。一宮本・信友本の鎮守項には「従一位　美和大明神」とあり、また一宮本の郡別項（山田郡）には「従一位　三輪大明神」とある。(11)この記述から『上野国神名帳』が作成された頃には、美和神社の神階は従一位にまで上っていたことが分かる。しかし、この記載は一宮本では鎮守項・郡別項の二ヵ所に見えるのに対して、信友本では鎮守項にのみ記されており、総社本には美和神社は全く登場しない。この相違をいかに理解すべきであろうか。

まず、総社本は冒頭にほかより一回り大きな文字で「総社大明神」と記し、これを一宮である貫前神社の「孃」（母神）として位置づけ、さらに国内諸社の全てをその摂社としている。これらのことから尾崎喜左雄は、総社神社を貫前神社よりも上位に置こうとする政治的な主張が、総社本には込められているとする。(12)また、岡田荘司は、総社本は『総社大明神草創縁起』(13)の編纂と連動して元和三年（一六一七）に作成されたものであり、古来より神主家に伝来したように見せるために、書写奥書に改竄が加えられ、上野国府から遠隔地に所在するために美和神社などが鎮守項から外されたと推定している。(14) さらに、内容的には一宮本の方が総社本よりも古態を留めているとの指摘もある。(15)

一方、信友本の奥書には、

此書、原上野国甘楽郡貫前神社所レ伝也。

とあることから、信友本には改変・増補が加えられているものの、一宮本の系統に属することが分かる。この信友本では美和神社だけでなく、赤城・伊賀保・榛名・甲波宿禰・小祝・火雷・倭文・宇芸の各神社が、いずれも郡別項に記されずに鎮守項にのみ見えているが、これは重複を避けるために所在郡の記載を省略したものと思われる。

とするならば、総社本の鎮守項・郡別項や、信友本の郡別項に美和神社が記載されていないのは、両写本が書写・作成された意図や、その際に加えられた改変によって削除されたためであり、本来は一宮本のように鎮守項・郡別項の両方に記載されていた可能性が高い。したがって、一部の写本に見えないからといって、美和神社が従一位であったとする記載の信憑性を疑う必要はないであろう。

以上のことから、美和神社は延暦十五年に官社に預かり、元慶四年以前には従五位上となり、元慶四年に正五位下勲十二等を授けられた。そして、その後のある段階で従一位にまで上ったと理解することができる。

二 『上野国交替実録帳』に見える美和神社

次に、長元三年（一〇三〇）に作成された『上野国交替実録帳』(16) を取り上げたい。周知のとおり、この史料は竹内理三によって「上野国交替使実録帳」と命名され、(17)『平安遺文』に載録されるに当たり「上野国交替実録帳」との名称に改められた。それに対して福井俊彦は、これが上野国司の交替にともなう不与解由状であることを指摘し[18]、さらに前沢和之は不与解由状の案であることを詳細に論じている[19]。

この『上野国交替実録帳』は、九条家本『延喜式』の紙背に伝存している。計十三断簡（A1～5、B1～4、C1～4、D、E、F、G、H、I1～3、J1～3、K1～6、L、M1～8）からなり、首部と尾部は欠失している。このうち断簡C・D・Eは神社項と呼ばれ、上野国内に鎮座する主要な神社の施設（社殿・屋舎・鳥居・垣など）の状態や、その修造・破損・消滅の状況について記録した部分である。その中に含まれる断簡C4の末尾には、

山田郡

正一位美和名神社

内殿□宇

と異筆で記されている。ここに美和神社は正一位と見えているが、先行研究ではこの神階に疑問が呈されている[20]。その理由は、美和神社が前掲の『上野国神名帳』では従一位とされていること、および美和神社以外に『上野国交替実録帳』で正一位とされているのは『延喜式神名帳』に名神大社として掲載されている貫前（抜鉾）神社[21]・赤城神社・伊賀保神社の三社のみであり、小社である美和神社が例外的に正一位とされるのは不自然であることの二点である。ちなみに、美和神社を正一位とする史料は『上野国交替実録帳』以外に知られない。

そこで『上野国交替実録帳』と『上野国神名帳』の両方に掲載され、神階の比較が可能な神社を抽出したものが【表1】である。これによれば、抜鉾（貫前）・赤城・伊賀保の三社はどちらの史料にも正一位とあるが、美和・宇芸・火雷・委文の四社は神階が異なっている。このうち、美和神社を除く宇芸・火雷・委文の三社は、『上野国交替実録帳』にそれぞれ正三位・正二位・正三位とあるのに対して、『上野国神名帳』ではいずれも従一位となっており、

表1　『上野国交替実録帳』と『上野国神名帳』の神階の比較

郡	神社名	上野国 交替実録帳	上野国神名帳		
			総社本	一宮本	信友本
甘楽郡	抜鉾	正一位	（鎮守項） 正一位 （郡別項） ×	（鎮守項） 正一位 （郡別項） 正一位	（鎮守項） 正一位 （郡別項） 正一位
甘楽郡	宇芸 （宇岐） （宗岐）	**正三位**	（鎮守項） × （郡別項） 従一位	（鎮守項） **従一位** （郡別項） **従一位**	（鎮守項） **従一位** （郡別項） **従一位**
勢多郡	赤城	正一位	（鎮守項） 正一位 （郡別項） ×	（鎮守項） 正一位 （郡別項） 正一位	（鎮守項） 正一位 （郡別項） ×
群馬郡	伊賀保 （伊香保）	正一位	（鎮守項） 正一位 （郡別項） ×	（鎮守項） 正一位 （郡別項） 正一位	（鎮守項） 正一位 （郡別項） ×
山田郡	**美和**	**正一位**	**（鎮守項）** × **（郡別項）** ×	**（鎮守項）** **従一位** **（郡別項）** **従一位**	**（鎮守項）** **従一位** **（郡別項）** ×
那波郡	火雷	**正二位**	（鎮守項） 従一位 （郡別項） ×	（鎮守項） **従一位** （郡別項） **従一位**	（鎮守項） **従一位** （郡別項） ×
那波郡	委文 （倭文）	**正三位**	（鎮守項） 従一位 （郡別項） ×	（鎮守項） **従一位** （郡別項） **従一位**	（鎮守項） **従一位** （郡別項） ×

※『上野国交替実録帳』所載の神社のうち，神階が記載されていないものは除外した．

※赤城神社は『上野国交替実録帳』のC3とE断簡，伊賀保神社はC4とE断簡，委文神社はDとE断簡の二ヵ所にそれぞれ見えるが，いずれも神階は同じである．

※「×」は記載がないことを示す．

前者より後者の方が神階が上がっている。このことは『上野国交替実録帳』が作成された長元三年から神階が上昇し、三社とも従一位となった段階で『上野国神名帳』が作成されたことを示唆する。つまり『上野国神名帳』は『上野国交替実録帳』よりも後に成立したことになる。

とするならば、美和神社は『上野国交替実録帳』では正一位、『上野国神名帳』では従一位となっており、この傾向に当てはまらない唯一の事例である。この点を整合的に説明するためには、美和神社は長元三年の時点で正一位になっていたが、『上野国神名帳』は美和神社が従一位だった頃の古い記録をもとにして作成されたと理解しなければならない。しかし、ほかにそのような事例が見られないことからしても、その可能性は低いであろう。

それよりも、むしろ『上野国交替実録帳』の「正一位」は誤記と理解する方が自然である。長元三年時点での美和神社の神階は不明であるが、『上野国交替実録帳』神社項に見える諸社は全て正位であり、従位が見られないことからすれば、「従一位」を「正一位」に誤ったか、あるいは「正二位」を「正一位」に誤ったのではあるまいか。いずれにしても美和神社の極位は、現時点では『上野国神名帳』にあるように従一位と見ておくのが穏当である。

こうした誤記が生じた背景には、『上野国交替実録帳』のこの部分が異筆で記されていることが関係していると思われる。厳密に言うならば、断簡C４の末尾（現存する山田郡の部分の末尾）は途中で裁断され、内容的に後続する断簡Ｄ（那波郡）との間には欠落（行数不明）がある。よって異筆の部分は、断簡C４と断簡Ｄの間の欠落部分に存在した山田郡の本来の末尾まで続いていたはずである。さらに、神社項に記載された神社名は「伊賀保明神社」などのように「明神社」とするものが多いが、美和神社の場合は「美和名神社」にある。このように社名の末尾を「名神社」に作るものは、『上野国交替実録帳』の中で美和神社の一例だけである。

これらの点は、神社項の中でも山田郡の部分が、その前後とは異なる成立過程をたどった（異なる原資料によった）

可能性を示唆する。前沢は『上野国交替実録帳』が首部から順に作成されたものではなく、大項目（その前段階では小項目）単位で作成されたと推測しており[22]、首肯すべきである。上記の点は、この想定を補強するものと言えよう。

さて、ここで留意しておきたいのは、先行研究でも指摘されているように、断簡C・Dと断簡Eとの間に重複が認められることである。具体的には断簡C1に抜鉾（貫前）神社、断簡C3に赤城神社、断簡C4に伊賀保神社、断簡Dに委文神社が見えているが、これらの諸社に関する記載が断簡Eにも見えている。

この重複に関して前沢は、断簡C・Dで抹消記号や合点が付された神社（施設・建材）が、断簡Eでは基本的に記されていないことや、断簡C・Dでは数字に小字を用いるのに対し、断簡Eでは大字を用いていることなどから、はじめに断簡C・Dが第一次草案として作成され、その校閲を経て断簡Eが第二次草案として作成されたと論じている[23]。これに対して川原秀夫は、断簡C・Dと断簡Eの間に現存しない第二次草案の存在を認め、断簡Eは第三次草案とする[24]。

前沢・川原の指摘を踏まえた上で、前掲した断簡C4の美和神社に関する記載を改めて見てみると、そこには抹消記号や合点などは全く付されていない。そして、注目すべきは断簡Eに、

山田郡

□神社

向殿壹宇

群馬郡

伊賀保神社

と見えることである。この記載は、伊賀保神社と委文神社の間に置かれているが、断簡C4〜Dは、

宿禰神社
若伊賀保神社
榛名神社
吾妻郡
（神社の記載なし）
山田郡
美和神社
那波郡
火雷神社
委文神社

という順番で記されており、この範囲で抹消記号が付された神社を削除していくと、伊賀保神社→美和神社→委文神社という順に並ぶ。したがって、断簡Eの当該部分は、美和神社について述べていることが明らかである。とするならば、断簡C４と断簡Eを照合させることで、これまで判読不能であった文字を補うことができる。

まず、断簡C４で「内殿□宇」と読まれている箇所は、右半分を残して料紙が裁断されており、わずかな残画から推定されたものである。「内殿」とは、人々が礼拝する「外陣」に対して、御神体を安置する「内陣」と同義とされており、一般名詞としては本殿の意味とされるが、ただし「内殿」の語はこの箇所以外に見えない。また、抜鉾（貫前）神社に「借玉殿」、赤城神社に「御玉殿」、伊賀保神社などには「玉殿」とあり、この「玉殿」が本殿に該当するものであるならば、「内殿」が指すものを本殿以外に措定しなければならない。

それに対して、断簡Eの当該箇所には「向殿」とある。「向殿」は、神社項の中では赤城神社に「御向殿」、委文神社に「向殿」とあり、類似の用例として「向屋」という語が伊賀保神社など複数の箇所に見え、神社項のほか諸郡官舎項（断簡L・M1〜M6）にも頻見される。諸郡官舎項の「向屋」は、「庁屋」や「宿屋」といった施設の中心的な屋舎に続けて記載されることが多く、これと向き合うように配置された屋舎を指すと思われることから、おそらく「向殿」も「玉殿」（本殿）と向き合うように配置された何らかの社殿か、あるいは本殿と一対をなす拝殿を意味するのであろう。よって、これまで「内」と読まれてきた一文字目の残画は、「向」の第三画目と第五画目の右端であり、この箇所は「内殿」ではなく「向殿」と読むべきである。

また三文字目は、断簡Eの当該箇所に「壹」とあることから、その小字の「一」の右端と見て間違いない。断簡C・Dに小字、断簡Eに大字が用いられていることは、前述のとおりである。これらのことから、断簡C4で「内殿□宇」と読まれてきた箇所は、「向殿一宇」と修正することができる。

一方、断簡Eの「□神社」の空欄部分は、すでに川原が断簡C4との比較から「（正一位美和名）神社」と復元している。[25] そこで、改めて写真を検討してみると、やや判読しがたいが「神」の上には「名」の第二画目と第四〜六画目の下端がわずかに残っており、「名」の字形も薄く視認できる。先にも述べたように、社名の末尾を「名神社」に作るのは『上野国交替実録帳』の中で美和神社のみである。したがって、ここに「正一位美和名神社」とあったことは間違いない。「神社」の文字が、直後に置かれた「正三位委文明神社」の「神社」と比べて若干高い位置にあるが、これは「正一位」の「一」が詰めて書かれていたためであろう。

以上、釈文の修正点をまとめておくならば、次のようになる。

断簡C4

（従来）山田郡
　正一位美和名神社
　　内殿□宇
（修正）山田郡
　正一位美和名神社
　　向殿一宇

断簡E

（従来）山田郡
　□神社
　　向殿壹宇
（修正）山田郡
　正一位美和名神社
　　向殿壹宇

三　軍神としての大物主命

第一節で述べたように、美和神社は延暦十五年に官社となり、元慶四年には正五位下勲十二等を授けられた。上野国で官社となった時期が判明するのは、美和神社と賀茂神社・火雷神社のほかに、群馬郡の甲波宿禰神社と那波郡の

委文神社がある。前者は『日本文徳天皇実録』嘉祥三年（八五〇）十二月庚戌条に、

詔以二上野国甲波宿禰神一、列二於官社一。

とあり、後者は『日本三代実録』貞観元年（八五九）八月十七日庚子条に、

上野国正六位上委文神、列二於官社一。

とある。これらの記事から、甲波宿禰神社は嘉祥三年、委文神社は貞観元年に官社となったことが分かる。よって、五社のうちでは、美和神社は賀茂神社・火雷神社と並んで早い段階で官社化されたことになる。このことについて周東隆一は、美和神社は『日本後紀』の現存巻の中で「官社に列せられた神社としては、関東最初の例」であることから、「上野はおろか関東に於ける優位」にあったとし、「他社に先んじて早くも官社に列したほど朝廷の恩遇を蒙っていた」と述べている(26)。

しかし、周東自身も断っているように、これはあくまでも史料が現存している範囲内でのことであり、『日本後紀』の欠失巻にはほかにも官社化の記事が含まれていたと思われる。たとえば、宝亀三年（七七二）十二月十九日太政官符(27)には、

太政官去天平勝宝七年十一月二日符称、武蔵国預二幣帛一社四処、多磨郡□（小）野社、加美郡今城青八坂稲実社、横見郡高負比古□（乃）社、□（入）間郡出雲伊波比社者、官符灼然。

とあり、武蔵国の小野神社・今城青八坂稲実神社・高負比古（乃）神社・出雲伊波比神社らが、天平勝宝七年（七五五）に官社となった（あるいはこれ以前に官社となっていた）ことが分かるが、このことは『続日本紀』には見えない。このように、六国史は全国諸社の官社化を網羅的に記録してはいない。

さらに、前述のとおり『延喜式神名帳』では美和神社は小社であるのに対して、貫前・赤城・伊賀保の三社は名神

大社とされている。『続日本後紀』承和六年（八三九）六月甲申条には、

奉レ授二上野国無位抜鋒神・赤城神・伊賀保神、並従五位下一。

とあるように、上記の三社は美和神社より約四十年も前に神階を与えられており、前掲した『日本三代実録』元慶四年五月二十五日戊寅条によれば、美和神社が正五位下となった際には、貫前神社は従三位、赤城神社・伊賀保神社は従四位上になっている。これらのことからすれば、名神大社と小社の社格には大きな開きがあり、貫前・赤城・伊賀保の三社は美和神社に先がけて官社に預かっていた可能性が高い。よって、他社と比較して美和神社だけが特に「朝廷の恩遇」を受けており、そのことが官社化につながったとは言えまい。

では、いかなる経緯で官社化や神階奉授が行われたのであろうか。ここでは、その歴史的前提として次の二点に注目したい。

第一は、美和神社の祭神とされる大物主命[28]の神格である。この大物主命は周知のとおり、大和国城上郡に鎮座する大神神社の祭神である。『延喜式神名帳』大和国城上郡条には、

大神大物主神社。〈名神大。月次・相嘗・新嘗。〉

とあり、ここに見える「大神大物主神社」という表記は、この大神神社が大物主命を祭る神社であったことをよく示している。また、『古事記』崇神段には、

此天皇御世、疫病多起、人民死為レ尽。爾天皇愁歎而、坐二神牀一之夜、大物主大神、顕レ於二御夢一曰、是者我之御心。故、以二意富多多泥古一而、令レ祭二我御前一者、神気不レ起、国安平。是以駅使班レ于二四方一、求下謂二意富多多泥古一人上之時、於二河内之美努村一、見二得其人一貢進。爾天皇問二賜之汝者誰子一也、答曰、僕者大物主大神、娶二陶津耳命之女、活玉依毘売一、生子、名櫛御方命之子、飯肩巣見命之子、建甕槌命之子、僕意富多多泥古白。於レ是天

皇大歓以詔之、天下平、人民栄。即以二意富多多泥古命一、為二神主一而、於二御諸山一拝二祭意富美和之大神前一、又仰二伊迦賀色許男命一、作二天之八十毘羅訶一。〈此三字以レ音也。〉定二奉天神地祇之社一、又於二宇陀墨坂神一、祭二赤色楯矛一、又於二大坂神一、祭二墨色楯矛一、又於二坂之御尾神及河瀬神一、悉無二遺忘一以奉二幣帛一也。因レ此而疫気悉息、国家安平也。（略）〈此意富多多泥古命者、神君・鴨君之祖。〉

とある。ここには、崇神天皇の時代に疫病が流行し、人民が死に絶えようとしていたため、天皇はこれを憂いて占いを行った。すると、その夢に大物主命が現れ、これは自分の意志であり、意富多多泥古に自分を祭らせるならば疫病は収まるだろうと告げた。そこで、天皇は意富多多泥古を河内之美努村より捜し出し、彼に「意富美和之大神」を祭らせたところ、疫病は収まったとある。『日本書紀』崇神七年二月辛卯条・八月己酉条・十一月己卯条・八年十二月乙卯条にも、これに対応する伝承が見える。

『日本書紀』崇神七年二月辛卯条

詔曰、昔我皇祖、大啓二鴻基一。其後、聖業逾高、王風転盛。不レ意、今当二朕世一、数有二災害一。恐朝無二善政一、取二咎於神祇一耶。蓋下命神亀、以極中致レ災之所由上也。於是、天皇乃幸二于神浅茅原一、而会二八十万神一、以卜問之。是時、神明憑二倭迹々日百襲姫命一曰、天皇、何憂二国之不レ治一也。若能敬二祭我一者、必当自平矣。天皇問曰、教二如此一者誰神也。答曰、我是倭国域内所居神、名為二大物主神一。時得二神語一、随レ教祭祀。然猶於レ事無レ験。天皇乃沐浴斎戒、潔二浄殿内一、而祈之曰、朕礼レ神尚未レ尽耶。何不レ享之甚也。冀亦夢裏教之、以畢二神恩一。是夜夢、有二一貴人一。対二立殿戸一、自称二大物主神一曰、天皇、勿二復為一レ愁。国之不レ治、是吾意也。若以二吾児大田々根子一、令二祭吾一者、則立平矣。亦有二海外之国一、自当帰伏。

『日本書紀』崇神七年八月己酉条

倭迹速神浅茅原目妙姫・穂積臣遠祖大水口宿禰・伊勢麻績君、三人共同レ夢、而奏言、昨夜夢之、有二一貴人一、誨曰、以二大田々根子命一、為下祭二大物主大神一之主上、亦以二市磯長尾市一、為下祭二倭大国魂神一主上、必天下太平矣。天皇得二夢辞一、益歓二於心一。布告二天下一、求二大田々根子一、即於二茅渟県陶邑一得二大田々根子一而貢之。天皇、即親臨二于神浅茅原一、会二諸王卿及八十諸部一、而問二大田々根子一曰、汝其誰子。対曰、父曰二大物主大神一。母曰二活玉依媛一。陶津耳之女。亦云、奇日方天日方武茅渟祇之女也。天皇曰、朕当栄楽。乃卜下使二物部連祖伊香色雄一、為中神班物者上、吉之。又卜二便祭二他神一、不レ吉。

『日本書紀』崇神七年十一月己卯条

命二伊香色雄一、而以二物部八十平瓮一、作二祭神之物一。即以二大田々根子一、為下祭二大物主大神一之主上。又以二長尾市一、為下祭二倭大国魂神一之主上。然後、卜レ祭二他神一、吉焉。便別祭二八十万群神一。仍定二天社・国社、及神地・神戸一。於是、疫病始息、国内漸謐。五穀既成、百姓饒之。

『日本書紀』崇神八年十二月乙卯条

天皇、以二大田々根子一、令レ祭二大神一。（略）即開二神宮門一、而幸行之。所謂大田々根子、今三輪君等之始祖也。

これらの『日本書紀』の記事は、話の大筋は『古事記』と共通するが、それよりもやや詳細な内容になっている。すなわち、崇神天皇の時代に疫病が流行したため、天皇が占いを行うと、大物主命が倭迹々日百襲姫命に神懸かりして、これは自分の意志であると告げた。天皇は神託に従って祭祀を行ったが、効験は得られなかった。すると天皇の夢に大物主命が再び現れ、自分の子孫である大田々根子に祭らせるよう告げた（崇神七年二月辛卯条）。天皇が神託を受けたのと同日に、倭迹速神浅茅原目妙姫・大水口宿禰・伊勢麻績君ら三人も同じ夢を見たという。この報告を受けた天皇は、大田々根子を捜索させ、茅渟県陶邑に彼を見つけ出した（崇神七年八月己酉条）。そして彼に祭祀を行わせると、神託のとおり疫病が収まった（崇神七年十一月己卯条）。さらに翌年にも、大田々根子に大物主命を祭らせた（崇神八年十二月乙卯条）。

これら『古事記』『日本書紀』に見える一連の記事の主眼は、三輪山に鎮座する大物主命による疫病の流行を、その子孫である大田々根子が鎮めたことに置かれており、大神神社の起源を説いたものである。同時に、その大田々根子の後裔を称する大神朝臣氏が、大神神社での大物主命に対する祭祀をもって天皇に奉仕することの正統性を示す起源伝承にもなっている。『古事記』で大物主命が「意富美和之大神」と言い換えられていることも、そのことを端的に表現している。

この大物主命は、大神神社の御神体である三輪山（御諸山）に住む神とされている。前掲した『古事記』崇神段に後続して、

> 此謂二意富多多泥古一人、所三以知二神子一者、上所レ云活玉依毘売、其容姿端正。於レ是有二壮夫一、其形姿威儀、於レ時無レ比、夜半之時、儵忽到来。故、相感、共婚共住之間、未レ経二幾時一、其美人妊身。爾父母怪二其妊身之事一、問二其女一曰、汝者自妊。无レ夫何由妊身乎。答曰、有二麗美壮夫一、不レ知二其姓名一、毎レ夕到来、共住之間、自然懐妊。是以其父母、欲レ知二其人一、誨二其女一曰、以二赤土一散二床前一、以二閇蘇〈此二字以レ音。〉紡麻一貫レ針、刺二其衣襴一。故、如レ教而旦時見者、所レ著レ針麻者、自二戸之鉤穴一控通而出、唯遺麻者三勾耳。爾即知下自二鉤穴一出之状上而、従レ糸尋行者、至二美和山一而留二神社一。故、知二其神子一。故、因二其麻之三勾遺一而、名二其地一謂二美和一也。〈此意富多多泥古命者、神君・鴨君之祖。〉

とある。これはいわゆる苧環伝承である。容姿端正な活玉依毘売のもとに、ある壮夫が通ってくるようになった。ほどなくして活玉依毘売は懐妊したが、彼女は相手の名前を知らなかった。そこで、父母の教えにしたがい、赤土を床

の周辺に散布し、壮夫の衣の麻糸を通した針を刺しておいた。翌朝、麻糸は戸の鍵穴を通って外に出ていたので、その糸をたどっていくと三輪山（美和山）に至っていたという。このことは、壮夫が三輪山に住んでいたことを示している。この壮夫が大物主命であることは、前掲した『古事記』崇神段に大物主命が活玉依毘売と婚姻したとあることから明らかである。

また『日本書紀』崇神十年九月条には、

> 是後、倭迹々日百襲姫命、為二大物主神之妻一。然其神常昼不レ見。而夜来矣。倭迹々姫命語レ夫曰、君常昼不レ見者、分明不レ得レ視其二尊顔一。願暫留之。明旦仰欲レ観二美麗之威儀一。大神対曰、言理灼然。吾明旦入二汝櫛笥一而居。願無レ驚二吾形一。爰倭迹々姫命、心裏密異之。待レ明以見二櫛笥一、遂有二美麗小蛇一。其長大如二衣紐一。即驚之叫啼。時大神有恥、忽化二人形一。謂二其妻一曰、汝不レ忍令レ羞レ吾。吾還令レ羞レ汝。仍践二大虚一、登二御諸山一。爰倭迹々姫命仰見、而悔之急居。〈急居、此云二菟岐于一。〉則箸撞レ陰而薨。乃葬二於大市一。故時人号二其墓一、謂二箸墓一也。是墓者、日也人作、夜也神作。故運二大坂山石一而造。則自レ山至二于墓一、人民相踵、以手遞伝而運焉。（略）

とある。これは有名な箸墓伝承である。倭迹々日百襲姫命が大物主命の妻となった。しかし、大物主命は夜にしかやってこないので、倭迹々日百襲姫命はその顔を見たことがなかった。そこで、翌朝まで留まってくれるよう頼むと、大物主命は朝になったら櫛笥に入っているので、自分の姿を見ても驚かないようにと言った。倭迹々日百襲姫命はその言葉を不思議に思いながらも、翌朝に櫛笥をあけてみると、美しい小蛇が入っており、驚いて叫んでしまった。すると、小蛇はたちまち人間の姿になり、自分に恥をかかせたことを怒って、空中を歩いて三輪山（御諸山）に帰っていったという。この描写も大物主命が三輪山に住んでいることを示唆するものである。

さらに『日本書紀』雄略七年七月丙子条にも、

天皇詔二少子部連蜾蠃一曰、朕欲レ見二三諸岳神之形一。〈或云、此山之神為二大物主神一也。或云、菟田墨坂神也。〉汝膂力過レ人。自行捉来。蜾蠃答曰、試往捉之。乃登二三諸岳一、捉二取大蛇一、奉レ示二天皇一。天皇不二斎戒一。其雷虺虺、目精赫赫。天皇畏、蔽レ目不レ見、却二入殿中一。使レ放二於岳一。仍改賜レ名為レ雷。

とある。これは少子部蜾蠃の説話である。すなわち、雄略天皇が三輪山（三諸岳）の神を見たいと思い、少子部蜾蠃にこれを捕らえてくるように命じた。蜾蠃は三諸岳に登って大蛇を捕らえ、天皇に献上しようとした。しかし、天皇は斎戒していなかったため、大蛇は雷を鳴らし、その目を爛々と光らせた。これを恐れた天皇は殿中に退き、そのまま大蛇を三諸岳に放させたという。この伝承では「三諸岳神」に「此山之神為二大物主神一也」との注が付されており、大物主命が三輪山の神であることが明示されている。

さて、先行研究では大和王権がその勢力を列島各地に伸張させていく際に、三輪山に鎮座する大物主命を奉じて各地の勢力の平定が進められ、その結果、各地に大物主命を祭る神社が勧請されていったと考えられてきた(29)。池田源太は『古事記』・『日本書紀』の伝承を手がかりとして、大物主命に見られる神格を、山林と共にある神、雷神、蛇神の正身を持つ神、大国主命の幸魂・奇魂、光あるもの、人間の女子と婚する神、氏族神、これらの七種類に分類し、この順番に新たな神格が創出・付与されていったと論じた(30)。一方、和田萃は、山林と共にある神、雷神、蛇神の正身を持つ神、霊異の大きい祟り神、大国主命の幸魂・奇魂、軍神、光あるもの、人間の女子と婚する神、氏族神、これら九つの要素を抽出し、王権の地方進出における大物主命の軍神としての神格を強調した(31)。

これを踏まえて筆者も以前、大物主命の神格を、①山林・樹木の神、②光を発する神、③雷神、④蛇神、⑤祟り神、⑥人間の女子と婚する神、⑦氏族神、⑧軍神、⑨国家神、これらの九種類に区分し、自然界の現象や生物を象徴化したと思われる段階（①〜⑤）と、人間との関係性を示す段階（⑥〜⑨）に整理したことがある(32)。もっとも、こうした分類は様々な基準が設定できるため、上記のそれも便宜的なものであることは言うまでもない。また、これらの複数の神格は古くから不可分なものであり、基本的には重層的な形で人々に認識されていたと考えられる。よって、大物主命の神格が時代とともに変化したと見るよりは、むしろこの神が重層的に有していた神格のうち、大和王権の地方展開にあたり特に軍神としての側面がクローズアップされたと理解するのが正確である。そこで改めて大物主命の軍神としての神格を示す史料を確認してみよう。

『日本書紀』崇神四十八年正月戊子条

天皇勅二豊城命・活目尊一曰、汝等二子、慈愛共斎。不レ知、曷為レ嗣。各宜レ夢。朕以レ夢占之。二皇子、於是、被レ命、浄沐而祈寐。各得レ夢也。会明、兄豊城命以二夢辞一奏二于天皇一曰、自登二御諸山一向レ東、而八廻弄槍、八廻撃刀。弟活目尊以二夢辞一奏言、自登二御諸山之嶺一、縄絚二四方一、逐二食レ粟雀一。則天皇相夢、謂二二子一曰、兄則一片向レ東。当治二東国一。弟是悉臨二四方一。宜継二朕位一。

『日本書紀』景行五十一年八月壬子条

於是、所二献神宮一蝦夷等、昼夜喧譁、出入無レ礼。時倭姫命曰、是蝦夷等、不レ可レ近二就於神宮一。則進二上於朝庭一。仍令レ安二置御諸山傍一。未レ経二幾時一、悉伐二神山樹一、叫二呼隣里一、而脅二人民一。天皇聞之、詔二群卿一曰、其置二神山傍一之蝦夷、是本有二獣心一。難レ住二中国一。故随二其情願一、令レ班二邦畿之外一。是今播磨・讃岐・伊予・安芸・阿波、凡五国佐伯部之祖也。

『日本書紀』敏達十年（五八一）閏二月条

蝦夷数千、寇二於辺境一。由レ是、召二其魁帥綾糟等一。〈魁帥者、大毛人也。〉詔曰、惟、儞蝦夷者、大足彦天皇之世、合レ殺者斬、応レ原者赦。今朕遵二彼前例一、欲レ誅二元悪一。於是、綾糟等懼然恐懼、乃下二泊瀬中流一、面二三諸岳一、歃レ水而盟曰、臣等蝦夷、自レ今以後、子々孫々、〈古語云二生児八十綿連一。〉用二清明心一、事二奉天闕一。臣等若違レ盟者、天地諸神及天皇霊、絶二滅臣種一矣。

『粟鹿大明神元記』太多彦命尻付

右多太彦(太多彦カ)、磯城瑞籬宮御宇初国所知御間城入彦五十瓊殖天皇御世、国々荒振人等令二平服一。以二大国主神術魂・荒(魂脱カ)一、召著二於桙・楯・大刀・鏡一、遣二於西国一。于時、初貢二男女之調物一。即但馬国朝来郡粟鹿村宿住矣也。

『粟鹿大明神元記』奥書

右、根閇氏大明神天美佐利命者、神氏最初之天降人、皇治化之崇基也。此境山陰道、但馬州朝来郡粟鹿郷也。尓時、山海混沌、煙雲闇靄。庶民漸事二人王一、神霊未レ入二皇帰一。吾親皇命、振固洲天下御坐。名曰二粟鹿大明神一也。花夷未レ頒之時、荊樹点レ瑞之処、天下俄陰、霖雨久洪水、饑餓疾癘、生者流亡。時焉、朝廷驚奇、便下勅二宣天文陰(陽脱カ)家一、勘奏占諮。大田彦子(大国主命カ)天美佐利、依レ未レ受二公崇一、忽致二此怪災一也云々。仍下二勅宣一、忽建二宝殿一、十二箇所別社、神戸二烟、神田七十五町五段百八十歩、則定二神立(直カ)氏并祝部氏一、請二下大和国大神明神氏人等一也。

まず『日本書紀』崇神四十八年正月戊子条は、いわゆる夢占伝承である。すなわち、崇神天皇が豊城命と活目尊のどちらを後継者とするかを決めるため、両者の見た夢によって占うことにした。両者は身を清めて床に就き、翌朝、自分の見た夢を天皇に報告した。兄の豊城命は御諸山（三輪山）に登って東の方角を向き、槍を八回突き出し、刀を八回振るう夢を見た。一方、弟の活目命は同じく御諸山の頂上に登って縄を四方に引き渡し、粟を食べにきた雀を追い払う夢を見た。これを聞いた天皇は、両者の夢を比較した上で、東の方角を向いた豊城命には東国を治めさせ、四方に臨んだ活目尊には皇位を嗣ぐように命じたという。

この説話は三輪山が舞台となってはいるが、大物主命は直接登場しておらず、この記事から大物主命の軍神としての神格が積極的に見て取れるわけではない。ただし、豊城命はこの夢占いによって、天皇から東国の統治を命じられている。言い換えるならば、三輪山の山頂から東を向いて槍や刀を振ることが、豊城命の後裔による東国支配の正統性の根源となっている。ここから、三輪山に鎮座する大物主命が大和王権の東国進出に重要な役割を担っていたという点は認めてよいであろう。

『日本書紀』景行五十一年八月壬子条には、伊勢神宮に献上された蝦夷が昼夜騒いで礼を欠いているので、三輪山の麓に移されたが、またすぐに山中の樹木を伐採して近隣の人々を脅かすようになったため、最終的には畿外に移され、播磨・讃岐・伊予・安芸・阿波の佐伯部の祖になったとある。蝦夷たちは伊勢神宮においても、三輪山の麓においても「獣心」を失わなかったと描かれている。しかし、それはこの説話が諸国に分布する佐伯部の起源を説くことに主眼を置いているためであり、実際にこうした史実があったわけではなかろう。むしろ注目されるのは、蝦夷が三輪山の麓に安置される（大物主命に献上される）ことがあったという点であり、ここからは蝦夷の服属に対して大物主命の霊験が期待されていたことがうかがえる。ここでも大物主命は大和王権の東国進出に一定の役割を果たしていたことが分かる。

『日本書紀』敏達十年（五八一）閏二月条には、蝦夷が辺境に侵寇したため、敏達天皇は魁帥である綾糟を召喚し、景行天皇の時代の前例を引き合いに出して、その首謀者を誅殺することを告げた。すると綾糟は恐れ畏まり、初瀬川の中流で御諸岳（三輪山）に向かって、子孫の代まで清明な心をもって朝廷に奉仕することを誓い、もしそれに背いた場合は「天地諸神」と「天皇霊」が自分たちの子孫を絶やすだろうと言ったという。こうした服属の描写は、律令制以前における儀礼形態を伝えるものとされる。[33]

なお、文中に見える「天皇霊」については、折口信夫以来[34]、様々な分野から発言がなされている。[35]岡田精司[36]は、

「天皇霊」とは「天皇の威力・権威の根源」であり、三輪山はそうした「天皇霊のこもる聖地」であったとした。一方、熊谷公男[37]は、「天皇霊」を「皇祖の諸霊」すなわち「歴代の天皇の諸霊全体がもつ霊力」とした上で、三輪山には「天地諸神」や「天皇霊」が「飛来」・「降臨」するという観念が存在しており、綾糟はそれらに対して王権への服属を誓ったとした。

しかし、このように三輪山と「天皇霊」を結びつける説に対しては、詳細な批判が出されている。田中卓[38]は、三輪山に「天皇霊」が鎮祭されているのであれば、天地諸神も全て三輪山に存在したことになるが、それは不自然であると指摘し、「天皇之神霊」（『日本書紀』景行二十八年二月乙丑条）、「天皇之霊」（『日本書紀』欽明十三年〈五五二〉五月乙亥条・天武元年〈六七二〉六月丁亥条）など、ほかの類例との比較から、「天皇霊」とは一定の場所に留まるものではなく、三輪山とも本来は直接的に関係しないものであり、綾糟の誓約はあくまでも三輪山に鎮座する大物主命に対して行われたと論じている。小林敏男[39]も、三輪山と「天皇霊」を結びつける必然性はないとした上で、「皇霊之威」（『日本書紀』景行四十年七月戊戌条）、「皇祖之霊」（『日本書紀』神功皇后摂政前紀）などの用例から、熊谷がいう「皇祖の諸霊」は『日本書紀』においては「天皇霊」と明確に区別して用いられているのであり、綾糟の誓約の対象は祟り神としての大物主命であったと述べている。

たしかに、岡田説や熊谷説では、三輪山に籠もるとされる大物主命が、「天皇霊」といかなる関係にあるのかが整合的に説明できないことから、綾糟が誓約を行った対象はやはり大物主命であったと見るのが穏当であろう。とするならば、大物主命には蝦夷を服属させる役割が期待されていたのであり、それは軍神としての神格に通じることになる。

『粟鹿大明神元記』[40]は、但馬国朝来郡に鎮座する粟鹿神社の祭主を継承し、但馬国造や朝来郡司を輩出した神部直氏の系図である。素佐乃乎命から神部直根閇に至るまで三十代の神名・人名が記されている。前半は中央の大神朝臣氏との共通系譜であり、途中から神部直氏の独自系譜となっている。末尾には、

　和同元年歳次〈戊申〉八月十三日、筆取神部八嶋、勘注言上正六位上新羅将軍神部直根閇。

との奥書が付されている。ここに見える和銅元年（七〇八）という年紀は、現在ではそのまま史実と見る向きは少ない。ただし、現在の形にまとめられたのは時代が降るにしても、[41]『粟鹿大明神元記』には各人物の続柄を示す際に「児」・「次」といった文言が用いられ、竪系図の形式を留める写本が現存している点などからしても、早い段階に成立した系図と共通する特徴を備えており注目に値する。

前掲した『粟鹿大明神元記』太多彦命尻付では、崇神天皇の時代に、諸国の荒ぶる人々を平伏させるため太多彦命が西国へ派遣され、のちに但馬国朝来郡粟鹿村に宿住したとある。太多彦命はこの地に鎮座する粟鹿神社を奉祭した神部直氏の祖とされている。その派遣の際には、大国主命（大国主神）の術魂・荒魂を桙・楯・大刀・鏡に取り付けたという。このように、神器を奉戴しながら地方へ進出することは、『日本書紀』仲哀八年正月壬午条などにも見えており、古代には広く行われていたと推測される。

また『粟鹿大明神元記』奥書には、自然災害や疫病が流行したため、陰陽家に占わせたところ、粟鹿大明神である天美佐利命が朝廷の祭祀を受けていないため祟りを起こしていることが判明した。そこで朝廷は社殿・神戸・神田を奉納し、神職を定め、大物主命を祭る大和国の大神神社から氏人を派遣させたとある。

これらの記事で留意すべきは、大物主命ではなく大国主命が登場していることである。大国主命は『日本書紀』神代上第八段一書第六に、

　大国主神。亦名㆓大物主神㆒。亦号㆓国作大己貴命㆒。亦曰㆓葦原醜男㆒。亦曰㆓八千戈神㆒。亦曰㆓大国玉神㆒。亦曰㆓顕国玉

神㆒。

とあるように、様々な別名を持っているが、大神朝臣氏との関係が明確に示されるようになるのは、『新撰姓氏録』

大和国神別　大神朝臣条に、

素佐能雄命六世孫大国主之後也。初大国主神、娶㆓三島溝杭耳之女玉櫛姫㆒。夜未㆑曙去、来曾不㆓昼到㆒。於㆑是、玉櫛姫績㆑苧係㆑衣、至㆑明随㆑苧尋覓、経㆓於茅渟県陶邑㆒、直指㆓大和国真穂御諸山㆒。還視㆓苧遺㆒、唯有㆓三縈㆒。因㆑之号㆓姓大三縈㆒。

とあるように、『新撰姓氏録』が編纂された九世紀前半段階になってからである。また、文中の「男女之調」という語は『日本書紀』神功皇后摂政前紀（仲哀九年十月辛丑条）にも見えるほか、『日本書紀』崇神十年九月己丑条にも「男之弭調、女之手末調」という類似表現が用いられている。よって『粟鹿大明神元記』太多彦命尻付の中でも「大国主神」や「男女の調」などの語については、後次的な要素が含まれている可能性がある。しかし、神部直氏の祖が何らかの神（原伝承では大物主命か）を奉じて西国の平定に派遣され、粟鹿の地に留まったことや、粟鹿神社の祭神である天美佐利命を奉祭するため、中央の大神朝臣氏の人々が派遣されたことは、全くの創作とは思われない。おそらくこれは但馬国の神部直氏の祖先伝承や、粟鹿神社の起源伝承にもとづくものであろう。

以上の記事からは、たしかに大物主命が軍神としての神格を有しており、大和王権が各地の勢力を服属させるために、その役割が期待されたことが確認できる。上野国における美和神社の創祀も、こうした軍神としての大物主命が大和王権の勢力拡大とともに各地に勧請・分祀されたことに求めることができよう。

四　蝦夷の征討

前節で述べた大物主命がもつ軍神としての神格を踏まえた上で、第二に注目したいのは、美和神社に対する官社化と神階奉授が行われた時期における蝦夷征討との関連である。まず、この神社が官社となった延暦十五年（七九六）以前の状況を概観するならば、宝亀五年（七七四）に蝦夷が桃生城へ侵攻し、のちに三十八年戦争と呼ばれる蝦夷との抗争が開始された。宝亀十一年（七八〇）には伊治呰麻呂の乱が勃発し、多賀城と伊治城が焼亡して混乱が東方地方全体に拡大した。天応元年（七八一）に桓武天皇が即位すると、東北への大規模な派兵が複数回にわたり実施されるが、延暦八年（七八九）の第一次征討では胆沢の戦いで大敗を喫した。そして、延暦十三年（七九四）の第二次征討でようやく勝利を収め、延暦十四年（七九五）には征夷大将軍の大伴宿禰弟麻呂が節刀返上の儀を執り行い、ここにきて東北情勢はひとまず安定した。

こうした桓武朝の蝦夷征討には、上野国の人々が多く参加したことが確認できる。美和神社が官社に預かったのは、まさにその翌年である。『続日本紀』延暦七年（七八八）三月辛亥条には、

下レ勅、調二発東海・東山坂東諸国歩騎五万二千八百余人一、限二来年三月一、会二於陸奥国多賀城一。其点レ兵者、先尽二前般入レ軍経レ戦叙レ勲者、及常陸国神賤一。然後、簡下点余人堪二弓馬一者上。仍勅、比年、国司等、无レ心二奉公一、毎レ事闕怠、屢沮成レ謀。苟曰二司存一、豈応レ如レ此。若有二更然一、必以レ乏二軍興一従レ事矣。

とあり、第一次征討に先立って、東海・東山両道の坂東諸国から歩兵・騎兵あわせて五万二八〇〇人が徴発されている。また『日本後紀』弘仁二年（八一一）五月壬子条にも、

勅二征夷将軍正四位上兼陸奥出羽按察使文室朝臣綿麻呂等一曰、将軍等去二月五日奏状称、来六月上旬、両国軍士、分頭発入。其糒・塩・器仗等、先已貯備。不レ可二更労一者。以レ此観レ之、縁レ軍資物、皆已批挑。而今月十二日来奏称、軍士食料并雑物等、且仰二国司一令二儲備一。及二絁幕一且用縫作。又出羽守大伴宿禰今人、巡二行管内一、簡二閲軍士者一。是知、征戦之具、猶二有寥落一。前後来奏、事何相乖。加以、国家之忌及大歳、同在二東方一、兵家所レ避。不レ可二抵触一。宜二縁レ軍庶事、今年備畢、来年六月発入。又検二去延暦十三年例一、征軍十万、軍監十六人、軍曹五十八人。廿年、征軍四万、軍監五人・軍曹卅二人、今将軍等、准二承前例一、所レ定卅七人。権用十五人者。今所レ与征軍一万九千五百余人。然則四万之日、軍吏不レ満二五十一。今日、二万、何超二六十一。仍折衷所レ定。軍監十人・軍曹廿人、宜下精二選堪レ戦者一、充用言上上。

とある。これは、嵯峨朝の派兵に当たって出された勅の中で延暦十三年時の軍隊編成に言及した一文であるが、これによれば第二次征討に参加した兵士の数は一〇万人にも及んだという。徴発の対象となった地域については、『続日本紀』延暦十年（七九一）正月己卯条に、

遣二正五位上百済王俊哲、従五位下坂上大宿禰田村麻呂於東海道、従五位下藤原朝臣真鷲於東山道一、簡二閲軍士一、兼検二戎具一。為レ征二蝦夷一也。

とあり、東海・東山両道に使者を派遣して兵士と武具の検閲を実施していることから、おそらく前回とほぼ同じ地域の人々が動員されたと思われる。(42)

このように蝦夷征討の際には多くの人々が兵士として徴発されたが、その対象となった地域には上野国も含まれる。あくまでも試算ではあるが、第一次征討の五万二八〇〇人と第二次征討の一〇万人を坂東八ヵ国(43)で割ると、一国あたり約六六〇〇人、約一万二五〇〇人となり、これを上野国十四郡で均等に負担した場合、一郡あたり約五〇〇人、約

九〇〇人となる。かりに上野国山田郡から同程度の人数が動員されたとしたならば、その中には美和神社を奉祭する人々が数百人単位で含まれていた可能性がある。

また、戦地での兵士の様子を伝えるものとして、次の史料も参考になる。『日本文徳天皇実録』嘉祥三年（八五〇）五月丙申条には、

詔、以二武蔵国奈良神一列二於官社一。先レ是、彼国奏請、検二古記一、慶雲二年、此神放レ光如二火熾一。然其後、陸奥夷虜反乱。国発二控弦一、赴二救陸奥一。軍士載二此神霊一、奉以撃レ之、所レ向無レ前、老弱在レ行、免二於死傷一。和銅四年、神社之中、忽有二湧泉一。自然奔出、漑二田六百余町一。民有二疫癘一、祷而癒、人命所レ繋不レ可レ不レ崇、従レ之。

とある。これによれば、嘉祥三年に奈良神社が官社に列せられた理由として、慶雲二年（七〇五）に蝦夷が反乱を起こした際、武蔵国播羅郡の人々が地元で信仰している奈良神を奉戴して戦闘に臨んだところ、勝利を重ね、みな死傷することなく無事に故郷へ帰還できたことが挙げられている。こうした関係は、上野国から徴兵された人々と美和神社についても当てはまるのではなかろうか。

つまり、桓武朝の第一次・第二次征討で上野国山田郡から徴発された兵士の中には、美和神社（およびその祭神である軍神としての大物主命）を奉祭する人々が数多く含まれており、彼らが戦地で功績を挙げたことや、あるいは無事に帰還できたことなどを契機として、のちに美和神社の蝦夷征討に対する霊験が観念され、そのことが中央に伝達されて、美和神社が官社化されるに至ったと考えられる(44)。

とするならば、元慶四年に実施された美和神社への神階奉授についても、ほぼ同様に理解できよう。この時期には、元慶二年（八七八）に出羽国の蝦夷によって秋田城が急襲され、いわゆる元慶の乱が勃発している。これを鎮圧するために派遣された軍勢について、『日本三代実録』元慶二年四月二十八日癸巳条には、

出羽国守正五位下藤原朝臣興世飛駅奏言、賊徒弥熾、不レ能二討平一。（略）即日勅符曰、重得二奏状一。具知三凶類滋蔓、殺二略良民一。発レ兵以来、望レ有二成効一。而今官軍致レ敗、賊徒作レ気。用レ兵之道、豈若レ此乎。今勅二上野・下野等国一、各発二一千兵一。亦重勅二陸奥国一、責以二緩救一。（勅）又勅二符上野・下野両国一曰、得二出羽国今月十九日奏一、已知下凶類気盛殺二略良民一、鼠輩発狂狼戻無上レ已。不レ加二利刃一、何懲二逆心一。宜下各発二一千兵一、星夜赴救、表裏合レ勢、腹背攻撃上。凡隣境之義、実須二相援一。況於二国賊一、何不二共討一。若致二遅留一、論レ之如レ律。亦其所レ発之士、各備二路粮一。便遣下国司目已上一人、史生品官一人一、押中領其事上。以二此一挙之兵一、早成二万全之計一。

とあり、上野国から一〇〇〇人の兵士を徴発するよう命じている。また『日本三代実録』元慶二年七月十日癸卯条には、

出羽国飛駅奏曰、正五位下守右中弁兼権守藤原朝臣保則到レ国、察二向前之行事一、運二行軍之籌策一。遣下権掾文室真人有房、左衛門権少尉兼権掾清原令望、上野押領使権大掾南淵秋郷等一、率二上野国見到兵六百余一、屯二秋田河南一、拒中賊於河北上。又秋田城下賊地者、上津野・火内・榲淵・野代・河北・腋本・方口・大河・堤・姉刀・方上・焼岡十二村也。向化俘地者、添河・覇別・助川三村也。令下此三村俘囚并良民三百余人一、拒中賊於添河上。次攻二雄勝一、後将レ侵レ府。其雄勝城、承二十道一之大衝也。国之要害、尤在二此地一。仍遣二左馬大允藤原朝臣滋実・左近衛将曹兼権大目茨田貞額等一、以二雄勝・平鹿・山本三郡不動穀一、給二郡内及添河・覇別・助川三村俘囚一。慰二諭其心一、令二相励勉一。於レ是、俘囚深江弥加止・玉作正月麻呂等、誘二率三村俘囚二百余人一、夜襲殺二賊八十人一、焼二其粮食舎宅一。感二恩賚一也。或云、津軽地夷狄或同、或不レ同。若不レ同者、以二上野国軍一、将レ得二討滅一。遂同者、雖二大兵一難レ可二輙制一。上野・下野・陸奥三国軍士、惣四千人。其陸奥軍先既亡帰。上野軍旦来六百余人、下野軍雖レ入二堺首一、未レ知二強弱一。津軽夷俘、其党多レ種、不レ知二幾千人一。天性勇壮、常事二習戦一。若速二逆賊一、其鋒難レ当。請発二常

陸・武蔵両国軍合二千人一、以誠二備非常一。（略）

とあり、『日本三代実録』元慶三年（八七九）三月二日壬申条にも、

正五位下守右中弁兼行出羽権守藤原朝臣保則飛駅奏言曰、臣保則等、謹須下依二去正月十三日勅符旨一、早討上レ虜。而行事相違、不レ能二進止一。何者、臣等所レ賜諸国之兵千八百余人、上野・下野両国各八百人、陸奥国追還散卒二百人是也。（略）案下去延暦年中被レ下二当道一陣図上、以二一万三千六百人一為二一軍一、分作二三軍一、輜重八百人、担夫二千人。而今上野・下野両国之軍千六百人、輜重担夫二千余人、好蔭所レ率之兵八百人、輜重担夫千余人。因レ此言レ之、多違二旧例一。中国之軍、七月到着。陸奥之兵、九月入来。会合参差、整頓有レ妨。或臨レ陣難レ列、或聴レ鼓易レ迷。皆是忘レ戦日久、習之令レ然也。国内黎氓、苦二来苛政一。三分之一、逃二入奥地一、所レ遺之民、承二数年之弊一、无二自存之方一。況軍興以来、運二転軍糧一、去今両年少時不レ息。无用之卒、騒二動部内一、待レ救之処、還致二巨害一。管最上郡、道路嶮絶、大河急流。中国之軍、路必経レ此。迎送之煩、不レ可二勝計一。今重請二大兵一、将レ討二降虜一。国弊民窮、難レ可二克堪一。若慰二撫部内之窮卒一、験二出奥地之逃民一、留二中国之甲冑一、選二当士之例兵一。降虜雖レ反、不レ可レ足レ畏。由レ是、降レ賊之状、頻以上奏。但臣等以為、賊寇无レ聞、年代稍久。因二此変乱一、不レ窮二誅勠一。恐綏禦如レ失、辺難不レ絶、更発二大軍一、撲滅无レ燼。国家之長策、天下之上計也。臣等不二敢専決一、持二疑於懐一。進退之間、謹佇二天策一。是日、詔令下上野・下野両国在軍之甲冑器仗、留中付出羽国矣上。

とある。前者の記事によれば六〇〇余人、後者によれば八〇〇人が上野国から兵士として動員されている[45]。

そして、これに対応するかのように、動乱が収まった元慶三年から四年にかけて、上野国の諸社に対する神階奉授の記事が集中的に見える。まず『日本三代実録』元慶三年閏十月四日庚寅条には、

授二上野国正四位下勲八等貫前神正四位上一。従五位下波己曾神・若伊賀保神、並従五位上。

とあり、貫前神社に正四位上、波己曾神社・若伊賀保神社に従五位下が授けられている。次に、冒頭で掲げた『日本三代実録』元慶四年五月二十五日戊寅条では、美和神社と賀茂神社に正五位下勲十二等が与えられたほか、貫前神社に従三位勲七等、赤城神社・伊賀保神社に従四位上、小祝神社・波己曾神社に正五位上勲十二等、甲波宿禰神社に従四位下、稲裏地神社に従五位下勲十二等をそれぞれ賜っている。さらに『日本三代実録』元慶四年十月十四日甲午条には、

授二上野国正五位下若伊賀保神正五位上一。

とあり、若伊賀保神社に正五位下が与えられている。

これらを踏まえるならば、元慶四年における美和神社への神階奉授は、元慶二年に始まった蝦夷の反乱の鎮静化を受けて、上野国の諸社に対して広く行われた神祇政策の一環であったと理解できる。すなわち、桓武朝の征討の時と同様、元慶の乱に際して上野国から多数の兵士が出羽国へ派遣されたが、その中には美和神社を奉ずる人々が多く含まれており、事態が収束した後、蝦夷鎮撫に対する霊験があったとして、美和神社に正五位下勲十二等が贈られたと考えられるのである。(46)

結語

従来の研究では、上野国山田郡の美和神社を個別的に取り上げたものは少なく、特にこの神社の八世紀末から九世紀の動向については十分に論じられていなかった。そこで本章では、官社化と神階奉授の問題を改めて検討した。論旨を整理するならば、次のとおりである。

・美和神社は延暦十五年に官社に預かり、元慶四年以前に従五位上となり、元慶四年には正五位下勲十二等を与えられた。そして、最終的には従一位にまで上ったと考えられる。『上野国神名帳』では、美和神社は一宮本の鎮守項・郡別項と信友本の鎮守項にのみ見えており、信友本の郡別項や総社本には所載されていないが、この相違は写本の作成意図や、その後に加えられた改変に起因しており、美和神社を従一位とする記述の信憑性を疑う必要はない。

・『上野国交替実録帳』神社項の断簡C4には、美和神社は正一位と記されているが、これは誤記である可能性が高い。こうした誤記が生じた要因としては、当該箇所を含む山田郡の部分が異筆で記されていることが関係していると思われる。この点は『上野国交替実録帳』が項目ごとに作成されたことを示唆する。また、断簡C4に加えて断簡Eにも美和神社に関する記載があり、断簡C4の当該部分は「向殿一宇」と、断簡Eは「正一位美和名神社」と、それぞれ従来の釈文を修正することができる。

・美和神社が官社化され、さらに神階を賜った背景には、二つの歴史的前提が想定される。第一は、大物主命がもつ軍神としての神格である。大和王権が軍神としての大物主命を奉戴して各地へ進出したことにともない、各地に大物主命を祭る神社が勧請・分祀されたのであり、上野国の美和神社もこうした背景をもって創始されたと見られる。

・第二は、蝦夷征討との関係である。つまり、桓武朝における東北地方への派兵や、陽成朝に起こった元慶の乱を鎮圧するため、上野国から徴発された兵士の中に山田郡の美和神社（軍神としての大物主命）を奉祭する集団が含まれており、戦乱の収束後に美和神社の蝦夷征討に対する霊験が人々の間で観念されたことが一つの要因となって、官社化や神階奉授が実施されたと考えられる。

なお、第四節で述べた蝦夷征討と神祇政策との関連は、必ずしも上野国に留まるものではなく、東国の諸社にも広く当てはまる。その際に注目されるのは、『日本三代実録』元慶四年二月八日壬辰条に、

授二甲斐国従四位上勲十二等物部神正四位下一。正五位上美和神従四位下。（略）

とあり、『日本三代実録』元慶四年八月二十九日庚戌条に、

授二下野国従五位下三和神正五位上一。

とあるように、上野国の美和神が神階を授かった元慶四年に、甲斐国の美和神にも従四位下、下野国の三和神にも正五位上が与えられていることである。前者は『延喜式神名帳』甲斐国巨麻郡の神部神社、後者は同じく下野国那須郡の三和神社に比定される。もちろん、この年に神階奉授が行われた神社はほかにも散見されるのであり、全てが同じ理由によるとは限らない。ただし、元慶の乱において下野国の人々が動員されたことは、前掲した『日本三代実録』元慶二年四月二十八日癸巳条・元慶三年三月二日壬申条より確認できる。また、甲斐国についても『日本三代実録』元慶二年六月二十一日乙酉条に、

勅、令上二東海・東山両道諸国一、簡二択勇敢軽鋭者一、須二待出羽国奏請一、応レ機奔赴上。伊勢廿人、参河廿人、遠江十人、駿河卅人、甲斐廿人、相模廿人、武蔵卅人、下総卅人、常陸五十人、美濃卅人、信濃卅人。令上二相模国一送綿一千屯於出羽国上、為レ充二造レ襖料一也。(47)

とあり、やはり少数ではあるが兵士が出羽国へ赴いている。したがって、両社の場合も上野国の美和神社と同様、祭神である大物主命の軍神としての神格や、これを中央で奉祭した大神朝臣氏の氏族伝承、さらには蝦夷征討に対する霊験などを背景として、神階奉授が実施された可能性があろう。(48)

註

（1）各神社の名称は、史料によって「某神」・「某（大）明神」・「某名神社」・「某（大）明神社」などと表記されるが、本文中は「某神社」で統一する。
（2）「美和」の表記は、宝暦三年（一七五三）「桐生新町差出帳」、文化三年（一八〇六）「開運太々御神楽勧進帳」、嘉永二年（一八四九）「小島行快神道裁許状」、安政五年（一八五八）「村松村皆済目録」などに見える。一方「三輪」の表記は、宝永三年（一七〇六）「村松村名主宛一札之事」、明和元年（一七六四）『巡礼旧神祠記』、寛政二年（一七九〇）・天保十一年（一八四〇）「境内石柱銘」、文化五年（一八〇八）「三輪神社奉加帳」などに見える。
（3）社伝は、前原勝興『延喜式内郷社美和神社由緒』（一九二二年）による。以下同じ。
（4）吉田兼倶『延喜式神名帳頭注』（成立一五〇三年、『群書類従』巻二三所収）、度会延経『神名帳考証』（成立一七三三年、『神祇全書』一所収）、富田永世『上野名跡志』（成立一八五三年、万巻堂、一九〇一年）、鈴鹿連胤『神社覈録』（成立一八七〇年、思文閣出版、一九七一年）、栗田寛『神祇志料』（成立一八七三年、思文閣出版、一九七一年）など。
（5）周東隆一「賀茂・三輪両社の上野国山田郡鎮座についての考」（『桐生史苑』一三、一九七四年）、同「賀茂の道・三輪の道（再考）」（『桐生史苑』二〇、一九八一年）。粟田豊三郎「桐生美和神社」（『桐生史苑』一八、一九七九年）。
（6）『桐生市史』別巻（一九七一年）、『式内社調査報告』一三（皇學館大学出版部、一九八六年）、『群馬県史』通史編一（一九九一年）。
（7）「神祇官記」（『続日本紀』慶雲三年〈七〇六〉二月庚子条）、「官帳」（『本朝月令』山科祭条所引延暦十一年〈七九二〉正月十六日太政官符）、「神祇之簿」・「神帳」（『古語拾遺』）、「神祇官帳」（『続日本後紀』承和四年〈八三七〉正月辛卯条）などともいう。
（8）官社制に関する主な研究としては、岡田精司「古代における宗教統制と神祇官司」（『古代祭祀の史的研究』塙書房、一九九二年、初出一九七〇年）、川原秀夫「律令官社制の成立過程と特質」（林陸朗先生還暦記念会編『日本古代の政治と制度』続群書類従完成会、一九八五年）、三宅和朗「古代祝詞の変質とその史的背景」（『日本古代の神祇と祭祀』吉川弘文館、一九九五年、初出一九八六年）、小倉慈司「八・九世紀における神社行政の展開」（『史学雑誌』一〇三―三、一九九四年）などがある。本書第二部第二章も参照。
（9）豊橋市図書館羽田八幡宮文庫所蔵。

（10）各写本は、三橋健校注『神道大系神社編1　総記』（神道大系編纂会、一九八六年）、三橋健『国内神名帳の研究』論考編・資料編（おうふう、一九九九年）などに所収。なお、尾崎喜左雄氏は『上野国神名帳』を一宮本・総社本・群書類従本に分類したが（尾崎喜左雄『上野国神名帳の研究』尾崎先生著書刊行会、一九七四年）、群書類従本は信友本の系統に含まれる。また、書誌学的研究には以下のものがある。神保侑史「伴信友書写の上野国神名帳について」（『群馬文化』一九四、一九八三年）、同「前田綱紀蒐集の上野国神名帳について」（『群馬文化』二〇五、一九八六年）、同「伴信友書写の上野国神名帳―総社神社所蔵本との比較」（『群馬文化』二〇九、一九八七年）、同「伴信友書写の上野国神名帳―総社神社所蔵本との比較（二下）」（『群馬文化』二一一、一九八七年）、同「町田延陵書写の『上野国神名帳』について」（『群馬県立歴史博物館紀要』二三、二〇〇二年）、同「上野国総社神名帳に関する一考察」（『群馬文化』二八五、二〇〇六年）、同「上野国総社神名帳に関する考察補遺」（『群馬文化』二八九、二〇〇七年）、同「上野総社神社所蔵本『上野国神名帳』前書と『総社・稲含両大明神草創縁起』に関する一考察」（『群馬文化』二九一、二〇〇七年）、同「一之宮貫前神社所蔵になる『上野国神名帳』の成立と稲含神・荒船神登載に関する一考察」（近藤義雄先生卒寿記念論集刊行会編『近藤義雄先生卒寿記念論集』群馬県文化事業振興会、二〇一〇年）、近藤晃「上野国総社神名帳に関する一考察」（『群馬文化』二八五、二〇〇六年）、同「上野国総社神名帳に関する考察補遺」（『群馬文化』二八九、二〇〇七年）。

（11）鎮守項には「美和」、郡別項には「三輪」とあり、社名の表記が相違しているが、『式内社調査報告』一三（前掲）は両者を同一神とする。従一位の神階が一致していることや、山田郡内に美和神社の存在は一社しか知られないことなどから、筆者も同様に理解しておきたい。

（12）尾崎喜左雄『上野国神名帳の研究』（前掲）。

（13）『群馬県史』資料編十四（一九八六年）、岡見正雄・高橋喜一校注『神道大系文学編1　神道集』（神道大系編纂会、一九八八年）などに所収。

（14）岡田荘司「上野国一宮・総社と『神名帳』『神道集』」（『大倉山論集』四三、一九九九年）。

（15）『群書解題』一上（続群書類従完成会、一九六二年）、三橋健校注『神道大系神社編1　総記』（前掲）、神保侑史「伴信友書写の上野国神名帳について」（前掲）など。

（16）『平安遺文』九―四六〇九、『新編埼玉県史』資料編四（一九八三年）、『群馬県史』資料編四（一九八五年）などに所収。以下、引用は『群馬県史』による。

(17) 竹内理三「郡衙の構造—上野国交替使実録帳について」(『竹内理三著作集4　律令制と貴族』角川書店、二〇〇〇年、初出一九五一年)。
(18) 福井俊彦「不与解由状について」(『日本歴史』一五八、一九六一年)、同「不与解由状について補説」(『日本歴史』三二六、一九七五年)、同『交替式の研究』(吉川弘文館、一九七八年)。
(19) 前沢和之「上野国交替実録帳についての基礎的研究」(『群馬県史研究』四、一九七六年)、同「「上野国交替実録帳」の性格について」(永島福太郎先生退職記念会編『日本歴史の構造と展開』山川出版社、一九八三年)、同「史料解説　上野国交替実録帳」(『群馬県史』資料編四、前掲)、同「上野国分寺と「上野国交替実録帳」」(亀田隆之先生還暦記念会編『律令制社会の成立と展開』吉川弘文館、一九八九年)、同「「上野国交替実録帳」にみる地方政治」(『群馬県史』通史編二、一九九一年)、同「「上野国交替実録帳」金光明寺項についての一考察」(大金宣亮氏追悼論文集刊行会編『古代東国の考古学』慶友社、二〇〇五年)、同「「上野国交替実録帳」諸郡官舎項再考」(『国史学』一九八、二〇〇九年)、同「国分寺と「上野国交替実録帳」」(須田勉・佐藤信編『国分寺の創建』思想・制度編、吉川弘文館、二〇一一年)。
(20) 『式内社調査報告』一三(前掲)。
(21) 貫前神社と抜鉾神社を別個とする説もあるが(尾崎喜左雄「貫前抜鉾両神社の研究」『上野国の信仰と文化』尾崎先生著書刊行会、一九七〇年、初出一九六四年)、本章では同一と理解する。なお、貫前神社は『上野国交替実録帳』・『上野国神名帳』には抜鉾神社と見えるため、必要に応じて「抜鉾(貫前)神社」あるいは「貫前(抜鉾)神社」と表記する。
(22) 前沢和之「史料解説　上野国交替実録帳」(前掲)。
(23) 前沢和之「史料解説　上野国交替実録帳」(前掲)。
(24) 川原秀夫「上野国における平安時代の神社行政」(『ぐんま史料研究』一六、二〇〇一年)。
(25) 川原秀夫「上野国における平安時代の神社行政」(前掲)。
(26) 周東隆一「古代の上野と祭祀」(『桐生市史』別巻、前掲)。
(27) 天理大学附属天理図書館所蔵。田中卓「新史料『延暦八年勅旨所牒』と『宝亀三年太政官符』」(『田中卓著作集10　古典籍と史料』国書刊行会、一九九三年、初出一九五七年)参照。
(28) この神は社伝に「大物主命」とあるほか、「坐御諸山上神」(『古事記』上巻)、「美和之大物主神」(『古事記』神武段)、「意富美和

之大神」（『古事記』崇神段）、「大物主大神」（『古事記』崇神段、『日本書紀』崇神七年十一月己卯条）、「大物主神」（『日本書紀』神代上第八段一書第六、崇神七年二月辛卯条、崇神十年九月条）、「大三輪神」（『日本書紀』雄略十四年三月条）、「三諸岳神」（『日本書紀』雄略七年七月丙子条）、「大物主命」（『新撰姓氏録』山城国神別　石辺公条）など様々に呼称・表記される。本章では「大物主命」で統一しておく。

(29) 阿部武彦「大神氏と三輪神」（『日本古代の氏族と祭祀』吉川弘文館、一九八四年、初出一九七五年）、前川明久「大和政権の東国経営と伊勢神宮」（『日本古代氏族と王権の研究』法政大学出版局、一九八六年）、前田晴人『三輪山―日本国創世神の原像』（学生社、二〇〇六年）など。

(30) 池田源太「三輪の神の諸形態と保護精霊」（『古代日本民族文化論考』学生社、一九七九年、初出一九七一年）、同「大神神社の鎮座」（大神神社史料編修委員会編『大神神社史』吉川弘文館、一九七五年）、同「古代史の中の三輪山」（東京三輪いかづち講編『神郷三輪山―神々の秘境をひらく』同友館、一九九〇年）。神格の分類は「大神神社の鎮座」によった。

(31) 和田萃「三輪山祭祀の再検討」（『日本古代の儀礼と祭祀・信仰』下、塙書房、一九九五年、初出一九八五年）。

(32) 拙稿「大三輪神の神格とその重層性」（『大神氏の研究』雄山閣、二〇一四年、初出二〇一二年）。なお、大国主命の幸魂・奇魂については、池田源太が「国土経営の神を助ける保護精霊（ガーディアンスピリット）」や「国家神」と言い換えているので、本章では「国家神」とした。池田源太「三輪の神の諸形態と保護精霊」（前掲）。

(33) 熊谷公男「蝦夷の誓約」（『奈良古代史論集』一、真陽社、一九八五年）、同「蝦夷と王宮と王権と―蝦夷の服属儀礼からみた倭王権の性格」（『奈良古代史論集』二、真陽社、一九九一年）。

(34) 折口信夫「大嘗祭の本義」（『折口信夫全集』三、中央公論社、一九九五年、初出一九三〇年）。

(35) たとえば、中路正恒は綾糟にとっての三輪山を「故国の土着の神々への〈通路〉」であるとし、その三輪山に向かうことで「故国の神々に服属の運命の〈ゆるし〉を乞うた」とする（中路正恒『古代東北と王権』講談社、二〇〇一年）。また、佐々木聖使は、綾糟は「天地諸神」と「天皇霊」に対して盟約を行ったのであり、大物主命はその盟約の「証人」として選ばれたに過ぎないと述べている（佐々木聖使『天皇霊と皇位継承儀礼』新人物往来社、二〇一〇年）。しかし、両説とも明確な根拠を示しておらず、成立しがたいと思われる。

(36) 岡田精司「河内大王家の成立」（『古代王権の祭祀と神話』塙書房、一九七〇年、初出一九六六年）。なお、岡田は「天地諸神」について、文飾かあるいは引き合いに出されたに過ぎないと述べている。

(37) 熊谷公男「古代王権とタマ（霊）」（『日本史研究』三〇八、一九八八年）。

(38) 田中卓「大神神社の創祀」（『田中卓著作集1　神話と史実』国書刊行会、一九八七年）。

(39) 小林敏男「天皇霊と即位儀礼」（『古代天皇制の基礎的研究』校倉書房、一九九四年）。

(40) 写本によって書名が異なるが、本書では『粟鹿大明神元記』で統一する。

(41)『粟鹿大明神元記』の末尾には、長保四年（一〇〇二）の神祇官公験が付されていることから、現在の形に最終的にまとめられたのはこの頃と見られる。田中卓「一古代氏族の系譜」（『田中卓著作集2　日本国家の成立と諸氏族』国書刊行会、一九八六年、初出一九五六年）、拙稿「『粟鹿大明神元記』の写本系統」（『大神氏の研究』前掲、初出二〇一二年）など参照。

(42) 第二次征討の戦後処理として、武蔵・上総・常陸・上野・下野・出羽・越後の国々から九〇〇〇人を徴発し、伊治城の柵戸としている（『日本後紀』延暦十五年十一月戊申条）。この時に移住させられた人々の中にも、美和神を奉祭する人々が含まれていた可能性がある。

(43) 川尻秋生「坂東の成立」（『古代東国史の基礎的研究』塙書房、二〇〇三年、初出一九九九年）。

(44) 中村光一は、美和・賀茂・火雷神社の官社化について「あるいは延暦十三年度の蝦夷征討と関わりが考えられるかもしれない」とするが、それ以上は詳しく論じていない。中村光一「列官、神階授与に見る上野国内の諸社の動向」（『群馬文化』三〇七、二〇一一年）。

(45)『日本三代実録』貞観三年（八六一）十月二十八日戊辰条には、

太政官論奏曰、尾張国人敢臣継吉・敢臣宗貞等、駆㆓殺宗貞兄敢臣継雄㆒。信濃国人壬生稲主、駆㆓殺妻母刑部子刀自女㆒。上野国人神人継道、故㆓殺布師貞㆒。淡路国浪人物部冬男、闘㆓殺錦織広人㆒。遣㆓正六位上行治部少丞安倍朝臣興氏・従七位上行勘解由主典伴連貞宗等於上野国㆒推㆑之。自余国司断而言上。法官覆案、罪皆当㆑斬。詔減㆓死一等㆒、処㆓之遠流㆒。

とあり、神人継道なる人物が殺人を犯した罪で遠流に処されたことが分かる。ここから、上野国には神人氏が分布していたことが分かる。このほかにも、戸神諏訪遺跡（群馬県沼田市）から出土した刻書土器には「神人子真丘」とあり（群馬県教育委員会『戸神諏訪遺跡』奈良・平安時代編、群馬県教育委員会、一九九〇年）、国分寺・国分尼寺中間地域遺跡から出土した文字瓦にも、「羊〔辛ヵ〕神人宿子稲麿」という人名が見えている（川原秀夫「上野国文字瓦集成（上）」『明和学園短期大学紀要』一六、二〇〇五年）。神人継道の所在郡は不明であるが、神人子真丘は利根郡、羊神人宿子稲麿は群馬郡に所在したと推定される（拙稿「大神氏の分布とその背景」『大神氏の研究』前掲、初出二〇一三年）。一方、秋田城跡からは、以下のとおり「神人」と記した木簡が三点、「神人部」と記した木簡が三点出土している。

秋田城跡出土木簡（『秋田城出土文字資料集』二―一六）

・火長他田部粮万呂　物マ子家□　大伴部真秋山　長門マ□万呂　大伴マ真古万呂　尾播マ子徳□万呂
　矢田マ子酒万呂　神人マ福万呂　三村マ子舊人　小長谷マ犬万呂

・　　三月十五日　　　　五〇五×三三×七　〇一一

秋田城跡出土木簡（『秋田城出土文字資料集』二―八〇）

□上□〔里カ〕［　　］　丈稲万呂
［　　　］〈大伴若万呂　□
×□食万呂　□神人□〔倉カ〕万呂　〈火長己足　神人倉下吉　□人伊大知□
〈生マ万潤　丈マ乙罡□　［　　］馬弓　〈上□マ万□□
□□万呂　〈他田粟万呂　　　（三九六）×（四六）×三　〇五九

秋田城跡出土木簡（『秋田城出土文字資料集』二―一二八）

神人部子稲□〔足カ〕□　　（一〇四）×一九×六・五　〇八一

秋田城跡出土木簡（『秋田城出土文字資料集』二―一四五）

□　神人部中万呂　　（二一八）×二〇×四　〇八一

秋田城跡木簡（『秋田城出土文字資料集』二―一六六）

〔異筆〕『［　　］』　神人　　（一三五）×（八）×三・五　〇八一

秋田城跡出土木簡（『秋田城出土文字資料集』二―二〇八）

□□神人弓□〔束カ〕□　　〇九一

もちろん神人・神人部は上野国に限らず全国に広く分布しており（拙稿「大神氏の分布とその背景」前掲）、元慶の乱の際に兵士の徴兵が実施された諸国にも確認できるので一概には言えないが、秋田城から出土した木簡に見える神人・神人部の中に、上野国山田郡で美和神社（大物主命）を奉祭し、元慶の乱に動員されて出羽国に派遣された人物が含まれていても不自然ではない。特に「辛神人宿子稲麻呂」と「神人部子稲□□」は類似した人名であり、同一人物の可能性も含めて今後の課題としたい。

(46) 周東隆一・川原秀夫は、元慶の乱と上野国諸社への神階授与との関係を指摘しているが、上野国からの兵力動員には触れていない（周東隆一「古代の上野と祭祀」前掲、川原秀夫「上野国における平安時代の神社行政」前掲）。また、中村光一は「叙勲の対象となった神社は、その奉祭勢力が盤踞する地域から兵士が送り出されるなど、前年に終息を見た元慶の乱に関係した功が認められた社と考えてよいのではなかろうか」と推測している（中村光一「列官、神階授与に見る上野国内の諸社の動向」前掲）。本章ではこの視点を継承し、美和神社に即して具体的に考察を行った。

(47) 熊田亮介は「勇敢軽鋭者」を弓射騎兵と推定している。熊田亮介「元慶の乱関係史料の再検討」（『古代国家と東北』吉川弘文館、二〇〇三年、初出一九八六年）。

(48) 拙稿「大三輪神の神格とその重層性」（前掲）、同「大神氏の分布とその背景」（前掲）。

第三章 『大神朝臣本系牒略』の編纂と原資料

はじめに

奈良盆地を見下ろすようにそびえる三輪山は、大物主神の鎮まる山として古くから信仰の対象であった。その麓に位置する大神神社(1)は現在も本殿を持たず、拝殿奥の三ツ鳥居を通して三輪山そのものを仰ぐ初源的な祭祀の形態を留めており、日本最古の神社であるとも言われている。

本章で取り上げる『大神朝臣本系牒略』(2)は、かつて大和王権のもとで三輪山における祭祀を担当し、のちにこの大神神社の神職を継承した大神朝臣氏(3)とその後裔たる髙宮氏の系図である。そこには神代の素佐能雄命から江戸時代中頃の髙宮信房まで、合計九十五人が連綿と記されている（一部に重複を含む）。この系図は『百家系図稿』（静嘉堂文庫所蔵）や『諸系譜』（国立国会図書館所蔵）に載録されているが(4)、学界には広く知られていなかった。そこで、筆者は以前、その翻刻・校訂を行うとともに、編者・成立年代および史料的性格について考察を行った(5)。

それまで大神朝臣氏の系図としては『三輪高宮家系図』(6)が頻用されてきた(7)。しかし、この系図は明治時代中頃に編纂されたものである。各人物には詳細な尻付が施されているが、大半は『大神朝臣本系牒略』の引き写しであり、加筆・修正や推定復原も含まれている。その工程からは、近代の人々による前近代史の理解・再構築のあり方をうかが

図2　『大神朝臣本系牒略』略系図

＊『大神朝臣本系牒略』の翻刻から神名・人名のみを抜粋し、世系を示した。二ヵ所に見える人名はゴシック太字で示した。

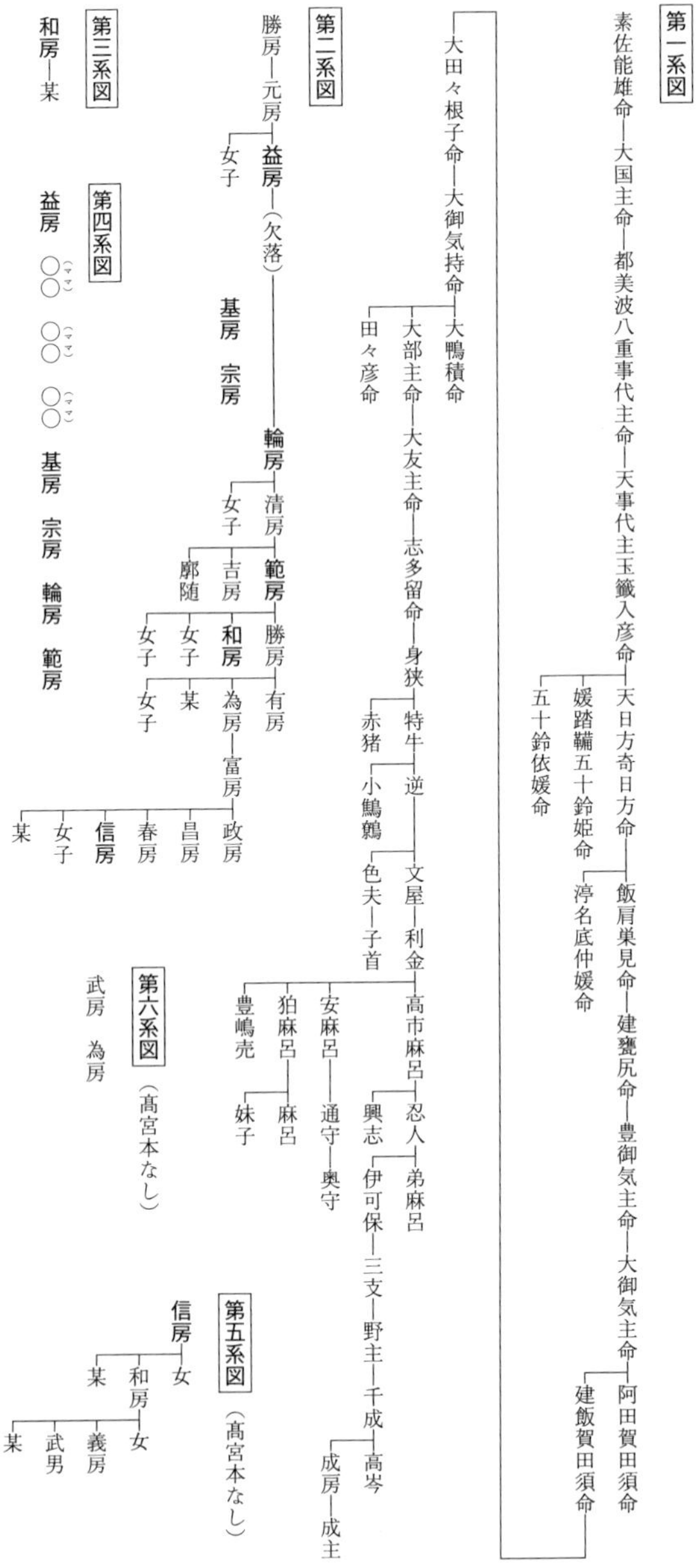

うことはできるが、古代における大神朝臣氏の実態を考える素材としては、まずもって『大神朝臣本系牒略』を用いる必要があろう。

以下では、『大神朝臣本系牒略』の成立とその歴史的背景を確認した上で、特に古代の部分を作成する際に利用されたと思われる原資料と、そこに引用された史料に関して改めて考察を加えることとしたい。なお『大神朝臣本系牒略』の世系のみを抜粋して図式化したものが【図2】である。適宜参照されたい。

一　成立とその歴史的背景

はじめに『大神朝臣本系牒略』の概要を確認しておこう。この系図は天地約二三・五センチ、幅約一六・五センチ、表表紙・裏表紙・紙片(8)を含め全十四丁からなる冊子本である。打付外題に「大神朝臣本系牒略」、内題に「大神姓本系牒略」とある。内容は古代の人物を記した第一系図（素佐能雄命～大神朝臣成主）と、中世から近世の人物を記した第二系図（髙宮勝房～信房）に分かれており(9)、その間の世系は途切れている。筆跡は終始同筆である。

奥書などはないが、編者は髙宮信房（一七六九～一八二三）(10)と推定される。この人物は第二系図の末尾に置かれているが、彼と同世代の人物は、京都の鈴鹿家から養子として迎えられて後に実家へ戻った政房（信房の義兄）を除き、みな信房よりも早くに他界しているのに対し、彼には死去の記載が見られない。つまり、信房は『大神朝臣本系牒略』に記載されている人物のうち、最後まで生存していた人物ということになる。また『大神朝臣本系牒略』は大神神社に神主として奉仕した大神朝臣氏の系図であり、多くの人物の尻付に「神主」とあるが、信房の尻付には、

当神主。幼名三代丸。明和六生。

とあり、第二系図末尾の注記にも、

従二太田々根子命一至二当神主信房一四十五代。血脈相続連綿者也。

とあるように、彼だけが「当神主」と記されていることから、『大神朝臣本系牒略』は信房が神主の職にあった期間に編纂されたと考えられる。とするならば、大神神社神主家の系図が現職の神主と無関係に編纂されることは想像しがたい。むしろ「当神主」たる信房であるからこそ、自分よりも前代に神主として大神神社に奉仕してきた祖先たちの系図を記したと見るのが穏当である。したがって『大神朝臣本系牒略』の編者は信房であると見てよいであろう。

彼が神主に就任したのは、その尻付の下方に付された貼紙（本文と同筆）に、

安永六年六月二十八日、神主職拝賀。

とあり、『三輪高宮家系図』の信房の尻付にも、

明和六年生。安永六年六月廿八日補二神主一。文政六年三月七日卒。

とあることから、安永六年（一七七七）であることが分かる。いつまで在職していたのかは不明であるが、文政六年（一八二三）に没していることから、最長でもこの年までである。よって『大神朝臣本系牒略』の成立時期は、安永六年から文政六年までの間に限られる。さらに、成立時期を示す手がかりとして次の三点に留意したい。

第一に、『大神朝臣本系牒略』の春房（信房の兄）の尻付には、

寛政三年六月十七日死。四十九才。

とあり、寛政三年（一七九一）の年紀が見える。当然、これは寛政三年以降でなければ記すことができない。

第二に、『三輪高宮家系図』の勝房（信房の子）の尻付には、

嘉永二酉年十二月十七日卒。五十一才。

とある。嘉永二年（一八四九）から逆算するならば、彼は寛政十一年（一七九九）の生まれである。もし勝房の出生後に『大神朝臣本系牒略』が編纂されたのであれば、彼の名前も記載されたはずである。[11]

第三に、後掲の【表2】にも挙げておいたが、大友主命の尻付には、

自二垂仁天皇三年一、至二仲哀天皇九年一、経二歳二百二十七年一。父子同名可レ知。書紀解。

とある。この文章は『書紀集解』巻八　仲哀九年二月丁未条に、

大三輪大友主君。〈按、大友主、見二于垂仁天皇三年紀一。一書之中、至レ此二百二十七年。蓋父子伝レ名而同者。〉

とあるのとほぼ同内容であることから、『書紀集解』の当該箇所を参照して記されたものと思われる。この『書紀集解』は江戸時代の国学者である河村秀根（一七二三～九二）と、その子の殷根《しげね》（一七四九～六八）・益根（一七五六～一八一九）らが編纂した『日本書紀』の注釈書である。天明五年（一七八五）に第一冊の原稿が完成し、翌年から順次刊行され、全三十一巻が刊行されたのは文化年間（一八〇四～一八）の初めと見られている。[12]また、享和二年（一八〇二）に刊行された『群書一覧』[13]は、この『書紀集解』を取り上げて、

此集解今刻するところ神代紀より第十六巻武烈紀にいたる。

と述べていることから、享和二年の時点で第十六巻までが刊行されていたことが分かる。そこで、天明六年（一七八六）から享和二年まで定期的に刊行が進められていたと仮定すれば、およそ一～二年に一巻の進度で刊行されたことになり、前述の文章を含む巻八は寛政五年～六年（一七九三～九四）頃には刊行されていたと推測される。よって、信房が『書紀集解』巻八を入手・参照して『大神朝臣本系牒略』に前述の文章を記述したのは、これ以降ということになる。

以上、信房が神主の職にあった安永六年から文政六年までの間であり、さらに寛政三年以降、寛政十一年以前、寛

政五年～六年以降という諸条件を踏まえるならば、『大神朝臣本系牒略』の成立は一七九〇年代後半と見ることができる。

次に、『大神朝臣本系牒略』が編纂された目的を推測してみよう。大神神社の関係諸社をまとめた『大神分身類社鈔』(14)の書写奥書には、

高宮氏、慶長年中出火之砌、一切秘記是令二焼失一。以来絶而不レ得二其紀集一。慶長中、高宮木工之掾清房五世孫当神主有房、某旧記焼失相承哀之事無レ限。当社家岡本家春次男南都西照寺速誉和尚与レ予共、兼日令二物語一。処二南都住一或氏人、伝々書写之本所持。以レ有レ之、速誉和尚令二探望一、借用之書写被レ遂レ之。

享保五年庚子九月中七日　越宮内昌綱。

とある。この記述によれば、慶長年間（一五九六～一六一五）に発生した火災によって高宮家の所蔵文書が灰燼に帰し、それから約一世紀を経た享保五年（一七二〇）頃、高宮有房（一六九五～一七四七）がこの状況を歎き、社家の越昌綱や社家出身の速誉和尚らとともに旧蔵文書の写しを収集していたことが知られる。

そして、この取り組みは『高宮氏中興系図』(15)として結実した。【図3】に示したように、その奥書には、

先祖延房並勝房公ニ相尋、享保六辛丑年中、高宮神主有房書之。越宮内昌岡（ママ）。

とあり、享保六年（一七二一）に有房らの手で編纂されたものであることが分かる。この系図は輪房（?～一六四〇）から始まっているが、これはおそらく慶長の火災の影響で、当時の高宮家には輪房以前の記録が残されていなかったためであろう。また『高宮氏中興系図』は信房の代まで書き継がれているが、ほかの人物には「神主」・「当神主」などとあるのに対し、信房の尻付には「三代丸。〈信房。〉」とあるのみで、神主に就任したことが記されていない。このことは『高宮氏中興系図』が信房の神主就任後に書き継がれなくなり、これに取って代わる形で『大神朝臣本系牒

図3 『髙宮氏中興系図』抜粋

＊『髙宮氏中興系図』（『大神神社史料』一、吉川弘文館、一九六八年）をもとに作成した。

杢之助輪房 範凡《ママ》書
―右京清房 母ハ山城賀茂神社何某娘姓不知
尊照尼

右京清房の子
僧名廓随房 当麻寺護念院主
権左右衛門吉房 土屋氏ヲ相続
主水延房 号範房又清房トモ
神主範房 母ハ当国之何某娘姓不知

主水延房の子
勘解由和房 諸公儀神主代数年勤之
民部勝房 母ハ南都一乗院御門主家老二條法眼娘
おいら 河州服部郡山中十左衛門へ縁付後ニ南都春日社八乙女惣ノ一ニ出頭
尊智尼

民部勝房の子
豊丸 南都興福寺一乗寺宝光院弟子 母ハ宇多郡池上村縫腹
千代丸 享保十一年丙午三月十四日神前拝賀
当神主有房 神主号□□《ママ》年（十）《ママ》六 母は当村賄人腹也宝永七年五月廿八日ニ拝賀年十六才妻は越宮内姉
おひさ 尊知弟子

神主富《ヨシ》房 後ニ主水ト相改

神主富房の子
当神主政房 寛延元戊辰年十月廿一日相続ニ参候、吉田大蔵卿一家老鈴鹿周防守次男松丸養子ニ仕候、寛延二己巳年二月廿八日拝賀也、六年相勤不相続ニ而吉田へ帰申候也、
昌房 民部郡山家士男在職

神主 春房安永二癸巳年十一月九日拝賀則今年九歳也、前神主主水富房実子也母ハ芝村三浦治右衛門娘賄腹也、

神主春房の子
三代丸 房信
おみち

（中略）

先祖延房並勝房公ニ相尋
享保六辛丑年中髙宮神主有房書之
越宮内昌岡《ママ》

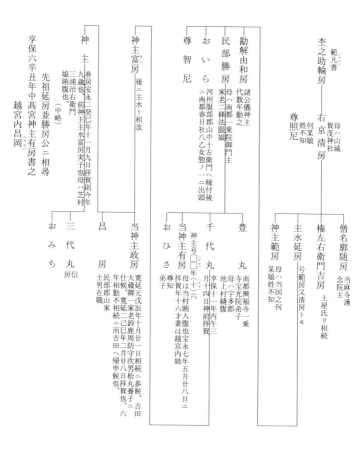

略』が編纂されたことを示している。

その詳しい理由は明記されていないが、『大神朝臣本系牒略』第二系図末尾には、

元房已後、当国当郡粟殿極楽寺為二葬所一。信房之時、神牌納下在二当山檜原一玄賓庵上。

とあり、ここに見える元房（一三三九〜一四二五）の尻付にも、

葬二粟殿極楽寺一

とある。これによれば、元房以降の高宮家は極楽寺（奈良県桜井市粟殿）を墓所としており、信房の代に神牌（神主の位牌か）を檜原の玄賓庵（同茅原）[16]に納めたという。とするならば、信房はその際、極楽寺に信房以降の祖先が葬られていることを知り（あるいは再確認し）、輪房以前の祖先との関係を系図にまとめておく必要性を感じたのではあるまいか。そこで、自らの代で『高宮氏中興系図』に書き継ぐことをやめ、それよりも古い時代にまで遡った『大神朝臣本系牒略』を編纂したと考えられるのである。

二　第一系図と本系帳

では、信房は何をもとにして『大神朝臣本系牒略』を編纂したのであろうか。まず、中世から近世の人物を記した第二系図については、神社関係者が保管していた高宮家旧蔵文書の写しや、極楽寺に建てられた墓石、玄賓庵に納められた神牌、さらに前述の『高宮氏中興系図』などが参考にされたと思われる[17]。

一方、古代の人物について記した第一系図については、執筆に当たって引用・参照したと思われる史料名が随所に示されている。それらと『大神朝臣本系牒略』を対照させたものが【表2】である。これを概観するならば『古事

表2　『大神朝臣本系牒略』と引用史料の比較

［凡例］
・引用史料名が記されている文章には○を付して上欄に示し、引用史料の文章には同じく○を付して下欄の対応する位置に示した。
・引用史料名が記されているが、引用史料にその文章が見られない文章には、本文と対応させて①～⑩を付して上欄に太字で示した。
・引用史料名が記されていない文章には、△を付して上欄に示した。

『大神朝臣本系牒略』	引用史料
素佐能雄命	
△天御祖伊弉諾尊之児。母伊弉冉尊。	
○一云、建須佐能男命。〈古事記、神祇式。〉	○『古事記』上巻「建速須佐之男命」「須佐能男命」 ○『延喜式』神名下 出雲国出雲郡条「須佐袁神社」
○神素戔嗚尊、速素戔嗚尊。〈書紀一書。〉	○『日本書紀』神代上第五段本文「次生素戔嗚尊。〈一書云、神素戔嗚尊。速素戔嗚尊。〉」
○又云、八束身臣津野命。〈出雲風土記。〉	○『出雲国風土記』総記「八束水臣津野命」
○童名武塔天神。又云、牛頭天王。〈公事根源。〉	○『公事根源』祇園御霊会「素戔嗚尊の童部にて、牛頭天王とも、武塔天神とも申すなり。」
○書紀一書曰、素戔嗚尊可以治天下也。而欲従母於根国。可以任情行矣、乃逐之。	○『日本書紀』神代上第五段一書第六「素戔嗚尊者可以治天下也。是時素戔嗚尊年已長矣。復生八握鬚髯。雖然不治天下、常以啼泣恚恨。故伊弉諾尊問之曰、汝何故恒啼如此耶。対曰、吾欲従母於根国、只為泣耳。伊弉諾尊悪之曰、可以任情行矣、乃逐之。」
○又曰、遂到出雲之清地。乃言曰、吾心情々之。	○『日本書紀』神代上第八段本文「遂到出雲之清地焉。〈清地、此云素鵝。〉乃言曰、吾心清清之。〈此今呼此地曰清。〉」

○又曰、然後居熊成峯、遂入于根国矣。
△出雲国楯縫郡鰐淵寺山頂窟陵也。有祠号曰、来成天王。云々。按、来成、訓久末奈理矣。

○『日本書紀』神代上第八段一書第五「然後、素戔嗚尊、居熊成峯、而遂入於根国者矣。」

大国主命
○一云、大己貴命。〈書紀。〉
○大穴持命。〈神祇式。〉
○櫛瓶玉命。〈国造神賀詞。〉
△母奇稲田媛。簀狭八箇耳女。
○書紀曰、乃相与遘合、而生児大己貴命。
○一書曰、号清之湯山主三名狭漏彦八嶋篠。此神五世孫、即大国主神。〈云々。〉
○姓氏録曰、大神朝臣。素佐能雄命六世孫、大国主命之後也。
○一書曰、大国主神、亦名大物主神、亦号国作大己貴命。亦曰葦原醜男。亦曰八千戈神。亦曰大国玉神。亦曰顕国玉神。〈云々。〉
△按、書紀及旧事地神本紀者、大己貴別名、大国主云々。
○一書及姓氏録者、五世孫又六世孫。云々。
○古事記者、為七世孫代々名注之。上古事其世葉不可知。

○『日本書紀』第八段一書第二「大己貴命」ほか
○『延喜式』祝詞「大穴持命」
○『延喜式』祝詞「櫛瓶玉命」
○『日本書紀』神代上第八段本文「乃相与遘合、而生児大己貴神」
○『日本書紀』第八段一書第一「号清之湯山主三名狭漏彦八嶋篠。一云、清之繫名坂軽彦八島手命。又云、清之湯山主三名狭漏彦八嶋野。此神五世孫、即大国主神。」
○『新撰姓氏録』大和国神別　大神朝臣条「大神朝臣。素佐能雄命六世孫、大国主之後也。」
○『日本書紀』第八段一書第六「大国主神、亦名大物主神、亦号国作大己貴命。亦曰葦原醜男。亦曰八千戈神。亦曰大国玉神。亦曰顕国玉神。」
○『日本書紀』第八段一書第一「此神五世孫、即大国主神。」
○『新撰姓氏録』大和国神別　大神朝臣条「大神朝臣。素佐能雄命六世孫、大国主之後也。」
○『古事記』上巻「其櫛名田比売以、久美度邇起而、所生神名、謂八嶋士奴美神。（略）兄八嶋士奴美神、娶大山津見神之女、名木花知流〈此二字以音。〉

比売生子、布波能母遅遅久奴須奴神。此神、娶淤迦美神之女、名日河比売生子、深淵之水夜礼花神。（略）此神、娶天之都度閇知泥神〈自都下五字以音。〉生子、淤美豆奴神。（略）此神、娶布怒豆怒神〈此神名以音。〉之女、名布帝耳神〈布帝二字以音。〉生子、天之冬衣神。此神、娶刺国大神之女、名刺国若比売生子、大国主神。」

○姓氏録謂之六世者、速須佐之男命。八嶋士奴美神、布波能母遅久奴須奴神、深淵水夜礼苍神、於美津奴神、天冬衣神、大国主神云々。古事記拠之注之乎。

○『新撰姓氏録』大和国神別　大神朝臣条「大神朝臣。素佐能雄命六世孫、大国主之後也。」

○『古事記』上巻「其櫛名田比売以、久美度邇起而、所生神名、謂八嶋士奴美神。（略）兄八嶋士奴美神、娶大山津見神之女、名木花知流〈此二字以音。〉比売生子、布波能母遅遅久奴須奴神。此神、娶淤迦美神之女、名日河比売生子、深淵之水夜礼花神。（略）此神、娶天之都度閇知泥神〈自都下五字以音。〉生子、淤美豆奴神。（略）此神、娶布怒豆怒神〈此神名以音。〉之女、名布帝耳神〈布帝二字以音。〉生子、天之冬衣神。此神、娶刺国大神之女、名刺国若比売生子、大国主神。」

△延暦年中、撰新撰姓氏録之時、家祖大神主従五位下大神朝臣三支、献本系牒。

○為素佐能雄命六世孫者有謂矣。〈姓氏録。〉

○『新撰姓氏録』大和国神別　大神朝臣条「大神朝臣。素佐能雄命六世孫、大国主之後也。」

都美波八重事代主命

○後襲父名曰、大物主神。〈一書。〉

△大国主命二男。

○高市御県坐鴨事代主神社。〈神祇式。〉

○雲梯坐。〈国造神賀。〉

○母神屋楯比売。或云高降比売。宗像社祭官女。旧事紀。

○『日本書紀』第八段一書第六「大物主神」

○『延喜式』神名上　大和国高市郡条「高市御県坐鴨事代主神社」

○『延喜式』祝詞「事代主命能御魂乎宇奈提尓坐」

○『地祇本紀』「大己貴神。（略）次娶坐辺都宮高津姫神、生一男一女。児都味歯八重事代主神。」

天事代玉籤入彦命

○天孫欲令降臨於葦原中津国之前、以天穂日命・武夷鳥命之父子遣之。皆媚大己貴命留而不帰。因天稚彦命賜弓矢然懐私意。而有隠謀、為反矢亡命。重議、遣武甕槌神・経都主神二神。到於出雲国。与大己貴命問答。于時、為鳥遊在三穂﨑釣之。父命遣使示之同可否。答曰宜献於土地。避之踏船枻、而避之。云々。見書紀并一書。

○一書曰、是時帰順之酋渠者、大物主神及事代主神。云々。則是之。

○『日本書紀』神代下第九段本文「遂欲立皇孫天津彦彦火瓊瓊杵尊、以為葦原中国之主。（略）即以天穂日命往平之。然此神佞媚於大己貴神、比及三年、尚不報聞。（略）賜天稚彦天鹿児弓及天羽羽矢以遣之。此神亦不忠誠也。来到即娶顕国玉之女子下照姫（略）、因留住之曰、吾亦欲馭葦原中国、遂不復命。（略）其矢落下、則中天稚彦之胸上。于時、天稚彦、新嘗休臥之時也。中矢立死。此世人所謂、反矢可畏之縁也。（略）是後、高皇産霊尊、更会諸神選当遣於葦原中国者。僉曰、磐裂（略）根裂神之子磐筒男・磐筒女所生之子経津（略）主神、是将佳也。時有天石窟所住神、稜威雄走神之子甕速日神、甕速日神之子熯速日神、熯速日神之子武甕槌神。此神進曰、豈唯経津主神独為丈夫、而吾非丈夫者哉。其辞気慷慨。故以即配経津主神、令平葦原中国。二神、於是、降到出雲国五十田狭之小汀、則抜十握剣、倒植於地、踞其鋒端、而問大己貴神曰、高皇産霊尊、欲降皇孫、君臨此地。故先遣我二神、駈除平定。汝意何如。当須避不。時大己貴神対曰、当問我子、然後将報。是時、其子事代主神、遊行在於出雲国三穂（略）之碕。以釣魚為楽。或曰、遊鳥為楽。故以熊野諸手船〈亦名天鴿船。〉載使者稲背脛遣之。而致高皇産霊尊勅於事代主神、且問将報之辞。時事代主神、謂使者曰、今天神有此借問之勅。我父宜当奉避。吾亦不可違。因於海中、造八重蒼柴（略）籬、踏船枻（略）而避之。使者既還報命。」

○『日本書紀』神代下第九段一書第一「故天照大神、復遣武甕槌神及経津主神、先行駈除。時二神、降到出雲、便問大己貴神曰、汝将此国、奉天神耶以不。対曰、吾児事代主、射鳥遨遊、在三津之碕。今当問以報之。乃遣使人訪焉。対曰、天神所求、何不奉歟。」

○『日本書紀』神代下第九段一書第二「是時帰順之首渠者、大物主神及事代主神。」

○冒父名事代主命。〈一書。〉
○率川阿波神社。〈神祇式。〉
△母弥冨津媛命。高皇産霊命女。実母玉櫛媛。三嶋溝杭耳命女。
○書紀一書曰、帰順之酋渠者大物主神及事代主神。云々。則是之。
○母称、弥富津媛者謂之嫡母也。父子朝参之時、高皇産霊命命之曰、以他神女為妻、猶有疎心而賜之。云々。〈書紀一書。〉
△実母称玉櫛媛。依母名称玉籤彦乎。
○姓氏録曰、大国主命、娶三嶋溝杭耳女玉櫛媛。夜未曙去、不曾昼到。於是、玉櫛姫績苧係衣、至明随苧尋覓。経於茅渟縣陶邑、直指大和国御諸山。還視苧遺、唯有三縈。因之号姓大三縈。云々。
○神功皇后紀曰、仲哀天皇九年三月壬辰、皇后選吉日入斎宮。云々。有神乎。答曰、幡荻穂出吾也、於尾田吾田節之淡郡所居之有也。問、亦有耶。答曰、於天事代於虚事代玉籤入彦厳之事代神。云々。即是之。
△按、称母名為已名、国俗也。
○淡郡者。神祇式曰、阿波国阿波郡事代主神社。云々。
○又曰、大和国添上郡率川阿波神社。
○神祇令曰、率川社者大神族類神。云々。以此文知之。
○又云、鴨地名。摂津国嶋下郡。神祇式、嶋下郡三嶋鴨神社。又溝杭神社有之。可考合。

○『日本書紀』神代下第九段一書第二「事代主神」ほか
○『延喜式神名帳』大和国添上郡条「率川阿波神社」

○『日本書紀』神代下第九段一書第二「是時帰順之首渠者。大物主神及事代主神。」
○『日本書紀』神代下第九段一書第二「時高皇産霊尊、勅大物主神、汝若以国神為妻、吾猶謂汝有疏心。故今以吾女三穂津姫、配汝為妻。」
○『新撰姓氏録』大和国神別　大神朝臣条「初大国主神、娶三島溝杭耳之女玉櫛姫。夜未曙去、来曾不昼到。於是、玉櫛姫績苧係衣、至明随苧尋覓。経於茅渟県陶邑、直指大和国真穂御諸山。還視苧遺、唯有三縈。因之号姓大三縈。」
○『日本書紀』神功皇后摂政前紀（仲哀天皇九年三月壬申条）「皇后選吉日、入斎宮。（略）有神乎。答曰、幡荻穂出吾也、於尾田吾田節之淡郡所居神之有也。問、亦有耶。答曰、天事代於虚事代玉籤入彦厳之事代主神有之也。」

○『延喜式神名帳』阿波国阿波郡条「事代主神社」
○『延喜式神名帳』大和国添上郡条「率川阿波神社」
○『令集解』神祇令4孟夏条「三枝祭。（略）釈云、伊謝川社祭。大神氏宗定而祭。不定者不祭。即大神族類之神也。」
○『延喜式神名帳』摂津国嶋下郡条「三嶋鴨神社」「溝咋神社」

天日方奇日方命
①一名武日方命。〈宗形系。〉
○櫛御方命。〈古事記。〉
○阿田都久志尼命。〈旧事紀。〉
△母活玉依媛。陶津耳女。
○神武天皇二年二月、拝食国政申太夫。〈旧事紀。〉
○旧事地祇本紀曰、大己貴神乗天羽車大鷲而覓妻下到于茅渟県娶大陶祇女子活玉依媛。云々。
○古事記曰、大物主大神、娶陶津耳命之女活玉依毗売生子、櫛御方命。云々。並合。

○『古事記』崇神段「櫛御方命」
○『地祇本紀』「天日方奇日方命。亦名、阿田都久志尼命。」
○『地祇本紀』「天日方奇日方命。此命、橿原朝御世、勅為食国政申大夫供奉。」
○『地祇本紀』「大己貴神、乗天羽車大鷲而覓妻妾祢下下行於茅渟県、娶大陶祈女子活玉依姫、為妻。」
○『古事記』崇神段「大物主大神、娶陶津耳命之女、活玉依毘売生子、名櫛御方命」

媛踏鞴五十鈴媛命
○一名、富登多々良伊須々伎比売。〈古事記。〉
△神日本磐余彦〈諱神武。〉天皇后。
○古事記曰、神御子。今神子之藪其名遺也。
△母同。
○庚申年八月、欲為正妃、於高佐士野覧之。九月、納之。元年辛酉二月、立為皇后。〈書紀并古事記。〉

○『古事記』神武段「富登多多良伊須須岐比売命」
○『古事記』神武段「然更求為大后之美人時、大久米命曰、此間有媛女。是謂神御子。其所以謂神御子者、三嶋湟咋之女、名勢夜陀多良比売、其容姿麗美。故美和之大物主神見感而、其美人為大便之時、化丹塗矢、自其為大便之溝流下、突其美人之富登。（略）爾其美人驚而、立走伊須須岐伎。（略）乃将来其矢、置於床辺、忽成麗壮夫。即娶其美人生子、名謂富登多多良伊須須岐比売命。亦名謂比売多多良伊須気余理比売。（略）故是以謂神御子也。」
○『古事記』神武段「於是七媛女、遊行於高佐士野。」
○『日本書紀』神武即位前紀庚申年八月戊辰条「天皇当立正妃。改広求華冑。時有人奏之曰、事代主神、共三嶋溝橛耳神之女玉櫛媛所生児、号曰媛踏鞴五十鈴媛命。是国色之秀者。天皇悦之。」

○書紀神武天皇紀曰、事代主命大女也。	○『日本書紀』神武即位前紀庚申年九月乙巳条「納媛踏鞴五十鈴媛命、以為正妃。」 ○『日本書紀』神武元年正月庚辰条「是歳為天皇元年。尊正妃為皇后。」 ○『日本書紀』綏靖即位前紀「媛踏鞴五十鈴媛命。事代主神之大女也。」
○旧事地神本紀曰、事代主神化為八尋熊鰐通活玉依姫生一男二女。児天日方奇日方命、妹踏鞴五十鈴媛命。此命橿原朝立皇后。云々。	○『地祇本紀』「孫都味歯八重事代主神。化八尋熊鰐通三島溝杭女活玉依姫、生一男一女。児天日方奇日方命。（略）妹踏鞴五十鈴姫命。此命、橿原朝立為皇后。」
五十鈴依媛命 △神渟名川耳。〈諱綏靖。〉天皇后。 △母同。	
○二年正月、以皇姨五十鈴依媛立為皇后。〈旧事紀。〉	○『地祇本紀』「次妹五十鈴依姫命。此命、葛城高丘朝立為皇后。」
○地神本紀曰、次妹五十鈴依媛命。此命、葛城高丘朝立皇后。云々。	○『地祇本紀』「次妹五十鈴依姫命。此命、葛城高丘朝立為皇后。」
○延喜神祇式神名曰、大和国添上郡率川坐大神御子神社三坐。云々。此昆弟三人祭之乎。	○『延喜式神名帳』大和国添上郡条「率川坐大神神御子神社」
○神祇令曰、三枝祭。義解謂、率川社祭也。以三枝華、飾酒樽祭。故曰三枝。釈曰、伊謝川社祭。大神氏宗定而祭。不宗者不祭。即大神族類之神也。以三枝花、厳樽而祭。大神氏供。此云、麁霊・和霊祭。	○『令集解』神祇令4孟夏条「三枝祭。謂、率川社祭也。以三枝花、飾酒樽祭。故曰三枝也。釈云、伊謝川社祭。大神氏宗定而祭。不定者不祭。即大神族類之神也。以三枝花、厳罇而祭。大神祭供。此云、麁霊・和霊祭。古記无別。」
○古事記、伊須気余理比売命之家、在狭井川之上本。註云、其河謂佐井河由者、於其河辺山由理艸多在。故取山由理艸之名、号佐韋川也。山由理艸本名佐韋也。以之可知。	○『古事記』神武段「於是、其伊須気余理比売命之家、在狭井河之上。（略）〈其河謂佐韋河由者、於其河辺山由理草多在。故、取其山由理草之名、号佐韋河也。山由理草之本名云佐韋也。〉」
飯肩巣見命 ○一名、建飯勝命。〈旧事紀。〉	○『地祇本紀』「健飯勝命」

△母日向加年度美良媛。	
渟名底仲媛命 △磯城津彦玉手看〈諱安寧。〉天皇后。母同。 ○安寧天皇三年正月、立為皇后。〈紀。〉 ○書紀懿徳紀曰、事代主神孫、鴨王之女也。	○『日本書紀』安寧三年正月壬午条「立渟名底仲媛命〈亦曰渟名襲媛。〉為皇后。」 ○『日本書紀』懿徳即位前紀「母曰渟名底仲媛命。事代主神孫、鴨王女也。」
建甕尻命 ○一名、建瓶尾命。〈旧事紀。〉 ○建甕槌命。〈古事記。〉 △母沙麻奈姫出雲臣女	○『地祇本紀』「健甕之尾命」 ○『古事記』崇神段「建甕槌命」
豊御気主命 ○一名、建甕依命。〈旧事紀。〉 △母賀久呂姫。伊勢旗主女。	○『地祇本紀』「健甕依命」
大御気主命 △一名、建瓶玉命。母名草姫。紀伊名屮彦女。	
阿田賀田須命 ○一名、吾田片隅命。〈姓氏。〉 △母大倭民磯姫。宗像朝臣・和迹古・長公・吾孫等祖。 ○此後、和迹子真麻呂等十二人、承和元年、六月乙丑、賜大神朝臣姓。続後紀。	○『新撰姓氏録』右京神別地祇 宗形朝臣条「吾田片隅命」 ○『続日本後紀』承和元年七月乙丑条「右京人正七位上和邇子真麻呂等十二人、賜姓大神朝臣。」
建飯賀田須命 ○一名、建甕槌命。〈古事記。〉 △冒父祖名。母同。 ○古事記曰、飯肩巣見命子、建甕槌命子、僕意富多々	○『古事記』崇神段「建甕槌命」 ○『古事記』崇神段「大物主大神、娶陶津耳命之女、活玉依毘売生子、名櫛御

泥古。云々。 △自天日方命至大田々根子四世也。今於本系者自天日方命七世也。	方命之子、飯肩巣見命之子、建甕槌命之子、僕意富多多泥古白。」
大田々根子命 ○一名、大直禰古命。〈旧事紀。〉 △母鴨部美良姫。美和若宮社是也。 ○書紀崇神天皇紀曰、七年二月、神明憑倭迹々日百襲姫命有誨。又天皇夢有貴人、自称大物主神、以吾児大田々根子令祭吾。云々。 ○布告天下求大田々根子、即於茅渟県陶邑、得之貢之。 ○十一月壬申朔己卯、即以大田々根子、為祭大物主大神之主。 ○古事記曰、以意富多々泥古命為神主、而於御諸山、拝祭意富美和之太神。云々。 ○又崇神天皇八年十二月卯日、祭之始。〈書紀。〉	○『地祇本紀』「九世孫大田々禰古命。亦名大直禰古命。」 ○『日本書紀』崇神七年二月辛卯条「是時、神明憑倭迹迹日百襲姫命曰、天皇、何憂国之不治也。若能敬祭我者、必当自平矣。（略）是夜夢、有一貴人。対立殿戸、自称大物主神曰、天皇、勿復為愁。国之不治、是吾意也。若以吾児大田田根子、令祭吾者、則立平矣。」 ○『日本書紀』崇神七年八月己酉条「布告天下、求大田田根子、即於茅渟縣陶邑得大田田根子而貢之。」 ○『日本書紀』崇神七年十一月己卯条「即以大田田根子、為祭大物主大神之主。」 ○『古事記』崇神段「即以意富多多泥古命、為神主而、於御諸山拝祭意富美和之大神前。」 ○『日本書紀』崇神八年十二月乙卯条「天皇、以大田々根子、令祭大神。」
大御気持命 ○母美気姫。出雲臣鸕濡渟之女。〈旧事紀。〉	○『地祇本紀』「九世孫大田々禰古命。亦名大直禰古命。此命、出雲神門臣女美気姫為妻、生一男。（略）十世孫大御気持命。」
大鴨積命 ○一名、大賀茂足尼。〈姓氏録。〉 △賀茂朝臣・鴨部祝・三歳祝・石辺公等祖。母出雲鞍山祇姫。 ○姓氏録曰、大神朝臣同祖。大国主神之後也。大田々	○『新撰姓氏録』大和国神別　賀茂朝臣条「大賀茂足尼」 ○『新撰姓氏録』大和国神別　賀茂朝臣条「大神朝臣同祖。大国主神之後也。」

根子命孫大賀茂都美命、奉斎賀茂神社。
○旧事地神本紀曰、磯城瑞籬朝崇神、賜賀茂君姓。
○書紀天武天皇紀曰、十三年、賜朝臣姓。云々。

大田々禰古命孫大賀茂都美命〈一名、大賀茂足尼。〉奉斎賀茂神社也。」
○『地祇本紀』「十一世孫大鴨積命。此命、磯城瑞籬朝御世、賜賀茂君姓。」
○『日本書紀』天武十三年十一月戊申条「鴨君。（略）凡五十二氏賜姓曰朝臣。」

大部主命
△一名、大友大人命。和訓同。母同。
○旧事地神本紀曰、磯城瑞籬神崇朝、賜大神君姓。
○垂仁天皇紀曰、三年三月、新羅王子日槍参来在播磨国宍粟邑。于時令此命与倭直祖長尾市問来状。云々。

○『地祇本紀』「次大友主命。此命、同朝（磯城瑞籬朝）御世、賜大神君姓。」
○『日本書紀』垂仁三年三月条「新羅王子天日槍来帰焉。（略）〈一云、初天日槍、乗艇泊于播磨国、在於完粟邑。時天皇遣三輪君祖大友主、与倭直祖長尾市於播磨上、而問天日槍曰、汝也誰人、且何国人也。（略）〉」

田々彦命
△大神部直・神部直・神人等祖。母同。
○同紀曰、磯城瑞籬崇神朝、賜神部直大神部直姓。云々。
②于此三流分流。大神朝臣正嫡流、大部主命之孫、為祭大物主神之神主。云々。〈類史。〉
○此子孫、斎衡元年十月壬子朔癸酉、賜大神朝臣姓。侍医外従五位下神直虎主、散位正七位下木並、大初位下己井等之見。文徳実録。

○『地祇本紀』「次田々彦命。此命、同朝御世、賜神部直・大神部直姓。」
○『日本文徳天皇実録』斎衡元年十月癸酉条「侍医外従五位下神直虎主、散位正七位下神直木並、大初位下神直己井等、賜姓大神朝臣。」

大友主命
△仕成務・仲哀・神功三朝。冒父名。父子同名。
○母大伴武日連女。〈大伴氏系図。〉
○自垂仁天皇三年、至仲哀天皇九年、経歳二百二十七年。父子同名可知。書紀解。

○『大伴系図』「健日命。〈初号武日命（略）〉」
○『書紀集解』仲哀九年二月丁未条「大三輪大友主君。〈按、大友主見于垂仁天皇三年紀。一書之中、至此二百二十七年。蓋父子伝名而同者。〉」

○書紀神功皇后紀曰、仲哀天皇九年、天皇崩于橿日宮。皇后匿喪命五太夫其一也。云々。 ○又曰、大三輪社建於筑紫。九年秋九月、納矛剣等。云々。 ○是今、筑前国夜須郡一座於保奈牟智神社。見神祇式神名。是之。	○『日本書紀』仲哀八年正月己亥条「到儺県、因以居橿日宮。」 ○『日本書紀』仲哀九年二月丁未条「天皇忽有痛身、而明日崩。時年五十二。即知、不用神言而早崩。（略）於是、皇后及大臣武内宿禰、匿天皇之喪、不令知天下。則皇后詔大臣及中臣烏賊津連・大三輪大友主君・物部胆咋連・大伴武以連曰、今天下未知天皇之崩。若百姓知之、有懈怠者乎。則命四大夫、領二百寮、令守宮中。」 ○『日本書紀』神功皇后摂政前紀（仲哀九年九月己卯条）「則立大三輪社、以奉刀矛矣。」 ○『延喜式神名帳』筑前国夜須郡条「於保奈牟智神社」
志多留命 △一名、垂。同訓也。 ③仕応神・仁徳・履中三朝。〈類史。〉 △母中臣氏女。	
身狭 △一名、武蔵。同訓牟佐志。母大倭忌寸女。仕反正・允恭・安康・雄略・清寧五朝。 ○安康天皇三年、為眉輪王被殺。雄略天皇未為皇子、疑諸皇子、殺之尤多矣。履中天皇々子御馬皇子、与身狭善欲往。于三輪路邀之戦之捉之処刑。云々。見書紀。	○『日本書紀』安康三年八月壬辰条「天皇為眉輪王見殺。」 ○『日本書紀』雄略即位前紀「穴穂天皇、為眉輪王見殺。天皇大驚、即猜兄等、被甲帯刀、卒兵自将。逼問八釣白彦皇子。皇子見其欲害、黙坐不語。天皇乃抜刀而斬。（略）御馬皇子、以会善三輪君身狭故、思欲遣慮而往。不意、道逢邀軍、於三輪磐井側逆戦。不久被捉。臨刑指井而詛曰、此水者百姓唯得飲焉。王者独不能飲矣。」
特牛 ○一名、宇志。或大人。同訓。〈類史。〉	○『類聚国史』巻二 神祇二 神代下「大人、此云于志。」

△母物部榎井連盾女。仕顕宗・仁賢・武烈・継体・安閑・宣化・欽明七朝。 **④欽明天皇元年四月辛卯、令二大神祭一之四月祭始乎。〈字類抄。〉**	
赤猪 △一名、阿迦井。同訓。大神引田朝臣祖。母同。初大神引田部君。引田者居地。 ○神祇式名神曰、城上郡乗田神社三座是之。 ○古事記曰、引田部赤猪子。云々。 ○此子白堤、孫横山等。仕用明・崇峻・推古朝。同姓逆君居所、告物部守屋。見書紀。 ○裔難波麻呂、天武天皇八年五月、為高麗大使。 ○其子足人、称徳天皇神護二年正月、賜大神引田朝臣姓。云々。見書紀及続紀。	○『延喜式神名帳』大和国城上郡条「曳田神社」 ○『古事記』雄略段「亦一時、天皇遊行。到於美和河之時、河辺有洗衣童女。其容姿甚麗。天皇問其童女、汝者誰子。答白、己名謂引田部赤猪子。（略）」 ○『日本書紀』用明元年五月条「逆之同姓白堤与横山、言逆君在処。」 ○『日本書紀』天武十三年五月戊寅条「三輪引田君難波麻呂為大使、桑原連人足為小使、遣高麗。」 ○『続日本紀』神護景雲二年二月壬午条「大和国人従七位下大神引田公足人、大神私部公猪養、大神波多公石持等廿人、賜姓大神朝臣。」
逆 △一名、栄。同訓佐嘉夫。仕欽明・敏達・用明三朝。母賀茂君笠女。 ○敏達天皇十四年三月、与物部守屋大連共謀、仏法而不果。 ○敏達天皇寵臣、委内事。天皇崩、侍皇后炊屋姫命之宮。用明（敏達カ）天皇崩時、皇弟穴穂部皇子謀反知之告之。皇子忌悪欲殺之不果。崇峻（用明カ）天皇元年五月、穴穂部皇子欲奸炊屋媛命入宮。逆君侍	○『日本書紀』敏達十四年六月条「〈或本云、物部弓削守屋大連・大三輪逆君・中臣磐余連、倶謀滅仏法、欲焼寺塔、并棄仏像。（略）〉」 ○『日本書紀』用明元年五月条「穴穂部皇子、欲奸炊屋姫皇后、而自強入於殯宮。寵臣三輪君逆、乃喚兵衛、重璅宮門、拒而勿入。穴穂部皇子問曰、何人在此。兵衛答曰、三輪君逆在焉。七呼開門、遂不聴入。於是、穴穂部皇子、謂大臣与大連曰、逆頻無礼矣。（略）願欲斬之。両大臣曰、随命。於是、穴

宮。七呼不開門。皇子弥悪之。命物部守屋大連殺之。逆君逃隠三諸岳。同姓白堤・横山等、告其所在。守屋終斬之。蘇我馬子大臣曰、逆君者敏達天皇之寵臣也。斬之不可。云々。見書紀。

穂部皇子、陰謀王天下之事、而口詐在於殺逆君。遂与物部守屋大連、率兵囲繞磐余池辺。逆君知之、隠於三諸之岳。是日夜半、潜自山出、隠於後宮。〈謂炊屋姫皇后之別業。是名海石榴市宮也。〉逆之同姓白堤与横山、言逆君在処。穴穂部皇子、即遣守屋大連〈或本云、穴穂部皇子与泊瀬部皇子、相計而遣守屋大連。〉曰、汝応往討逆君并其二子。大連率兵去。蘇我馬子宿禰、外聞斯計、詣皇子所、即逢門底。〈謂皇子家門也。〉将之大連所。時諫曰、王者不近刑人。不可自往。皇子不聴而行。馬子宿禰、即便随去到於磐余、〈行至於池辺。〉而切諫之。皇子乃従諫止。仍於此処、踞坐胡床、待大連焉。大連良久而至。率衆報命曰、斬逆等訖。〈或本云、穴穂部皇子、自行射殺。〉於是、馬子宿禰、惻然頽歎曰、天下之乱不久矣。大連聞而答曰、汝小臣所不識也。〈此三輪君逆者、訳語田天皇之所寵愛。悉委内外之事焉。（略）〉」

小鶴鶏

△仕舒明朝。母同。

○舒明天皇八年三月、姧采女事発覚、仍鞫問、刺頸死。見書紀。

○『日本書紀』舒明八年三月条「悉劾奸采女者、皆罪之。是時、三輪君小鶴鶏、苦其推鞫刺頸而死。」

文屋

△一名、学室。同訓。仕舒明皇極朝。母。

○与山背大兄王善、侍斑鳩宮。而蘇我入鹿臣殺上宮皇子達時、防戦。且又諫之、欲入於東国。山背大兄王不聴、而経死。見書紀。

○『日本書紀』皇極二年十一月丙子条「蘇我臣入鹿、遣小徳巨勢徳太臣・大仁土師娑婆連、掩山背大兄王等於斑鳩。（略）山背大兄、仍取馬骨、投置内寝。遂率其妃并子弟等、得間逃出、隠胆駒山。三輪文屋君・舎人田目連及其女・菟田諸石・伊勢阿部堅経従焉。（略）由是、山背大兄王等、四五日間、淹留於山、不得喫飯。三輪文屋君、進而勧曰、請、移向於深草屯倉、従茲乗馬、詣東国、以乳部為本、興師還戦。其勝必矣。（略）於是、山背大兄王等、自山還、入斑鳩寺。軍将等即以兵囲寺。於是、山背大兄王、使三輪文屋君謂軍将等曰、吾起兵伐入鹿者、其勝定之。然由一身之故、不欲残害百姓。

是以、吾之一身、賜於入鹿、終与子弟妃妾一時自経倶死也。」

色夫

△一名、醜夫。仕孝徳・天智二朝。母同。

○孝徳天皇八年八月、為法頭掌僧尼事。

○大化五年五月、討新羅将軍。

○天智天皇三年二月、賜盾并弓矢為小錦下。〈書紀。〉

○『日本書紀』大化元年八月癸卯条「三輪色夫君・額田部連甥、為法頭。」

○『日本書紀』大化五年五月癸卯条「遣小華下三輪君色夫・大山上掃部連角麻呂等於新羅。」

○『日本書紀』天智三年二月丁亥条「天皇命大皇弟、宣増換冠倍位階名、及氏上・民部・家部等事。其冠有廿六階。大織・小織・大縫・小縫・大紫・小紫・大錦上・大錦中・大錦下・小錦上・小錦中・小錦下。（略）是為廿六階焉。改前花曰錦。（略）其大氏之氏上賜大刀。小氏之氏上賜小刀。其伴造等之氏上賜干楯・弓矢。」

利金

△仕孝徳・天智朝。母。

○続紀曰、大華上。云々。

○高市麻呂父。〈補任。〉

○『続日本紀』慶雲三年二月庚辰条「左京大夫従四位上大神朝臣高市麻呂卒。以壬申年功、詔贈従三位。大花上利金之子也。」

○『公卿補任』大宝元年条「高市朝臣麻呂。三月二十一日廃中納言。任左京大夫。文武紀慶雲三年二月庚辰、左京大夫従四位上大神朝臣高市麻呂卒。以壬申年功、詔贈従三位。大花上利金之子也。」

子首

△按、和訓古於卑登之。古加宇倍者非之。一名、子人。仕天智天武両朝。母。大神真上田朝臣祖。

○壬申乱属、皇太弟天武天皇元年七月、越伊勢大山向倭。属大伴連吹負、有戦功。于時伊勢介。

○『日本書紀』天武元年六月甲申条「爰国司守三宅連石床・介三輪君子首、及湯沐令田中臣足麻呂・高田首新家等、参遇于鈴鹿郡。」

○『日本書紀』天武元年七月辛卯条「天皇遣紀臣阿閇麻呂・多臣品治・三輪君子首・置始連菟、率数萬衆、自伊勢大山越之向倭。（略）」

○天武天皇五年八月、卒。贈内少紫位。諡諱大三輪真上田迎君。見書紀。

高市麻呂

△仕天武・持統・文武三朝。中納言。従四位上。左京太夫。贈従三位。氏上。母高市連安人女。当流正嫡也。

○天武天皇時、壬申乱、三輪君高市麻呂以下豪傑、皆属皇太弟麾下、以大伴連吹負為将軍向倭。于時、近江別将盧井連鯨、率精兵来戦、箸陵下。高市麻呂、邀之破之有功。

○天武天皇八年十月、改三輪君賜大三輪朝臣。五十二氏其第一也。

○同十年九月、為氏上。

○朱鳥元年、直大肆。

○持統天皇六年、直大二、中納言。此時、天皇欲幸於伊勢。高市麻呂脱冠上諫奏上。不聽。〈書紀。〉

○大宝元年、改位号従四位上。

○同二年正月、長門守。

○同三年六月、左京大夫。

○慶雲三年二月庚辰、卒。贈従三位。云々。〈続紀・

○『日本書紀』天武五年八月是月条「大三輪真上田子人君卒。天皇聞之大哀。以壬申年之功、贈内小紫位。仍諡曰大三輪神真上田迎君。」

○『日本書紀』天武元年六月己丑条「因乃命吹負拝将軍。是時、三輪君高市麻呂・鴨君蝦夷等、及群豪傑者、如響悉会将軍麾下。乃規襲近江。撰衆中之英俊、為別将及軍監。」

○『日本書紀』天武元年七月是日条「三輪君高市麻呂・置始連菟、当上道、戦于箸陵。大破近江軍、而乗勝、兼断鯨軍之後。鯨軍悉解走、多殺士卒。（略）自此以後、近江軍遂不至。」

○『日本書紀』天武十三年十一月戊申条「大三輪君（略）凡五十二氏、賜姓曰朝臣。」

○『日本書紀』天武十年九月甲辰条「詔曰、凡諸氏有氏上未定者、各定氏上、而申送于理官。」

○『日本書紀』朱鳥元年九月乙丑条「直大肆大三輪朝臣高市麻呂、誄理官事。」

○『日本書紀』持統六年二月乙卯条「是日、中納言直大弐三輪朝臣高市麻呂、上表敢直言、諫争天皇、欲幸伊勢、妨於農時。」

○『日本書紀』持統六年三月戊辰条「於是、中納言三輪朝臣高市麻呂、脱其冠位、擎上於朝、重諫曰、農作之節、車駕未可以動。」

○『続日本紀』大宝元年三月甲午条「始依新令。改制官名位号。」

○『続日本紀』大宝二年正月乙酉条「従四位上大神朝臣高市麻呂為長門守。」

○『続日本紀』大宝三年六月乙丑条「以従四位上大神朝臣高市麻呂為左京大夫。」

○『続日本紀』慶雲三年二月庚辰条「左京大夫従四位上大神朝臣高市麻呂卒。

補任。〉	以壬申年功、詔贈従三位。大花上利金之子也。」 ○『公卿補任』大宝元年条「高市朝臣麻呂。三月二十一日廃中納言。任左京大夫。文武紀慶雲三年二月庚辰、左京大夫従四位上大神朝臣高市麻呂卒。以壬申年功、詔贈従三位。大花上利金之子也。」
安麻呂 △仕文武・元明朝。従四位上。摂津太夫。兵部卿。氏上。母同。 ○慶雲四年九月、為氏上。于時正五位下。 ○和銅元年正月、正五位上。 ○同九月、任摂津大夫。 ○同二年、従四位下。 ○同七年正月、従四位上兵部卿。 ○同年同月丙戌、卒。〈続紀。〉	○『続日本紀』慶雲四年九月丁未条「正五位下大神朝臣安麻呂、為氏長。」 ○『続日本紀』和銅元年正月乙巳条「冠位上可賜人々治賜。」 ○『続日本紀』和銅元年九月壬戌条「正五位上大神朝臣安麻呂為摂津大夫。」 ○『続日本紀』和銅二年正月丙寅条「大神朝臣安麻呂（略）並従四位下。」 ○『続日本紀』和銅七年正月甲子条「従四位下大神朝臣安麻呂従四位上。」 ○『続日本紀』和銅七年正月丙戌条「兵部卿従四位上大神朝臣安麻呂卒。」
狛麻呂 △仕元明・元正二朝。正五位上。武蔵守。母同。 ○和銅元年三月、丹波守。于時従五位上。 ○同三年正月、正五位下。 ○霊亀元年正月、正五位上。 ○五月、武蔵守。〈続紀。〉	○『続日本紀』和銅元年三月丙午条「従五位上大神朝臣狛麻呂為丹波守。」 ○『続日本紀』和銅四年四月壬午条「従五位上（略）大神朝臣狛麻呂（略）並正五位下。」 ○『続日本紀』霊亀元年四月丙子条「正五位下（略）大神朝臣狛麻呂（略）並正五位上。」 ○『続日本紀』霊亀元年五月壬寅条「正五位上大神朝臣狛麻呂為武蔵守。」
豊嶋売 △命婦。仕元明・元正二朝。母同。 ○天平八年正月、女叙位。従四位上。元従四位下。先	○『続日本紀』天平九年二月戊午条「従四位下大神朝臣豊嶋従四位上。」

是、階級任叙不見。〈続紀。〉	
麻呂 △仕聖武朝。従五位下。子孫略之。母不見。 ○天平十八年四月、叙爵。〈元正六位上。〉続紀。	○『続日本紀』天平十八年四月癸卯「正六位上大神朝臣麻呂（略）並従五位下。」
妹子 △仕廃帝朝。母。 ○天平宝字四年正月、女叙位・叙爵。	○『続日本紀』天平宝字四年正月丙寅条「正七位上大神朝臣妹（略）並従五位下。」
通守 △仕元正・聖武二朝。従五位下。母。 ○養老元年正月、叙爵。元正六位上。続紀。 △此已後、叙任不見。若早世乎。	○『続日本紀』神亀元年二月壬子条「正六位上（略）大神朝臣通守（略）並従五位下。」
奥守 △仕光仁朝。従五位下。子孫略之。母。 ○宝亀八年正月、叙爵。元正六位下。〈続紀。〉	○『続日本紀』天平宝字八年正月乙巳条「正六位下大神朝臣奥守並従五位下。」
忍人 △仕元正・聖武二朝。従五位下。氏上。母大津連女。 ○和銅五年正月、叙爵。元従六位上。 ○霊亀元年二月、為氏上。于時、叔父狛麻呂、為位次之上臈然。而忍人以正嫡為氏上。大神主。〈紀続〉	○『続日本紀』和銅五年正月戊子「従六位上大神朝臣忍人（略）並従五位下。」 ○『続日本紀』霊亀元年二月丙寅条「従五位下大神朝臣忍人、為氏上。」
興志 △仕元正朝。従五位下。讃岐守。子孫略之。母同。	

○和銅六年正月、爵。元正七位下。
○同七月、讃岐守。〈続紀。〉
△此裔代々為若宮神官。
⑤類聚三代格曰、大神氏上代々補大神主事。弘仁十二年五月四日太政官符称、大神朝臣者、大田々根子命苗裔。高市麻呂正嫡流。自従四位下伊可保、連綿不絶而補神主。又、若宮者、高市麻呂二男興志以来補神官。云々。

○『続日本紀』和銅六年正月丁亥条「正七位下大神朝臣興志。（略）並従五位下。」
○『続日本紀』和銅六年八月丁巳条「従五位下大神朝臣興志、為讃岐守。」

弟麻呂
△仕聖武・孝謙・廃帝三朝。従五位上。散位頭。子孫略之。母。
○天平元年、爵。元正六位上。
○同三年十月、散位頭。
○同四年三月、叙従五位上。〈続紀。〉

○『続日本紀』天平元年三月甲午条「正六位上（略）大神朝臣乙麻呂（略）並外従五位下。」
○『続日本紀』天平四年十月丁亥条「外従五位下大神朝臣乙麻呂、為散位頭。」
○『続日本紀』天平五年三月辛亥条「外従五位下大神朝臣乙麻呂、並従五位上。」

伊可保
△仕聖武・孝謙・廃帝朝。従四位下。氏上。母。
○天平十九年四月丁卯、叙爵。元従六位上。
○天平宝字二年七月、神山生奇藤。虫食有文字。為瑞加位一階、従四位下。是大和守従四位下大伴宿禰稲公所奏也。

○『続日本紀』天平十九年四月丁卯条「大神神主従六位上大神朝臣伊可保（略）並授従五位下。」
○『続日本紀』天平宝字二年二月己巳条「勅曰、得大和国守従四位下大伴宿禰稲公等奏称、部下城下郡大和神山生奇藤。其根虫彫成文十六字、王大則并天下人此内任大平臣守昊命。（略）加以、地即大和神山。藤此当今宰輔。（略）当郡司者加位一級。（略）」

⑥自伊可保代々補大神主、連綿不絶。見続紀三代格。	
三支 △仕光仁・桓武・平城・嵯峨・淳和五朝。云々。従五位上。名字和訓佐韋艸。母同姓興志女。大神主。氏上。当流正統。 ○宝亀十年正月、爵。元正六位上。〈見続紀。〉	○『続日本紀』宝亀十年正月甲子条「正六位上（略）大神朝臣三支（略）並従五位下。」
⑦天長二年四月、従五位上。〈類史。〉 **⑧同四年正月、為氏上。〈同。〉**	
野主 △仕仁明・文徳二朝。従五位下。氏上。母。 ○承和六年四月乙丑、爵。元正六位上。〈続後紀。〉	○『続日本後紀』承和六年四月乙丑条「授正六位上大神朝臣野主、従五位下。」
千成 △仕文徳・清和・陽成朝。従五位下。母。 ○斎衡元年正月壬辰、爵。元正六位上。〈文徳実録。〉	○『文徳実録』斎衡元年正月壬辰条「正六位上（略）大神朝臣千成等、並従五位下。」
高岑 △仕清和・陽成・光孝朝。疑別流乎。母。 ○貞観五年正月七日庚午、爵。元散位。云々。〈三代実録。〉	○『三代実録』貞観五年正月七日庚午条「散位大神朝臣高岑（略）並従五位下。」
成房 △仕光孝・宇多朝。従五位下。母。 **⑨寛平二年八月八日、爵。元正六位上。〈扶略。〉**	
成主	

△仕醍醐朝。従五位下。母。
○延長四年正月七日、爵。元正六位上。　　○『日本紀略』延長四年正月六日癸亥条「叙位儀。」
⑩同八年二月朔、為神主。〈記略。〉
○寛平法皇宮滝御幸時、増級正五位下。〈扶略。〉　　○『扶桑略記』昌泰元年十月二十二日条「直指宮瀧、上皇臨発。」
○『扶桑略記』昌泰元年十月二十五日条「遂至宮瀧、愛賞徘徊。」

記』・『延喜式』・『日本書紀』・『出雲国風土記』・『公事根源』・『新撰姓氏録』・『先代旧事本紀』・『令集解』・『宗形氏系図』・『続日本後紀』・『日本文徳天皇実録』・『大伴氏系図』・『書紀集解』・『類聚国史』・『字類抄』・『続日本紀』・『公卿補任』・『類聚三代格』・『日本三代実録』・『扶桑略記』・『日本紀略』（初出順）というように、実に多様な史料が引用・参照されている。しかもこれらと『大神朝臣本系牒略』の文章を比較するならば、次節で詳述するように基本的にはもとの史料に忠実に記されていることが分かる。よって、『大神朝臣本系牒略』第一系図の作成に上記の諸史料が利用されたことは間違いない。

しかし、これらだけを用いて『大神朝臣本系牒略』第一系図を作成することはできない。たとえば、素佐能雄命から田々彦命までの世系は『先代旧事本紀』巻四「地祇本紀」（以下『地祇本紀』）とほぼ一致しているが、それ以降の大友主命から成主までの各人物がいかなる続柄にあるのかは他史料に全く見えない。また逆に、上記した諸史料には、

・大神朝臣乙麻呂（『続日本紀』天平元年〈七二九〉三月甲午条など）
・大神朝臣東方（『続日本紀』天平神護元年〈七六五〉十一月丁巳条）
・大神朝臣東公（『続日本紀』神護景雲二年〈七六八〉十月癸亥条）
・大神朝臣末足（『続日本紀』宝亀七年〈七七六〉正月丙申条など）

・大神朝臣人成（『続日本紀』宝亀九年〈七七八〉正月癸亥条など）

・大神朝臣船人（『続日本紀』天応元年〈七八一〉五月癸亥条など）

・大神朝臣仲江麻呂（『続日本紀』延暦十年〈七九一〉正月戊辰条など）

・大神朝臣枚人麻呂（『類聚国史』巻九九　叙位　弘仁八年〈八一七〉正月丁卯条）

・大神朝臣池守（『類聚国史』巻九九　叙位　弘仁十三年〈八二二〉十一月丁巳条）

・大神朝臣船公（『続日本後紀』承和元年〈八三四〉正月己未条）

・大神朝臣宗雄（『続日本後紀』承和七年〈八四〇〉正月甲申条など）

・大神朝臣田仲麻呂（『日本三代実録』貞観元年〈八五九〉三月五日条）

・大神朝臣良臣（『日本三代実録』仁和二年〈八八六〉正月七日条など）

なども見えているが、これらの人物は『大神朝臣本系牒略』には記されていない。このことは『大神朝臣本系牒略』第一系図が他史料に見える大神朝臣氏の人物を網羅的にピックアップし、続柄を考証・推測してそれぞれを系線で結ぶという単純作業によって作成されたものではないことを示している。

そこで想起されるのは、八世紀中頃から十世紀初頭にかけて諸氏族が作成した本系帳である。(18) 何よりも本書に『大神朝臣本系牒略』という書名が付されていることは、本系帳との関係をうかがわせるものである。また、『日本後紀』延暦十八年（七九九）十二月戊戌条には、

勅、天下臣民、氏族已衆。或源同流別、或宗異姓同。欲㆑拠㆓譜講㆒、多経㆓改易㆒。至㆑検㆓籍帳㆒、難㆑弁㆓本枝㆒。宜㆘布㆓告天下㆒、令㆖進㆓本系帳㆒。三韓・諸蕃亦同。但令㆑載㆓始祖及別祖等名㆒、勿㆑列㆓枝流并継嗣歴名㆒。若元出㆓于貴族之別㆒者、宜㆘取㆓宗中長者署㆒申㆖之。凡厥氏姓、率多㆓仮濫㆒。宜㆘在㆓確実㆒、勿㆖容㆓詐冒㆒。来年八月卅日以前、惣令㆓

進了一。便編入レ録、如事違二故記一、及過二厳程一者、宜二原レ情科処、永勿レ入レ録。凡庸之徒、惣集為レ巻。冠蓋之族、聴二別成レ軸焉。

とあり、諸氏族に対して本系帳の提出が命じられている。その目的は周知の通り『新撰姓氏録』編纂の資料として用いるためである。それに対して『大神朝臣本系牒略』大国主命の尻付には、

延暦年中、撰二新撰姓氏録一之時、家祖大神主従五位下大神朝臣三支、献二本系牒一。

とあり、延暦年間（七八二～八〇六）に『新撰姓氏録』編纂のために大神朝臣三支が本系牒（帳）を提出したと伝えている。もっともこの記述は『大神朝臣本系牒略』作成時に用いられた原資料から写されたものであるのか、あるいは編者が考証にもとづいて記したものであるのか不明であるが、『新撰姓氏録』大和国神別　大神朝臣条には、

素佐能雄命六世孫大国主之後也。初大国主神、娶二三島溝杭耳之女玉櫛姫一、夜未レ曙去、来曾不二昼到一。於レ是、玉櫛姫績レ苧係レ衣、至レ明随レ苧尋覓、経二於茅渟県陶邑一、直指二大和国真穂御諸山一。還視二苧遺一、唯有二三縈一。因レ之号二姓大三縈一。

とあり、実際に大神朝臣氏の系譜が『新撰姓氏録』に載録されていることからすれば、大神朝臣氏が延暦年間に本系帳を作成・提出していたことは史実と見て差し支えあるまい。

さらに『大神朝臣本系牒略』と本系帳との関連を示すものとして次の二点を指摘したい。第一に、前掲の『日本後紀』延暦十八年十二月戊戌条によれば、この時に提出を命じられた本系帳には始祖名・別祖名を掲載し、枝流および継嗣の歴名は記載しないという書式が定められていたが（傍線部）、これに対応するかのように『大神朝臣本系牒略』では、他氏にとっての「別祖」に該当する人物には、以下のとおりその旨が記されている。

・阿田賀田須命尻付「宗像朝臣・和迹古・長公・吾孫等祖」

・大鴨積命尻付「賀茂朝臣・鴨部祝・三歳祝・石辺公等祖」

・田々彦命尻付「大神部直・神部直・神人等祖」

・赤猪尻付「大神引田朝臣祖」

・子首尻付「大神真上田朝臣祖」

また、麻呂・奥守・興志・弟麻呂の尻付には「子孫略之」とあり、「枝流」に当たる世系はいずれも省略されている。このように『大神朝臣本系牒略』の書式には本系帳のそれと合致する点が見受けられる。

第二に、『大神朝臣本系牒略』第一系図は成主の代で途切れているが、その尻付には

仕醍醐朝。延長四年正月七日、爵。元正六位上。同八年二月朔、為二神主一。〈記略。〉寛平法皇宮滝御幸時、増二級正五位下一。〈扶略。〉

とある。醍醐天皇の在位期間は寛平九年（八九七）～延長八年（九三〇）であり、延長四年（九二六）・同五年（九二七）の年紀からしても、彼はおよそ九世紀末から十世紀初め頃の人物ということになる。一方、『新撰姓氏録』の完成後も諸氏族は引き続き本系帳を作成していたことが知られる。たとえば『日本三代実録』貞観三年（八六一）九月二十六日丁酉条には、

左京人大内記従七位上味酒首文雄、山城少目従八位下味酒首文主、文章生無位味酒首文宗等三人、並賜二巨勢朝臣一。先レ是、左京権亮従五位下巨勢朝臣河守等奏言、文雄款称、先祖出レ自二武内宿禰大臣一也。大臣第五男巨勢男韓宿禰。是巨勢朝臣之祖。第三男平群木兎宿禰。即是文雄之祖也。木兎宿禰之後、賜二味酒臣姓一。淪落被レ貫二伊勢国一。至二于文雄祖宗一、改レ臣賜二首姓一、入二貫左京一。事煥二図諜一、不二敢具載一。文雄一祖之裔、八腹之支別。孤為二悴族一、久隔二栄途一。加以、酒之為レ用、唯貴レ成レ礼。耽淫之失、鑒誡攸レ深。而今味酒為レ姓、副以二首字一。之味（味之カ）既

非二吉祥一、況復当レ為二其首一乎。是以、改レ姓之望朝夕刻レ思、式微之歎弟兄深鯁。願漑二明時之景煦一、入二巨勢之華宗一。濯二鱗清流一、歛二翼高幹一。但須下順二祖胤之流一賜中平群之姓上。而平群之字、称謂是凡。巨勢之文、義理堪レ愛。恒作二昆弟一、実可レ无二親疎一。既云レ匪レ他、詎論二其去就一。河守等謹検二本系一、已知二同宗一。見二其所レ愁、理当二聴許一。特賜二巨勢朝臣之姓一、将レ慰二沈淪族人之懐一。従レ之。

とあり、味酒首文雄らが巨勢朝臣への改姓を願い出た際には、本系帳の確認を経て申請が承認されている。また、『類聚三代格』元慶五年（八八一）三月二十六日官符には、

太政官符

応三三年一進二諸神祝部氏人帳一事

右得二伊予国解一称、検二案内一、太政官去貞観十年九月十四日下二当道諸国一符称、貞観八年四月十一日符称、去年五月廿五日称、右大臣宣、諸社祝部、停レ補二白丁一。択下八位以上及六十以上人堪二祭事一者上令レ補レ之。自レ今以後、立為二恒例一。但先レ是置者令レ終二其身一者。今諸国所レ行、専忘二本符一、偏称二氏人并神戸一悉擬二補課丁一。論二之政途一、事乖二公平一。大納言正三位藤原朝臣氏宗宣、雖二是氏人并神戸百姓一、而先尽二八位已上及六十已上堪レ事者一。若無二其人一乃擬二年少一。但至レ称二氏人一無二蹠実一、仍須下神主禰宜祝部等氏、毎レ社令レ勘二申細由一、国司覆検造レ帳申送、永備中計会上者。国随二符旨一、六位以上社祝部氏人帳、毎レ年勘造附二朝集使一進レ官。今件帳期限無レ程、煩二頻勘造一。尋二其勘拠一於レ公無レ益。望請、官裁准二郡司譜図一、一紀一進以備二勘会一。謹請二　官裁一者。従二位行大納言兼左近衛大将源朝臣多宣、奉　レ勅、宜二三年一進一。諸国准レ此。（略）

とあり、貞観年間（八五九～七七）から全国諸社の祝部氏が本系帳を毎年作成していたことが知られ、『日本三代実録』元慶五年三月二十六日甲戌条には、

制、令㆓五畿七道諸国諸神社祝部氏人、本系帳三年一進㆒。

とあり、元慶五年にはそれが三年一進に改められている。さらに『中臣氏系図』所引「延喜本系解状[19]」には、

以前検㆓案内㆒、去貞観五年十一月三日、勘㆓造件帳㆒進㆑官已畢。而先帳歴㆑年、後生未㆑載。爰被㆓上宣㆒具所㆓撰録㆒。加以、此氏供㆓奉神事㆒。良有㆑以矣、苟非㆓其人㆒、恐致㆓咎祟㆒。望請准㆑例、被㆑踏㆓官印㆒、依㆑件分納、将㆑為㆓後鑑㆒。仍録㆓事状㆒、申上如㆑件。謹解。〈件本系、去延喜三年繕作既畢。而以㆓今年夏㆒、勘署進㆑官。〉

延喜六年六月八日

とあり、大中臣朝臣氏は貞観五年（八六三）・延喜三年（九〇三）に本系帳を作成・更新し、延喜六年（九〇六）にそれを提出したことが確認できる。こうした事例からすれば、大神朝臣氏が成主の頃まで本系帳を作成・更新していたとしても不自然ではない。

以上を踏まえるならば、平安時代前期に大神朝臣氏が作成した本系帳と『大神朝臣本系牒略』第一系図との間には何らかの関連が想定される。そこで参考になるのは、いま触れた『中臣氏系図』所引「延喜本系解状」に、

摠造㆓一巻㆒、以写㆓四通㆒。一通准㆑例、送㆓納省庫㆒。三通各分授置㆓三門㆒。

とあり、大中臣朝臣氏が本系帳を提出した際に、それを複数作成して氏族側にも保管していたことである。これと同様、大神朝臣氏も本系帳を提出した際にその写しを保管しており[20]、その内容が別の文献に部分的に引用されるなどして後世にまで伝えられていたのではなかろうか。そして、そうした本系帳に由来する情報を基礎としつつ、前掲の引用史料により考証を加えながら、信房は『大神朝臣本系牒略』第一系図を作成したと推測されるのである。彼が本書を「某系図」ではなく、あえて「本系帳（牒）」の語を入れて『大神朝臣本系牒略』と命名したのも、こうした経緯によるためであろう。

三　第一系図の引用史料

第一系図には前掲【表2】に示したように、作成時に用いたと思われる史料名が各所に注記されている。では、これらの史料はいかなる方針で『大神朝臣本系牒略』に引用されたのであろうか。紙幅の都合上、各記事を逐一検討することは別の機会に譲るとして、ここでは大まかな傾向を把握しておきたい。

大田々根子命の尻付を例に挙げるならば、『大神朝臣本系牒略』には、

古事記曰、以㆓意富多々泥古命㆒為㆓神主㆒、而於㆓御諸山㆒、拝㆓祭意富美和之太神㆒。云々。

とあるのに対して、『古事記』崇神段には、

即以㆓意富多多泥古命㆒、為㆓神主㆒而、於㆓御諸山㆒拝㆓祭意富美和之大神前㆒。

とある。同様に『大神朝臣本系牒略』に、

一名、大直禰古命。〈旧事紀。〉

とある箇所は、『地祇本紀』にも、

九世孫大田々禰古命。亦名大直禰古命。

と見えている[21]。このように『大神朝臣本系牒略』と引用史料の文章を比較するならば、わずかな文字の異同はあるが両者は基本的に一致している。これは【表2】に示したように、数件の例外を除いて[22]ほぼ全ての記載に当てはまる傾向である。

また、もとの文章を抜粋して引用する場合もある。たとえば『日本書紀』崇神七年二月辛卯条には、

是時、神明憑二倭迹迹日百襲姫命一曰、天皇、何憂二国之不治一也。若能敬二祭我一者、必当自平矣。天皇問曰、教二如此一者誰神也。答曰、我是倭国域内所居神、名為二大物主神一。時得二神語一、随レ教祭祀。然猶於レ事無レ験。天皇乃沐浴斎戒、潔二浄殿内一、而祈之曰、朕礼レ神尚未レ尽耶。何不レ享之甚也。冀亦夢裏教之、以畢二神恩一。是夜夢、有二一貴人一。対二立殿戸一、自称二大物主神一曰、天皇、勿二復為レ愁。国之不レ治、是吾意也。若以二吾児大田田根子一、令二祭吾一者、則立平矣。

とあるのに対して、『大神朝臣本系牒略』には、

書紀崇神天皇紀曰、七年二月、神明憑二倭迹々日百襲姫命一有レ誨。又天皇夢有二貴人一、自称二大物主神一、以二吾児大田々根子一令二祭吾一。云々。

とある。ここでは『日本書紀』崇神七年二月辛卯条の下線部のみを抜粋し、もとの文意を損なわないように文字を補っている。

したがって『大神朝臣本系牒略』第一系図の作成時には、引用・参照した史料名を文頭もしくは文末に注記することを原則とし、典拠とした史料の文章を忠実に引用するという方針が採られている。抜粋した場合は、文意を改変しないように配慮する姿勢をうかがうことができる。そもそも引用史料名を注記することは、その記載の信憑性に関して第三者による検証を可能にするものである。これらのことは、編者が創作・潤色を行う意図をもって『大神朝臣本系牒略』を編纂したのではないことを明確に示していると言えよう。

そして、このことを踏まえて注目したいのは、全体数からすればごくわずかではあるが、引用史料との間に明確な対応関係が確認できない記事が存在することである。それは以下の箇所である。

①天日方奇日方命の尻付に「一名、武日方命。〈宗形系。〉」とある。

②田々彦命の尻付に「于レ此、三流分流。大神朝臣正嫡流、大部主命之孫、為下祭二大物主神一之神主上。云々。〈類史。〉」とある。

③志多留命の尻付に「仕二応神・仁徳・履中三朝一。〈類史。〉」とある。

④特牛の尻付に「欽明天皇元年四月辛卯、令二大神祭一。之四月祭始乎。〈字類抄。〉」とある。

⑤興志の尻付に「類聚三代格曰、大神氏上代々補大神主事。弘仁十二年五月四日太政官符称、大神朝臣者、大田々根子命苗裔。高市麻呂正嫡流。自二従四位下伊可保一、連綿不レ絶而補二神主一。又、若宮者、高市麻呂二男興志以来補二神官一。云々。」とある。

⑥伊可保の尻付に「自二伊可保一代々補大神主、連綿不レ絶。見二続紀三代格一。」とある。(23)

⑦三支の尻付に「天長二年四月、従五位上。〈類史。〉」とある。

⑧三支の尻付に「同（天長―筆者注）四年正月、為二氏上一。〈同。〉」とある。

⑨成房の尻付に「寛平二年八月八日、爵。元正六位上。〈扶略。〉」とある。

⑩成主の尻付に「同（延長―筆者注）八年二月朔、為神主。〈記略。〉」とある。

このうち、①の「宗形系」は「宗形氏系図」を略記したものと思われる。宗像朝臣氏の系図には『宗像系図』・『宗像朝臣系図』・『宗像大宮司系図』などいくつかの種類があるが、管見の限り「武日方命」という神名を記した系図は確認できていない。また、②・③・⑦・⑧は『類聚国史』、⑤・⑥は『類聚三代格』、⑨は『扶桑略記』、⑩は『日本紀略』を典拠としたようであるが、現存するこれらの史料には該当する記事が見当たらない。さらに、④の「字類抄」は『色葉字類抄』あるいは『伊呂波字類抄』を指すと思われるが、やはり関連する内容は検出できない。しかも「字類抄」の語を冠する史料は、上記のほかにも『平他《ひょうた》字類抄』・『要略字類抄』・『八部字類抄』・『歌苑字類抄』・『年号字類抄』・『元号同字類抄』・『十三家字類抄』などがあり、『大神朝臣本系牒略』の言う「字類抄」がどれを指しているのかさえ判然としない。このように①〜⑩についてはより詳しい調査が必要である。ここでは特に④・⑤・⑥についての簡単な見通しを述べるに留めておきたい。

まず④は、欽明元年（五四〇）四月辛卯に特牛が三輪山の神（大物主神）を祭り、これが四月の大神祭（『延喜式』中宮職17 大神祭条・春宮坊13 大神祭条など）の始まりであると述べている。『大神朝臣本系牒略』をもとに作成された『三輪高宮家系図』では、この箇所は、

金刺宮御宇元年四年辛卯、令㆑祭㆓大神㆒。是四月祭之始也。

となっており、『大神朝臣本系牒略』にあった「字類抄」の文字が削除されている。冒頭でも述べたように『大神朝臣本系牒略』の存在は近年まで広く知られていなかったため、先行研究ではこの『三輪高宮家系図』の記載を重要な根拠として、大神朝臣氏は欽明朝段階から三輪山での祭祀に関与するようになったと論じてきた(24)。しかし『大神朝臣本系牒略』に引用史料名が明記されていることからすれば、大神祭に関する何らかの情報が「字類抄」に掲載されており(25)、当該箇所はそれを引用あるいは参照して記されたと考えられる。よって「字類抄」にいかなる内容が記されていたのかが分からない限り、『大神朝臣本系牒略』や『三輪高宮家系図』の当該記事を手がかりとして、古代における三輪山祭祀の実態を論じることはできない(26)。現在のところ確実に言えるのは、信房が「字類抄」を踏まえて欽明朝に大神祭が始まったと解釈したということである。

また『大神朝臣本系牒略』および『三輪高宮家系図』の当該記事で説かれているのは、大神朝臣氏にとっての氏神祭祀たる大神祭の起源である。一方、三輪山で執り行われていたのは、大王家が大神朝臣氏を介して三輪山の神を奉祭する「委託型」の祭祀である(27)。それは律令制下では国家が奉幣使を派遣して直接祭るのではなく、在地氏族を介し

て間接的に奉幣する鎮花祭（神祇令3季春条）に継承される性質のものである。[28]したがって、当該記事の内容が史実であったとしても、それは欽明朝から大神朝臣氏が三輪山祭祀（のちの鎮花祭につながる）に関与するようになったことを示す根拠にはならないのであり、むしろ同朝における大神朝臣氏の氏族祭祀（のちの大神祭につながる）の整備・開始を伝えるものとして理解すべきであろう。[29]

最後に⑤・⑥については、現存する『類聚三代格』だけでなく『弘仁格抄』や『格逸』・『格逸々』[30]、さらには『偽類聚三代格考』[31]などにも該当する内容が見えない。ただし、⑤の文頭には「類聚三代格曰」とあり、文末には「云々」とある。これを前述した『大神朝臣本系牒略』の引用方針に照らすならば、この箇所は編者の考証にもとづいて記されたのではなく、（途中に省略を含む場合もあるが）もとの史料の文章を忠実に引用していると考えられる。また、後半が省略されているため詳らかでないが、文章をそのまま読むならば『類聚三代格』に「大神氏上代々補大神主事」との事書を持つ格が所載され、その中には弘仁十二年（八二一）五月四日付の太政官符が引かれており、大神朝臣氏が大田々根子命の苗裔であること、伊可保が高市麻呂の正嫡流であること、その系統が大神神社の神主（大神神主・大神主ともいう）に代々任命されてきたこと、若宮社[32]（大直禰子神社）は高市麻呂の次男である興志の系統が神官に任命されてきたことなど、大神神社の神主（および若宮社の神官）の任用に関する内容が述べられていたという。

それに対して、現存の『類聚三代格』では「神社事」・「神宮司神主禰宜事」などの項目は完存しているが、二十巻本の巻九・十七（十二巻本では巻六・十）の一部が欠落しており[33]、福井俊彦はこの部分にも神祇関係の格が含まれていたと推測している。[34]もちろん『大神朝臣本系牒略』に引用されている文章はきわめて限られているため、前述の⑤・⑥が『類聚三代格』の逸文であるとは現段階で判断できないが、その可能性を残すものとして注目しておきたい。[35]

結語

本章では大神朝臣氏の系図である『大神朝臣本系牒略』を取り上げ、その成立背景を確認した上で、特に古代の人物について記載した第一系図を対象として本系帳との関係、およびその引用史料に関する考察を行った。その結果を整理するならば次のようになる。

・『大神朝臣本系牒略』は高宮信房の手によって一七九〇年代の後半頃に編纂された。編纂目的は未詳であるが、信房の代に玄賓庵へ神牌を納めるに当たり、当時の高宮家に伝来していた『高宮氏中興系図』以前に遡る系図の必要が生じたためと推測される。

・その作成には高宮家旧蔵文書の写し、墓石、神牌、『高宮氏中興系図』などのほかに、『古事記』・『日本書紀』など多くの史料が引用・参照された。他史料に見えない部分は、大神朝臣氏が作成した本系帳の内容が何らかの形で反映していると考えられる。

・『大神朝臣本系牒略』第一系図は、他史料を引用・参照した際にはその史料名を注し、典拠とした史料の文章を忠実に引用する方針で作成されている。抜粋して引用する場合も文意を変更しないように配慮している。この傾向はほぼ全ての記載に当てはまる。こうした作業方針は、編者が創作・潤色を行う意図をもって『大神朝臣本系牒略』を編纂したのではないことを明確に示している。

・ただし、天日方奇日方命・田々彦命・志多留命・特牛・興志・伊可保・三支・成房・成主の尻付に関しては、引用史料との間に明確な対応が見られない箇所がある。特に興志と伊可保の尻付には『類聚三代格』の逸文が含まれている可能性があるが、なお検討が必要である。

三輪山と大神神社における祭祀・信仰のあり方を復原し、その祭祀を担当した大神朝臣氏の足跡をたどることは、大和王権の発祥地といわれる纒向地域の歴史を考える上でも不可欠である。そのための手がかりを与えてくれる史料として『大神朝臣本系牒略』の存在は貴重であると言える。

註

(1)奈良県桜井市三輪に所在。
(2)原本は髙宮澄子氏所蔵。以下「髙宮本」とする。
(3)この氏族のウジナは、『古事記』では「神」の一文字で表記されるが、『日本書紀』では「三輪」と「大三輪」が混在しており、『続日本紀』以降では基本的に「大神」に統一されている。木簡でも「大神」が用いられている。一方、カバネは、古い段階では「君」姓を称していたが、天武十三年（六八四）に八色の姓で「朝臣」姓を賜った五十二氏の筆頭に挙げられており（『日本書紀』天武十三年十一月戊申条）、これ以降は「朝臣」を称するようになる。本章では「大神朝臣氏」で統一する。
(4)『百家系図稿』は、鈴木真年（一八三一～九四）、『諸系譜』は中田憲信（一八三五～一九一〇）が編纂した系図集である。
(5)拙稿「大神氏の系譜とその諸本」（『日本古代氏族系譜の基礎的研究』東京堂出版、二〇一二年、初出二〇〇五年）、拙稿「『大神朝臣本系牒略』の史料的性格」（『大神氏の研究』雄山閣、二〇一四年、初出二〇〇五年）。
(6)大神神社社務所編『三輪叢書』（大神神社社務所、一九二八年）、大神神社史料編修委員会編『大神神社史料』一（吉川弘文館、一九六八年）、上田正昭・佐伯秀夫校注『神道大系神社編12　大神・石上』（神道大系編纂会、一九八九年）、拙著『日本古代氏族系譜の基礎的研究』（前掲）などに所収。
(7)田中卓「豊前国薦神社の創祀」（『田中卓著作集11-1　神社と祭祀』国書刊行会、一九九四年、初出一九九三年）、溝口睦子『日本古代氏族系譜の成立』（学習院学術研究叢書、一九八二年）、佐伯有清『新撰姓氏録の研究』考証編六（吉川弘文館、一九八三年）、和田萃「ヤマトと桜井」（『桜井市史』一九七九年）、同「三輪山祭祀の再検討」（『日本古代の儀礼と祭祀・信仰』塙書房、一九九五年、初出一九八五年）、中野幡能「三輪高宮系図と大神比義」（『八幡信仰と修験道』吉川弘文館、一九九八年、初出一九八九年）。

（8）天地約二三・五センチ、幅八・六センチ。益房・基房・宗房・輪房・範房の五人と、名前の明らかでない三名が列挙され（【図2】第四系図）、第十丁ウラと第十一丁オモテの間に挿入されている。

（9）このほかに、第十三丁オモテには和房と某の二代が記されている（【図2】第三系図）。また『諸系譜』と『百家系図稿』の末尾には信房から義房まで三代の系図が記され（第五系図）、さらに『百家系図稿』には武房と為房の二代が記されている（第六系図）。

（10）以下、高宮氏の人物の生没年は『三輪高宮家系図』による。

（11）人名が系図に書き足される契機としては、生誕時、元服時、神主就任時、死没時などが想定されるが、『大神朝臣本系牒略』の場合は元服前に夭逝した人物も記載されていることから、おそらく生誕時に書き足されたと思われる。

（12）河村秀根・益根編著、阿部秋生開題『書紀集解』一（臨川書店、一九六九年）。

（13）尾崎雅嘉（?～一八二七）著。

（14）大神家次著。文永二年（一二六五）成立。康安元年（一三六一）に紀宗基、享保五年（一七二〇）に越昌綱によって書写。『大神神社史料』一（前掲）所収。

（15）大神神社史料編修委員会編『大神神社史料』一（前掲）所収。

（16）かつては大神神社の境内にあったが、明治元年（一八六八）に現在の地に移った。『磯城郡誌』（一九一五年）、『桜井市史』（前掲）など参照。

（17）若干の異同はあるが、たとえば『高宮氏中興系図』の範房の尻付に、

　母ハ当国之何某娘姓不レ知。

とあるのに対して、『大神朝臣本系牒略』の範房の尻付には、

　母当国何某女姓氏不レ知。

とある。ほかの人物もほぼ同じである。

（18）本系帳と氏族系譜の関係については、第二部第一章を参照。

（19）『群書系図部集』一（続群書類従完成会、一九七三年）所収。

(20) この点については、本書第二部第一章も参照。

(21) 引用史料の記載方法には、

　古事記曰、以二意富多々泥古命一為二神主一、而於二御諸山一、拜二祭意富美和之太神一。云々。

のように史料名を文頭に置くパターンと、

　一名、大直禰古命。〈旧事紀。〉

のように文末に置くパターンがある。これらがいかなる基準で使い分けられているのかは判然としないが、短い語句を引用する場合や、文章を抜粋して引用する場合は、後者のパターンが多い。なお、二つのパターンは入り組んで用いられていることから、時間差（一方は『大神朝臣本系牒略』の原資料段階で記されており、もう一方は『大神朝臣本系牒略』作成時に信房が記したなど）を示すものではないと考えられる。

(22) たとえば、高市麻呂の尻付には、

　同（天武）十年九月、為二氏上一（略）〈書紀。〉

とあるが、これに対応する『日本書紀』天武十年（六八一）九月甲辰条には、

　詔曰、凡諸氏有二氏上未定者一、各定二氏上一、而申二送于理官一。

とあるのみであり、高市麻呂が氏上となったことは見えない。こうした事例は引用史料を文末に記すパターンに見られる。

(23) 引用史料として『続日本紀』と『類聚三代格』が記されているが、前者についてはこの文章の前に、

　天平十九年四月丁卯、叙爵。元従六位上。天平宝字二年七月、神山生二奇藤一。虫食有二文字一。為レ瑞加二位一階一、従四位下。是大和守従四位下大伴宿禰稲公所レ奏也。

とあり、この箇所は『続日本紀』天平十九年四月丁卯条・天平宝字二年二月己巳条と対応している（【表2】参照）。よって、引用史料との間に対応関係が確認できないのは、『類聚三代格』にもとづくと見られる「自二伊可保一代々補大神主、連綿不レ絶」の部分のみである。

(24) 和田萃「ヤマトと桜井」（前掲）、同「三輪山祭祀の再検討」（前掲）など。

(25) 『伊呂波字類抄』於・諸社項には、

　大神大物主神社。〈同。城上郡三十五坐内。名神大。月次・神嘗・新嘗。〉

大神。〈紙同前。使諸大夫付霊験所。〉

などとあるが、特牛が欽明朝に祭祀を行ったことは見えない。しかし、たとえば大原野神社については、

宣命紙黄。使氏五位。本朝文集云、文徳天皇嘉祥四年二月乙卯、別制二大原野祭儀一。一准二梅宮祭一。貞観元年十一月十三日甲子、大原野祭如レ常。云々。

などのように、比較的詳しい注記が付されることもある。未見の写本では、大神祭に関してもこうした内容が付されていた可能性があろう。

(26) 三輪山祭祀の展開過程については、拙稿「三輪山祭祀の構造と展開」(『大神氏の研究』前掲、初出二〇一三年)で詳しく論じている。

(27) 藤森馨「神祇令祭祀と大神祭祀」(『神道宗教』二一〇、二〇〇八年)、同「鎮花祭と三枝祭の祭祀構造」(『神道宗教』二一一、二〇〇八年)。

(28) 三橋正「古墳祭祀から律令祭祀へ」(『日本古代神祇制度の形成と展開』法蔵館、二〇一〇年、初出二〇〇七年)、藤森馨「神祇令祭祀と大神祭祀」(前掲)、同「鎮花祭と三枝祭の祭祀構造」(前掲)など。

(29) 仁藤敦史は『大神朝臣本系牒略』の当該箇所に「欽明天皇」とあるのに対し、『三輪高宮家系図』には「金刺宮御宇」とあり、後者の方が古い表記であることから、「逆はあっても「欽明天皇」から「金刺宮御宇」に書き直す必然性に欠ける」こと、および『大神朝臣本系牒略』には引用史料名が掲載されていても該当する記事が見られない場合もあることから、当該箇所が「「字類抄」からの忠実な引用部分かは疑問」であり、『大神朝臣本系牒略』と『三輪高宮家系図』の「共通する先行史料からの引用の可能性が高く、信憑性を否定する根拠としては弱い」として、大神朝臣氏は欽明朝以降に三輪山祭祀を担当するようになったとする従来説を支持している(仁藤敦史「欽明朝の王権と出雲」『出雲古代史研究』二六、二〇一六年)。しかし、たとえば『粟鹿大明神元記』の場合は、宮内庁書陵部所蔵『谷森靖斎翁雑稿』所収「粟鹿大神元《ママ》記」には漢風諡号が用いられているが、これをもとに作成された宮内庁書陵部所蔵『粟鹿大神元《ママ》記』では和風諡号が用いられており、谷森善臣(一八一八~一九一一)の手によって漢風諡号から和風諡号への書き換えが行われたことが確認できる(中村一紀「谷森靖斎翁雑稿の粟鹿大神元記」『国書逸文研究』一八、一九八六年〉、拙稿『粟鹿大明神元記』の写本系統」〈『大神氏の研究』前掲、初出二〇一二年〉)。また、かりに『大神朝臣本系牒略』と『三輪高宮家系図』の当該箇所が「字類抄」ではなく共通する何らかの史料からの引用であったとしても、本文中でも述べ

たように、それは大神朝臣氏による三輪山祭祀（のちの鎮花祭につながる「委託型」の祭祀）の開始ではなく、あくまでも大神朝臣氏の氏神祭祀である大神祭の開始を説いたものであり、この記事から大神朝臣氏が三輪山祭祀に関与した時期を論じることはできないと考える。

(30)『続々群書類従』六。

(31)荷田春満著。享保九年（一七二四）成立。

(32)奈良県桜井市三輪に鎮座。古代には大神神社の神宮寺として大神寺・大御輪寺とも称し、明治以降は大直禰子神社として大神神社の摂社となっている。

(33)瀧川政次郎「九条家本弘仁格抄の研究」（『律令格式の研究』角川書店、一九六七年、初出一九二六年）、飯田瑞穂「『類聚三代格』の欠佚巻」（『飯田瑞穂著作集3　古代史籍の研究　中』吉川弘文館、二〇〇〇年、初出一九七〇年）、吉田孝「類聚三代格」（坂本太郎・黒板昌夫編『国史大系書目解題』上、一九七一年）、関晃監修・熊田亮介校注解説『狩野文庫本　類聚三代格』（吉川弘文館、一九八九年）など。

(34)福井俊彦「弘仁神祇格」（『国書逸文研究』四、一九八〇年）。

(35)『類聚三代格』貞観十八年（八七六）八月十三日太政官符には、

太政官符

応レ置二石清水山八幡宮神主一事〈坐二山城国久世郡一〉

従八位上紀朝臣御豊

右得二護国寺牒一称、去貞観二年故伝燈大法師位行教奉二為国家一特以懇誠、祈二請大菩薩一、奉レ移二此山宮一。自レ尓以降、道俗男女集会祈祝、非レ無二霊験一。仍令下件御豊一権充二神主一供中奉祭事上。望請、准二宇佐宮一充二置件職一、将レ増二神威一者。右大臣宣、奉　レ勅依レ請。

貞観十八年八月十三日〈三代実録第廿九〉

とあり、『類聚三代格』元慶五年（八八一）十月十六日太政官符には、

太政官符

応下准二筑前国本社一置中従一位勲八等宗像大神社神主上事〈坐二大和国城上郡登美山一〉

正六位上高階真人仲守

右得㆓氏人内蔵権助従五位下高階真人忠峯等解状㆒称、件社坐㆓大和国城上郡登美山㆒。依㆓太政官去年三月廿七日符旨㆒預㆓官社㆒訖。自㆓従清御原　天皇御世㆒至㆓于当今㆒、氏人等所㆑奉神宝并園地、色数稍多。高階真人累代鱗次執㆓当社事㆒。而今、経㆑世久遠、人意懈緩、或不㆑勤㆓守掌㆒紛㆓失神宝㆒。或彼此相譲闕㆓怠祭事㆒。如㆑是之故、屢致㆓重祟㆒。仍可㆘准㆓本社㆒置㆗神主㆖状、去年申㆑官。而未㆑蒙㆓裁下㆒。件仲守天性清廉堪㆑為㆓神主㆒。望請、早被㆓補任㆒令㆑掌㆓神事㆒。但待㆓氏長挙㆒被㆑補㆓其替㆒、相替之限一依㆓格制㆒。謹請㆓　官裁㆒者。従二位行大納言兼左近衛大将源朝臣多宣、奉　㆑勅依㆑請。

元慶五年十月十六日〈三代実録第卅〉

とあることから、貞観十八年に石清水八幡宮の神主、元慶五年に宗像神社の神主が、それぞれ太政官符によって補任されたことが知られる（『日本三代実録』貞観十八年八月十三日丁巳条・元慶五年十月十六日辛卯条にも、同内容の記事が見える）。これに関連して、藤森馨は「太政官符が下されて神主が補任された事例」はこの二例しかなく、ともに「内容的に氏族伝承を伴うものではない」ことから、『大神朝臣本系牒略』に見える「興志の尻付の記事を「三代格」の逸文と考えるのは早計ではなかろうか」と述べている（藤森馨「書評　鈴木正信著『大神氏の研究』」『歴史評論』七八七、二〇一五年）。

しかし、現在確認できる神主補任の記事はごく限られており、本文でも述べたとおり一部が欠落している『類聚三代格』巻九・十七（十二巻本では巻六・十）に、神主の補任に関する太政官符が含まれていた可能性は十分にあると思われる（福井俊彦「弘仁神祇格」前掲）。また、⑤は藤森が言うような「氏族伝承」ではなく、「大神氏上代々補大神主事」に関係する範囲で、大田々根子命～高市麻呂～伊可保・興志の系譜を述べているに過ぎないのであり、これは『類聚三代格』元慶五年十月十六日太政官符に見える「高階真人累代鱗次執㆓当社事㆒」という記述と対応するものである。筆者は⑤が『類聚三代格』の逸文であることを明確に否定する根拠が見られないことから、あくまでもその可能性を指摘しているのであり、この点については『類聚三代格』の写本の問題ともあわせて、今後検討すべき課題であると考えている。

第四部　国造氏族と『国造本紀』

第一章　国造の氏姓と「クニの名」

はじめに

国造制とは、およそ六～七世紀に実施された地方支配制度である。大和王権は政治的関係を結んだ各地の有力氏族を国造に任命して、当該地域の支配権を保障した。それに対して、各地の国造は王権へ物資や労働力を供給し、戦時には国造軍を率いて軍事行動に参加した。こうした国造制の実態解明は、古代国家の形成過程を考える上で不可欠なテーマであり、これまでに膨大な研究が蓄積されている(1)。本章では、各地の国造が称した氏姓に着目したい。

国造の氏姓が、その国造と王権の政治的関係を解明する上で重要な指標となることは、早くから指摘されてきた。しかし、史料的な制約もあり、いかなる氏姓を称したのかが詳らかでない国造も少なくない。こうした状況を改善するため、筆者は以前に「国造関係史料集」を作成したことがある(2)。これは原則として「某国造」とある史料を網羅的に載録したものであったが、国造の氏姓を考察するためには、国造に任命された氏族に関する史料や、律令制下の国造に関する史料、国造の後裔と目される八世紀以降の郡領氏族に関する史料などを、より幅広く検討する必要があろう。

そこで以下では、先行研究の問題点を確認した上で、いくつかの国造を事例として取り上げ、その氏姓に対する再検討を試みることとしたい。なお、煩を避けるため「某国造の氏姓」との表現を用いているが、これは厳密に言えば「某国造に任命された人物・氏族が称した氏姓」のことを指している。

一　研究の現状と課題

国造の氏姓に言及した研究は多いが、ここでは代表的なものに絞って論点の整理を行いたい。最初に取り上げるべきは、太田亮の研究である。太田は国造の氏姓を直姓、臣姓、連姓、君姓（公姓）、使主姓、造姓に大別し、【表3】のように推定した(3)。そして、合計九十六件のうち五十七件が直姓であること、臣姓の大半は孝元天皇以前に天皇家から分岐した氏族であること、君姓（公姓）には開化天皇以降に天皇家から分岐した氏族のカバネや、「原始的」なカバネが含まれることなどを指摘した。太田の分類は現在からすれば概略的なものであるが、各国造の氏姓をはじめて網羅的に取り上げた点で評価される。

戦後に入ると、阿部武彦・井上光貞の研究によって、国造制の研究は大きな進展を遂げた。両氏は国造の氏姓に関しても詳しく論じている。まず、阿部は太田による整理を踏まえて、直姓を名乗る国造の数と、直姓以外を名乗る国造の氏姓を【表4】のように分類し、以下の点を指摘した(4)。

・連姓や造姓は王権との「歴史的関係」が深く、部を管掌した氏族が称するカバネであり、ゆえに地方氏族としての国造がこれらを称することは少なかった。

・臣姓は「大和朝廷により統一されない以前の各地の独立酋長」に与えられたカバネである。ゆえに臣姓を名乗る国造はかつて強大な勢力を誇り、のちに王権に征服されて臣従した氏族である。地名を名乗る点に特徴があり、

表3　国造の氏姓一覧（太田亮説）

カバネ	国造名（氏姓）
直	闘鶏国造（都祁直），葛城国造（葛城直），大倭国造（大和直），山城国造（山城直），山背国造（久我直），凡河内国造（凡河内直），摂津国造（凡河内直），伊勢国造（伊勢直），島津国造（島直），久努国造（久努直），伊豆国造（日下部直・伊豆直），相武国造（漆部直），无邪志国造（无邪志直・笠原直・大部直），阿波国造（大伴直），印波国造（丈部直），千葉国造（大私部直），伊自牟国造（直），上海上国造（檜前舎人直），下海上国造（他田日奉直），菊麻国造（直），仲国造（壬生直・宇治部直），多珂国造（石城直），新治国造（新治直），安国造（安直），三野国造（美濃直），科野国造（直），石城国造（石城直），那須国造（那須直），阿尺国造（丈部直），信夫国造（直），白河国造（奈須直），角鹿国造（角鹿直），佐渡国造（大荒木直），丹波国造（丹波直），針間国造（佐伯直），明石国造（海直），吉備中県国造（三使部直），阿岐国造（凡直），穴門国造（穴門直），周防国造（周防凡直），熊野国造（熊野直），紀国造（紀直），淡路国造（凡直），粟国造（粟凡直），長国造（長直），讃岐国造（佐伯直），伊余国造（凡直），久味国造（久米直），風速国造（風早直），小市国造（小市直），都佐国造（凡直），国前国造（豊国直），大隅国造（大隅直），多褹国造（多褹直），伊吉島造（壱岐直），対馬下県国造（下県直），対馬上県国造（上県直）
臣	武社国造（牟邪臣），若狭国造（膳臣・稚桜部臣），江沼国造（江沼臣），能登国造（能登臣），伊弥頭国造（射水臣），出雲国造（出雲臣），吉備穴国造（安那臣），上道国造（上道臣），下道国造（下道臣），笠国造（笠臣），加夜国造（香屋臣），三野国造（三野臣），都奴国造（角臣），国前国造（国前臣）
連	茨木国造（壬生連），尾張国造（尾張連），陸奥国造（牡鹿連）
君	牟義都国造（牟宜都君），下毛野国造（下毛野君），上毛野国造（上毛野君），羽咋国造（羽咋公），但遅間国造（但馬公），讃岐国造（讃岐公），米多国造（米多君），吉備品治国造（吉備品遅公），廬原国造（廬原公），加宜国造（道公），高志国造（高志公），大分国造（大分公），菟狭国造（宇佐公），筑紫国造（筑紫公），阿蘇国造（阿蘇公），火国造（肥君），葦北国造（葦北君），薩摩国造（阿多公）
使主	須恵国造（末使主），馬来田国造（某意弥），師長国造（某意弥）
造	目代国造（目代造），伯耆国造（伯耆造ヵ）

表4　国造の氏姓の分類（阿部武彦説）

地域	直姓（件数）	直姓以外（氏姓）
畿内	5件	目代造
東海道	17件	尾張連，穂別，廬原公，牟邪臣，末使主
東山道	7件	牟義君，下毛野君，上毛野君
北陸道	2件	膳臣，江沼臣，能登臣，羽咋臣，射水臣，高志公
山陰道	1件	但馬公，伯耆造，出雲臣
山陽道	6件	安部臣，上道臣，下道臣，笠臣，香屋臣，三野臣，品遅君，角臣，阿牟君
南海道	11件	讃岐公
西海道	6件	国前臣，大分君，宇佐公，筑紫君，阿蘇公，肥君，葦北君，米多君，阿多君

それは国造の多くに地方氏族が任命されたことを示す。その分布は「歴史的に皇室との関係に於いて有してゐた地域性」を反映している。

・君姓（公姓）の国造も同じく地名を名乗るものが多く、地方氏族が任命されたことを示す。これも強大な勢力を有していた氏族であるが、臣姓国造よりも「中央から甚だ離れた地域」に所在している。また、臣姓が開化天皇以前の系譜に結びつくのに対し、君姓（公姓）は開化天皇以降の系譜に結びつくという特徴がある。臣姓と君姓（公姓）の差異は、王権に服属した時期や、あるいは王権における重要度に起因する。

・国造の大部分は直姓を称している。直という画一的なカバネを統一して与えた点に意義があり、屯倉の置かれた地域に直姓の国造が多く分布する。また、東国には部（特に名代・子代）の名称を帯びた国造が多い。

・「国名地名を帯びた国造が地方的土豪」であるのに対して、「部名又は職業名を帯びた」国造は「部民の地方的首長」である。後者は「朝廷乃至中央豪族に対する隷属的程度の深さ」を物語るものであり、それが「東国地方に多いことは東国の地と朝廷との関係に特殊性のあることを示す」。

一方、井上光貞は『国造本紀』の史料性には問題があるとしてこれを斥け、『古事記』・『日本書紀』などに見える国造のカバネを【表5】のように分類し、以下の点を指摘した。(5)

・直姓を名乗る国造は畿内を中心とし、東は近江、東北は越前、西北は丹波、西は紀伊・吉備を除く瀬戸内海沿岸および四国一帯に分布している。これらの地域は、「大和朝廷の権力の強く及んだ地域」である。

・直姓以外の国造は散在せず、三つの地域に集中している。すなわち、第一に毛野・越を中心とし越中・美濃・尾張から関東北部に及ぶ一帯、第二に出雲・吉備などの山陰一帯、第三に、筑紫・火を中心とする九州一帯である。これらの地域には、武蔵・吉備・出雲・筑紫などを例として「国造反抗の伝承」が見られる。

表5　国造の氏姓の分類（井上光貞説）

地域	分類	国造（カバネ）
畿内	直姓	倭国造（直），葛城国造（直），山代国造（直），河内国造（直）
	直姓以外	—
東海道	直姓	相武国造（直），無邪志国造（直），伊甚国造（直），上菟上国造（直），下菟上国造（直），新治国造（直），仲国造（直）
	直姓以外	尾張国造（連），甲斐（連）
東山道	直姓	近淡海国造（直）
	直姓以外	三野国造（国造），牟義都国造（君），飛騨国造（国造），上毛野国造（君）
北陸道	直姓	三国国造（直），角鹿国造（直）
	直姓以外	越国造（公），能登国造（臣）
山陰道	直姓	丹波国造（直）
	直姓以外	因幡国造（国造），出雲国造（臣）
山陽道	直姓	播磨国造（直），周防国造（直），穴門国造（直），安芸国造（直）
	直姓以外	吉備国造（臣）
南海道	直姓	木国造（直），熊野国造（直），粟国造（直），長国造（直），讃岐国造（直），伊予国造（直），越智国造（直），風早国造（直），土佐国造（直）
	直姓以外	—
西海道	直姓	豊国造（直）
	直姓以外	筑紫国造（君），菟狭国造（公），火国造（君），阿蘇国造（君），碩田国造（君）

・直のカバネを称する国造と、直以外のカバネを称する国造との間には、「国家権力の浸透度に相異」がある。「後者は前者よりも独立性が強く、従ってまた幾分身分高きもの」である。

・地方の「独立的君主」は本来的に君の呼称を名乗っていたが、「国家の統一、権力支配の確立」にともない、伴造は連・造のカバネを、国造は直のカバネをそれぞれ賜与された。君姓の国造は、王権が直姓を賜与し得なかった国造である。臣姓や連姓の国造は、王権が直姓の国造とこれらを同列に置き得なかった国造である。

・「某部＋カバネ」を名乗る国造は、「東国およびその周辺」に集中的に分布している。これらは国造であると同時に伴造でもある。この地域は「朝廷への隷属度の一層濃厚なる地域」である。

阿部と井上の研究は、国造の氏姓を大和王権とその国造に任命された氏族との関係姓、あるいは国造が所在する当該地域との関係性の表象として捉え、それを手がかりに諸国造の存在形態や国造制の成立・展開過程を論じたものと言える。そして、両氏によって国造の氏姓のあり方から国造制の地域的多様性を考察するという手法が、明確に打ち出されたのである。

次に、新野直吉は、おおむね阿部・井上両氏の段階までの国造制研究を簡潔に整理した(6)。その中で国造の氏姓の問題にも触れ、次のように述べている。

・国造はその氏族が本拠とする国名や地域名を氏姓とするものが多い。それはその氏族が元来は当該地域の首長であり、国造としての「役目」が「地域・地方」に関係しているためである。国名や地域名を帯びない国造は少数である。

・国名や地域名ではなく「某部＋カバネ」を名乗る国造もある。これらは国造に任命された氏族が伴造を兼ねたために、その呼称を氏姓としたものであり、「もちろんこれらには本氏としての国名による氏の名もあったと認められる」。

新野の研究では、国造と伴造を兼ねた氏族が「本氏」としての「クニの名＋カバネ」と、「某部＋カバネ」を併称した可能性を指摘した点が注目される。これは、国造に任命された氏族が、庚午年籍による定姓の段階で特定の仕奉にもとづく氏姓を選択したとする近年の議論にもつながる視点であろう。この点については後述する。

一方、新野説が発表されたのとほぼ同時期に、阿部・井上が指摘した国造の地域的多様性を、より具体的に論じたのが八木充である。八木は、国造の分布地域を【表6】のようにA、A'、B、C、Dの五種類に区分した上で、各地域に所在する国造の氏姓について次のように述べた(7)。

表6　国造の分類と氏姓（八木充説）

地域	国造名（氏姓）
A	倭国造（倭直），葛城国造（葛城直），闘鶏国造（都祁直），山代国造（山代直），凡河内国造（凡河内直），播磨国造（播磨直），丹波国造（丹波直），伊勢国造（伊勢直），木国造（紀直），熊野国造（熊野直），三野国造（美濃直），角鹿国造（角鹿直）
A'	吉備国造（吉備臣），因幡国造，伯耆国造，出雲国造（出雲臣），意岐国造，伊賀国造（伊賀臣），尾張国造（尾張連），三河国造，近淡海国造，安国造，本巣国造，飛驒国造，能登国造（能登臣）
B	吉備中県国造（中県直），安芸国造（安芸凡直），周防国造（周防凡直），穴門国造（穴門直），淡路国造（淡路凡直），粟国造（阿波凡直），長国造（長直），讃岐国造（讃岐凡直），伊予国造（伊予凡直），越智国造（越智直），風早国造（風早直），土佐国造（土佐凡直）
C	遠江国造（檜前舎人），駿河国造（金刺舎人），伊豆国造（日下部直），甲斐国造（壬生直），相武国造（壬生直），長狭国造（壬生直），上菟上国造（檜前舎人直），馬来田国造，伊自牟国造（春部直），千葉国造（大私部直），下菟上国造（他田日奉部直），新治国造（新治直），筑波国造（丈部直），茨城国造（壬生直），那珂国造（壬生直），多珂国造（石城直），科野国造（金刺舎人），武蔵国造（笠原直），知々夫国造，那須国造（那須直），石城国造，道口岐閇国造
D	多遅間国造（但馬君），牟義都国造（牟義都君），筑紫国造（筑紫君），豊国造（豊直），菟狭国造，大分国造（大分君），火国造（火君），阿蘇国造（阿蘇君），火葦北国造（刑部靫負），日向国造，越国造（越公），上毛野国造（上毛野君），下毛野国造（下毛野君）

・Aは「倭国家の中枢部」を構成する地域であり、A'はその周辺で「地域的統一体」としての独立性を強固に留め、王権に対する反乱伝承を濃厚に残す地域である。この地域は「統治組織としての規格化」が最も進み、かつ「国家権力の直接の政治的、経済的基盤」となった。この地域には直姓を名乗る国造が分布しているが、この直姓は「倭国家との支配従属関係における画一性」を示しており、国造制の全国的な成立にともなって各地域の国造に「統一的なカバネ」として賜与されたものである。

・BとCは「国家権力の中心から、あたかも左右対称的な地域」である。このうちBの地域には「地名＋凡直」というカバネを称する国造（「凡直国造」）が多く、Cの地域には「某部＋直」または「某舎人（直）」を名乗る国造が多い。

・B地域の「凡直国造」は「国造中の有力な首長をあらわし、転じてより広い地域を支配する国造」である。これらは部民制・屯倉制の発展にともない弱体化した国造制を「一元的支配によって強大化」し、かつ「対朝鮮戦略上の海路」を確保するために、「六世紀、あるいは大化に近い時期」に、従来の国造を「再編」したものである。こうした支配制度は「凡直国造制」と呼称し得る。B地域内で「地名＋直」を名乗る国造は、のちに「凡直国造」に「併合」された。(8)

・C地域で「某部＋直」を名乗る国造は、「二次的に編成され、より従属関係を強めた」ものであり、「国造が王族部民の管掌者となって、王族との強固な貢納関係を形成した」。「ある国造の関係者が部民の管掌者になると、カバネを変えず、部＋カバネを称する原則」が存在する。地名を名乗る国造が存在せず、「某部＋カバネ」あるいは「某舎人（直）」を称する国造しか知られない地域では、「国造本氏」が部民設置にあたり「部＋カバネ」に改姓した。国造とカバネを同じくし、ウジナを異にする「某部＋カバネ」を名乗る氏族は、「国造の一族が部民を管した」ために発生したものである。

・Dは「倭国家の版図における両極端」に位置し、「辺国の蝦夷と隼人の世界に接するいわば国境地帯」である。ここに位置する毛野・越・筑紫などの国造は、直姓ではなく、君姓を称している。このことは「統一的な地方政体の限界」を示しており、これらの国造は「高度の自立性を確保」していた。

・以上の差異は「各地域の社会発展の不均等性や国家権力の未熟さに基因するばかりでなく、より具体的には倭国家の支配権の拡大過程における各地域の首長と中央との対立・同盟関係の所産」と言える。

八木説において設定された五種類の地域とは、おおむねA・A′畿内とその周辺、B西国、C東国、D辺境ということになろう。八木は大和王権にとってのこれら各地域の位置づけと、各地域に所在する国造の地域的多様性（氏姓を含む）を関連させて説明したのである。なお、八木が提唱した「凡直国造制」については、その後も議論が重ねられている。(9)

さらに近年では、森公章が国造の氏姓を改めて整理している[10]。森は八木の整理に修正を加え、国造の氏姓を【表7】のように推定した。そして、「東国の国造は伴造的国造として、国造自らがトモの奉仕・資養を担う場合」が多かったのに対し、「西国の国造は、自身は部民管掌に携わっていないが、国造の役割としてその一族や配下の人々が呈する部民制的貢納の全体を処理して、中央への貢上等」を担ったとし、日本列島の東西における国造制の地域的な差異を改めて指摘している[11]。

以上の研究を踏まえるならば、国造の最も一般的なカバネが直であることは、もはや言うを俟たないであろう。また、臣・連・君姓の国造は直姓の国造よりも独立性が高く、東国に集中する「某部＋カバネ」を称する国造は直姓の国造よりも王権に対する隷属度が高いとするなど、国造の氏姓が国造制の地域的多様性を反映しているとする見方は、現在でも広く受け入れられていると思われる。

さて、こうした通説的理解に対して重要な問題提起を行ったのが、篠川賢である[12]。篠川は国造の氏姓を【表8】のように整理し、以下の点を指摘した。

・国造制の施行とカバネの賜与とは別個のものである。任命の時点でカバネを持っていなかった国造に対しては、統一して直のカバネが与えられた。一方、臣・連・君などのように直以外のカバネを称する国造は、国造に任命される以前からそのカバネを有していた。したがって、国造制の施行にあたり、その内容の違いに応じて異なったカバネが賜与されたのではない。

・父系出自集団の呼称としての氏姓は庚午年籍の段階で制度として成立したものであり、それ以前の氏姓（ウジナ＋カバネ）は厳密には王権と関係をもつ特定個人に与えられた職名的称号と理解すべきである[13]。

・すべての国造は本来、「クニの名＋カバネ」を称した。国造の任命は「クニ」（国造国）の画定と一体のものであ

表7　国造の氏姓一覧（森公章説）

地域	国造名（氏姓）
A	倭国造（倭直），葛城国造（葛城直），闘鶏国造（都祁直），山代国造（山代直），凡河内国造（凡河内直），伊勢国造（伊勢直），神郡国造（磯部直），嶋都国造（嶋直），三野国造（美濃直），角鹿国造（角鹿直），丹波国造（丹波直・海直），明石国造（海直），針間国造（播磨直・佐伯直），針間鴨国造（針間国造），大伯国造（吉備海部直），紀国造（紀直），熊野国造（熊野直）
A'	伊賀国造（伊賀臣），尾張国造（尾張連），三河国造（三河直・大伴直），穂国造（穂別），近淡海国造（近江臣），近淡海之安国造（安直），額田国造（額田国造），本巣国造（国造），飛騨国造（飛騨国造），若狭国造（膳臣），江沼国造（江沼臣），能登国造（能登臣），伊弥頭国造（射水臣），因幡国造（因幡国造），伯耆国造（伯耆造ヵ），出雲国造（出雲臣），石見国造（伊福部直ヵ），意岐国造（海部直・大私直），吉備国造（吉備臣），上道国造（上道臣），三野国造（三野臣），下道国造（下道臣），加夜国造（賀陽臣），笠国造（笠臣），吉備穴国造（阿那臣），都怒国造（角臣）
B	吉備中県国造（中県直・三使部直），安芸国造（安芸凡直・佐伯直），大嶋国造（凡海直），周防国造（周防凡直），穴門国造（穴門直・長門凡直），淡路国造（淡路凡直），粟国造（粟凡直），長国造（長直），讃岐国造（讃岐凡直），伊予国造（伊予凡直），久味国造（久米直），小市国造（越智直），風早国造（風早直），土佐国造（土佐凡直），波多国造（秦ヵ），大隅国造（大隅直），伊吉嶋造（壹岐直），津嶋県直（直）
C	遠江国造（檜前舎人・物部），久努国造（久努直），駿河国造（金刺舎人），伊豆国造（日下部直），甲斐国造（甲斐直・日下部直・三枝直・大伴直），相武国造（壬生直・漆部直），師長国造（壬生直），武蔵国造（丈部直・大部直），知々夫国造（大伴直ヵ），安房国造（大伴直），長狭国造（壬生直），須恵国造（日下部使主・日下部連），馬来田国造（不明），上菟上国造（檜前舎人直・刑部直），伊甚国造（春部直・伊甚直），武社国造（武射臣），菊麻国造（丈部直），千葉国造（大私部直），印波国造（丈部直・大生直・壬生直），下菟上国造（他田日奉部直），新治国造（新治直），筑波国造（丈部直・壬生連），茨城国造（茨城直・壬生直），仲国造（宇治部直・壬生直），久自国造（不明），多珂国造（君子部臣），科野国造（科野直・他田舎人・金刺舎人），那須国造（那須直），石城国造（石城直），道口岐閇国造（不明）
D	廬原国造（廬原君），牟義都国造（牟義都君），上毛野国造（上毛野君），下毛野国造（下毛野君），加我国造（道君），羽咋国造（羽咋君），越国造（高志君），多遅間国造（但馬君・日下部宿禰），吉備風治国造（吉備品遅君），阿武国造（阿牟君），筑紫国造（筑紫君），竺志米多国造（米多君・末多君），豊国造（豊国直），菟狭国造（宇佐君），国前国造（国前臣），比多国造（日下部連・日下部君），大分国造（大分君），火国造（火君・肥君），阿蘇国造（阿蘇君・宇治部公），葦北国造（葦北君），日向国造（諸県君），薩摩国造（薩摩君）

表8　国造の氏姓一覧（篠川賢説）

地域	国造名（氏姓）
畿内	大倭国造（大倭直），葛城国造（葛城直），凡河内国造（凡河内直），山城国造・山背国造（山背直・久我直），闘鶏国造（都祁直）
東海道	伊賀国造（伊賀臣・阿保君・健部君），伊勢国造（伊勢直），嶋津国造（嶋直），尾張国造（尾張連），参河国造（三河直），穂国造（穂別），遠淡海国造（檜前舎人），久努国造（久努直），素賀国造（不明），珠流河国造（金刺舎人），盧原国造（盧原公），伊豆国造（日下部直・嶋直），甲斐国造（日下部連・日下部直・壬生直），相武国造（漆部直・壬生直），師長国造（丈部直・丈部造），无邪志国造・胸刺国造（笠原直・丈部直・大部直），知々夫国造（三宅連・大伴部），須恵国造（末使主・日下部使主），馬来田国造（湯坐連），上海上国造（檜前舎人直），伊甚国造（伊甚直・春日部直），武社国造（武射臣），菊麻国造（谷直・刑部直），阿波国造（大伴直），印波国造（丈部直・大生部直），下海上国造（海上国造他田日奉部直），長狭国造（壬生直），千葉国造（千葉国造大私部直），新治国造（新治直），筑波国造（壬生直・丈部直），茨城国造（壬生連），仲国造（壬生直・宇治部直），久慈国造（不明），高国造（石城直）
東山道	淡海国造・近淡海之安国造（近淡海之安直），額田国造・近淡海国造（額田国造），美濃（美濃直），三野前国造（不明），本巣国造（国造・栗栖田君），三野後国造（不明），牟義都国造（牟義都君），斐陀国造（飛驒国造・主水直），上毛野国造（上毛野君），下毛野国造（下毛野君），陸奥菊多国造（不明），道口岐閉国造・道尻岐閉国造（不明），阿尺国造（丈部直），思国造（不明），伊久国造（不明），染羽国造（丈部），浮田国造（吉弥候部），信夫国造（丈部），白河国造（奈須直・大伴部），石背国造（吉弥候部），石城国造・道奥石城国造（石城直・丈部），那須国造（那須直），科野国造（金刺舎人・他田舎人・科野直）
北陸道	若狭国造（膳臣・稚桜部臣），高志国造（高志公・道君），三国国造（三国公），角鹿国造（角鹿直），加我国造・加宜国造（道君），江沼国造（江沼臣），能登国造（能登臣），羽咋国造（羽咋君），伊弥頭国造（射水臣），久比岐国造（高志公），高志深江国造（不明），佐渡国造（不明）
山陰道	丹波国造（丹波直），但遅麻国造（多遅麻君・神部直・日下部・朝来直），二方国造（不明），稲葉国造（国造・伊福部臣），波伯国造（伯耆造），出雲国造（出雲臣），石見国造（不明），意岐国造（不明）
山陽道	針間国造（佐伯直・針間直），針間鴨国造（針間国造・針間直），明石国造（海直），吉備国造（吉備臣），大伯国造（吉備海部直），上道国造（上道臣），三野国造（三野臣），下道国造（下道臣），加夜国造（賀陽臣），笠臣国造（笠臣），吉備中県国造（仲県国造・三使部直），吉備穴国造（阿那臣・安那公），吉備風治国造（品遅君），阿岐国造（佐伯直・凡直），大嶋国造（不明），波久岐国造（不明），周防国造（周防凡直），都怒国造（都奴臣），穴門国造（穴門直），阿武国造（阿牟君）
南海道	紀伊国造（紀直），熊野国造（熊野直），淡路国造（凡直），粟国造（粟凡直），長国造（長直），讃岐国造（讃岐凡直・佐伯直・讃岐公），伊余国造（凡直），久味国造（久米直），小市国造（越智直），怒麻国造（不明），風速国造（風早直），都佐国造（凡直），波多国造（不明）
西海道	筑志国造（筑紫君），竺志米多国造（米多君・末多君），豊国造（豊直・豊国直），宇佐国造（宇佐君），国前国造（国前臣），比多国造（不明），大分国造（大分君），火国造（肥君），松津国造（不明），末羅国造（不明），阿蘇国造（阿蘇君），葦分国造（葦北君・刑部靫負），天草国造（不明），日向国造（不明），大隅国造（大隅直），薩摩国造（薩摩君・阿多君），伊吉嶋造（壱岐直），津嶋県直（津嶋県直・直），葛津立国造（葛津直），多褹嶋（多褹直）

り、国造の氏姓（職名的称号）においては、その「クニの名」にこそ具体的な意味があった。すなわち、国造の氏姓に「クニの名」を冠することは、国造がその「クニ」を統治して王権へ仕奉することを意味した。

・東国に「クニの名＋カバネ」以外の氏姓を称する国造（「某部＋カバネ」を称する「伴造的国造」）が多いことは、東国と他地域との間で国造制の内容に差異があったことを示すものではなく、庚午年籍における定姓の問題、あるいは定姓後の賜姓の問題としてとらえるべきである。

・東国の国造が定姓時に「クニの名＋カバネ」を選択しなかったのは、「クニ」を統轄するという国造の機能がその地域では現実に果たされていなかったためか、あるいは「クニの名＋カバネ」を求める氏族が多数存在し、一氏に限定できなかったためと考えられる。

・東国に「某部＋カバネ」が多いことは、大和王権に対する東国の隷属度が高いことを示すと理解されてきたが、それはむしろ東国に対する大和王権の「浸透度の低さ」、あるいは東国において「国造制の定着度が低かった」ことに起因する。

篠川説の論点は多岐にわたるが、ここでは特に次の三点に注目したい。第一に、国造の氏姓を二段階に区分したことである。庚午年籍以前の職名的称号としての氏姓と、定姓以降の父系出自集団の呼称としての氏姓では、その性格を大きく異にしており、たしかに両者は峻別して扱う必要がある。第二に、国造の氏姓のあり方は国造制の内容の違いを示すものではないとして、国造の氏姓の問題を国造制の地域的多様性に関する議論と一旦切り離し、むしろそれを庚午年籍による定姓の問題と関連づけたことである。これは、従来の方法論を相対化するものとして評価することができよう。第三に、国造の多くが「クニの名＋カバネ」を称したことは早くから指摘されていたが、これを一歩進めて、すべての国造が本来的に「クニの名＋カバネ」を称したと論じたことである。つまり、これまで「クニの名＋

カバネ」以外の氏姓（「某部＋カバネ」など）を称したと推定されてきた国造も、任命の時点では「クニの名＋カバネ」を称していたのであり、定姓以降に「クニの名＋カバネ」以外の氏姓を称するようになったと理解したのである。これらの三点は相互に関連しており、いずれも傾聴に値すると思われる。

しかし、篠川説以降の研究においても、「クニの名＋カバネ」以外の氏姓を称したと見なされている国造は少なくない。そうした理解は必ずしも誤りではないが、正確に言うならば、それは国造が定姓以降に称した氏姓（父系出自集団の呼称）なのであり、定姓以前にいかなる氏姓（職名的称号）を称していたのかは別途検討が必要であろう。このように国造の氏姓の問題には、いまなお議論の余地が残されていると言える。そこで次節では、篠川が指摘した第三の点を取り上げて、先行研究がどのような方法によって国造の氏姓を推定してきたのか（「クニの名＋カバネ」を析出してきたのか）を改めて確認したい。

二　国造の氏姓の推定方法

（1）「某国造」との対応

国造の氏姓の推定には、これまでさまざまな方法が用いられてきた。それは三つの方法に大別することができる。

第一に、「某国造」と「クニの名＋カバネ」の対応関係にもとづく推定である。たとえば、大倭国造に関しては以下の史料が挙げられる。

①『日本書紀』神武即位前紀甲寅年十月辛酉条

天皇親帥㆓諸皇子舟師㆒東征。至㆓速吸之門㆒。時有㆓一漁人㆒、乗㆑艇而至。天皇招之、因問曰、汝誰也。対曰、臣是国神。名曰二珍彦一。釣二魚於曲浦一。聞二天神子来一、故即奉レ迎。又問之曰、汝能為レ我導耶。対曰、導之矣。天皇勅授二漁人椎橋末一、令レ執而牽二納於皇舟一、以為二海導者一。乃特賜レ名、為二椎根津彦一。〈椎。此云二辞毗一。〉此即倭直部始祖也。

②『日本書紀』神武二年二月乙巳条

天皇定レ功行レ賞。（略）以二珍彦一為二倭国造一。〈珍彦、此云二于砮毗故一。〉

③『古事記』神武段

故従二其国一上幸之時、乗二亀甲一為レ釣乍、打羽挙来人、遇二于速吸門一。爾喚帰、問二之汝者誰一也。答二曰僕者国神一。又問下汝者知二海道一乎上、答二曰能知一。又問二従而仕奉乎一、答曰二仕奉一。故爾指二度槁機一、引二入其御船一、即賜レ名号二槁根津日子一。〈此者倭国造等之祖。〉

④『新撰姓氏録』大和国神別　大和宿禰条

大和宿禰

出レ自二神知津彦命一也。神日本磐余彦天皇、従二日向地一向二大倭洲一、到二速吸門一時、有二漁人一乗艇而至。天皇問曰、汝誰也。対曰、臣是国神。名宇豆彦。聞二天神子来一、故以奉レ迎。即牽二納皇船一、以為二海導一。仍号二神知津彦一。〈一名、椎根津彦。〉能宣二軍機之策一。天皇嘉レ之、任二大倭国造一。是大倭直始祖也。

このうち、①では珍彦が倭直氏の始祖とされ、②では珍彦が倭国造に任命されたとある。また、①では珍彦の別名を椎根津彦とするが、③ではその槁根津日子（椎根津彦）が倭国造の祖であるとされる。さらに、④では神知津彦（椎根津彦）が大倭国造に任命され、この人物が大倭直氏の始祖となったとある。こうした複数の記事の対応関係から、大倭国造（倭国造）の氏姓が大倭直（倭直）であったことが導き出されてきたのである。(14) 同様の対応関係は、ほかにも多くの国造に当てはまる。紙幅の関係上、主要な国造のみ関係史料を挙げておこう。

凡河内国造・山代国造

○『古事記』神代上

次天津日子根命者。〈凡川内国造・額田部湯坐連・茨木国造・倭田中直・山代国造・馬來田国造・道尻岐閇国造・周芳国造・倭淹知造・高市縣主・蒲生稲寸・三枝部造等之祖也。〉

○『日本書紀』神代上第六段本文

次天津彦根命。〈是凡川内直・山代直等祖也。〉

上毛野国造・下毛野国造

○『国造本紀』上毛野国造条

上毛野国造

瑞籬朝、皇子豊城入彦命孫彦狭嶋命、初治㆓平東方十二国㆒為㆑封。

○『国造本紀』下毛野国造条

下毛野国造

難波高津朝御世、元毛野国分為㆓上下㆒。豊城命四世孫奈良別、初定㆓賜国造㆒。

○『古事記』崇神段

次豊木入日子命者。〈上毛野君・下毛野君等之祖也。〉

○『日本書紀』崇神四十八年四月丙寅条

立㆓活目尊㆒為㆓皇太子㆒。以㆓豊城命㆒令㆑治㆑東。是上毛野君・下毛野君之始祖也。

羽咋国造

○『国造本紀』羽咋国造条

羽咋国造

泊瀬朝倉朝御世、三尾君祖石撞別命児石城別王、定二賜国造一。

○『古事記』垂仁段

伊久米伊理毘古伊佐知命、坐二師木玉垣宮一、治二天下一也。此天皇（略）又娶二其大国之淵之女、弟苅羽田刀弁一、生御子、石衝別王（略）凡此天皇之御子等、十六王。〈男王十三・女王三。〉（略）次石衝別王者、〈羽咋君。三尾君之祖。〉

○『新撰姓氏録』右京皇別下　羽咋公条

羽咋公。

同（垂仁―筆者注）天皇皇子磐衝別命之後也。

出雲国造

○『国造本紀』出雲国造条

出雲国造

瑞籬朝、以二天穂日命十一世孫宇迦都久怒一、定二賜国造一。

○『古事記』神代上

天菩比命之子、建比良鳥命。〈此出雲国造・无邪志国造・上菟上国造・下菟上国造・伊自牟国造・津嶋県直・遠江国造等之祖也。〉

○『日本書紀』巻一第六段本文

次天穂日命。〈是出雲臣・土師連等祖也。〉

上道国造・三野国造・下道国造・笠臣国造

○『国造本紀』上道国造条

上道国造

軽嶋豊明朝御世、元封㆓中彦命児多佐臣㆒、始国造。

○『国造本紀』三野国造条

三野国造

軽嶋豊明朝御世、元封㆓弟彦命㆒、次定㆓賜国造㆒。

○『国造本紀』下道国造条

下道国造

軽嶋豊明朝御世、元封㆓兄彦命亦名稲建別㆒、定㆓賜国造㆒。

○『国造本紀』笠臣国造条

笠臣国造

軽嶋豊明朝御世、元封㆓鴨別命八世孫笠三枝臣㆒、定㆓賜国造㆒。

○『日本書紀』応神二十二年九月庚寅条

亦移㆓居於葉田〈葉田、此云㆓簸娜㆒。〉葦守宮㆒。時御友別参赴之。則以㆓其兄弟子孫㆒為㆓膳夫㆒而奉饗焉。天皇、於是、看㆓御友別謹惶侍奉之状㆒而有㆓悦情㆒。因以割㆓吉備国㆒、封㆓其子等㆒也。則分㆓川嶋県㆒封㆓長子稲速別㆒。是下道臣之始祖也。次以二上道県一、封二中子仲彦一。是上道臣・香屋臣之始祖也。次以二三野県一、封二弟彦一。是三野臣之始祖也。復以二波区芸県一、封二御友別弟鴨別一。是笠臣之始祖也。即以二苑県一、封二兄浦凝別一。是苑臣之始祖也。即以二織部一、賜二兄媛一。是以、其子孫、於今在二于吉備国一。是其縁也。

紀伊国造

○『古事記』孝元段

比古布都押之信命、（略）又娶二木国造之祖、宇豆比古之妹、山下影日売一、生子、建内宿禰。

○『日本書紀』景行三年二月庚寅条

卜下幸二于紀伊国一、将上祭二祀群神祇一、而不吉。乃車駕止之。遣二屋主忍男武雄心命一〈一云、武猪心。〉令レ祭。爰屋主忍男武雄心命、詣之居二于阿備柏原一、而祭二祀神祇一。仍住九年。則娶二紀直遠祖菟道彦之女影媛一、生二武内宿禰一。

○『紀氏家牒』[15]

紀武内宿禰者、人皇弟八代孝元天皇曾孫、屋主忍男武雄心命之嫡男。母曰二山下影媛一、紀伊国造菟道彦之女。故名曰二紀武内宿禰一。

筑紫国造

○『古事記』継体段

此御世、竺紫君石井、不レ従二天皇之命一而、多无レ禮。故遣二物部荒甲之大連・大伴之金村連二人一而、殺二石井一也。

○『日本書紀』継体二十一年（五二七）六月甲午条

近江毛野臣、率二衆六万一、欲下往二任那一、為二復興建新羅所レ破南加羅・喙己呑一、而合中任那上。於是、筑紫国造磐井、陰謨二叛逆一、猶予経レ年。恐二事難レ成、恒伺二間隙一。新羅知レ是、密行二貨賂于磐井所一、而勧防二遏毛野臣軍一。於是、磐井掩二拠火豊二国一、勿二使修職一。外邀二海路一、誘二致高麗・百済・新羅・任那等国年貢レ職船一、内遮下遣二任那一毛野臣軍上、（略）

○『釈日本紀』所引『筑後国風土記』逸文

筑後国風土記曰、上妻県、々南二里、有二筑紫君磐井之墓墳一。（略）古老伝云、当二雄大迹天皇之世一、筑紫君磐井、豪強暴虐、不レ偃二皇風一。生平之時、預造二此墓一。俄而官軍動発、欲レ襲之間、知二勢不一レ勝、独自遁二于豊前国上膳県一、終二于南山峻嶺之曲一。於レ是、官軍、追尋失レ蹤。士怒未レ泄、撃二折石人之手一、打二堕石馬之頭一。（略）

火国造・大分国造

○『国造本紀』火国造条

火国造

瑞籬朝、大分国造同祖志貴多奈彦命児遅男江命、定二賜国造一。

○『古事記』神武段

神八井耳命者、〈意富臣・小子部連・坂合部連・火君・大分君・阿蘇君・筑紫三家連・雀部臣・雀部造・小長谷造・都祁直・伊余国造・科野国造・道奥石城国造・常道仲国造・長狭国造・伊勢船木直・尾張丹羽臣・嶋田臣等之祖也。〉

葦北国造

○『日本書紀』敏達十二年（五八三）七月丁酉条

詔曰、属二我先考天皇之世一、新羅滅二内官家之国一、〈天国排開廣庭天皇廿三年、任那為二新羅一所レ滅。故云三新羅滅二我内官家一也。〉先考天皇、謀レ復二任那一。不レ果而崩、不レ成二其志一。是以、朕当奉レ助二神謀一、復二興任那一。今在二百済一火葦北国造阿利斯登子達率日羅、賢而有レ勇。故朕欲下与二其人一相計上。乃遣三紀国造押勝与二吉備海部直羽嶋一、喚二於百済一。

○『日本書紀』敏達十二年（五八三）是歳条

復遣二吉備海部直羽嶋一、召二日羅於百済一。（略）是時、日羅被レ甲乗レ馬、到二門底下一。乃進二庁前一。進退跪拝、歎恨而曰、於二檜隈宮御寓天皇之世一、我君大伴金村大連、奉二為国家一、使二於海表一、火葦北国造刑部靫部阿利斯登之子、臣達率日羅、聞二天皇召一、恐畏来朝。（略）徳爾等昼夜相計、将レ欲レ殺。時日羅身光、有レ如二火焔一。由レ是、徳爾等恐而不レ殺。遂於二十二月晦一、候レ失レ光殺。（略）乃遣二使於葦北一、悉召二日羅眷属一。賜二徳爾等一、任レ情決罪。是時、葦北君等、受而皆殺、投二弥売嶋一。（略）

先行研究ではこれらの記事に見られる対応関係をもとに、凡川内国造（凡河内国造）の氏姓を凡川内直（凡河内直）、山代国造の氏姓を山代直、上毛野国造の氏姓を上毛野君、下毛野国造の氏姓を下毛野君、羽咋国造の氏姓を羽咋君（羽咋公）、出雲国造の氏姓を出雲臣、上道国造の氏姓を上道臣、三野国造の氏姓を三野臣、下道国造の氏姓を下道臣、笠臣国造の氏姓を笠臣、紀伊国造の氏姓を紀直、筑紫国造の氏姓を筑紫君、火国造の氏姓を火君、大分国造の氏姓を大分君、葦北国造の氏姓を葦北君と推定してきたのである。

（2）律令制下の国造

第二に、律令制下の国造に関する記事から国造の氏姓を推定する方法である。[16] 先と同様、大倭国造を例に挙げるならば、以下の史料が注目される。

①『続日本紀』養老七年（七二三）十月乙卯条

詔曰、今年九月七日、得二左京人紀家所レ献白亀一（略）是知、天地霊貺、国家大瑞。寔謂、以二朕不徳一、致二此顕貺一。宜下共二親王・諸王・公卿・大夫、百寮在レ位、同慶中斯瑞上。（略）大倭国造大倭忌寸五百足、絁十疋、綿一百屯、布廿端。

②『続日本紀』神護景雲三年（七六九）十月癸亥条

大和国造正四位下大和宿禰長岡卒。刑部少輔従五位上五百足之子也。少好二刑名之学一、兼能属レ文。霊亀二年、入唐請益。凝滞之処、多有二発明一。当時言二法令一者、就二長岡一而質之。勝宝年中、改二忌寸一賜二宿禰一。宝字初、仕至二正五位下民部大輔兼坤宮大忠一、四年、遷二河内守一。政無二仁恵一、吏民患レ之。其後授二従四位下一、以二散位一還レ第。八年、任二右京大夫一。以二年老一自辞去レ職。景雲二年、賀正之宴、有レ詔特侍二殿上一。時鬢髪未レ衰、進退无レ忒。天皇問之曰、卿年幾。長岡避レ席言曰、今日方登二八十一。天皇嘉嘆者久之。御製授二正四位下一。

③『続日本紀』延暦十年（七九一）三月丙寅条

故右大臣従二位吉備朝臣真備・大和国造正四位下大和宿禰長岡等、刪二定律令廿四条一。弁二軽重之舛錯一、矯二首尾之差違一。至レ是、下レ詔、始行用之。

このうち、①は祥瑞出現にともなう褒賞の記事であるが、この時に大倭忌寸五百足は大倭国造であった。②は大和宿禰長岡の卒伝であり、③は長岡が刪定律令の編纂に関与したことを伝える記事であるが、これらによればやはり大和宿禰氏が大和国造（大倭国造）に任命されていたことが分かる。以下の人物についても律令制下における国造への任命記事、もしくは国造であったことを示す記事が残されている。

山背国造

山背忌寸品遅（『続日本紀』慶雲三年〈七〇六〉十月壬午条）

伊勢国造

伊勢朝臣老人（『続日本紀』神護景雲二年〈七六八〉六月戊寅条）

尾張国造

尾張宿禰小倉（『続日本紀』天平十九年〈七四七〉三月戊寅条）

三野前国造

美濃直玉虫（『続日本紀』神護景雲二年〈七六八〉六月戊寅条）

斐陀国造

飛騨国造祖門（『続日本紀』延暦二年〈七八三〉十二月甲辰条）

丹波国造

丹波直真養（『続日本紀』延暦二年〈七八三〉三月庚寅条）

稲葉国造

因幡国造浄成女（『続日本紀』宝亀二年〈七七一〉十二月丙寅条）

出雲国造

出雲臣果安（『続日本紀』霊亀二年〈七一六〉二月丁巳条）

出雲臣広嶋（『続日本紀』神亀元年〈七二四〉正月戊子条・神亀三年〈七二六〉二月辛亥条・天平十年〈七三八〉二月丁巳条、『出雲国風土記』巻末記、天平六年〈七三四〉「出雲国計会帳」(17)）

出雲臣弟山（『続日本紀』天平十八年〈七四六〉三月己未条・天平勝宝二年〈七五〇〉二月癸亥条・天平勝宝三年〈七五一〉二月乙亥条）

出雲臣益方（『続日本紀』天平宝字八年〈七六四〉正月戊午条・神護景雲元年〈七六七〉二月甲午条・神護景雲二年〈七六八〉二月庚辰条）
出雲臣国上（『続日本紀』宝亀四年〈七七三〉九月庚辰条）
出雲臣国成（『続日本紀』延暦四年〈七八五〉二月癸未条・延暦五年〈七八六〉二月己巳条）
出雲臣人長（『続日本紀』延暦九年〈七九〇〉四月癸丑条、『類聚国史』巻十九　国造　延暦十四年〈七九五〉二月甲子条）
出雲臣門起（『日本後紀』延暦二十四年〈八〇五〉九月壬辰条）
出雲臣旅人（『日本後紀』弘仁二年〈八一一〉三月辛酉条・弘仁三年〈八一二〉三月癸酉条）
出雲臣豊持（『類聚国史』巻十九　国造　天長三年〈八二六〉三月甲申条・天長七年〈八三〇〉四月乙巳条、『続日本後紀』天長十年〈八三三〉四月壬午条）
出雲臣孝忠（『類聚符宣抄』長保四年〈一〇〇二〉六月二十八日太政官符）

紀伊国造

紀直摩祖（『続日本紀』神亀元年〈七二四〉十月壬寅条）
紀直豊嶋（『続日本紀』天平元年〈七二九〉三月丁巳条）
紀直五百友（『続日本紀』延暦九年〈七九〇〉五月癸酉条）
紀直豊成（『日本後紀』延暦二十三年〈八〇四〉十月癸丑条）
紀宿禰高継（『続日本後紀』嘉祥二年〈八四九〉閏十二月庚午条）
紀宿禰有守（『類聚符宣抄』天暦七年〈九五三〉十二月二十八日太政官符）

紀直広世（『紀伊国造次第』巻首書入）

壱岐嶋造

壱岐直戈麻呂（『類聚国史』巻十九　国造　天長五年〈八二八〉正月丁丑条）

先行研究ではこれらの記事を根拠として、大倭国造の氏姓は大倭直（大倭忌寸・大和宿禰）、山背国造の氏姓は山背直（山背忌寸）[18]、伊勢国造の氏姓は伊勢直（伊勢朝臣）[19]、尾張国造の氏姓は尾張連（尾張宿禰）[20]、三野前国造の氏姓は美濃直、斐陀国造の氏姓は飛騨国造、丹波国造の氏姓は丹波直、稲葉国造の氏姓は因幡国造、出雲国造の氏姓は出雲臣、紀伊国造の氏姓は紀直（紀宿禰）[21]、壱岐嶋造の氏姓は壱岐直であったと、それぞれ推定してきたのである。

（3）郡領氏族による推定

第三に、八世紀以降の郡領氏族の氏姓から推定する方法である。『令義解』選叙令13郡司条には、

凡郡司、取㆘性識清廉堪㆓時務㆒者㆖、為㆓大領・少領㆒。強幹聡敏工㆓書計㆒者、為㆓主政・主帳㆒。其大領外従八位上。少領外従八位下叙之。其大領・少領、才用同者、先取㆓国造㆒。

とあり、郡司の大領・少領には才用が同じならば国造の後裔が優先して任命されることが規定されている。実際に、各郡の郡領氏族には国造の後裔が多く見受けられる。再び大倭国造を例にとるならば、天平十四年（七四二）十一月十七日「優婆塞貢進解」[22]には、

大領外正八位下大養徳連友足

とあり、大和国城下郡の大領に大養徳連氏（大倭連氏）が任命されていたことが分かる。同様の事例としては、以下のものがある。

新治国造

常陸国新治郡大領　新治直子公（『続日本紀』神護景雲元年三月乙亥条）

常陸国新治郡大領　新治直大直（『続日本紀』延暦九年〈七九〇〉十二月庚戌条）

那須国造

下野国那須評評督　那須直韋提（文武四年〈七〇〇〉「那須国造碑」）

三国国造

越前国坂井郡大領　三国真人（欠名）（天平三年〈七三一〉「越前国正税帳」[23]）

越前国坂井郡大領　三国真人浄乗（宝亀十一年〈七八〇〉四月三日「越前国坂井郡司解」[24]）

角鹿国造

越前国敦賀郡少領　角鹿直綱手（天平三年「越前国正税帳」、天平五年〈七三三〉閏三月六日「越前国郡稲帳」[25]）

江沼国造

越前国江沼郡主政　江沼臣大海（天平三年「越前国正税帳」）

越前国江沼郡主帳　江沼臣入鹿（同前）

越前国江沼郡大領　江沼臣武良士（天平五年閏三月六日「越前国郡稲帳」）

伊弥頭国造

越中国新川郡擬大領　伊弥頭臣貞益（『日本三代実録』仁和二年〈八八六〉十二月十八日壬戌条）

出雲国造

出雲国意宇評評督　出雲臣叡屋（『出雲国造系図』[26]）

出雲国意宇郡大領　出雲臣広嶋（『出雲国風土記』巻末記、天平六年「出雲国計会帳」）
出雲国意宇郡少領　出雲臣（欠名）（『出雲国風土記』意宇郡条）
出雲国意宇郡擬主政　出雲臣（欠名）（同前）
出雲国意宇郡主帳　出雲臣（欠名）（同前）

紀伊国造

紀伊国名草郡大領　紀直摩祖（『続日本紀』神亀元年〈七二四〉十月壬寅条）
紀伊国名草郡大領　紀直国栖（『続日本紀』天平神護元年〈七六五〉十月庚辰条）
紀伊国名草郡大領　紀宿禰縄継（貞観三年〈八六一〉二月二十五日「紀伊国直川郷墾田売券」[27]）
紀伊国名草郡転擬大領　紀宿禰（欠名）（同前）
紀伊国名草郡副擬大領　紀宿禰（欠名）（同前）
紀伊国名草郡権擬大領　紀直貞常（同前）
紀伊国名草郡転擬主政　紀宿禰次雄（同前）
紀伊国名草郡擬主帳　紀直祐佐美（同前）
紀伊国名草郡少領　紀今樹（『類聚符宣抄』康保五年〈九六四〉六月二十九日「紀伊国司解」）
紀伊国名草郡少領　紀宿禰時忠（同前）
紀伊国名草郡司介　紀（欠名）（大治二年〈一一二七〉八月十七日「紀伊国在庁官人等解案」[28]）

小市国造

伊予国越知郡大領　越智直（欠名）（『日本霊異記』上―十七）

伊予国越知郡大領　越智直広国（天平八年「伊予国正税帳」[29]）
伊予国越知郡主政　越智直東人（同前）
伊予国越知郡大領　越智直飛鳥麻呂（『続日本紀』神護景雲元年二月庚子条）
伊予国越知郡大領　越智益躬（『法華験記』[30]下—一一一）

先行研究ではこれらの記事も参考にして、大倭国造の氏姓は大倭直（大養徳連）、新治国造の氏姓は新治直、那須国造の氏姓は那須直、三国国造の氏姓は三国公（三国真人[31]）、角鹿国造の氏姓は角鹿直、江沼国造の氏姓は江沼臣、伊弥頭国造の氏姓は伊弥頭臣、出雲国造の氏姓は出雲臣、紀伊国造の氏姓は紀直、小市国造の氏姓は越智直であったと、それぞれ推定してきたのである。

三　「クニの名＋カバネ」の原則

以上、先行研究がどのような方法によって、国造の氏姓を推定してきたのかを確認した。その方法は個別事例に応じて多様であると思われるが、ひとまず前節の三種類に分類してよいと思われる。そして、これらの方法によって推定される氏姓を概観するならば、大半の国造が「クニの名＋カバネ」に該当する氏姓を称していたことが改めて確認される。

ここで参考になるのは、ウジナに「クニの名」を冠することを説いた起源伝承である。『新撰姓氏録』大和国神別大和宿禰条（前掲）では、椎根津彦が大倭国造に任命されて大倭直氏の始祖になったとあり、国造に任命されたことと「クニの名＋カバネ」を氏姓とすることが対応している。『日本書紀』応神二十二年九月庚寅条（前掲）でも、上道県に封ぜられた仲彦が上道臣氏の始祖、三野県に封ぜられた弟彦が三野臣氏の始祖、苑県に封ぜられた浦凝別が苑臣氏の始祖になったとあり、ここでも地名と「クニの名＋カバネ」が対応している。また、以下の記事も注目される。

①『新撰姓氏録』右京皇別下　佐伯直条

佐伯直

景行天皇皇子稲背入彦命之後也。男御諸別命、稚足彦天皇〈謚成務。〉御代、中二分針間国一給レ之。仍号二針間別一。（略）

②『新撰姓氏録』右京皇別下　廬原公条

廬原公

笠朝臣同祖。稚武彦命之後也。孫吉備武彦命、景行天皇御世、被レ遣二東方一、伐二毛人及凶鬼神一、到二于阿倍廬原国一。復命之日、以二廬原国一給レ之。

③『豊後国風土記』総記

豊後国者、本与二豊前国一、合為二一国一。昔者、纒向日代宮御宇大足彦天皇、詔二豊国直等祖菟名手一、遣レ治二豊国一、往二到豊前国仲津郡中臣村一。于レ時、日晩僑宿。明日昧爽、忽有二白鳥一。従レ北飛来、翔二集此村一。菟名手、即勒二僕者一、遣レ看二其鳥一、々化二為餅一。片時之間、更化二芋草数千許株一、花葉冬栄。菟名手、見之為レ異、歓喜云、化生之芋、未二曾有レ見。実至徳之感、乾坤之瑞。既而参二上朝庭一、挙レ状奏聞。天皇、於レ茲、歓喜之有。即勅二菟名手一云、天之瑞物、地之豊草。汝之治国、可レ謂二豊国一。重賜レ姓、曰二豊国直一。因曰二豊国一。後分二両国一、以豊後国為レ名。

④『肥前国風土記』総記

肥前国者。本。与二肥後国一。合為二一国一。昔者。磯城瑞籬宮御宇御間城天皇之世。肥後国益城郡朝来名峯。有二土蜘蛛打猴頸猴二人一。帥二徒衆一百八十余人一。拒二捍皇命一。不レ肯二降服一朝庭。勅遣二肥君等祖健緒組一伐之。於レ茲。健緒組。奉レ勅。悉誅滅之。兼巡二国裏一。観二察消息一。到二於八代郡白髪山一。日晩止宿。其夜。虚空有レ火。自然而燎。稍々降下。就二此山一燎之時。健緒組。見而驚恠。参二上朝庭一。奏言。巨辱被二聖命一。遠誅二西戎一。不レ霑二刀刃一。梟鏡自滅。自レ非二威霊一。何得レ然之更。挙二燎火之状一。奏聞。天皇勅曰。所レ奏之事。未二曾所レ聞火下之国。可レ謂二火国一。即。挙二健緒組之勲一。賜二姓名一。曰二火君健緒純一。便遣レ治二此国一。因曰二火国一。後分二両国一。而為二前後一。

このうち①には、成務天皇の皇子の御諸別命が針間国の半分を与えられたことにより、針間別の氏姓を賜ったとある。②には、景行天皇の時代に東国へ派遣された吉備武彦命が、毛人や鬼神を服属させたことで盧原国を賜ったとあり、その吉備武彦命は盧原公氏の祖先に当たる。③では、景行天皇の時代に菟名手という人物がのちの豊前国仲津郡に派遣された。彼が到着すると白鳥が飛来して餅となり、つづいて数千株の芋草となって生い茂った。このことを菟名手が奏上すると、天皇は喜んでこの地域を豊国と名づけて彼に治めさせることとし、菟名手に豊国直の氏姓を賜ったという。④には、崇神朝に朝廷より派遣された健緒組（健緒純）が、肥後国益城郡に所在する朝来名峯の土蜘蛛を討伐した。その際、白髪山の虚空に火が出現してかがり火のようであったため、天皇はこの地を火国と命名し、健緒組に火君の氏姓を与えてこの地を治めさせたとある。

もちろん、これらの記事には伝承的な要素が多く含まれており、そのまま史実と見ることはできない。ただし、一定地域の支配権を王権から承認されることにより、その「クニの名」を冠したウジナが賜与されるという論理を看取することはできる。[32]そして、その論理は国造に任命された氏族についても当てはまる。すなわち、「クニの名」を冠した氏姓を名乗ることが、前述のとおりその「クニ」を支配して王権へ仕奉することの正統性を意味したと考えられ

ている。[33] 律令制下の事例ではあるが、『続日本紀』神護景雲元年十二月壬午条には、

　武蔵国足立郡人外従五位下丈部直不破麿等六人、賜二姓武蔵宿禰一。

とあり、『続日本紀』神護景雲元年十二月甲申条には、

　外従五位下武蔵宿禰不破麿、為二武蔵国国造一。

とある。これらによれば、武蔵宿禰不破麻呂はもと丈部直を称しており、武蔵国の国造に任命される二日前に武蔵宿禰を賜姓されていたことが分かる。[34] 同じく『続日本紀』神護景雲二年二月戊寅条には、

　従五位下勲六等漆部直伊波、賜二姓相模宿禰一、為二相模国々造一。

とあり、漆部直伊波も相模宿禰を賜姓されると同時に、相模国の国造に任命されている。さらに、粟凡直若子は『続日本紀』天平十七年（七四五）正月乙丑条に、

　天皇御二大安殿一、宴二五位已上一。（略）正六位下熊野直広浜、粟凡直若子（略）並外従五位下。

とあり、この段階では粟凡直を称しているが、はじめて国造の肩書きが付される天平勝宝四年（七五二）四月七日「写経所請経文」[35] には、

　右、以同月七日奉請〈宣板野采女国造粟直若子〉

とあり、この時には粟直を称している。よって、国造への任命にともない彼女も粟直へ改姓したと推測される。このように国造への任命と「クニの名＋カバネ」への改姓とが連動していることは、両者が不可分であったことを裏づけるものと言える。

　しかしながら、若干ではあるが、こうした「クニの名＋カバネ」に当てはまらないケースも存在する。これらについても、すでに篠川が詳細な検討を行っており、[36] 基本的にはその理解を踏襲したい。まず、『日本書紀』安閑元年

（五三四）閏十二月是月条には、

武蔵国造笠原直使主与二同族小杵一相二争国造一。〈使主・小杵、皆名也。〉経レ年難レ決也。小杵性阻有レ逆。心高無レ順。密就求二授於上毛野君小熊一、而謀レ殺二使主一。使主覚之走出、詣レ京言レ状。朝庭臨断、以二使主一為二国造一、而誅二小杵一。国造使主、悚憙交レ懐、不レ能二黙已一。謹為二国家一、奉レ置二横渟・橘花・多氷・倉樔、四処屯倉一。

とある。これはいわゆる武蔵国造の乱の記事であり、笠原直使主と同族小杵による武蔵国造の職をめぐる争いが記されている。乱の経緯については割愛するが[37]、ここで使主と小杵が称している笠原直は武蔵国埼玉郡笠原郷[38]に由来すると見られ、この地は武蔵国造が築造したとされる埼玉古墳群にも程近い場所にあることから、先行研究では武蔵国造の氏姓を笠原直と推定してきた。

しかし、この記事では笠原直使主と同族小杵が国造の地位を争ったとあり、その後で朝庭の臨断により使主が国造に任命されたとある。よって、笠原直という氏姓は使主が国造に任命される以前の氏姓であり、任命後は「クニの名＋カバネ」に該当する氏姓を名乗ったと考えることができる。その後の史料に笠原直氏の一族の人物が全く見えないことも、使主が国造任命後に笠原直から改姓したことをうかがわせる。ちなみに『日本後紀』弘仁二年（八一一）九月壬辰条には、

出羽国人少初位下无耶志直膳大伴部広勝、賜二姓大伴直一。

とある。この記事では、无耶志直膳大伴部広勝なる人物が大伴直を賜姓されているが、彼が冠していた无耶志直は「クニの名＋カバネ」に該当することから、かつて武蔵国造（无耶志国造）が称した氏姓と何らかの形で関係する可能性があろう。

次に、『常陸国風土記』行方郡条には、

古老曰、難波長柄豊前大宮馭宇天皇之世、癸丑年、茨城国造小乙下壬生連麿・那珂国造大建壬生直夫子等、請二惣領高向大夫・中臣幡織田大夫等一、割二茨城地八里・那珂地七里、合七百余戸一、別置二郡家一。

とあり、『常陸国風土記』多珂郡条には、

古老曰、斯我高穴穂宮大八洲照臨天皇之世、以二建御狭日命一、任二多珂国造一。兹人初至、歴二験地体一。以為二峰険岳崇一、因名二多珂之国一。〈謂二建御狭日命一者、即是出雲臣同属。今多珂石城所レ謂是也。風俗説、云二薦枕多珂之国一。〉（略）其後、至二難波長柄豊前大宮臨軒天皇之世一、癸丑年、多珂国造石城直美夜部・石城評造部志許赤等、請二申惣領高向大夫一、以二所部遠隔往来不一レ便。分置二多珂石城二郡一。〈石城郡、今存二陸奥国堺内一。〉

とある。これらの記事には、茨城国造に壬生連麿、那珂国造に壬生直夫子、多珂国造に石城直美夜部がそれぞれ任じられていたことが見えており、ここから従来の研究では、茨城国造の氏姓は壬生連、那珂国造の氏姓は壬生直、多珂国造の氏姓は石城直であったと理解してきた。

ただし、前者の記事には「茨城国造小乙下壬生連麿」・「那珂国造大建壬生直夫子」とある。小乙下は大化五年（六四九）あるいは天智三年（六六四）に施行された官位であり、大建も天智三年に施行された官位であることから（『日本書紀』大化五年二月条・天智三年二月丁亥条）、この記事は行方評の建評が申請された癸丑年（白雉四年〈六五三〉）ではなく、最終的な身分（極位）が記されていることが分かる。とするならば、壬生連・壬生直という氏姓は、茨城・那珂両国造があくまでも定姓以降に称した氏姓（父系出自集団の呼称）であり、前掲記事から両国造の定姓以前の氏姓（職名的称号）を知ることはできない。後者の記事についても同じように、多珂国造が称した石城直は定姓後の氏姓と見られる。したがって、これらの諸国造も本来は「クニの名＋カバネ」を称していた可能性が残されることになる。このうち茨城国造については後述する。

さらに（2）・（3）の方法によって推定される氏姓にも、「クニの名＋カバネ」に当てはまらないケースがある。ここでは二つの例を挙げよう。まず『続日本紀』延暦十年（七九一）四月戊申条には、

駿河国駿河郡大領正六位上金刺舎人広名、為二国造一。

とあり、律令制下における駿河国の国造に金刺舎人氏が任命されている。また、天平三年「越前国正税帳」には、

郡司大領外正八位下勲十二等道君（欠名）

とあり、加我国造の本拠である越前国加賀郡の大領に道君氏が任命されている。先行研究が珠流河国造の氏姓を金刺舎人、加我国造の氏姓を道君と推定してきたのは、これらの記事を根拠としている。しかし、これらは「クニの名＋カバネ」が現存史料に確認できないために、「クニの名＋カバネ」以外の氏姓が想定されてきたのである。たとえば、上毛野国造の場合は『続日本紀』神護景雲二年（七六八）六月戊寅条に、

掌膳上野国佐位采女外従五位下上野佐位朝臣老刀自、並為二本国国造一。

とあり、律令制下の国造には上野佐位朝臣氏が任命されたことが見えるが、この上野佐位朝臣を上毛野国造の氏姓とする先行研究は、管見の限り知られない。それは『古事記』崇神段（前掲）と『日本書紀』崇神四十八年四月丙寅条（前掲）に「クニの名＋カバネ」に該当する上毛野君という氏姓が確認できるからである。前述したように、「クニの名」を冠した氏姓を名乗ることが、その「クニ」を支配して王権へ仕奉することの正統性を意味することからすれば、こうした理解は妥当であると言えよう。このように、「クニの名＋カバネ」以外の氏姓を称する氏族が、たとえ律令制下の国造や郡領に任命されていたとしても、現存史料から「クニの名＋カバネ」が検出できるならば、先行研究ではそれを国造の氏姓として推定してきた。言い換えるならば、「クニの名＋カバネ」が現存史料に確認できない場合に限り、「クニの名＋カバネ」以外の氏姓が想定されてきたに過ぎないと言える。

四　新出の「クニの名＋カバネ」

以上のことを踏まえて、現存する諸史料を改めて捜索するならば、実は「クニの名＋カバネ」以外を称したと見られてきた国造の中にも、これまで知られていなかった「クニの名＋カバネ」に該当する氏姓が検出される場合がある。かかる視点から、かつて鎌田元一は茨城国造の氏姓について、関晃は科野国造の氏姓についてそれぞれ考察を行っており、筆者も甲斐国造の氏姓を論じたことがある。そこで本節では、この三例を確認した上で、額田国造・羽咋国造・二方国造・明石国造・讃岐国造・粟国造・火国造の氏姓について再検討を行いたい。(39)

(1)　茨城国造

これまで茨城国造の氏姓は壬生連と推定されてきたが、それは定姓以降の氏姓であり、本来の氏姓（職名的称号）が不明であることは前述したとおりである。そこで鎌田元一は、天平勝宝四年（七五二）十月「調布墨書銘」(40)に、

常陸国茨城郡大幡郷戸主大田部馬麻呂調壱端　専当国司史生正八位上志貴連秋嶋　天平勝宝四年十月
郡司擬主帳従八位□茨城□□

とあることに注目した。ここには茨城郡の擬主帳として「茨城」というウジナをもつ氏族の存在が確認できる。このことから、鎌田はこの人物がかつて茨城国造を輩出した氏族の後裔であり、その氏姓は茨城直であったと推測したのである。(41)なお、鎌田は言及していないが、ほかにも石神遺跡出土木簡(42)に、

・磯ア　□□〔葛カ〕人ア　□〔語カ〕ア　□　□□
□宜ア　秦人ア　□矢ア　神人ア「□」于遅□
□〔宍カ〕蝮王ア　海ア　□遅ア　道守□
・　□丈ア　秦ア　茨城ア　連人ア
「諸　若湯坐ア　土師ア「諸」茨原ア「小粮」矢作ア
□」　五百来ア「赤粮□」　建王ア　□□□
（二九七）×五九×三　〇八一

と記したものがある。この木簡には茨城部が見えており、これを管掌した氏族としてやはり「茨城」をウジナとする氏族の存在が想定される。この点からも、鎌田の推定は基本的に首肯できる。

ただし、『常陸国風土記』（前掲）には壬生連が茨城国造であったと見えることから、茨城国造も同じく連のカバネを名乗っており、その氏姓は茨城連であったとも考えられる。ここでは茨城国造の氏姓として、茨城直と茨城連の二つの可能性を指摘しておきたい。

（2）科野国造

次に、科野国造に関する関晃の研究を参照したい。かつて科野国造の氏姓は、金刺舎人や他田舎人などと推定されてきた。その根拠とされたのは、以下の諸史料である。

①『国造本紀』科野国造条

科野国造

瑞籬朝御世、神八井耳命孫建五百建命、定二賜国造一。

②『日本三代実録』貞観五年（八六三）九月五日甲午条

右京人散位外従五位下多臣自然麻呂、賜二姓宿禰一。信濃国諏方郡人右近衛將監正六位上金刺舎人貞長、賜二姓大朝臣一。並是神八井耳命之苗裔也。

③『万葉集』二〇―四四〇一

可良己呂武　須宗尓等里都伎　奈苦古良乎　意伎弖曾伎怒也　意母奈之尓志弖

（唐衣　裾に取り付き　泣く子らを　置きてぞ来ぬや　母なしにして）

右一首、国造小県郡他田舎人大嶋。

④天平勝宝四年（七五二）十月「調庸白布銘(43)」

信濃国筑摩郡山家郷戸主物部東人戸口小長谷部尼麻呂調并庸壹端〈長四丈二尺、広二尺四寸。〉主当〈国医師大初位上威上連柑足、郡司大領外正七位上他田舎人国麻呂〉天平勝宝四年十月

⑤『類聚三代格』弘仁三年（八一二）十二月八日太政官符

太政官符

応レ徴二課欠駒価稲毎レ疋二百束一事

右検二案内一、太政官去延暦廿年三月九日下二遠江・甲斐・武蔵・美濃・信濃・上野・陸奥・大宰等府国一符称、去年八月十四日下二彼府国等一符称、去神護慶雲二年正月廿八日格称、内厩寮解称、信濃国牧主当伊那郡大領外従五位下勲六等金刺舎人八麿解称、課欠駒者計レ数応レ決、而免レ罪徴レ価者、依レ律科レ罪、不レ合レ徴レ価者。右大臣宣、奉レ勅、雖二行来年久一、然為レ姦日甚、自レ非二功徴一、何遏二巧詐一、宜下科レ罪徴レ馬一莫上レ所レ免者。右大臣宣、奉レ勅、自今以後、停レ徴レ馬、毎二駒一疋一徴二稲四百束一者。今被二右大臣宣一称、奉レ勅、如レ聞、所レ徴之価、其数既多、貧弊百姓不レ堪レ塡レ価。未進年積、公私有レ損。自今以後、宜下減二其数一依レ件令上レ進。

弘仁三年十二月八日

⑥『日本三代実録』貞観四年（八六二）三月二十日戊子条

河内国河内郡大領正六位上河内連田村麻呂、信濃国埴科郡大領外従七位上金刺舎人正長、小県郡権少領外正八位下他田舎人藤雄等、並授㆓借外従五位下㆒。

このうち①には、科野国造が神八井耳命を介して多朝臣氏と同祖関係にあることが伝えられている。『古事記』神武段（前掲）にも、同様の系譜が掲載されている。それに対して②には、信濃国諏訪郡の金刺舎人氏が、神八井耳命の後裔を称しており、太朝臣（多朝臣）を賜姓されたことが見える。③は、天平勝宝七年（七五五）に信濃国小県郡出身の他田舎人大島が防人として九州へ送られる際に読んだ歌であるが、この人物はその肩書きから律令制下の国造に任命されていたことが分かる。さらに、④には信濃国筑摩郡の大領として他田舎人国麻呂、⑤には伊那郡の大領として金刺舎人八麻呂、⑥には埴科郡の大領として金刺舎人正長、小県郡の権少領として他田舎人藤雄がそれぞれ見える。以上の諸点を踏まえて、先行研究では科野国造の氏姓を金刺舎人や他田舎人と推定してきたのである。

それに対して、関晃が注目したのは『日本書紀』に掲載された以下の記事である。

⑦『日本書紀』継体十年（五一六）九月戊寅条

百済遣㆓灼莫古将軍・日本斯那奴阿比多㆒、副㆓高麗使安定等㆒、来朝結㆑好。

⑧『日本書紀』欽明五年（五四四）二月条

百済遣㆓施徳馬武・施徳高分屋・施徳斯那奴次酒等㆒、使㆓于任那㆒。（略）

⑨『日本書紀』欽明十四年（五五三）正月乙亥条

百済遣㆓上部徳率科野次酒・杆率礼塞敦等㆒、乞㆓軍兵㆒。

⑩『日本書紀』欽明十四年（五五三）八月丁酉条

百済遣㆓上部奈率科野新羅・下部固徳汶休帯山等㆒、上㆑表曰（略）

このうち、⑦には百済の使臣として斯那奴阿比多、⑧・⑨には斯那奴次酒（科野次酒）、⑩には科野新羅が見える。この「斯那奴」を坂本太郎は「しなの」と読み、彼らは六世紀前半から中葉にかけて日本と百済の外交に活躍した人物であるとした[44]。これを受けて関は、この時期に見える百済の使臣は、紀臣（『日本書紀』欽明二年〈五四一〉七月条）、物部（『日本書紀』欽明四年〈五四三〉九月条・同五年〈五四四〉三月条）、許勢（『日本書紀』欽明五年三月条・同八年〈五四七〉四月条）、河内部（『日本書紀』欽明十三年〈五五二〉五月条・同十四年正月戊寅条）などを称しており、「斯那奴」・「科野」もこれらと同じくウジナであるとした。さらに、朝鮮半島への出兵には国造軍が編成されることが多く、国造の一族が現地へ赴き、何らかの事情によって百済などに留まり廷臣になることも少なくなかったと見られることや、国造は直のカバネを称する例が多く、他田舎人氏にも他田舎人直刀自売（『続日本紀』養老七年〈七二三〉正月丙子条）のように直のカバネを有する者がいることなどから、科野国造の氏姓は科野直であったと推定した。そして、科野国造には本来は科野直氏が任命されていたが、朝鮮半島に渡った国造が戦死するか、あるいは百済に留まって帰国しなかったなどの事情により、欽明・敏達朝以降になって金刺舎人か他田舎人に取って替わられたと論じたのである[45]。科野直氏と金刺舎人氏・他田舎人氏の関係については後述するが、科野国造が定姓以前に名乗った氏姓が科野直であったとする理解は首肯してよいであろう。

（3）甲斐国造

先学の驥尾に付して、筆者も甲斐国造について論じたことがある[46]。ここでは要点のみ再論したい。甲斐国造の氏姓

は、かつては日下部直[47]や日下部公[48]と推定されてきた。それに対して筆者は、

左大舎人甲斐□　（一四三）×（一一）×四　〇一九

と記された平城宮跡出土木簡[49]に注目した。この木簡の下端は欠損しており、「甲斐」の下は判読できない。この「甲斐」は国名とも思われるが、文字の上部中央から右側にのみわずかに墨痕が確認でき、残画から判断するに「国」とは記されていない。確実に言えるのは、この木簡が舎人に関係していることである。

「舎人」を含む木簡を総覧するならば、この語は金刺舎人某などのように氏族名（人名）の一部として見えるものが多く、大舎人などの官職を表すものがこれに続く。当該木簡もこの中に含まれる。この官職としての「舎人」の次に来る文言は、「舎人＋氏族名（人名）」というパターンが大多数を占める。「舎人＋官位（勲位）」という例もあるが、この場合は官位（勲位）の次に氏族名（人名）が記される。特記すべきは、「舎人」の次に国名を記す「舎人＋国名」というパターンの木簡が、現状では一例も確認されないことである。このことは、当該木簡の「甲斐」が氏族名（人名）を意味していることをうかがわせる。

大舎人は中務省の被官である左右大舎人寮に属して、天皇の近侍をつとめる官職であり、定員は左右各八〇〇人とされている（職員令5左大舎人寮条）。その任用については、蔭子孫（五位以上の者の子・孫）のうち聡敏・端正な者を内舎人に採用し、残りを大舎人・東宮舎人・中宮舎人に登用することになっているほか（軍防令46五位子孫条）、位子（内六位以下・八位以上の者の嫡子）で二十一歳に達した役任のない者の中から、国司さらに式部省が簡試して大舎人を選ぶことも定められている（軍防令47内六位条）。よって、大舎人は蔭子と位子から採用されるのであるが、六国史などに「甲斐」というウジナを名乗る人物が登場しないことからすれば、当該木簡に左大舎人として見える人物が蔭子や位子であったとは考えにくい。

しかし、駿河・伊豆・信濃各国を中心に、檜前舎人・金刺舎人・他田舎人が分布していることからもうかがえるように、律令制以前の舎人（兵衛・帳内・宦者）は、東国に所在した国造から多く輩出されている。(50) また、舎人は天皇に近侍することを本来の職掌としていたが、天武二年（六七三）には、初めて出身する者を大舎人へ任用することが定められており（『日本書紀』天武二年五月乙酉条）、朱鳥元年（六八六）には、天武天皇の殯において河内王が左右大舎人の事を誄している（『日本書紀』朱鳥元年九月甲子是日条）。これらの記事から、大舎人は天武朝の後半期に官職として整備されてきたことが分かる。(51) よって、任用規定が明確化される以前の舎人は、東国の国造の一族から採用される者が少なくなかったと推測される。

このことは法令からも確認できる。天武五年（六七六）には、畿外の人であっても国造の子弟であれば出身が認められている（『日本書紀』天武五年四月辛亥条）。延暦十四年（七九五）には、畿外の人を大舎人に任用することが禁じられているが（『類聚国史』巻一〇七　職官十二　大舎人寮　延暦十四年六月己酉条）、それは逆に言えば、現実には畿外出身者が多く大舎人に任用されていたことを示している。(52) さらに、実際に大舎人に任ぜられた人物には、畿外の国造一族の出身と思われる者が多く見受けられる。左大舎人であった能登臣忍人・能登臣男人（天平勝宝二年〈七五〇〉八月二十八日「造東大寺司解」(53)）は、能登国造の一族と考えられる。同じく左大舎人であった大隅直坂麻呂（天平十年〈七三八〉「周防国正税帳」(54)）・大隅忌寸君足（天平勝宝八年〈七五六〉六月十八日「大威徳陀羅尼経」巻一七跋語(55)）は、大隅国造の一族と見られる。(56) 右大舎人として見える薩摩君国益（天平十年「周防国正税帳」）も、薩摩国造の一族であろう。和銅三年（七一〇）には、薩摩国から実際に舎人が貢進されていたことも確認できる（『続日本紀』和銅三年正月戊寅条）。国造の一族が中央に出仕して経験を積んだ後に出身地へ戻り郡司などに任用されるコースが存在したことは、つとに指摘されているところである。(57) このように、律令以前の舎人は主に東国の国造の一族から輩出されており、律令制下においても畿外の国造一族出身と思われる人物が確認できることからすれば、前掲した平城宮跡出土木簡の「甲斐」はウジナを意味していると理解できる。

一方、甲斐国八代郡には小谷直五百依（『続日本紀』神護景雲二年〈七六八〉五月辛未条）・伴直真貞（『日本三代実録』貞観七年〈八六五〉十二月九日条）、山梨郡には伴直富成・三枝直平麻呂（『続日本後紀』承和十一年〈八四四〉五月丙申条）、巨麻郡には壬生直益成（『日本三代実録』元慶六年〈八八二〉十一月己巳条）など、甲斐国には直のカバネを持つ氏族が多く分布していることから、甲斐国造に任命された氏族も直のカバネを名乗ったと思われる。したがって、甲斐国造の氏姓は甲斐直であった可能性が高いと考えられる。(58)

（4）額田国造

以上の三例を踏まえて、新たにいくつかの国造の氏姓について考察を行いたい。まず、額田国造を取り上げる。この国造の一族の人物として最も著名なのは、養老令の条文解釈の統一を建議したことで知られる明法博士の額田宿禰今足であろう。彼は以下の記事に見える。(59)

①『類聚国史』巻九九　叙位　弘仁十三年（八二二）正月己亥条

従六位下額田国造今足（略）外従五位下。

②『政事要略』巻五三　交替雑事（雑田）弘仁十三年十一月五日勘文

明法博士額田国造今足。

③『令義解』付録　天長三年（八二六）十月五日勘文

明法博士従五位下額田国造今足。

④『類聚国史』巻九九　叙位　天長六年（八二九）正月戊子条

外正五位下（略）額田宿禰今足、従五位下。

このうち①〜③では今足は額田国造（国造姓）を称しており、(60) ④では額田宿禰となっていることから、彼は天長三年から六年の間に国造姓から宿禰姓へ改姓したと見られる。そして、これらの記事から、額田国造の氏姓は額田国造（額田宿禰）と推定されてきた。(61)

しかし、平城宮跡（平城京左京三条二坊一・二・七・八坪6AFITD11地区SD4750遺構）から出土した以下の木簡には、「クニの名＋カバネ」に該当する各田直（額田直）という氏姓が確認される。

⑤平城宮跡出土木簡(62)

高□〔嶋カ〕里各田直色夫知　　一六〇×一八×五　〇五一

⑥平城宮跡出土木簡(63)

各田直持□□〔末呂カ〕　　一一〇×一九×一　〇五一

このうち、⑤に見える「高□〔嶋カ〕里」は、近江国高嶋郡高嶋郷（高嶋里）と越中国婦負郡高嶋郷（高嶋里）のいずれかが候補となるが、宮町遺跡(64)から出土した木簡には、

近江国高嶋郡中寸郷戸主額田国足　　一五一×一四×二　〇三二

と記したものがあり、(65) 近江国高島郡には額田氏が居住していたことが知られる。また、⑤・⑥と同じ遺構から出土した木簡には、以下のようにある。

⑦平城宮跡出土木簡(66)

・近江国高嶋郡

・桑原里稲俵　一六一×二〇×二　〇五一

⑧平城宮跡出土木簡(67)

・高嶋郡□原里人

・穴太部□　□万呂　一五四×一八×三　〇五一

⑨平城宮跡出土木簡(68)

・大処里□□

・□□□□〔穴太部カ〕　（一一〇）×（一三）×四　〇一九

⑩平城宮跡出土木簡(69)

浅井郡川道里大友史□□〔県戸カ〕庸米六斗

このうち、⑦には近江国高嶋郡と明記されている。⑧の「□原里」も同じく近江国高島郡桑原里と推定される。さらに、⑨の「大処里」は近江国高嶋郡大処郷（大処里）を指すと思われる。このように近江国高島郡に関係する木簡が共伴していることから、①に見える各田直色夫知の居地は近江国高嶋郡高嶋里と考えられる。次に、⑥に見える各田直持末呂の居地は記されていないが、『天台座主記』(70)には、

第十七権少僧都喜慶。三昧座主。治山一年。近江国浅井郡人額田氏（略）

とあり、近江国には高島郡のほかに浅井郡にも額田氏が分布していたことが知られる。⑤・⑥と同遺構から出土した木簡にも、⑩のように近江国浅井郡に関係するものが含まれる。よって、各田直持末呂も近江国の高島郡もしくは浅井郡に居住していた可能性が高いと判断される。

一方、額田国造の本拠は美濃国池田郡額田郷と考えられるが(71)、その系譜は近江国に所在する国造と結びついている。

それは以下の史料からうかがえる。

⑪『国造本紀』額田国造条

額田国造

志賀高穴穂朝御世、和邇臣祖彦訓服命孫大直侶宇命、定二賜国造一。

⑫『国造本紀』淡海国造条

淡海国造

志賀高穴穂朝御世、彦坐王三世孫大陀牟夜別、定二賜国造一。

⑬『古事記』孝昭段

天押帯日子命者、〈春日臣・大宅臣・粟田臣・小野臣・柿本臣・壹比韋臣・大坂臣・阿那臣・多紀臣・羽栗臣・知多臣・牟邪臣・都怒山臣・伊勢飯高臣・壹師臣・近淡海国造之祖也。〉

⑭『古事記』景行段

此倭建命（略）又娶二近淡海之安国造之祖、意富多牟和気之女、布多遅比売一、生御子、稲依別王。〈一柱。〉

このうち⑪には、和邇臣氏の祖である彦訓服命の孫の大直侶宇命が額田国造に任命されたとあり、額田国造は和邇臣氏の系譜に連なっていることが分かる。それに対して、⑫によれば、淡海国造も同じく和邇臣氏の系譜を引いている。さらに⑬では、近淡海国造も和邇臣氏の始祖とされる天押帯日子命の後裔を称している。⑭で近淡海安国造の祖とされる意富多牟和気は、⑫に見える大陀牟夜別と同一人物と思われる。これら淡海国造・近淡海国造・近淡海安国造の関係については諸説あるが[72]、いずれにしても額田国造は和邇臣氏の祖を介して、近江国に所在する諸国造と同祖関係を形成していたことが認められる。とするならば、こうした関係が構築された背景あるいは結果として、額田国造を輩出した氏族の後裔が近江国にまで広がっていたとしても不自然ではなかろう。以上のことから、⑤・⑥に見える各田直氏（額田直氏）は額田国造の後裔であり、額田国造の氏姓は各田直（額田直）であった可能性が指摘できる。

（5）羽咋国造

羽咋国造は、能登国羽咋郡羽咋郷に所在した国造である。その氏姓は『国造本紀』羽咋国造条、『古事記』垂仁段、『新撰姓氏録』右京皇別下　羽咋公条（いずれも前掲）の対応関係から、羽咋君（公）と推定されてきた。しかし、以下の木簡には羽咋直という氏姓が見える。

①平城京跡出土木簡(73)

・長屋皇宮俵一石春人夫　　一七五×二五×六　〇五一

・羽咋直嶋

②平城京跡出土木簡(74)

・　〔長カ〕屋□〔皇カ〕宮俵一石春人夫　　一八二×二一×五　〇五一

・羽咋直嶋

③平城京跡出土木簡(75)

・長□〔屋カ〕皇宮一石□□　　一六〇×一八×六　〇三三

・羽咋直嶋□□□□

④平城京跡出土木簡(76)

羽咋直羊一石　　（一一五）×二三×三　〇五一

これらは、長屋王家に納入された米俵の付札である。①～③の羽咋直嶋と④の羽咋直羊は、「舂人夫」として舂成作業を行った人物と目されるが、その作業が京進前に米の収穫地で行われたのか、京進後に長屋王邸や平城京の近傍で行われたのかは未詳であり(77)、彼らの居地は判然としない。ただし、羽咋国造の「クニの名＋カバネ」に該当する羽咋直という氏姓を称していることからすれば、この氏族は羽咋国造の後裔であった可能性がある。よって、従来推定されてきた羽咋君（公）に加えて、新たに羽咋直も羽咋国造の氏姓の候補となろう。

（6）二方国造

二方国造は、但馬国二方郡二方郷を本拠とした国造である。この国造の氏姓は手がかりがなく、これまで不明とされてきた(78)。しかし、以下の史料が示唆を与えてくれる。

①平城宮跡出土木簡(79)

□□□
□□　三人　二方□安
□部黒人　（一六七）×（四〇）×四　〇八一

②平城宮跡出土木簡(80)

但馬国城埼郡那佐郷官府腊雲龍神護景雲□〔三カ〕年□□〔十一カ〕月二方部豊嶋「六斤」　二四五×二七×四　〇三三

③平城宮跡出土木簡(81)

・但馬国二方郡□
・采女直馬弖　（一六一）×一七×三　〇三二

④天平勝宝二年（七五〇）正月八日「但馬国司解[82]」

婢小当女〈年十七。頬右黒子。〉価稲玖伯伍拾束

右二方郡波大郷戸主采女直真嶋戸采女直玉手女之婢

このうち、①には二方□安という人名が見える。この木簡ではカバネが省略されており、「安」の下に文字は続かないことから、二方□安は「二方」がウジナ、「□安」が個人名と見られ、ここに二方氏（カバネは不明）が確認できる。この氏族は、二方国造の「クニの名」である「二方」をウジナとしている点で注目される。また、②には二方部豊嶋なる人物が見える。この二方部は前述の二方氏が管掌した部民であろう。さらに③・④によれば、但馬国二方郡には采女直氏が居住していたことが分かる。国造に任命された氏族が采女を貢進したことは、因幡国造浄成女（高草采女、『続日本紀』宝亀二年〈七七一〉二月丙申条など）、熊野直広浜（牟漏采女、『続日本紀』神護景雲三年〈七六九〉四月癸卯条）、粟直若子（板野采女、天平勝宝四年〈七五二〉四月七日「写経所請経文」）などの例からも知られるところである[83]。この采女直氏は二方国造の本拠地に分布していることから、二方国造の勢力より分出され、采女の貢進を在地で管掌した地方伴造であったと推定される。そして、采女直のカバネが直であることからすれば、二方国造も同じく直のカバネを称した可能性が高い。以上のことから、二方国造の氏姓としては二方直を想定することができる。

（7）明石国造

明石国造は、播磨国明石郡明石郷に所在した国造である。『続日本紀』神護景雲三年六月癸卯条には、

摂津国菟原郡人正八位下倉人水守等十八人、賜二姓大和連一。播磨国明石郡人外従八位下海直溝長等十九人、大和赤石連。

とあり、播磨国明石郡に居住していた海直氏が大和明石連へ改姓したことが見える。この記事をもとに、先行研究では明石国造の氏姓を海直と推定してきた。

しかし、『扶桑略記』裏書　延喜六年（九〇六）五月二十三日乙亥条には、

播磨明石大領赤石貞根叙二外従五位下一。是進二私穀五千石一、依レ充二諸司大粮一也。

とあり、播磨国明石郡大領として赤石貞根という人物が見える。この記事ではカバネは省略されていると思われるが、明石は「赤石」とも表記することから（『日本書紀』清寧二年十一月条など）、この赤石氏は明石国造との関係が留意される。また、以下の木簡には証直という氏姓が見える。

①藤原宮跡出土木簡(84)

船踰里人証□居□小□　（一九四）×三〇×五　〇三九

②平城宮跡出土木簡(85)

志摩国英虞郡舟越郷　戸主証直子首御調熬鼠六斤
天平八年六月卅日　二五三×四一×五　〇三一

③平城宮跡出土木簡(86)

・志麻国英虞郡船越郷　戸主大伴部□□〔氏カ〕
海松六斤

・志麻国英虞郡船越郷　戸主□〔証カ〕直在在□□□□〔戸口同部カ〕小足
御調熬海鼠八斤十□□　二五五×三八×七　〇三一

④平城宮跡出土木簡(87)

志摩国志摩郡道後里戸主証直猪手戸口同身麻呂　御調海松六斤　三〇一×二三×四　〇三一

これら①～④の木簡は播磨国ではなく、志摩国に関するものである。②・③には、志摩国英虞郡舟越郷の戸主として証直子首・証直在在《ママ》という人物が見える。④には、志摩国答志郡（志摩国志摩郡道後里）の戸主として証直猪手、その戸口に証直身麻呂が知られる。①の「船踰里」は、②・③の志摩国英虞郡船越郷と見られ、この地に「証」をウジナとする氏族の分布が確認できる。証直という氏姓はほかに見えないが、「あかしのあたい」と読むことができる。[88]播磨国明石郡の「明石」を「証」と表記した例は現在のところ知られないが、前掲した「赤石」のほか、「明」（『万葉集』三―二五四など）、「開」（『万葉集』三―三八八）、「明且石」（『万葉集』七―一二二九）、「安可思」（『万葉集』一五―三六〇八など）というように様々なバリエーションがあり、その一つとして「証」という表記があったことも十分に考えられる。一方、志摩国内には「証」と表記されるような地名は管見の限り知られない。[89]とするならば、上記の木簡に見える証直氏は、かつての明石国造の後裔が何らかの経緯で志摩国に移住したのではあるまいか。そして、証直という氏姓が「クニの名＋カバネ」に該当することからすれば、明石国造の氏姓は証直であった可能性があろう。

（8）讃岐国造

讃岐国造は讃岐国寒川郡から多度郡一帯を本拠とした国造である。この国造の氏姓については、以下の記事が手がかりとなる。

①『続日本紀』延暦十年（七九一）九月丙子条

讃岐国寒川郡人正六位上凡直千継等言、千継等先、皇直。訳語田朝庭御世、継二国造之業一、管二所部之界一。於レ是、因レ官命二令氏一、賜二紗抜大押直之姓一。而庚午年之籍、改二大押字一、仍注二凡直一。是以、皇直之裔、或為二讃岐直一、或為二凡直一。方今、聖朝、仁均二雲雨一、恵及二昆蚑一。当二此明時一、冀照二覆瓫一。請、因二先祖之業一、賜二讃岐公之姓一。勅、千継等戸廿一烟、依レ請賜レ之。

②『日本三代実録』貞観三年（八六一）十一月十一日辛巳条

書博士正六位下佐伯直豊雄款云（略）倭胡連公、允恭天皇御世、始任二讃岐国造一。倭胡連公、是豊雄等之別祖也。

まず①には、凡直千継らの祖先に当たる皇直（凡直）(90)の人物が、敏達朝に「国造之葉《すえ》」を「継」いだこと、つまり讃岐国造の職を継承したことにより、紗抜大押直（讃岐凡直）(91)を賜姓された。しかし、庚午年籍で氏姓が誤って表記され、その後裔は讃岐直あるいは凡直を称するようになった。そこで、凡直千継らは讃岐公への改姓を申請し、裁可されたとある。それに対して②は、佐伯直豊雄らの別祖に当たる倭胡連公が、允恭朝に讃岐国造に任命されたと伝えている。これらの記事をもとに、先行研究では讃岐国造の氏姓を讃岐凡直（讃岐公）、あるいは佐伯直と推定してきた。

しかし、①を改めて検討するならば、讃岐凡直の後裔の一部は庚午年籍以降に讃岐直を名乗ったとあり、この氏姓は「クニの名＋カバネ」に該当する。さらに、長岡京跡出土木簡(92)にも、

・□□国□□〔田カ〕郡□□〔三谷カ〕郷□□〔讃岐カ〕□□□
・延暦十一年九月一日　（一七二）×（一〇）×三　〇一九

と記したものがあり、讃岐国山田郡三谷郷に「讃岐」というウジナを称した人物が確認できる。少し時代は降るが、寛弘元年（一〇〇四）「讃岐国大内郡入野郷戸籍」(93)にも「讃岐」をウジナとする人物が多数記録されており、建長四年（一二五二）「大般若波羅密多経奥書」(94)には、讃岐国寒川郡司として讃岐基光という人物が見える(95)。これらを踏ま

えるならば、前述した讃岐凡直・佐伯直に加えて、讃岐国造の氏姓の候補として讃岐直を挙げることができる。

（9）粟国造

粟国造は、阿波国名方郡・阿波郡・板野郡一帯を本拠とした国造である。その氏姓に関しては、以下の史料が注目される。

①養老七年（七二三）「阿波国造碑」
阿波国造名方郡大領正□〔七ヵ〕位下粟凡直弟臣墓。
養老七年歳次癸亥年立。

②天平勝宝五年（七五三）五月七日「紫微中台請留経目録[96]」
以前。依二従五位下板野采女粟国造若子。天平勝宝五年五月四日宣一。請レ留如レ前。

③『続日本紀』延暦二年（七八三）十二月甲辰条
阿波国人正六位上粟凡直豊穂（略）並任二国造一。

このうち①からは、粟凡直弟臣が阿波国名方郡の大領であるとともに、阿波国造（粟国造）に任命されていたことが知られる。粟凡直若子は天平勝宝四年（七五二）四月七日「写経所請経文」（前掲）のほか、②にも粟国造として見える。③も、粟凡直豊穂が国造に任命されたことを伝えている。これらの史料をもとに、先行研究では粟国造の氏姓を粟凡直と推定してきた。

しかし、前述したように、②に見える粟凡直若子は粟国造への任命にともなって粟凡直から粟直へ改姓したと考えられる。さらに、以下の史料にも粟直という氏姓が見られる。

④『続日本紀』宝亀七年（七七六）六月甲子条

近衛大初位下粟人道足等十人、賜㆓姓粟直㆒。

⑤平城京跡出土木簡(97)

数二百枝

・佐紀瓦司進上　椙十一荷　右付粟　○

・直少万呂申送以解　天平八年十二月八日史生出雲広□　○　四一五×五〇×六　〇一一

⑥観音寺遺跡出土木簡(98)

□□□〔阿波直カ〕□□□□□□

□□□〔粟凡カ〕

（二一二四）×四一×三　〇八一

このうち④には、粟人道足らが粟直を賜姓されたことが見える。⑤には「粟」と「直」が表裏にまたがって記されているが、「粟」の下には墨痕がなく、文脈からも裏面へ続いて粟直少万呂という人名を記したものと考えられる。⑥はいずれの文字も不鮮明ではあるが、その一部は阿波直と推定されている。このように粟直（阿波直）という氏姓が確認できるが、これらは「クニの名＋カバネ」に該当することからすれば、粟国造の氏姓としては粟凡直だけでなく、粟直（阿波直）もその候補として浮上することになる。

（10）火国造

火国造は、肥前国八代郡肥伊郷一帯を本拠とした国造である。『国造本紀』火国造条（前掲）では、火国造は「大分国造同祖」とされているのに対して、『古事記』神武段（前掲）では、火君氏と大分君氏はともに神八井耳命の後裔とされており、先行研究ではこの対応関係にもとづいて火国造の氏姓を火君（肥君）と推定してきた。
それに対して、以下の史料からは火直（肥直）という氏姓を確認することができる。

①平城宮跡出土木簡[99]

葛野連千稲　火直三田次　（二一五）×（一二）×三　〇八一

②『新撰姓氏録』大和国皇別　肥直条

肥直

多朝臣同祖。神八井耳命之後也。

③久安五年（一一四九）三月十三日「多神宮注進状草案」子部神社条・目原神社条・奥書[100]

別宮二座

子部神社皇弟天火子日命　神像統玉坐

子部神社王弟天火子根命　同条

已上神社在二意富郷一。〈多朝臣為二禰宜一。肥直為二祝部一。〉

別宮

目原神社天神高御産巣日尊　神像円鏡坐

目原神社皇妃栲幡千々媛命　神像　坐

已上神社在二川辺郷一。〈肥直為二禰宜一。〉

（略）

久安五年己巳三月十三日　　禰宜従五位下多朝臣常麿

祝部正六位上肥直尚弼
祝部正六位下川辺連恭和

このうち、①には火直三田次という人名が記されている。①の木簡と同じ遺構（平城京左京三条二坊一・二・七・八坪6AFITC11地区SD4750遺構）から出土した木簡には、ほかにも「火三田次」[101]や「火三田」[102]と記したものがあり、おそらく同一人物を指していると思われる。また、②からは大和国に肥直氏が居住していたことが知られる。この氏族も前述した火君氏（肥君氏）と同じく、神八井耳命の後裔を主張している。③によれば、肥直氏は大和国十市郡意富郷に鎮座する多神宮（多神社）[103]・子部神社[104]に祝部として、あるいは同郡川辺郷に鎮座する目原神社[105]に禰宜として奉仕していたことが知られる。多臣氏（多朝臣氏）は神八井耳命を介した同祖系譜の中心的位置を占めており、肥直氏は多臣氏（多朝臣氏）との縁故によってこの地域へ進出したものと思われる。そして、この火直（肥直）の氏姓が「クニの名＋カバネ」に該当することからすれば、火君（肥君）とともに、火国造の氏姓が火直（肥直）であった可能性も考えられるのである。

五　仕奉による氏姓の選択

以上、額田国造・羽咋国造・二方国造・明石国造・讃岐国造・粟国造・火国造について、各田直（額田直）、羽咋直、二方直、証直、讃岐直、粟直（阿波直）、火直（肥直）といった「クニの名＋カバネ」に該当する氏姓が確認できることを指摘した。これらが従来推定されてきた氏姓といかなる関係にあるのかは別途検討が必要であるが、少くとも現時点で各国造の氏姓の候補に加えることはできると思われる。また、今後の出土文字資料などの増加によって、新たに検出される「クニの名＋カバネ」の例はさらに増加するであろう。よって、国造が「クニの名＋カバネ」を称するという原則の存在は、かなり高い蓋然性を持つものと理解することができる。

ただし、こうした原則が存在したとしても、前述した『常陸国風土記』に見える茨城・那珂・多珂の各国造などのように、「クニの名＋カバネ」以外の氏姓を称した国造は散見する。律令制下の国造にも、「クニの名＋カバネ」以外の氏姓を称した氏族は多い。では、これらはどのように理解すべきであろうか。

それにはいくつかのケースがあると思われる。かつて須原祥二は、氏族は王権に対する複数の仕奉関係を持っており、庚午年籍における定姓の際、各氏族は自氏の「政治的・社会的基盤」を確保する上で最も「政治的訴求力」があると判断される氏姓を選択した、あるいは複数の仕奉を含む氏姓を創出したと論じた(106)。これを踏まえて篠川賢は、国造に任命されていた氏族が伴造としての仕奉をも合わせ持ち、定姓にあたって前者よりも後者の仕奉にもとづく氏姓を名乗る方が有効であると判断した場合に、「クニの名＋カバネ」以外の氏姓（「某部＋カバネ」など）を名乗るようになったと述べている(107)。

これに即して理解するならば、たとえば茨城国造の場合は、前述した八木充や森公章の指摘にもあったように(108)、国造に任命されて茨城連を称した氏族が、当該地域に設置された壬生部を管掌する伴造としての仕奉も同時に有しており、定姓の際に後者の仕奉にもとづく氏姓を選択したため、以降は壬生連を称するようになったと考えられる。前節で取り上げた甲斐国造・二方国造・明石国造などは、このケースに含まれると推測されよう。

また、『日本書紀』大化元年（六四五）八月庚子条には、

若有㆓求㆑名之人㆒、元非㆓国造・伴造・県稲置㆒而輙詐訴言、自㆓我祖時㆒、領㆓此官家㆒、治㆓是郡県㆒。

とあり、国造に任命された実績がないにもかかわらず、国造の後裔を詐称する「求名之人」が多く存在したことが知

られる。このように、「クニの名＋カバネ」を要求する複数の氏族が競合した場合には、特定の氏族が「クニの名＋カバネ」を排他的に名乗ることができず、結果として「クニの名＋カバネ」以外の氏姓を名乗らざるを得なかった状況が指摘されている。(109) 前述した科野国造の場合は、信濃国諏訪郡・小県郡・筑摩郡・伊那郡・埴科郡の郡領氏族として金刺舎人氏や他田舎人氏が分布しており、このうちのどれか一氏が科野直の氏姓を独占することができなかったものと推察される。

さらに、須原が想定した複数の仕奉を含む氏姓に関連して、北康宏は「多くの名を負うことは権益の集積を意味」するとの見方を示し、これを国造の氏姓にも敷衍して説明している。すなわち、「伴造の名を負うか国造の名を負うかの選択は戦略的」であり、一方で「クニの名」や直のカバネによって国造としての仕奉を示すと同時に、他方では伴造のウジナを称することが行われたと述べている。(110) この点については、下海上国造が参考になろう。この国造の氏姓は以下の史料に見える。

①天平二十年（七四八）「他田日奉部直神護解」(111)

謹解　申請海上郡大領司仕奉事

中宮舎人左京七条人従八位下海上国造他田日奉部直神護〈我〉下総国海上郡大領司〈尓〉仕奉〈止〉申故〈波〉、神護〈我〉祖父小乙下忍、難波　朝庭少領司〈尓〉仕奉〈支〉。父追広肆宮麻呂、飛鳥　朝庭少領司〈尓〉仕奉〈支〉。又外正八位上給〈弖〉、藤原朝庭〈尓〉大領司〈尓〉仕奉〈支〉。兄外従六位下勲十二等国足、奈良朝廷大領司〈尓〉仕奉〈支〉。神護〈我〉仕奉状、故兵部卿従三位藤原卿位分資人、始㆓養老二年㆒至㆓神亀五年㆒十一年。中宮舎人、始㆓天平元年㆒至㆑今廿年。合卅一歳。是以祖父・父・兄〈良我〉仕奉〈祁留〉次〈尓〉在故〈尓〉海上郡大領司〈尓〉仕奉〈止〉申。

②『万葉集』二〇―四三八四

阿加等伎乃　加波多例等枳尓　之麻加枳乎　己枳尓之布祢乃　他都枳之良須母

（暁のかはたれ時に島蔭を漕ぎ去し船のたづき知らずも）

右一首、助丁海上郡海上国造他田日奉直得大理。

③『続日本紀』延暦四年（七八五）正月癸亥条

又授二正六位下海上国造他田日奉直徳刀自外従五位下一。

④『日本三代実録』仁和元年（八八五）閏三月十九日甲辰条

下総国海上郡大領外正六位上海上国造他田日奉直春岳、借二外従五位下一。以下代二百姓一済中調庸上也。

はじめに挙げた①では、海上国造他田日奉部直神護の一族が孝徳朝から代々にわたって海上郡の郡司を務めてきたこと、神護は藤原朝臣麻呂の位分資人や藤原朝臣宮子の中宮舎人として三十一年間勤務してきたこと、その事績をもって故郷の海上郡の大領への任命を希望することなどが述べられている。②の海上国造他田日奉直得大理は同郡から九州に赴いた防人であり、③の海上国造他田日奉直徳刀自は同郡出身の采女であろう。(112) ④には同郡の大領として海上国造他田日奉直春岳が見えており、九世紀に入ってもこの氏族が譜第郡司としての地位を保っていたことがうかがえる。これらの史料から、下海上国造の氏姓は海上国造他田日奉（部）直と推定されてきた。これは国造（下海上国造）としての仕奉と、伴造（他田日奉部）としての仕奉を合わせ持つことを主張した一種の複姓と見なすことができる。(113)

ただし、実際の用例では以下のように略記されることもある。

①平城京跡出土木簡(114)

・□位上海上国造吉

□
・　□　〇九一
②平城京跡出土木簡(115)
海上吉備万呂　□　〇九一
③平城京跡出土木簡(116)
□□□〔海上カ〕　〇九一
④平城京跡出土木簡(117)
丈部貞□〔万カ〕
海上吉□〔備カ〕万呂　〇九一
⑤長岡京跡出土木簡(118)
□石□□
海上県万呂　(六八)×(二〇)×(一)　〇九一
⑥平城京跡出土木簡(119)
・中宮職移兵部省卿宅政所
┐池辺波利　┐大鳥高国　┐八多徳足　┐史戸廣山
太宿奈万呂┐川内馬飼夷万呂　┐村国虫万呂┐大荒木事判
┐杖部廣国　┐日下部乙万呂　┐東代東人　┐太屋主
┐秦金積　太東人　┐山村大立　┐陽侯吉足
┐狭井石楯　右十九口舎人等考文銭人別三文成選六文又官仰給智
・┐馬国人　識銭人別一文件銭今早速進来勿怠緩

「他田神□〔護ヵ〕　大属 少進　天平八年八月二日付舎人刑部望麻呂　二六一×四二×三　〇一一

これらの木簡のうち、①〜④は同じ遺構（ＳＤ五三〇〇）から出土したものであり、①には「海上国造」、②〜⑤には「海上」とある。①は末尾の「吉」の下が欠損しているが、②・④には海上吉備万呂なる人物が記されており、「吉」の文字が共通することから、①にも本来は「海上国造吉備万呂」などとあったと推測される。⑥に見える「他田神護」とは、前述した海上国造他田日奉部直神護を指すのであろう。

これらの「海上国造」・「海上」・「他田」は、海上国造他田日奉（部）直を省略したものと思われる。ここから、国造・伴造の仕奉を合わせ称した海上国造他田日奉（部）直という氏姓が正式な表記として使用される一方で、国造としての仕奉を示す「海上国造」・「海上」と、伴造としての仕奉を示す「他田」とが、それぞれ単体でも氏姓として機能しており、主体的か受動的かは不明であるが、状況に応じて使い分けられていたことが知られる。つまり、庚午年籍による定姓以降、「クニの名＋カバネ」以外を称したと推定されている国造も、実態としては国造としての仕奉にもとづく「クニの名＋カバネ」を引き続き称した場合があったのである。[120]

以上を踏まえるならば、かつて国造に任命された氏族は、庚午年籍による定姓にあたり、Ⓐ国造としての仕奉を示す氏姓を選択して「クニの名＋カバネ」を称し続ける氏族と、Ⓑ伴造としての仕奉を示す氏姓を選択して「クニの名＋カバネ」以外を称する氏族とに分かれたと考えられる。また、Ⓒ国造・伴造両方の仕奉にもとづく氏姓を称した氏族もあり、その場合は「クニの名＋カバネ」の氏姓と「クニの名＋カバネ」以外の氏姓とが、それぞれ単独で使用されることもあった。[121]そして、このうちⒷ・Ⓒはともにある段階から「クニの名＋カバネ」以外の氏姓を称するようになった事例であり、国造が本来は「クニの名＋カバネ」を称したと考える上での支障にはならない。したがって、

「クニの名＋カバネ」を称するという原則は、基本的にはすべての国造に当てはまるものと考えることができる。

結語

本章では、国造の氏姓に関する研究史を概観した上で、国造が「クニの名＋カバネ」を称する原則の普遍性、および一部の国造が「クニの名＋カバネ」以外の氏姓を称するに至った経緯について考察を行った。いくつかの国造については、新出の氏姓を指摘した。論旨をまとめるならば、以下のとおりである。

・先行研究では「某国造」と「クニの名＋カバネ」の対応関係、律令制下の国造の氏姓、郡領氏族の氏姓などから、国造の氏姓を推定してきた。これらの方法によって導き出された氏姓を概観するならば、大半の国造が「クニの名＋カバネ」に該当する氏姓を称していることが改めて確認できる。よって、すべての国造は原則として「クニの名＋カバネ」を称した可能性が高い。「クニの名＋カバネ」以外を称した国造の例は、国造に任命される以前の氏姓や、最終的な身分表記にもとづく氏姓が記されている場合、あるいは現存史料から「クニの名＋カバネ」が検出できない場合に限定されるのであり、上記の原則を必ずしも否定するものではない。

・従来の研究では、額田国造の氏姓は額田国造（国造姓）、羽咋国造の氏姓は羽咋君、二方国造の氏姓は不明、明石国造の氏姓は海直、讃岐国造の氏姓は讃岐凡直・佐伯直、粟国造の氏姓は粟凡直、火国造の氏姓は火君（肥君）と推定されてきた。しかし、出土文字資料などを含めて、現存史料の再調査を実施したところ、各田直（額田直）・羽咋直・二方直・証直・讃岐直・粟直（阿波直）・火直（肥直）という氏姓を検出し得た。これらは「クニの名＋カバネ」に該当するものであり、上記の諸国造が称した氏姓の候補として新たに追加することができる。

・「クニの名＋カバネ」は国造としての仕奉を示す氏姓であったが、伴造としての仕奉を合わせ持つ国造もいた。そうした国造は、庚午年籍による定姓にあたり、後者による仕奉にもとづく氏姓を選択することがあり、その場合には「クニの名＋カバネ」以外の氏姓を称するようになった。また、「クニの名＋カバネ」を求める複数の氏族が競合したため、結果的に「クニの名＋カバネ」以外を称したケースや、国造と伴造の両方の仕奉を示す氏姓を称し、状況に応じて「クニの名＋カバネ」とそれ以外との氏姓とが、それぞれ単独で使用されることもあった。しかし、これらはいずれも後次的に「クニの名＋カバネ」を称したケースであり、やはり国造は原則として「クニの名＋カバネ」を称したと考えることができる。

以上の考察結果と、先行研究における推定を踏まえて、国造の氏姓を整理したものが【表9】である。この表では「クニの名＋カバネ」に「○」を付した。『国造本紀』の山城国造と山背国造、无邪志国造と胸刺国造、加我国造と加宜国造は、重複記載とする説もあるが[122]、設置時期・始祖・系譜などが互いに異なっていることから、国造氏を二氏ずつ掲載したものと判断した[123]。淡海国造（『国造本紀』）と近淡海国造（『古事記』孝昭段）、三野前国造（『国造本紀』）と三野国造（『古事記』景行段）・美濃国造（『日本書紀』景行四年二月是月条、『倭姫命世記』活目入彦五十狭茅天皇十年八月一日条）、道口岐閉国造（『国造本紀』）と道尻岐閇国造（『古事記』神代上）、石城国造（『国造本紀』）と道奥石城国造（『古事記』神武段）はそれぞれ同一と見なした。東国造（『古事記』景行段）、神郡国造（『類聚三代格』弘仁五年〈八一四〉三月二十九日太政官符）、東方諸国造（『高橋氏文』）などは除外した。

さて最後に、国造の氏姓と『国造本紀』との関係について見通しを述べておきたい。周知のとおり『国造本紀』は計一三五[124]の国造に関する任命時期、系譜（同祖関係）、初代国造などを記載しており、国造について記した最もまとまった史料となっている。『続日本紀』大宝二年（七〇二）四月庚戌条には、

表9　国造の氏姓一覧

地域	国造名	氏姓
畿内	大倭国造	○大倭直
	葛城国造	○葛城直
	凡河内国造	○凡河内直
	山城・山背国造	○山代直・○山背直・久我直
	闘鶏国造	○都祁直
東海道	伊賀国造	○伊賀臣・阿保君・健部君
	伊勢国造	○伊勢直
	嶋津国造	○嶋直
	尾張国造	○尾張連
	参河国造	○三河直・大伴直
	穂国造	○穂別
	遠淡海国造	檜前舎人・物部
	久努国造	○久努直
	素賀国造	不明
	珠流河国造	金刺舎人
	盧原国造	○盧原公
	伊豆国造	日下部直・嶋直・○伊豆国造伊豆直
	甲斐国造	○甲斐直・日下部連・日下部直・壬生直・三枝直・大伴直
	相武国造	漆部直・壬生直
	師長国造	丈部直・丈部造・壬生直
	无邪志・胸刺国造	笠原直・丈部直・大部直・○无邪志直
	知々夫国造	大伴直・三宅連・大伴部
	須恵国造	末使主・日下部使主・日下部連
	馬来田国造	湯坐連
	上海上国造	檜前舎人直・刑部直
	伊甚国造	○伊甚直・春部直
	武社国造	○武射臣
	菊麻国造	谷直・刑部直・丈部直
	阿波国造	大伴直
	印波国造	丈部直・大生部直・大生直
	下海上国造	○海上国造他田日奉部直・○海上国造
	長狭国造	壬生直
	千葉国造	千葉国造大私部直
	新治国造	○新治直
	筑波国造	壬生直・丈部直・壬生連
	茨城国造	○茨城直・壬生連・○茨城連
	仲国造	壬生直・宇治部直
	久慈国造	不明
	高国造	石城直・君子部臣
東山道	淡海国造（近淡海国造）	○近江臣・和邇部臣
	近淡海安国造	○安直
	額田国造	○額田国造・○各田直（額田直）
	三野前国造（三野・美濃国造）	○美濃直
	本巣国造	栗栖田君・国造

東山道	三野後国造	不明
	牟義都国造	○牟義都君
	斐陀国造	○飛驒国造・主水直
	上毛野国造	○上毛野君
	下毛野国造	○下毛野君
	陸奥菊多国造	不明
	道口岐閉国造（道尻岐閇国造）	不明
	阿尺国造	丈部直
	思国造	不明
	伊久国造	不明
	染羽国造	丈部
	浮田国造	吉弥候部
	信夫国造	丈部
	白河国造	奈須直・大伴部
	石背国造	吉弥候部
	石城国造（道奥石城国造）	○石城直・丈部
	那須国造	○那須直
	科野国造	○科野直・金刺舎人・他田舎人
北陸道	若狭国造	膳臣・稚桜部臣
	高志国造	○高志公・道君
	三国国造	○三国公
	角鹿国造	○角鹿直
	加我・加宜国造	道君
	江沼国造	○江沼臣
	能登国造	○能登臣
	羽咋国造	○羽咋君・○羽咋直
	伊弥頭国造	○伊弥頭臣（射水臣）
	久比岐国造	高志公
	高志深江国造	不明
	佐渡国造	大荒木直
山陰道	丹波国造	○丹波直・海部直
	但遅麻国造	○多遅麻君・日下部公・神部直・朝来直
	二方国造	○二方直
	稲葉国造	○因幡国造・伊福部臣
	波伯国造	○伯耆造
	出雲国造	○出雲臣
	石見国造	伊福部直
	意岐国造	海部直・大私直
山陽道	針間国造	○針間直・佐伯直
	針間鴨国造	○針間直・針間国造
	明石国造	海直・○証直
	大伯国造	吉備海部直
	上道国造	○上道臣
	三野国造	○三野臣
	下道国造	○下道臣

	加夜国造	○賀陽臣
	笠臣国造	○笠臣
山陽道	吉備中県国造	○仲県国造・中県直・三使部直
	吉備穴国造	○阿那臣・○安那公
	吉備風治国造	○品遅君
	阿岐国造	佐伯直・凡直
	大嶋国造	凡海直
	波久岐国造	不明
	周防国造	○周防凡直
	都怒国造	○都奴臣
	穴門国造	○穴門直・長門凡直
	阿武国造	○阿牟君
	紀伊国造	○紀直
	熊野国造	○熊野直
	淡路国造	凡直
	粟国造	粟凡直・○粟直（阿波直）
	長国造	○長直
	讃岐国造	讃岐凡直・○讃岐公・佐伯直・○讃岐直
南海道	伊余国造	凡直
	久味国造	○久米直
	小市国造	○越智直
	怒麻国造	不明
	風速国造	○風早直
	都佐国造	凡直
	波多国造	秦
	筑志国造	○筑紫君
	竺志米多国造	○米多君・○末多君
	豊国造	○豊直・豊国直
	宇佐国造	○宇佐君
	国前国造	○国前臣・豊国直
	比多国造	日下部連・日下部君
	大分国造	○大分君
	火国造	○火君（肥君）・○火直（肥直）
	松津国造	不明
	末羅国造	不明
西海道	阿蘇国造	○阿蘇君・宇治部公
	葦分国造	○葦北君・刑部靫負
	天草国造	不明
	日向国造	諸県君
	大隅国造	○大隅直
	薩摩国造	○薩摩君・阿多君
	伊吉嶋造	○壱岐直
	津嶋県直	○津嶋県直・上県直・下県直・直
	葛津立国造	○葛津直
	多褹嶋	○多褹直

詔定二諸国国造之氏一。其名具二国造記一。

とあり、諸国の国造氏を定めたことが知られる。(125)『国造本紀』に掲載されている国造はこの国造氏であると考えられており、(126)筆者もそのように理解したい。ただし、国造氏を記載したものであるにもかかわらず、その氏姓が記されていないことは、やや不自然であるように思われる。(127)そこで注目されるのは、以下の各条である。

①『国造本紀』笠臣国造条

笠臣国造

軽嶋豊明朝御世、元封二鴨別命八世孫笠三枝臣一、定二賜国造一。

②『国造本紀』津嶋県直条

津嶋県直

橿原朝、高魂尊五世孫建弥己々命、改為レ直。

③『国造本紀』葛津立国造条

葛津立国造

志賀高穴穂朝御世、紀直同祖大名草彦命児若彦命、定二賜国造一。

これらの国造名に見える①「笠臣」、②「津嶋県直」、③「葛津立」は、いずれも地名ではないことが明らかである。笠臣国造については、①に鴨別命が国造に任命されたとあり、『日本書紀』応神二十二年九月庚寅条（前掲）にはその鴨別命が笠臣氏の祖となったとあることから、その氏姓は笠臣であったことが確認される。②の津島県直は『古事記』神代上に、

天菩比命之子、建比良鳥命。〈此出雲国造・无邪志国造・上菟上国造・下菟上国造・伊自牟国造・津嶋県直・遠

江国造等之祖也。〉

とあり、「クニの名＋カバネ」に該当する津嶋県直という氏姓が知られる。③の葛津立国造については、『日本三代実録』貞観八年（八六六）七月十五日丁巳条に、

大宰府馳レ駅奏言。肥前国基肄郡人川辺豊穂告。同郡擬大領山春永語二豊穂一云。与二新羅人珎賓長一。共渡入二新羅国一。教下造二兵弩器械一之術上。還来将レ撃二取対馬嶋一。藤津郡領葛津貞津。高来郡擬大領大刀主。彼杵郡人永岡藤津等。是同謀者也。仍副二射手卌五人名簿一進レ之。

とあり、ここに肥前国藤津郡領として葛津貞津なる人物が見えることから、そのウジナは「葛津（藤津）」であったことが分かる。カバネは未詳であるが、『国造本紀』久比岐国造条には、

久比岐国造

瑞籬朝御世、大和直同祖御戈命、定二賜国造一。

とあり、この「大和直」を「大和立」とした写本があることや、[128]『粟鹿大明神元記』奥書に「神直氏」とあるべき箇所を「神立氏」と誤記した例があることから類推するならば、③に見える「葛津立」は「葛津直」の誤記であり、この国造の氏姓は葛津直であったと推定される。したがって、これら①〜③はいずれも国造の氏姓（笠臣・津嶋県直・葛津直）が、国造名の箇所に掲出されてしまっていることになる。

ちなみに『新撰姓氏録』右京皇別下　笠朝臣条には、

笠朝臣

孝霊天皇皇子稚武彦命之後也。応神天皇巡二幸吉備国一、登二加佐米山一之時、飄風吹二放御笠一、天皇怪レ之。鴨別命言、神祇欲レ奉二天皇一、故其状爾。天皇欲レ知二其真偽一、令レ獵二其山一、所レ得甚多。天皇大悦、賜名二賀佐一。

とあり、吉備国内に賀佐という地名の起源伝承が残されている。しかも、この伝承には笠臣の祖とされる鴨別命も登場することからすれば、[129]①の「笠臣国造」は本来「笠国造」と記されていたはずである。②は『令集解』職員令1神祇官条に、

　直丁二人。〈(略)或云。古記云。別記云。御巫五人云云。〈在レ上。〉戸座三人。吉備前国一口。阿波国一口。斎宮一口。各給二養丁一口一如レ常。津嶋上県国造一口。京卜部八口。断三口。下県国造一口。京卜部九口。京断三口。(略)〉

とあることから、「(津嶋)上県国造」あるいは「(津嶋)下県国造」とするのが適切である。③は、肥前国藤津郡(『和名類聚抄』)からして「葛津国造」とあって然るべきであろう。

とするならば、本章で考察したように、国造に任命された氏族は「クニの名＋カバネ」を氏姓とするという原則、換言すれば国造の「クニの名」はその国造のウジナと一致するということが広く認識されていたために、『国造本紀』の原資料の編纂段階か、あるいはそれらが『国造本紀』として最終的にまとめられる段階で、このような国造の氏姓と国造名との混乱が生じた可能性があろう。この点については、『国造本紀』の成立過程の問題とあわせて論じる必要があるが、それについては他日を期したい。

註

(1) 国造制に関する研究史は、新野直吉『研究史国造』(吉川弘文館、一九七四年)、篠川賢「国造制研究の現状と課題」(『日本古代国造制の研究』吉川弘文館、一九九六年、初出一九八六年)、大川原竜一「国造制研究の現状と課題」(篠川賢・大川原竜一・鈴木正信編『国造制の研究』八木書店、二〇一三年)など参照。

(2) 拙編「国造関係史料集」(篠川賢ほか編『国造制の研究』前掲)。

（3）太田亮「国造制度」（『日本上代に於ける社会組織の研究』磯部甲陽堂、一九二九年）、同「国造制度」（『全訂日本上代社会組織の研究』邦光書房、一九五五年）。

（4）阿部武彦「国造の姓と系譜」（『日本古代の氏族と祭祀』吉川弘文館、一九八四年、初出一九五〇年）。

（5）井上光貞「国造制の研究」（『井上光貞著作集4　大化前代の国家と社会』岩波書店、一九八五年、初出一九五一年）。

（6）新野直吉『研究史国造』（前掲）、同『日本古代地方制度の研究』（吉川弘文館、一九七四年）。

（7）八木充「国造制の構造」（『日本古代政治組織の研究』塙書房、一九八六年、初出一九七五年）。

（8）「凡直国造」については、八木充「地方政治組織の発展」（『律令国家成立過程の研究』塙書房、一九六八年、初出一九五八年）、同「凡直国造とミヤケ」（『日本古代政治組織の研究』前掲、初出一九七七年）も参照。

（9）石母田正「古代国家と生産関係」（『石母田正著作集3　日本の古代国家』岩波書店、一九八九年、初出一九七一年）、吉田晶「凡河内直氏と国造制」（『日本古代国家成立史論』東京大学出版会、一九七三年）、松原弘宣「大化前代の津支配と国造」（『日本古代水上交通史の研究』吉川弘文館、一九八五年）、小野里了一「凡直国造に関する基礎的考察」（あたらしい古代史の会編『王権と信仰の古代史』吉川弘文館、二〇〇五年）など。

（10）森公章「国造制と屯倉制」（大津透・桜井英治・藤井譲治・吉田裕・李成市編『岩波講座日本歴史』二　古代二、岩波書店、二〇一四年）。

（11）このほかに、国造の氏姓を網羅的に取り上げたものではないが、仁藤敦史の研究が注目される。仁藤は、国造を中心とする「在地のヨコ系列」が優越した西国には地名をウジナに冠する「地名国造」が分布するのに対し、「職掌のタテ系列」が優越した東国には「伴造部姓的国造」が分布するとし、その違いは地域社会の構造に規定されていたと論じている。仁藤敦史「「辛亥」鉄剣銘と「武蔵国造の乱」」（『古代王権と支配構造』吉川弘文館、二〇一二年、初出二〇〇七年）、同「古代東国と譜第意識」（『古代王権と支配構造』前掲、初出二〇〇八年）、同「欽明朝の王権と出雲」（『出雲古代史研究』二六、二〇一六年）など。

（12）篠川賢「国造制の成立過程」（『日本古代国造制の研究』前掲）、同「国造の「氏姓」と東国の国造制」（あたらしい古代史の会編『王権と信仰の古代史』前掲）。ここでの篠川説のまとめは後者による。

（13）加藤晃「我が国における姓の成立について」（坂本太郎博士古稀記念会編『続日本古代史論集』上、吉川弘文館、一九七二年）。

（14）倭直氏は天武十二年（六八三）に倭連へ改姓した（『日本書紀』天武十二年九月丁未条）。その後、大倭連と記載されるようになり、天武十四年（六八五）には大倭忌寸へ（『日本書紀』天武十四年月甲午条）、天平九年（七三七）には大倭宿禰（大和宿禰）へ改姓している（『続日本紀』天平九年十一月壬辰条）。

（15）田中卓「紀氏家牒について」（『田中卓著作集2　日本国家の成立と諸氏族』国書刊行会、一九八六年、初出一九五七年）。

（16）律令制下の国造については、国造制廃止後も例外的に存続を認められた出雲・紀伊の二国造を除き、一般的には論功行賞などによる一代限りの名誉職として任命された国造であり、神祇職としての「新国造（律令国造）」は存在しないと考えられる。また、八世紀初頭に見える一部の国造は、国造制廃止以前に任命され、国造制廃止後も一代に限りその職に留まったケースであり、いわゆる「生き残り国造」と理解される（篠川賢「律令制下の国造」『日本古代国造制の研究』前掲、初出一九八五年）。これに関連して、『日本三代実録』貞観七年（八六五）五月二十五日乙巳条には、

是日、制、五畿七道諸神社祝部、停レ補二白丁一、以二八位已上及年六十已上人一充レ之。先レ是置者、令レ終二其身一。自レ今以後、立為二恒例一。

とあり、神社の祝の採用資格が変更された際に、現職の祝が一代に限りその任に留まった例が見える。制度の過渡期には、こうした措置が取られたのであろう。なお、「新国造（律令国造）」の議論については、植松考穆「大化改新以後の国造に就いて」（早稲田大学史学会編『浮田和民博士記念史学論文集』六甲書房、一九四三年）、高嶋弘志「律令新国造についての一考察」（佐伯有清編『日本古代史論考』吉川弘文館、一九八〇年）、森公章「律令制下の国造に関する初歩的考察」（『古代郡司制度の研究』吉川弘文館、二〇〇〇年、初出一九八七年）、平野岳美「律令制下の国造について」（『歴史の理論と教育』七四、一九八九年）なども参照。

（17）『大日本古文書』一―五八六。

（18）山背直氏は天武十二年（六八三）に山背連へ、天武十四年に山背忌寸へ改姓している（『日本書紀』天武十二年九月丁未条・天武十四年月甲午条）。

（19）伊勢直氏は天平十九年（七四七）に中臣伊勢連へ、天平宝字八年（七六四）に中臣伊勢朝臣へ、天平神護二年（七六六）に伊勢朝臣へ改姓している（『続日本紀』天平十九年十月丙辰条・天平宝字八年九月乙巳条・天平神護二年十二月癸卯条）。

（20）尾張連氏は天武十三年（六八四）に尾張宿禰へ改姓している（『日本書紀』天武十三年十二月己卯条）。

（21）紀直氏の一部は、承和二年（八三五）と貞観五年（八六三）に紀宿禰へ改姓している（『続日本後紀』承和二年三月癸丑条、『日本三代実録』貞観五年九月十三日条）。ただし、これらは支流に当たる紀直氏の改姓記事である。紀伊国造を継承した系統（本宗）

の改姓記事は見えないが、『続日本紀』延暦二十三年（八〇四）十月癸丑条に「紀直豊成」とあり、『続日本後紀』嘉祥二年（八四九）閏十二月庚午条には「紀宿禰高継」とあることから、この間に直姓から宿禰姓へ改姓したと考えられる。拙稿「紀伊国造の成立と展開」（『日本古代氏族系譜の基礎的研究』東京堂出版、二〇一二年、初出二〇一一年）参照。

(22)『大日本古文書』二―三一八。

(23)『大日本古文書』一―四二八。

(24)『大日本古文書』六―六〇三。

(25)『大日本古文書』一―四六一。

(26) 拙稿「出雲国造の系譜とその諸本」（『日本古代氏族系譜の基礎的研究』前掲、初出二〇〇八年）参照。

(27)『平安遺文』一―一一一。栄原永遠男「「紀伊国直川郷墾田売券」について」（『紀伊古代史研究』思文閣出版、二〇〇四年、初出一九八七年）。

(28)『平安遺文』十一―二九四。

(29)『大日本古文書』二―五。

(30) 井上光貞・大曾根章介校注『日本思想大系新装版1　往生伝・法華験記』（岩波書店、一九九五年）参照。

(31) 三国公氏は天武十三年（六八四）に三国真人へ改姓している（『日本書紀』天武十三年十月己卯条）。

(32) 松木俊暁『『風土記』地名起源説話と支配秩序』（『言説空間としての大和政権』山川出版社、二〇〇六年）、須原祥二「「仕奉」と姓」（『古代地方制度形成過程の研究』吉川弘文館、二〇一一年、初出二〇〇三年）。

(33) 篠川賢「国造制の成立過程」（前掲）。

(34)『続日本紀』神護景雲元年十二月壬午条は六日、甲申条は八日に該当する。

(35)『大日本古文書』一二―二六四。

(36) 篠川賢「国造制の成立過程」（前掲）、同「国造の「氏姓」と東国の国造制」（前掲）。

(37) 近年の研究史整理としては、城倉正祥「武蔵国造争乱」（『史観』一六五、二〇一一年）、堀川徹「武蔵国造の乱と橘花ミヤケ」（『史叢』九五、二〇一六年）などがある。

(38) 現在の埼玉県鴻巣市笠原が遺称地名と見られる。

(39) 以下で取り上げる諸国造のほかに、石見国造について付言しておきたい。この国造の氏姓はこれまで不明であったが、平城京跡から出土した木簡には「□一升受石見」と記したものがある（『平城宮発掘調査出土木簡概報』二八―一二中〈四二〇〉）。この「石見」がウジナを示すのか、個人名を示すのかが判然としないが、かりに前者であれば石見国造の氏姓との関連が注目される。後考を俟ちたい。

(40) 松嶋順正『正倉院宝物銘文集成』（吉川弘文館、一九七八年）二九九頁。

(41) 鎌田元一「評の成立と国造」（『律令公民制の研究』塙書房、二〇〇一年、初出一九七七年）。

(42) 『木簡研究』二七―三七（一二一）。

(43) 松嶋順正『正倉院宝物銘文集成』（吉川弘文館、一九七八年）三二三頁。

(44) 坂本太郎「古代信濃人の百済における活躍」（『坂本太郎著作集11　歴史と人物』吉川弘文館、一九八九年、初出一九六六年）。なお、坂本は「斯那奴」をウジナではなく信濃国の出身であることを示す通称とし、「科野」は「斯那奴」を「さらにいかめしい表記法に改めて、百済人らしい氏称としたもの」と理解しており、この点では関晃と見解が異なっている。

(45) 関晃「科野国造の氏姓と氏族的展開」（『関晃著作集5　日本古代の政治と文化』吉川弘文館、一九九七年、初出一九九一年）。

(46) 拙稿「甲斐国造の「氏姓」と氏族的展開」（『日本古代氏族系譜の基礎的研究』前掲、初出二〇一一年）。

(47) 関晃「甲斐国造と日下部」（『関晃著作集2　大化改新の研究』吉川弘文館、一九九六年、初出一九六五年）。なお、関晃はこの論文で甲斐国造の氏姓を日下部直と推定したが、のちに「私はまえに甲斐国造家について検討し（略）日下部の御名代が甲斐に設定されたときに、甲斐国造家自身が日下部直を称するようになった（略）と考えた。しかし、国造がはじめから日下部直というような氏を称するということは、果たしてありえたかどうか、かなり疑問にも思われるので、いまではむしろ国造家の系統に途中で交代があったとした方がよいのではないかと考えている」とも述べている。関晃「科野国造の氏姓と氏族的展開」（前掲）参照。

(48) 末木健「甲斐国古代氏族と墨書土器」（『甲斐』一〇九、二〇〇五年）。

(49) 『平城宮発掘調査出土木簡概報』二二―一八。

(50) 井上光貞「大和国家の軍事的基礎」（『井上光貞著作集4　大化前代の国家と社会』前掲、初出一九四九年）、直木孝次郎「舎人」（『日本古代兵制史の研究』吉川弘文館、一九六八年）、平野邦雄「「部」の本質とその諸類型」（『大化前代社会組織の研究』吉川弘文館、一九六九年）、仁藤敦史「トネリと采女」（『古代王権と支配構造』前掲、初出二〇〇五年）など。

(51) 井上薫「舎人制度の一考察」(『日本古代の政治と宗教』吉川弘文館、一九六一年、初出一九六〇年)、和田一博「令制舎人の系譜」(『皇學館論叢』六—二、一九七三年)、西宮秀紀「令制トネリ成立過程の研究」(『信大史学』三、一九七七年)、仁藤敦史「トネリと采女」(前掲)など。

(52) 田原光泰によれば、八世紀末から九世紀初頭にかけて、舎人制度が持っていた「律令官人の下積み」としての役割が変質していったという(田原光泰「令制トネリの変質に関する一考察」『ヒストリア』一五四、一九九七年)。ただし、前述した延暦十四年(七九五)の勅によって禁止されているのは、この勅より以前に行われていたことであり、八世紀代には畿外出身者が大舎人に任用されていたと見て差し支えない。

(53)『大日本古文書』四—二九四。

(54)『大日本古文書』二—一三一。

(55)『寧楽遺文』中—六二四。

(56) 大隅直氏は天武十四年(六八五)に大隅忌寸へと改姓している(『日本書紀』天武十四年六月甲午条)。

(57) 今泉隆雄「八世紀郡領の任用と出自」(『史学雑誌』八一—一二、一九七二年)など。

(58) 新野直吉も甲斐国造の氏姓が甲斐直であった可能性を示唆してはいるが、詳しい論拠を示していない。新野直吉「国造の世界」(大場磐雄・下出積与編『古代の日本6　中部』角川書店、一九七〇年)参照。

(59)『日本三代実録』貞観四年(八六二)八月是月条には「明法博士額田今人」という人物が見えるが、これは「今足」の誤記であろう。『新訂増補国史大系』頭注も「人、或当作足」としている。

(60) 野村忠夫「国造姓についての一試論」(『奈良朝の政治と藤原氏』吉川弘文館、一九九五年、初出一九七二年)。

(61) 新野直吉「額田国造今足をめぐって」(『日本歴史』二六〇、一九七〇年)、森公章「額田部氏の研究」(『国立歴史民俗博物館研究報告』八八、二〇〇一年)。

(62)『平城宮発掘調査出土木簡概報』二七—一九上(二六六)。

(63)『平城宮発掘調査出土木簡概報』二七—一七下(二二六)。

(64) 滋賀県甲賀郡信楽町に所在。

(65) 信楽町教育委員会『宮町遺跡出土木簡概報』二—一一頁—(八〇)。

(66)『平城宮発掘調査出土木簡概報』二七—一九上（二六三）。
(67)『平城宮発掘調査出土木簡概報』二七—一九上（二六四）。
(68)『平城宮発掘調査出土木簡概報』二七—一九上（二六九）。
(69)『平城宮発掘調査出土木簡概報』二三—一三下（一二四）。
(70)『続群書類従』第四輯下。
(71) 額田国造については、かつては三河国や近江国に所在したとする説もあったが、筆者は以前、これらの説がともに成立しがたいことを明らかにした。また、美濃国には池田郡額田郷が存在すること、同郡春日郷（味蜂間郡春部里）に国造・国造族が集中的に分布すること、近隣には岐阜県最大の昼飯大塚古墳を含む大規模な不破古墳群が築造されていること、さらに美濃国に分布する額田部の中央伴造は額田部連氏（額田部湯坐連氏）と見られるが、この氏族と額田国造氏（額田宿禰氏）は律令に関係する人材を輩出している点や、八色の姓段階で宿禰への賜姓に漏れた点で共通していることなどから、額田国造は美濃国池田郡額田郷に所在した国造であることを論じた。拙稿「額田国造の本拠地をめぐって」（『日本古代氏族系譜の基礎的研究』前掲、初出二〇〇三年）参照。
(72) 岡田精司「滋賀の古代豪族」（『新修大津市史』一、一九七八年）、大橋信弥「近江における和邇系氏族の研究」（『日本古代の王権と氏族』吉川弘文館、一九九六年、初出一九九二年）、古系図研究会（代表加藤謙吉）「『和珥部氏系図』について」（加藤謙吉『ワニ氏の研究』雄山閣、二〇一三年、初出二〇〇六年）など。
(73)『平城京木簡』一—七七。
(74)『平城京木簡』一—七八。
(75)『平城京木簡』一—七九。
(76)『平城京木簡』一—八〇。
(77) 古尾谷知浩「一石俵の付札」（『HERSETEC』五—二、二〇一一年）。
(78)『国造本紀』二方国造条には、

二方国造

志賀高穴穂朝御世、出雲国造同祖遷狛一奴命孫美尼布命、定二賜国造一。

とあり、遷狛一奴命の孫の美尼布命を国造に任命したという。栗田寛は、この「遷狛一奴命」について「遷はうかし、狛は都、一ハくの草体より誤れるものにて、宇迦都久奴命なるへし」と述べており、二方国造が出雲国造と同祖関係にあることや、但馬国気多郡に神門神社が鎮座すること（『延喜式神名帳』）、神門臣氏が鵜濡渟命（宇迦都久奴命）の後裔を称していることなどから（『新撰姓氏録』右京神別　神門臣条）、二方国造と神門臣氏との関係を示唆している。たしかに、二方国造と出雲国造や神門臣氏との関係は認められる。しかし、二方国造の氏姓が神門臣である確証はなく、そのましたがうことはできない。栗田寛『国造本紀考』（鎌田純一校注『神道大系古典編8　先代旧事本紀』神道大系編纂会、一九八〇年、成立一八六一年）参照。

（79）『平城宮発掘調査出土木簡概報』四〇―八下（二一）。

（80）『平城宮木簡』五―七九〇三。

（81）『平城宮木簡』七―一二六五三。

（82）『大日本古文書』三―三五五。

（83）近年の主な研究としては、仁藤敦史「トネリと采女」（前掲）、伊集院葉子「采女論再考」（『日本古代女官の研究』吉川弘文館、二〇一六年、初出二〇一二年）などがある。

（84）奈良県教育委員会『藤原宮』一二一。

（85）『平城宮発掘調査出土木簡概報』二二―一九下（一五七）。

（86）『平城宮木簡』二―二七七六。

（87）『平城宮発掘調査出土木簡概報』一二―八上（一八）。

（88）たとえば、奈良文化財研究所「木簡人名データベース」では「あかしのあたい」との訓を施している。

（89）旧三重県奄芸郡（現在の三重県津市芸濃町）にはかつて明村《あきらむら》が存在したが、これは明治二十二年（一八八九）の町村合併で成立した行政区画である。この地には明神社《あきらじんじゃ》も鎮座しているが、これは前述の合併時に各地の神社を天満宮（楠天神）へ合祀・改称したものである。『日本歴史地名大系24　三重県の地名』（平凡社、一九八三年）参照。

（90）「皇直」は個人名の可能性もあるが、氏姓（氏族名）と見るのが一般的である（八木充「凡直国造とミヤケ」前掲、松原弘宣「大化前代の津支配と国造」前掲）。凡直千継の言上では何より改姓のことに主眼が置かれており、「紗抜大押直」が賜姓された時、および庚午年籍が作成された時の個人名が見えないことからして、筆者もこれは氏姓を示すと理解したい。「皇」は『説文解字』に

「皇、大也」とあり、「大きい」という意味が「大押《おほし》」・「凡《おほし》」に通じる。この「皇」を卜部家相伝本系（三条西本系）の『続日本紀』の諸本は「星」に作るが、その場合は「神骨《かむほね》」（『日本書紀』景行四年二月甲子条）が「神大根《かむおほね》」（『古事記』景行段）と換言されるように、「星《ほし》」の音が「凡《おほし》」に転じたと推測される。「皇直」や「星直」という氏姓がほかに見えないことから、どちらが正しいのかは不明であるが、これらは「凡」の別表記（好字表記）と判断できる（青木和夫・稲岡耕二・笹山晴生・白藤禮幸校注『新日本古典文学大系16　続日本紀』五〈岩波書店、一九九八年〉補注）。「凡」は「大押」や「大」のほかに、「大凡」（『平城宮出土墨書土器集成』一―二二八）などと記されることもあり、古くは「おほし」という読みに対して様々な文字が当てられていたのであろう。なお、かりに「皇直」を個人名と解した場合でも、その人物は讃岐国造を継承したのちに讃岐凡直という氏姓を与えられたと考えられる。あるいは、この時期の氏姓は前述のとおり厳密には特定個人に与えられた職名的称号であることから、それが後世に個人名のように誤伝された可能性もあろう。

(91) この記事に見える「紗抜大押直」は、後裔が讃岐直と凡直に分かれたとあることや、「紗抜大押直」という表記をとる氏姓がこの一例しか確認できないことから、「讃岐凡直」の別表記（好字表記）と考えられる。佐伯有清・高嶋弘志編『国造・県主関係史料集』（近藤出版社、一九八二年）補注、青木和夫ほか校注『新日本古典文学大系16　続日本紀』五（前掲）補注など参照。

(92)『長岡京木簡』二―八五三。

(93)『平安遺文』二―五六五。

(94)『香川県史』八（一九八六年）九四七頁。

(95) 森公章氏のご教示による。

(96)『大日本古文書』十二―四四八。

(97)『平城京木簡』三―四五三五。

(98)『観音寺遺跡』Ⅳ　第三分冊　木簡編一二〇。

(99)『平城宮発掘調査出土木簡概報』二七―一七上（二一七）。

(100)『和州五郡神社神名帳大略』（『神祇全書』三―六〇七）所引。

(101)『平城京木簡』二―一七一九、『平城宮発掘調査出土木簡概報』二一―一二（八三）、『平城宮発掘調査出土木簡概報』二三―六下（二一一）、『平城宮発掘調査出土木簡概報』二五―二六。

(102)『平城京木簡』二—二八二七。
(103)『延喜式神名帳』では「多坐弥志理都比古神社二座。〈並名神大。月次・相嘗・新嘗。〉」とある。奈良県磯城郡田原本町に所在する。
(104)『延喜式神名帳』には「子部神社二座。〈並大。月次・新嘗。〉」とある。奈良県橿原市飯高町に所在する。
(105)『延喜式神名帳』には「目原坐高御魂神社二座。〈並大。月次・新嘗。〉」とある。天満神社（奈良県橿原市太田市町）などを論社とする。
(106)須原祥二「「仕奉」と姓」（前掲）。
(107)篠川賢「国造の「氏姓」と東国の国造制」（前掲）。
(108)八木充「国造制の構造」（前掲）、森公章「国造制と屯倉制」（前掲）。
(109)篠川賢「国造の「氏姓」と東国の国造制」（前掲）、仁藤敦史「古代東国と譜第意識」（前掲）。
(110)北康宏「大王とウヂ」（大津透ほか編『岩波講座日本歴史』二　古代二、前掲）。
(111)『大日本古文書』三—一五〇。
(112)平城京跡出土木簡には「海上□〔婇カ〕」と記したものや（『平城京木簡』一—一一）、「宣海上采女」と記したものがあり（『平城宮発掘調査出土木簡概報』二三—一八下〈一七九〉）、これらは下総国海上郡出身の采女と推定されている（大山誠一『長屋王家木簡と奈良朝政治史』吉川弘文館、一九九三年）。
(113)須原祥二「「仕奉」と姓」（前掲）。
(114)『平城宮発掘調査出土木簡概報』四三—三四下（五二一一）。
(115)『平城宮発掘調査出土木簡概報』四三—三四下（五二一〇）。
(116)『平城宮発掘調査出土木簡概報』四三—三四下（五二一二）。
(117)『平城宮発掘調査出土木簡概報』四三—四六上（八〇五）。
(118)『長岡京左京出土木簡』一—三四三。
(119)『平城京木簡』三—四五一三。
(120)これと同様の氏姓としては、律令以前には火葦北国造刑部靫部（『日本書紀』敏達十二年〈五八三〉七月丁酉朔条・是歳条）が見えており、律令制下には千葉国造大私部直（『日本後紀』延暦二十四年〈八〇五〉十月癸卯条・大同元年〈八〇六〉正月癸巳条・大同四年〈八〇九〉三月丁未条）、伊豆国造伊豆直（『続日本紀』天平十四年〈七四二〉四月甲申条・宝亀二年〈七七一〉閏三月己酉条、『伊豆三嶋神主家系図』益人尻付）などが挙げられる。火葦北国造刑部靫部と千葉国造大私部直は、国造と伴造の仕奉を合わせた氏姓であり、伊豆国造伊豆直は国造としての仕奉を重ねた氏姓と言える。前述した額田国造の場合は、額田国造（国造姓）と各田直（額田直）がその氏姓の候補とされることからすれば、額田国造額田直のような氏姓を称していたとの推測も成り立つであろう。

(121) このほかに、特殊なケースかもしれないが、国造に任命され得る氏族が複数存在しており、「クニの名＋カバネ」を称する氏族から「クニの名」以外の氏姓を称する氏族へ、実際に国造が交替することもあったのではなかろうか。前述したように、讃岐国造の本来の氏姓は讃岐直と考えられるが、『続日本紀』延暦十年九月丙子条（前掲）には皇直氏（凡直氏）が国造を継承したとあり、国造に任命される氏族が交替したことが知られる。こうした状況は但遅麻国造にも当てはまる。この国造の氏姓は『国造本紀』吉備品治国造条に、

吉備品治国造

志賀高穴穂朝、多遅麻君同祖若角城命三世孫大船足尼、定二賜国造一。

とあり、「クニの名＋カバネ」に該当する多遅麻君が見えることから、但遅麻国造の氏姓はこの多遅麻君と推定されているが、ほかにも日下部公氏と神部直氏が以下のとおり国造に任命されたとする伝承を有している。

①『日下部系図』（抜粋）（『続群書類従』巻第一七二）

弘道　国造兵衛尉
大継　日下部公国造兵衛尉

②『日下部系図別本　朝倉系図』（抜粋）（同）

弘道　国造兵衛尉
大継　国造兵衛日下部
子祖父　国造兵衛日下部

③『粟鹿大明神元記』（抜粋）

神部直速日
右人、磯香高穴穂宮御宇稚足彦天皇御世、依神拝祭神部直姓給伎。又但馬国々造定給伎、即祭主以上非顕。
神部直忍
右人、磐《（余脱カ）》稚桜宮御宇息長大足姫天皇御世、但馬国人民粟鹿大神荒術魂召著於船鼻伝百済奉仕。然返祭来時尓同朝庭神事取持奉仕。仍但馬国造止奉仕定給賜。（略）
神部直萬侶
右人、難《（波カ）》伎長柄豊前宮御宇天萬豊日天皇御世、天下郡領并国造懸領定賜。于時、朝来郡国造事取持申。即大九《（ママ）》位叙仕奉。
神部直根閇
右人、後岡本朝庭御宇天豊財重日足姫天皇御世時、但馬国民率、新羅誅仕奉。即返参来、同朝庭御宇始叙二朝来郡大領司一。所レ擬仕奉。又近江大津宮御宇天命開別天皇御宇、庚午籍勘造日、依二書竿知一而国政取持、国造県領并殿民源之是非勘定注朝庭進。即庚午年籍粟鹿郷上戸主神部直根閇《（ママ）》年卅矣。

このうち①・②からは、律令制下に日下部公氏が国造兵衛を輩出したことが知られるが、一方で③は神部直速日・忍・萬侶・根閇が律令以前に但馬国造（但遅麻国造）に任命されたと伝えている。前者の日下部公氏は多遅麻君氏と君（公）のカバネを共有していることから、庚午年籍による定姓の際に多遅麻君氏が伴造としての仕奉を示す日下部公の氏姓を選択したとも考えられる。それに対して、神部直氏は当該地域に設置された神部を管掌した伴造であり、中央の大神朝臣氏と同祖関係を形成し、白村江の戦いの際にも大神朝臣氏と行動をともにしたと見られることから（拙稿「神部氏の系譜とその形成」『大神氏の研究』雄山閣、二〇一四年、初出二〇一三年）、明らかに多遅麻君氏・日下部公氏とは別個の氏族である。したがって、日下部公氏・神部直氏双方の主張が史実であったとするならば、国造の地位が両者の間で移動・交替した可能性があろう。

（122）栗田寛『国造本紀考』（前掲）、吉田晶「国造本紀における国造名」（『日本古代国家成立史論』前掲、初出一九七一年）など。
（123）篠川賢「「国造本紀」の再検討」（『日本古代国造制の研究』前掲）。
（124）和泉国司・摂津国司・出羽国司・丹後国司・伊吉嶋造・津嶋県直・多褹嶋なども含めて計算した。
（125）この前年には、国造の郡領への優先任用を規定していることから（選叙令13郡司条）、この政策は律令以前に国造に任命されていた氏族の中から、郡領への優先任用資格を有する氏族を認定したものと考えられる。虎尾俊哉「大化改新後の国造」（『芸林』四—

四、一九五三年）、八木充「国郡制の成立」（『律令国家成立過程の研究』前掲、初出一九六三年）、米田雄介「国造氏と新国造の成立」（『続日本紀研究』一六二、一九七二年）、篠川賢「律令制下の国造」（前掲）参照。

(126) 篠川賢「「国造本紀」の再検討」（前掲）。

(127) 『国造本紀』阿波国造条には、

　阿波国造

　志賀高穴穂朝御世、天穂日命八世孫弥都侶岐命孫大伴直大滝、定二賜国造一。

とあり、大伴直大滝を初代の国造に任命したことが見える。ただし、本章での考察結果を踏まえるならば、阿波国造も本来は「クニの名＋カバネ」（阿波直ヵ）を氏姓としたと思われる。よって、ここでこの国造の氏姓が大伴直氏であることを明記しているのは、阿波国造が当該地域に設置された大伴部（膳大伴部）の伴造としての仕奉を合わせ持っており、『国造本紀』の原資料が作成された時点で阿波国造がすでに大伴直という氏姓を称していたか、あるいは阿波国造に任命される氏族が大伴直氏へ交替していたためと考えることができよう。

(128) ト部兼永本など多くの諸本が「大和立」に作るのに対し、隠顕蔵本系の諸本や『鼇頭旧事紀』は「大和直」に作る。拙編「校訂国造本紀」（前掲）、および第四部第二章参照。

(129) 「観音菩薩立像台座銘」（奈良国立文化財研究所飛鳥資料館編『飛鳥・白鳳の在銘金銅仏』同朋舎、一九七九年）には、

　辛亥年七月十日記。笠評君名左古臣、辛丑日崩去辰時。故児在布奈太利古臣、又佐在□古臣二人乞願。

とあり、ここに見える「笠評」は丹波国加佐郡（加佐評）か、もしくは笠臣国造の「クニ」（国造国）に関連するものと考えられている。後者であれば、これも「笠」という地名の存在を傍証するものである。

第二章　『国造本紀』の書誌学的検討

はじめに

『先代旧事本紀』は、巻一「神代本紀・陰陽本紀」、巻二「神祇本紀」、巻三「天神本紀」、巻四「地祇本紀」、巻五「天孫本紀」、巻六「皇孫本紀」、巻七「天皇本紀」、巻八「神皇本紀」、巻九「帝皇本紀」、巻十「国造本紀」で構成されている（以下、各巻は「巻十『国造本紀』」などと表記する）。冒頭には「上宮厩戸豊聡耳聖徳太子尊命」と「大臣蘇我馬子宿禰」らが撰定したとする序文が置かれているが、これはあくまでも後世に仮託されたものであり、実際には平安時代の前期、およそ大同・弘仁年間（八〇六〜二四）から延喜年間（九〇一〜二三）までの間に、一書としてまとめられたと考えられている。(1) かつて国造制を論じた研究の中には、『先代旧事本紀』の史料性には問題があるとして、その利用を意図的に避けたものも見られたが、(2) その後の研究の進展により、特に『国造本紀』に関しては史料的価値が改めて注目されるようになった。

たとえば、鎌田純一は『古事記』・『日本書紀』と『国造本紀』は共通の原史料をもとに作成されたものであり、その原史料の成立は推古朝の頃にまで遡るとした。(3) また、吉田晶は、六世紀中葉から七世紀後半に実在した国造を記録したものが『国造本紀』であり、原史料もその頃に成立したことを、国造名の表記などから推定した。(4) さらに、篠川

表10　『国造本紀』諸本一覧

系統		諸本		所蔵
1	卜部兼永本系	1	卜部兼永本	天理大学附属天理図書館
		2	陽明文庫本	京都大学附属図書館
2	山田以文本系	3	山田以文本	静嘉堂文庫
		4	曼殊院本	多和文庫
		5	中原職忠本	國學院大学図書館
3	石川忠総本系	6	石川忠総本	神宮文庫
		7	卜部家本	天理大学附属天理図書館
4	卜部兼右本系	8	卜部兼右本	天理大学附属天理図書館
		9	清原宣賢本	天理大学附属天理図書館
		10	卜部兼従本	個人蔵（海外）
		11	村井古巌本	神宮文庫
5	秘閣本系	12	秘閣本	宮内庁書陵部
		13	楓山文庫本	無窮会神習文庫
6	三浦為春本系	14	三浦為春本	國學院大学図書館
		15	白雲書庫本	無窮会神習文庫
		16	八雲軒本	天理大学附属天理図書館
		17	冷泉為経本	国立歴史民俗博物館
		18	九条家本	（所在不明）
		19	大東急記念文庫本	大東急記念文庫
		20	徳大寺家本	東京大学史料編纂所
7	徳川頼房本系	21	徳川頼房本	彰考館文庫
		22	徳川光圀本	国立国会図書館内閣文庫
8	寛永本系	23	寛永板本	国立国会図書館ほか
		24	御巫清直本	神宮文庫
9	隠顕蔵本系	25	隠顕蔵本	天理大学附属天理図書館
		26	神楽岡庫本	天理大学附属天理図書館
		27	前田綱紀本	尊経閣文庫
		28	中臣連重本	天理大学附属天理図書館
		29	鈴鹿文庫本	（所在不明）
		30	谷森善臣本	宮内庁書陵部
10	鼇頭旧事紀系	31	鼇頭旧事紀	国立国会図書館ほか
		32	国会図書館本	国立国会図書館
		33	葵文庫本	静岡県立図書館葵文庫
		34	山口県立図書館本	山口県立図書館
		35	狩野文庫本	東北大学狩野文庫
		36	哲誠文庫本	東海学園大学哲誠文庫
		37	松岡調手校本	多和文庫
		38	香木舎文庫本	多和文庫
		39	伴信友旧蔵本	個人蔵

賢は『国造本紀』の国造名や系譜に関する部分は、『続日本紀』大宝二年（七〇二）四月庚戌条に、

詔定㆓諸国国造之氏㆒。其名具㆓国造記㆒。

と見える「国造記」を基礎としており、これには六世紀中葉から後半に形成された各国造の系譜が伝えられていたと論じた[5]。このように『国造本紀』は、『先代旧事本紀』の編纂段階で成立したものではなく、六世紀代にまで遡る内

容を含む可能性が指摘されており、現在、国造制研究にとって不可欠な史料とされている。

一方、『国造本紀』の書誌学的な研究としては、鎌田による『先代旧事本紀の研究』校本の部（以下、鎌田本）が挙げられる。(6) この鎌田本には、現存諸本の中で最も古く、しかも写本系統において祖本としての位置を占める卜部兼永本を底本とし、多数の写本・刊本との校合を行ったテキストが収められた。それ以前に利用されていた『国史大系』(7)や『新訂増補国史大系』(8)は、いずれも卜部兼永本よりも後に成立した写本を底本とし、対校本も限られていたため、(9)鎌田本の登場は『先代旧事本紀』研究において大きな画期となった。

しかし、鎌田本の刊行から約半世紀が過ぎたにもかかわらず、『国造本紀』の書誌学的な研究には目立った進展は見られないのが現状である。鎌田本の刊行後、『神道大系』に『先代旧事本紀』が収められ、新たな解題も付されたが、(10)これは鎌田自身の校注によるものであり、その内容は鎌田本を基本的に踏襲している。また、佐伯有清・高嶋弘志による史料集も作成され、(11)広く利用されてきたが、これも『国造本紀』に関する箇所は鎌田本を底本としている。(12)

こうした状況を受けて筆者は、鎌田本では簡単な紹介に留まっていたものや、未調査だったものも含め、【表10】に示した合計三九種類の写本・刊本について再調査を実施した。(13) 本章では、これらの諸本の書誌情報と系統関係を整理したい。なお、調査は『先代旧事本紀』全体ではなく『国造本紀』を中心に実施したため、それ以外の巻については鎌田の研究に多く拠っている。

一　卜部兼永本系の諸本

①卜部兼永本

卜部兼永（一四六七～一五三六）が大永元～二年（一五二一～二二）に書写したものであり、現存する中では最古の写本である。兼永は吉田神道を大成した吉田兼倶（一四三五～一五一一）の子である。この写本は吉田家に伝来したのち、ロンドン・タイムズの特派員フランク・ホーレー（一九〇六～六一）の手に渡り(14)、さらに古書肆の弘文荘を経て、現在は天理大学附属天理図書館に所蔵されている。縦二六・八㌢、横二〇・九㌢、袋綴五冊の冊子本であり、『国造本紀』は第五冊（五五丁）の後半二八丁を占めている。冊頭に「宝玲文庫」・「天理図書館蔵」、末尾に「月明荘」の印がある。本文は墨界を施した料紙に八行十五字詰めで、終始同筆で記載されている。

巻三・九には兼永による書写奥書（および本奥書）、巻四・六・八には吉田良凞（一八一〇～六八）による修補奥書（別筆）が、それぞれ次のように付されている。

（巻三）

書写畢

兼頼

貞永元後九月十三日合他木判

（略）

大永元年九月十五日書写畢　正三位兼永

（巻四）

「平野三位兼永筆、加修補并

証明了

嘉永六〈癸丑〉歳八月九日

正三位侍従　卜（花押）」

（巻六）

「平野三位兼永筆也、加修補訖

嘉永六〈癸丑〉歳八月十日

正三位侍従　卜良凞」

（巻八）

「平野三位兼永筆、加証明了

令修補

嘉永六〈癸丑〉歳八月八日

正三位侍従　卜（花押）」

（巻九）

安貞二年二月十九日、夜及暁更於燈下書

写畢即比校畢　　　兼頼

貞永元年閏九月十四日重合他本畢　判

（略）

大永二年正月七日書写畢

正三位卜部兼永

また、卜部兼永本には見えないが、後述する山田以文本の巻六・八・十にも、次のような奥書（本奥書）が見える。

（巻六）

或本奥書如此
大永元年小春廿一日以家秘本加点校合畢
　　　　　　　　　　　　　　　正三位卜部朝臣兼永

（巻八）
或本奥書云
貞永元年閏九月十四日合他本了
加一見了　　　　　　　　　　兼頼
（略）
大永元年十一月十九日書写畢
　　　　　　　　　　　　　　正三位卜部兼永

（巻十）
或本奥書如左
貞永元年五月廿六日書写畢
　　　　　　　　　　　　中大夫卜兼頼
（略）
大永二年二月五日以累代本令書写加点合畢
　　　　　　　正三位卜部朝臣兼永　朱印判

これらの記述によれば、安貞二年（一二二八）から貞永元年（一二三二）にかけて卜部兼頼が書写した写本（現存しない）が卜部家に伝来し、それを大永元年から二年にかけて卜部兼永が書写したものが、この卜部兼永本であることが分かる。そして、嘉永六年（一八五三）には、吉田良熈によって修補が加えられている。山田以文本の奥書が兼永本に見えないことについては、兼永本の巻六の本文は丁の表で終わっているが、その丁の裏は切断されて別紙が貼付してあること、兼永本の巻八の本文が丁の裏の最終行で終わっていること、兼永本の巻十の本文は丁の裏の途中で終わっているが、その行より後は切断されて別紙が貼付してあることなどからすれば、本来は兼永本にも同じ奥書が付されていたが、伝世する間に何らかの理由で切断されてしまい、山田以文本の「或本」はこの箇所が切断される以前に書写されたと考えられている。

この写本の特徴は以下の四点にまとめられる。第一に、巻一『神代本紀・陰陽本紀』の冒頭に、

神代本紀
陰陽本紀

という二行を置いていることである。第二に、巻六『皇孫本紀』磐余彦尊の戊午年五月癸酉条（五九丁ウラ）から六月丁巳条（六四丁オモテ）の間に、巻一『神代本紀・陰陽本紀』の以下に示す傍線部分（天八下尊〜即是水蛭子此子入）が竄入していることである。

神代系紀
天祖、天譲日天狭霧国禅日国狭霧尊。
一代、倶生天神。
天御中主尊。〈亦云㆓、天常立尊㆒。〉
可美葦芽彦舅尊。

二代、倶生天神。

国常立尊。〈亦云㆓、国狭立尊㆒。亦云㆓、国狭槌尊㆒。一云㆓、葉木国尊㆒。〉

豊国主尊。〈亦云㆓、豊斟渟尊㆒。亦云㆓、豊香節野豊尊㆒。亦云㆓、浮経野豊買尊㆒。亦云㆓、豊齒尊㆒。〉

別天八下尊。〈独化天神第一世之神也。〉

三代、耦生天神。

角杙尊。〈亦云㆓、角龍魂尊㆒。〉

妹活杙尊。

別天三降尊。〈独化天神第二世之神也。〉

四代、耦生天神。

埿土煮尊。〈亦云㆓、埿土煮根尊㆒。〉

妹沙土煮尊。〈亦云㆓、沙土根尊㆒。〉

別天合尊。〈亦云㆓、天鏡尊㆒。独化天神第三世之神也。〉

五代、耦生天神。

大苫彦尊。〈亦云㆓、大戸之道㆒。亦云㆓、大富道㆒。亦云㆓、大戸摩彦㆒。〉

妹大苫辺尊。〈亦云㆓、大戸之辺㆒。亦云㆓、大富辺㆒。亦云㆓、大戸摩姫㆒。〉

別天八百日尊。〈独化天神第四世之神也。〉

六代、耦生天神。

青橿城根尊。〈亦云㆓、沫蕩㆒。亦云㆓、面足尊㆒。〉

妹吾屋惶城根尊。〈亦云二、惶根尊一。亦云二、蚊鴈姫尊一。〉

別天八十万魂尊。〈独化天神第五世之神也。〉

七代、耦生天神。

伊弉諾尊。〈天降陽神。〉

妹伊弉冉尊。〈天降陰神。〉

別高皇産霊尊。〈亦名二、高魂尊一。亦名二、高木命一。独化天神第六世之神也。〉

児天思兼命。〈天二降信濃国一阿智祝部等祖。〉

次天太玉命。〈忌部首等祖。〉

次天忍日命。〈大伴連等祖。亦云二、神狭日命一。〉

次天神立命。〈山代久我直等祖。〉

次神皇産霊尊。〈亦云二、神魂尊一。〉

児天御食持命。〈紀伊直等祖。〉

次天道根命。〈川瀬造等祖。〉

次天神玉命。〈葛野鴨県主等祖。〉

次生魂命。〈猪使連等祖。〉

次津速魂尊。

児市千魂尊。

児興登魂命。

児天児屋命。〈中臣連等祖。〉
次武乳遺命。〈添県主等祖。〉
次振魂尊。
児前玉命。〈掃部連等祖。〉
次天忍立命。〈纒向神主等祖。〉
次万魂尊。
児天剛川命。〈高宮神主等祖。〉
已上七代天神、伊弉諾・伊弉冉二尊、并八代天神並天降之神也。

陰陽本紀

天祖詔二伊弉諾・伊弉冉二尊一曰、有二豊葦原千五百秋瑞穂之地一。宜二汝往修一レ之。則賜二天瓊戈一而詔寄賜也。伊弉諾・伊弉冉二尊奉レ詔、立二於天浮橋之上一、共計謂、有レ物二若浮膏一、其中蓋有レ国乎。廼以二天之瓊矛一而探之、獲二是滄海一則指二下其矛一。而因画二滄海一而引上之時、自二矛末一落垂滴瀝之潮凝結而為レ嶋、名曰二磤馭慮嶋一矣。則以二天瓊矛一指二立於磤馭慮嶋之上一、以為二国中之天柱一也。伊弉諾・伊弉冉二尊、天二降其嶋一。則化二竪八尋殿一、共住二同宮一矣。伊弉諾尊問二伊弉冉尊一曰、汝身有二何成一耶。伊弉冉尊対曰、吾身者成々而有下不二成合一処一処上耶。伊弉諾尊詔曰、吾身者成々而有二成余処一処一耶。故以二我身成余処一刺下塞汝身不二成合一処上、以三為産二国土一如何。伊弉冉尊対曰、然善矣。伊弉諾尊詔曰、吾与レ汝矣廻二天御柱一而行逢遘合。如レ此約束曰、汝者自レ左吾者自レ右廻逢。約竟、分巡二天柱一、同会二一面一矣。伊弉冉尊先唱曰、喜哉。遇二可美少男一焉。伊弉諾尊次対曰、喜哉。遇二可美少女一焉。伊葬諾尊告二伊弉冉尊一曰、吾是男子、理当二先唱一。而婦人先唱、事既不レ祥。雖レ然共為二夫婦一而生レ子。

因陰陽始遘合為二夫婦一、産二之児一。即是水蛭子。此子入二葦船一而流也。次生二淡洲一。亦是不レ入二子例一也。（略）

第三に、巻七『天皇本紀』孝安天皇条の後に、再び孝昭天皇条が竄入している。そして第四に、先行研究では指摘されていないが、卜部兼永本は『国造本紀』の序文を以下のように(1)〜(7)の七段に分け、(1)は三行目、(2)・(3)は二行目、(4)・(6)は一行目から、それぞれ一文字下げて記載されている。

(1)天孫天饒石国饒石天津彦火瓊々杵
尊孫
磐余尊菝（発）自日向赴向倭国東征之
時於大倭国見渓（漁）夫謂左右曰浮海
中者何物之耶乃遣粟忌部首祖天
曰（日）鷲令（命）使見之還来復命曰是有人
耳名推（椎）根津彦即召率来矣

(2)天孫問汝誰哉対曰吾是皇祖彦火々
出見尊孫推（椎）根津彦勅曰随朕為導
耶対曰吾悉識海陸之道故将導仕
奉爾云

(3)天孫勅以推（椎）根津彦為導士来遂治平
天下既而初都橿原即天皇位

(4)勅褒其功能寄賜国造誅其拒逆者

亦定県主即是其縁也

(5)以推（椎）根津彦命為大倭国造即大和直祖以剣根命為葛城国造即葛城直祖以彦己蘇根命為凡河内国造即凡河内忌寸祖以天一目（目一）命為山代国造即山代直祖

(6)以天日鷲命為伊勢国造即伊賀伊勢国造祖以天道根命為紀伊国造即紀河瀬直祖誅宇陀県主兄梢（猾）以第梢（弟猾）為建桁県主誅志貴県主兄碱（磯）域（城）以弟磯域（城）為志貴県主凡厥簡遣三臣巡察治否則有功者随共（其）勇能定賜国造誅戮逆者量其功能定賜県主者矣

(7)惣任国造百卌四国

この第四の特徴は、卜部兼永本系に属する諸本のほか、後述する石川忠総本系・卜部兼右本系・秘閣本系に共通して見られるが、それ以外の三浦為春本系・徳川頼房本系・寛永板本系・隠顕蔵本系・鼇頭旧事紀系には見られないものであり、写本系統を大別する際の指標となるものである。

②陽明文庫本

近衛家に伝来した古典籍を収める陽明文庫の旧蔵本である。のちに学習院大学を経て、現在は京都大学附属図書館に所蔵されている。縦二八・〇センチ、横二〇・七センチ、袋綴五冊の冊子本であり、『国造本紀』は第五冊（五五丁）の後半二八丁を占めている。冊頭に「近衛蔵」・「陽明蔵」の印がある。本文は無界の料紙に八行十五字詰めで、数筆によって記載されている。書風・書体から室町末期の書写であり、卜部兼永本を忠実に書写したものと考えられている。

二　山田以文本系の諸本

③山田以文本

吉田神社の公文を務めた国学者の山田以文（一七六二〜一八三五）の旧蔵本であり、現在は静嘉堂文庫に所蔵されている。縦二七・三センチ、横二〇・〇センチ、袋綴五冊の冊子本であり、『国造本紀』は第五冊（五六丁）の後半二八丁を占めている。冊頭に「廉覓斎蔵書」・「山田本」・「静嘉堂現蔵」の印がある。本文は無界の料紙に八行十五字詰めで、数筆によって記載されている。江戸時代初期の書写であり、卜部兼永本系から出たものと推定されている。

④曼殊院本

京都府京都市左京区に所在する曼殊院門跡の旧蔵本である。のちに高松藩の初代藩主であった松平頼重（一六二二〜九五）、さらに幕末に活躍した国学者の松岡調（一八三〇〜一九〇四）の手を経て、現在は松岡の旧蔵書を収める多和文庫に所蔵されている。縦二九・〇センチ、横二〇・五センチ、全五冊の冊子本であり、『国造本紀』は第五冊（五五丁）の後半二八丁を占めている。冊頭に「曼珠院蔵」・「曼珠図書之印」のほか、松岡が用いた「香木舎文庫」・「多和文庫」・「集古清玩」の印がある。本文は無界の料紙に八行十五字詰めで、終始同筆で記載されている。江戸時代初期の書写であり、山田以文本と兄弟関係にあると推定されている。

⑤中原職忠本

蔵人所の出納職を務めた中原職忠（一五八〇～一六六〇）の旧蔵本である。のち京都商家の神田香巌（一八五四～一九一八）、さらにフランク・ホーレーの手を経て、現在は國學院大学図書館に所蔵されている。縦二九・三センチ、横二一・一センチ、袋綴五冊の冊子本であり、『国造本紀』は第五冊（六三丁）の後半三二丁を占めている。冊頭に「中原」・「宝玲文庫」・「國學院図書館印」、末尾に「出納」・「職忠」の印がある。本文は墨界を施した料紙に七行十五字詰めで、終始同筆で記載されている。書体・紙質などから、元和年間（一六一五～二四）から寛永年間（一六二四～四四）頃の書写であり、山田以文本と近い関係にあると推定されている。

三　石川忠総本系の諸本

⑥石川忠総本

『新訂増補国史大系』の底本とされた写本である。膳所藩の初代藩主であった石川忠総（一五八二～一六五一）が、正保二年（一六四五）に伊勢神宮へ奉納し、のち外宮神庫、さらに林崎文庫を経て、現在は神宮文庫に所蔵されている。縦二九・〇センチ、横二〇・四センチ、袋綴五冊の冊子本であり、『国造本紀』は第五冊（五〇丁）の後半二五丁を占める。各頭に「林崎文庫」・「外宮神庫」の印がある。本文は無界の料紙に九行十五字詰めで、終始同筆で記載されている。慶長年間（一五九六～一六一五）から正保年間（一六四五～四八）頃の書写であり、卜部兼永本から出た一本を祖とする写本であると推定されている。[15] 巻三・九の末尾には、前述した兼永本と同じ奥書が付されているほか、第五冊の末尾には、

此先代旧事本紀者、石川主殿頭源忠総朝臣
所奉寄進
伊勢太神宮也　依奥書所望予筆之訖
正保二年二月吉日
天台座主（花押）親王

との奉納奥書がある（三行目の傍点を付した文字は、虫損のため判読が難しく、鎌田本は「書」としているが、文字上部に竹冠が確認できることから、ここでは「筆」とした）。末尾に見える天台座主は、第一七三代の尊純法親王（一五九一～一六五三）である。巻末には『天台座主記』から尊純法親王に関する記述を抜粋した付箋が貼られている。これは、神宮文庫に入ってから付されたものと思われる。また、写本を収める木箱の中にも、

神宮文庫貴重本。先代旧事本紀五冊（江戸時代）。膳所城主石川忠総奉納。奥書によれば正保二年二月、天台座主二品尊純親王御自筆である。

と記した付箋が入っている。

この写本の特徴としては、第一に、他の写本では巻一『神代本紀・陰陽本紀』に、

天御中主尊。〈亦云、天常立尊。〉

とあるのに対し、この写本では傍線部が脱落している。第二に、巻四の標題を「地神本紀」とする。第三に、巻九『帝皇本紀』安閑天皇条には、

諱広国押武金日尊者、男大跡天皇長子也。母曰二目子媛一。即尾張連草香之女也。天皇為性、墻宇嶷岐、不レ可レ得レ窺。桓桓寛大、有二人君之量一矣。（略）

とあるが、このうちの傍線を付した部分が空白になっているなどの点が挙げられる。

⑦卜部家本

卜部家に伝来した写本であり、現在は天理大学附属天理図書館に所蔵されている。縦二六・九センチ、横二一・〇センチ、袋綴五冊の冊子本であり、『国造本紀』は第五冊（四九丁）の後半一五丁を占める。冊末に「天理図書館蔵」の印がある。本文は墨界を施した料紙に九行十五字詰めで、終始同筆で記載されている。題簽に、

卜部家本先代旧事本紀、慶長頃古写本。

とあり、慶長年間の書写であることが知られる。石川忠総本と兄弟関係にあると推定されている。

四　卜部兼右本系の諸本

⑧卜部兼右本

卜部兼右（一五一六～七三）の書写本である。兼右は兼永の甥に当たる。吉田家に伝来したのち、現在は天理大学

附属天理図書館に所蔵されている。縦二七・四センチ、横二一・三センチ、袋綴五冊の冊子本であり、『国造本紀』は第五冊（四八丁）の後半二六丁を占めている。冊末に「天理図書館蔵」の印がある。本文は無界の料紙に八行十九字詰めで、終始同筆で記載されている。書写年代は天文年間（一五三二〜五五）頃と推定されており、卜部兼永本に次いで古い写本ということになる。

この写本の特徴は、巻三『天神本紀』供奉三十二神条の天明玉命と天背男命の間に、

天牟良雲命　度会神主等祖。

という一行を挿入していることである。この点について鎌田は、『類聚神祇本源』や『元元集』などに引用されている『先代旧事本紀』から、現存しない伊勢系の写本の存在がうかがえること、(16)さらに上記した巻三の挿入が度会神主に関するものであることから、この卜部兼右本は卜部兼永本を底本としつつも、伊勢系の写本によって校合が加えられたものと推定している。

また、従来の校訂では指摘されていないが、卜部兼永本をはじめとする他の諸本は『国造本紀』序文の末尾を、

惣任国造百卌四国。

に作るのに対し、卜部兼右本系・秘閣本系・鼇頭旧事紀系の諸本は、

惣任国造百四十四国。

に作っている。これは、伊勢系の写本が「四十」に作っていた可能性を示すものとして注目される。

⑨清原宣賢本

吉田家に伝えられ、のちにフランク・ホーレー、さらに村口書店を経て、現在は天理大学附属天理図書館に所蔵さ

れている。縦二九・八センチ、横二二・五センチ、袋綴五冊の冊子本であり、『国造本紀』は第五冊（四八丁）の後半二六丁を占める。本文は墨界を施した料紙に八行十九字詰めで、数筆によって記載されている。卜部兼右本と親子関係にあり、これとほぼ同じ天文年間の書写と推定されている。

各冊末には吉田良凞による修補奥書が付されていることから、鎌田はこの写本を「吉田良凞本」と呼称したが、前述のとおりこの修補奥書は卜部兼永本にも見られるものである。さらに、この写本を収める帙に、

> 巻五・六を清原宣賢の若年の筆と思われるところより、明応末より永正初年にかけて書写せられたものと推察する。

と記した付箋が貼付されている。ここに見える清原宣賢（一四七五〜一五五〇）は、兼永の弟で清原家に養子に入った人物であり、兼右の父に当たる。鎌田はこの付箋の内容を「宣賢の若い頃の筆を熟知しないが宣賢にしては悪筆」であるとして斥けたが、他の写本にも見える修補奥書よりも、この写本の帙に貼られた付箋の方が、伝来過程を示すのには適切と思われることから、本章では便宜的に「清原宣賢本」とした。

⑩卜部兼従本

吉田家の旧蔵本であり、現在はG・W・ロビンソンが所蔵している。縦二七・七センチ、横二一・三センチ、袋綴五冊の冊子本である。本文は墨界を施した料紙に八行十九字詰めで、数筆によって記載されている。巻十の末尾に、豊国神社の社務職を務めた卜部兼従（一五八八〜一六六〇）の花押がある。清原宣賢本と兄弟関係にあり、卜部兼右本の系統に含まれると推定される。この写本は実見がかなわなかったため、以上の解説は鎌田の研究によった。

⑪村井古巌本

京都の古書肆である村井古巌（一七四一～八六）が、天明四年（一七八四）に林崎文庫に奉納した写本である。現在は神宮文庫に所蔵されている。縦二七・〇センチ、横二〇・八センチ、袋綴五冊の冊子本であり、『国造本紀』は第五冊（四八丁）の後半二六丁を占めている。冒頭には「林崎文庫」の印が二種類、巻末には、

天明四年甲辰八月吉旦奉納
皇太神宮林崎文庫以期不朽
京都勤思堂村井古巌敬義拝

と刻まれた印が捺されている。帙にも、

神宮文庫特殊本、先代旧事本紀五冊、古写、天明四年村井古巌献納本。

と記した付箋が入っている。本文は墨界を施した料紙に八行十九字詰めで、終始同筆で記載されている。江戸時代初期の書写であり、底本は卜部兼右本（あるいはその写本）と推定されている。

五　秘閣本系の諸本

⑫秘閣本

慶長十九年（一六一四）に、徳川家康（一五四三～一六一六）が書写させた慶長御本の一つである。紅葉山文庫に伝来し、のちに内閣文庫を経て、現在は宮内庁書陵部に所蔵されている。縦一八・八センチ、横二一・五センチ、袋綴五冊の冊子本であり、『国造本紀』は第五冊（五一丁）の後半二八丁を占めている。冒頭に「秘閣図書之章」の印がある。本文

は墨界を施した料紙に八行十七字詰めで、数筆によって記載されている。第五冊二六丁ウラには付箋が貼付されている（後述）。村井古巌本と兄弟あるいは叔甥の関係にあり、底本は卜部兼右本と推定されている。

⑬楓山文庫本

井上頼圀（一八三九〜一九一四）の旧蔵本であり、現在は無窮会神習文庫に所蔵されている。袋綴五冊の冊子本で、『国造本紀』は第五冊（五一丁）の後半二七丁を占めている。本文は墨界を施した料紙に八行十七字詰めで、終始同筆で記載されている。末尾には、

于時、明治卅三年庚子一月、以林崎文庫所収村井古巌之本一校了

井上頼圀（花押）

二四六八十巻末ニ左ノ印ヲ捺タリ

但シ本書ハ五冊ニ分チタルユヱ也

（墨線）

天明四年甲辰八月吉旦奉納 皇太神宮林崎文庫以期不朽 京都勤思堂村井古巌敬義拝

と記されている。これによれば、明治三十三年（一九〇〇）、井上頼圀が神宮文庫所蔵の村井古巌本を用いて校合を行ったことが分かる。印文の内容も村井古巌本献納本に捺されたそれと一致している。また、底本については秘閣本との関係が注目される。すなわち、秘閣本の第五冊二六丁ウラ（『国造本紀』大倭国造条の箇所）には、

允恭二年紀ニ闘鶏国造ミュ此ツケ国造大和国ノツゲ歟。

と記した付箋が貼付されているが、楓山文庫本の末尾には、

二十六葉ノ裏面

〈附箋〉 允恭二年紀ニ闘鶏国造ミユ此ツケ国造大和国ノツゲ歟（墨線）

と付記されており、秘閣本の付箋と全く同内容である上に、丁数も一致している。また、両書ともに八行十七字詰であり、文字の異同もほぼ同一である。したがって、楓山文庫本は秘閣本を書写したものと見て間違いない。書写年代は不明であるが、およそ江戸時代末頃と見ておきたい。

なお、以上の秘閣本と楓山文庫本は、鎌田本では卜部兼右本系に含められていたが、この二種類のみに共通する文字の異同が散見することから、本章では秘閣本系として独立させた。

六　三浦為春本系の諸本

⑭三浦為春本

紀州藩家老の三浦為春（一五七三～一六五二）の家伝本である。のちフランク・ホーレー、さらに村口書店を経て、現在は國學院大学図書館に所蔵されている。縦二八・五センチ、横二〇・四センチ、袋綴五冊の冊子本であり、『国造本紀』は第五冊（五五丁）の後半二八丁を占めている。冊頭に「宝玲文庫」・「國學院図書館印」の印がある。本文は無罫の片子持郭を施した料紙に八行十五字詰めで、数筆によって記載されている。慶長から寛永年間頃の書写であり、底本は卜部兼永本系の写本（特にその中でも特に山田以文本に近い写本）と推定されている。この写本の特徴としては、第一に、巻一『神代本紀・陰陽本紀』の冒頭に、

神代本紀
陰陽本紀

という二行がない。第二に、巻一『神代本紀・陰陽本紀』の天御中主尊の注記がない。第三に、巻四の標題を「地神本紀」に作る（ただし、序文では「地祇本紀」に作る）。第四に、巻六『皇孫本紀』に巻一の竄入がない。第五に、巻七『天皇本紀』に孝昭天皇条の重複掲載がない。第六に、巻九『帝皇本紀』安閑天皇条の一行目の「金日尊者、男大跡天皇長」を欠いている。第七に、巻十『国造本紀』序文を以下のように、各段落全ての行を一文字目から記載している。

(1)天孫天饒石国饒石天津彦火瓊瓊杵
尊孫磐余尊蔙（発）自日向赴向倭国東征
之時於大倭国見渓（漁）夫謂左右曰浮海
中者何物之耶乃遣粟忌部首祖天日
鷲令（命）使見之還来復命曰是有人耳名
推（椎）根津彦即召率来矣

(2)天孫問汝誰哉対曰吾是皇祖彦火火
出見尊孫椎根津彦勅曰随朕為導耶
対曰吾悉識海陸之道故将導仕奉爾
云

(3)天孫勅以椎根津彦為導士来遂治平
天下既而初都橿原即天皇位

(4)勅褒其功能寄賜国造誅其拒逆者亦
定県主即是其縁也

(5)以椎根津彦命為大倭国造即大和直
祖以剣根命為葛城国造即葛城直祖
以彦巳(己)蘇根命為凡河内国造即凡河
内忌寸祖以天一目(目一)命為山代国造即
山代直祖

(6)以天日鷲命為伊勢国造即伊賀伊勢
国造祖以天道根命為紀伊国造即紀
河瀬直祖誅宇陀県主兄猾以第(弟)猾為
建桁県主誅志貴県主兄礒域(磯城)以弟磯
域(城)為志貴県主凡厥簡遣三臣巡察治
否則有功者随共(其)勇能定賜国造誅戮
逆者量其功能定賜県主者矣

(7)惣任国造百卌四国

このうち第一・二・五の点からうかがえるように、三浦為春本は他の諸本に比べてかなり体裁が整えられていると言える。

⑮白雲書庫本

江戸幕府に医官として仕えた野間三竹（一六〇八〜七六）の旧蔵本である。のち井上頼圀が入手し、現在は無窮会神習文庫に所蔵されている。縦三〇・二㌢、横二一・五㌢、袋綴五冊の冊子本であり、『国造本紀』は第五冊（五五丁）の後半二八丁を占めている。冊頭に「井上頼圀蔵」・「井上氏」・「無窮会神習文庫」の印、末尾に野間が用いた「白雲書庫」の印がある。本文は無罫の墨郭を施した料紙に八行十五字詰めで、終始同筆で記載されている。早くても江戸時代初期の書写であり、底本は三浦為春本であると推定されている。

⑯八雲軒本

飯田藩の初代藩主であった脇坂安元（一五八四〜一六五四）の旧蔵本であり、のちにフランク・ホーレー、さらに古書肆の弘文荘を経て、現在は天理大学附属天理図書館に所蔵されている。縦二九・八㌢、横二〇・四㌢、袋綴五冊の冊子本であり、『国造本紀』は第五冊（五五丁）の後半二八丁を占めている。冊頭に「八雲軒」・「宝玲文庫」、冊末に「脇坂氏淡路守」・「藤亨」・「安元」・「月明荘」・「月明荘文庫」などの印がある。「八雲軒」は安元の号、「亨」は幼名、「藤」は脇坂氏が藤原氏の末裔を称していたことに因む。本文は無罫の墨郭を施した料紙に、八行十五字詰めで記載されている。『国造本紀』序文の書式や、文字の異同が三浦為春本・白雲書庫本・冷泉為経本とほぼ共通していることから、三浦為春本系に属すと考えられる。

⑰冷泉為経本

羽林家である下冷泉家の冷泉為経（一六五四〜一七二二）の旧蔵本である。のち田中教忠（一八三八〜一九三四）が入手し、子の忠三郎、孫の穣へと伝えられ、現在は国立歴史民俗博物館に所蔵されている。縦二八・二センチ、横二〇・四センチ、袋綴五冊の冊子本であり、『国造本紀』は第五冊（五五丁）の後半二八丁を占めている。冒頭に「冷泉府書」・「為経」の印がある。本文は無界の料紙に八行十五字詰めで記載されている。『国造本紀』序文の書式や、文字の異同から、三浦為春本系に属すと考えられる。なお、鎌田本では「下冷泉本」とするが、為経の蔵書印が捺されていることから、本章では「冷泉為経本」とした。

⑱九条家本

鎌田の解説によれば、古書肆にあり、天理大学附属天理図書館所蔵の『古事記』（九条家本）と同筆・同体裁であるというが、現在のところ所在が確認できていない。他日を期したい。

⑲大東急文庫本

現在は大東急記念文庫に所蔵されている。縦二九・五センチ、横二一・四センチ。袋綴五冊の冊子本であり、『国造本紀』は第五冊（五五丁）の後半二八丁を占めている。巻頭に「宝玲文庫」の印がある。本文は無界の料紙に八行十五字詰めで、終始同筆で記載されている。『国造本紀』序文の書式や、文字の異同から、三浦為春本系に属すと考えられる。来歴の詳細は不明であるが、「宝玲文庫」の印があることから、大東急記念文庫に入る前はフランク・ホーレーが所蔵していたと思われる。

⑳徳大寺本

今回新たに調査を実施した写本である。徳大寺家に伝来した写本であり、現在は東京大学史料編纂所に所蔵されている。書名を『旧事記』とする。縦二五・九センチ、横一九・八センチ、袋綴五冊の冊子本であり、『国造本紀』は第五冊（五五丁）の後半二八丁を占めている。第一冊の冊頭に「徳大寺家蔵」の印、第一冊の末尾に「実堅之章」の印がある。本文は無界の料紙に八行十五字詰めで、終始同筆で記載されている。

『国造本紀』序文の書式や、文字の異同から、三浦為春本系に属すと考えられる。なお、この徳大寺本は以前の調査では取り上げることができなかったので、本章末尾に文字の異同を掲載しておく。

七　徳川頼房本系の諸本

㉑徳川頼房本

水戸藩の初代藩主であった徳川頼房（一六〇三～六一）に、卜部家から献納された写本である。現在は彰考館文庫に所蔵されている。縦二三・〇センチ、横一七・二センチ、大和綴十冊の冊子本であり、『国造本紀』は第十冊（三八丁）となっている。本文は無界の料紙に六行十五字詰めで、数筆によって記載されている。末尾には、

右一校合了
正保三丙戌正月吉曜日
神道管領長上卜部朝臣兼里（花押）（朱印）
神祇道　卜部兼従（花押）（朱印）

とあり、正保三年（一六四六）に卜部兼里（一六一八～五七）と兼従が校合を行ったことが知られる。この写本には、

巻三『天神本紀』の「天牟良雲命　度会神主等祖」を「天牟良雲命　度会連祖」に作るなど、独自の特徴が見られる。

㉒徳川光圀本

元禄四年（一六九一）、第二代水戸藩主の徳川光圀（一六二八〜一七〇一）が昌平坂の大成殿（湯島聖堂の正殿）の文庫に奉納した写本であり、のちに昌平坂学問所、さらに浅草文庫を経て、現在は国立公文書館内閣文庫に所蔵されている。縦二七・六センチ、横二〇・七センチ、袋綴十冊の冊子本であり、『国造本紀』は第十冊（二七丁）となっている。冊頭に「浅草文庫」の印、第十冊末尾に「源光圀印」の印と徳川光圀の落款がある。本文は無罫の墨郭を施した料紙に八行十八字詰めで、数筆によって記載されている。末尾には次のような奥書がある。

　奉納昌平坂

大成殿文庫、旧事本紀十巻。光圀詳考此書、矛盾不少杜撰居多。況記馬子卒後之事乎。窃謂蘇我之厄応仁之乱、国史大半亡矣。当此時旧事本紀、亦羅兵燹旧本不伝、終遺其十之一二。而後人託其旧名、牽強附会者必矣。嗚呼哀哉、古来無一人之注意沃眼者今也。参考諸書加以臆度掲書各條上欲使後覧者決知非馬子之旧本。然行世既久、不敢軽覆醤瓿。

　参考書目

古事記

日本書紀

古語拾遺

姓氏録

延喜式
類聚国史
日本紀略
物部氏系図
公卿補任
　元禄肆年歳時辛未正月弐拾陸日
　　前権中納言従三位水戸侯源朝臣光圀謹識

湯島聖堂の設置に際して書写されたとするならば、元禄年間（一六八八～一七〇四）頃の成立であろう。光圀が頼房の子であり水戸藩を継いでいること、文字の異同が徳川頼房本とほぼ一致することから、底本は徳川頼房本と考えられる。

八　寛永板本系の諸本

㉓寛永板本
寛永二十一年（一六四四）に開板された刊本である。袋綴五冊の冊子本であり、『国造本紀』は第五冊の後半二六丁を占めている。本文は無罫の片子持郭を施した料紙に、八行十八字詰めで印刷されている。刊記には、

・寛永廿一〈甲申〉歳孟夏吉辰、二条通観音町風月宗智刊行。
・寛永廿一〈甲申〉歳孟夏吉辰、寺町貞安前町　滝庄三郎刊行。

・寛永廿一〈甲申〉歳孟夏吉辰、洛陽書林　前川茂右衛門開板。

これらの三種類があり、この順に開板されたと考えられている。底本は三浦為春本系の写本と推定されている。

㉔御巫清直本

伊勢外宮の神職を務めた御巫清直（一八一二〜九四）の手校本である。のち御巫清白に伝えられ、現在は神宮文庫に所蔵されている。清直が『先代旧事本紀析疑』執筆のために書写したものと見られる。縦二六・八センチ、横一九・八センチ、袋綴一冊の冊子本であり、『国造本紀』は末尾の二〇丁を占めている。冊頭に「神宮文庫」・「御巫書蔵」の印があり、末尾にも、

昭和二十年献納 神宮文庫　御巫清白

という印が押されている。本文は無界の料紙に九行十三〜十六字詰めで、終始同筆で記載されている。江戸時代末期の書写であり、底本は寛永板本であると推定されている。

この御巫清直本は『国造本紀』の序文を以下のように記している。

○天孫天饒石国饒石天津彦火瓊々杵
　尊孫磐余尊発自日向赴向倭国
東征之時於大倭国見渓（漁）夫謂左
右曰浮海中者何物之耶乃遣粟忌
部首祖天日鷲令（命）使見之還来復

命曰是有人耳名椎根津彦即召率来矣○天孫問汝誰哉対曰吾是皇祖彦火々出見尊孫椎根津彦勅曰随朕為導耶対曰吾悉識海陸之道故将導仕奉爾云○天孫勅以椎根津彦為導士来遂治平天下既而初都橿原即天皇位○勅褒其功能寄賜国造誅其拒逆者亦定県主即是其縁也○以椎根津彦命為大倭国造即大和直祖以剣根命為葛城国造即葛城直祖以彦已(己)蘇根命為凡河内国造即凡河内忌寸祖以天一目(目一)命為山代国造即山代直祖○以天日鷲命為伊勢国造即伊賀伊勢国造祖以天道根命為紀伊国造即紀河瀬直祖誅宇陀県主兄猾以弟猾為建桁県主誅志貴県主兄碱域(磯城)以弟磯域(城)為志貴県主

凡厥簡遺三臣巡察治否則有
功者随共（其）勇能定賜国造誅戮逆
者量其功能定賜県主者矣
○揔（惣）任国造百卌四国

ここでは各段落の頭に○を付し、はじめの五つの段落を追い込みで記載している。また、各国造条についても、他の諸本では国造名を記した後で改行するのに対して、この写本では、

○大倭国造　橿原朝御世以椎根津
彦命初為大倭国造

のように、冒頭に○を付し、国造名の下を一文字空けて書き始め、次行以降は一文字下げとしている。こうした特徴は、この御巫清直本にのみ見られるものであり、寛永板本が底本であるにしても、体裁には大きな改変が加えられている。

九　隠顕蔵本系の諸本

㉕隠顕蔵本

吉田家の隠顕蔵に伝来した写本である。現在は天理大学附属天理図書館吉田文庫に所蔵されている。縦二七・五センチ、横二〇・〇センチ、袋綴五冊の冊子本であり、『国造本紀』は第五冊（八八丁）の後半四四丁を占めている。巻首に「隠顕蔵」・「吉田文庫」の印がある。本文は無界の料紙に六行十二文字詰めで、終始同筆で記載されている。

㉖神楽岡庫本

吉田家の神楽岡庫に伝来した写本である。現在は天理大学附属天理図書館吉田文庫に所蔵されている。縦二八・五センチ、横二一・九センチ、袋綴五冊の冊子本であり、『国造本紀』は第五冊（八十八丁）の後半四四丁を占めている。各巻冒頭に「神楽岡庫」・「吉田文庫」の印がある。本文は無界の料紙に六行十二字詰めで、終始同筆で記載されている。底本は隠顕蔵本であり、隠顕蔵本は稿本、神楽岡庫本は浄書本と推定されている。

㉗前田綱紀本

第四代加賀藩主の前田綱紀（一六四三〜一七二四）に仕えた板津正的（?〜一六七九）が、吉田正順に書写を依頼した写本である。現在は尊経閣文庫に所蔵されている。縦三五・〇センチ、横二一・二センチ、袋綴五冊の冊子本であり、『国造本紀』は第五冊（七一丁）の後半三六丁を占めている。本文は無界の料紙に七行十三字詰めで、終始同筆で記載されている。延宝年間（一六七三〜八一）を少し遡る頃の書写であり、底本は隠顕蔵本と推定されている。

㉘中臣連重本

享保十一年（一七二六）、中臣（鈴鹿）連重が書写したものである。のち鈴鹿家に伝えられ、吉田神社の神職を務めた鈴鹿連胤（一七九五〜一八七一）を経て、現在は天理大学附属天理図書館に所蔵されている。縦二七・五センチ、横二〇・二センチ、袋綴十冊の冊子本であり、『国造本紀』は第十冊（二九丁）となっている。冊頭に「尚褧舎蔵」・「天理図書館蔵」の印がある。「尚褧舎」は連胤の号である。本文は無界の料紙に八行十五字詰めで記されている。各巻末には以下の奥書がある。

（巻一）

享保十一年四月書写成就矣

左京亮従五位上中臣朝臣連重（花押）

（巻二）

享保十一年四月廿六日書写了

左京亮従五位上中臣朝臣連重（花押）

（巻三）

享保十一歳四月廿六日書写了

左京亮従五位上中臣朝臣連重（花押）

（巻四）

享保十一年四月廿六日書写了

左京亮従五位上中臣朝臣連重（花押）

（巻五）

享保十一歳四月廿六日書写了

左京亮従五位上中臣朝臣連重（花押）

（巻六）

享保十一年四月廿六日書写了

左京亮従五位上中臣朝臣連重（花押）

（巻七）

享保十一歳四月廿六日書写了
左京亮従五位上中臣朝臣連重（花押）

（巻八）

享保十一歳四月廿六日書写了
左京亮従五位上中臣朝臣連重（花押）

（巻九）

享保十一年四月廿六日書写了
左京亮従五位上中臣朝臣連重（花押）

（巻十）

享保十一歳四月廿六日、旧事古事去年従
八月十五日書写、今日迄ニ成就矣
左京亮従五位上中臣朝臣連重（花押）
外題者金吾君兼雄朝臣之御筆也

巻十の奥書に見える「兼雄朝臣」は、吉田兼雄（一七〇五～八七）を指すと思われるが未詳である。『国造本紀』序文の書式や、文字の異同が隠顕蔵本系の写本とほぼ同じであることなどから、この系統に含まれると考えられる。

㉙鈴鹿文庫本

鈴鹿文庫に所蔵されていたとされる写本である。『国書総目録』などには大和文華館鈴鹿文庫の所蔵とあるが、大和文華館においても、また鈴鹿家の旧蔵書を多く収める愛媛大学鈴鹿文庫においても、現在のところ所在を確認できていない。同じく鈴鹿家に伝来した中臣連重本と近い関係にあると思われるため、ここに分類しておく。

㉚谷森善臣本

谷森善臣（一八一八～一九一一）の旧蔵本である。現在は宮内庁書陵部に所蔵されている。縦二七・四センチ、横一九・八センチ、袋綴十冊の冊子本であり、『国造本紀』は第十冊（二六丁）となっている。巻頭に「靖斎図書」・「宮内庁図書印」の印がある。本文は無界の料紙に八行十八字詰めで、数筆によって記載されている。末尾に貼られた付箋には、

旧事本紀十冊、往年、所購得於京都書肆也。一夕遂蠹僅見書皮背、有元禄九年船橋殿之数字。則知属清原氏蔵本。因按其家譜曰、刑部卿従二位相賢卿、元禄二年十月薨、七十二歳。其息正二位弘賢卿、正徳四年十月薨、六十七歳。偶足以証。此書之出于弘賢卿幸甚。

明治七年十一月十四日識（善臣印）

とある。ここから、この写本は明治七年（一八七四）以前に、谷森が京都の古書肆で購入したものであることが分かる。また、後段は谷森の考証であり、この写本の「書皮背」（各冊の表紙裏打紙に使われた反故紙）に「元禄九年」・「船橋殿」の文字があることから、清原（船橋）弘賢（一六四八～一七一四）との関連が想定される。なお、鎌田本では「清原家本」とするが、鎌田自身も述べているように、裏打紙の断片的な文字だけでは書写者や伝来過程は断定できないことから、本章では「谷森善臣本」とした。

十　鼇頭旧事紀系の諸本

㉛鼇頭旧事紀

伊勢外宮の権禰宜を務めた度会延佳（一六一五〜九〇）が、諸本を対校して『先代旧事本紀』の本文を校訂し、さらに頭注を付したものである。延宝六年（一六七八）成立、元禄七年（一六九四）刊行である。袋綴五冊の冊子本であり、『国造本紀』は第五冊（五〇丁）の後半二七丁を占めている。本文は匡郭を施した料紙に、八行十七字詰めで印刷されている。校訂本文は寛永板本系、あるいは隠顕蔵本系の写本を基礎にしたと推定されている。跋文には以下のようにある。

旧事本紀。今既経千余歳而伝写之誤不可勝言。亦有後人之所加者。予自明暦年中而来数求異本双校。且拠古事記日本紀及其他古書。補闕文正誤字以為家蔵之本。其後予家逢池魚之災両回。彼本片紙無遺。適有外弟司家政所橘成近写留之本。今年以其本新写一本。別又得古本重以校之。猶有遺漏者更待善本一覧之日云爾。

延宝六年十二月廿三日　豊受大皇太神宮権禰宜正五位下度会神主延佳

これによれば、度会延佳は明暦年間（一六五五〜五八）以降、複数の写本を収集して校合を行っており、さらに『古事記』・『日本書紀』なども照合して、この『鼇頭旧事紀』を作成したことが分かる。

なお、横田健一は、かつて度会氏に伝えられた伊勢系（前述）の写本からの影響を指摘している(17)。たしかに、跋文が示すように、『鼇頭旧事紀』には度会延佳自身の考証も含め複数の要素が入っていることは間違いない。この点に関して先行研究では言及されていないが、特に『国造本紀』において留意すべきは、丹波国造・丹後国司に関する記載である。

（卜部兼永本）

丹波国司

諾良朝御世和銅六年割丹波国置

丹後国

（鼇頭旧事紀）

丹波国造

志賀高穴穂朝御世尾張同祖建稲種命

四世孫大倉岐命定賜国造

丹後国造

諾良朝御世和銅六年割丹波国置丹後国

卜部兼永本は丹波国司条のみを掲げるのに対し、『鼇頭旧事紀』では当該条の本文が異なっており、さらに丹後国造条が別に立てられている。この傍線部は少なくとも現存する他の諸本にはなく、『鼇頭旧事紀』にのみ見える内容である。このうち丹波国造については、饒速日命の六世孫にあたる建田背命を祖とすることが『天孫本紀』に見えている。また、建稲種命については『古事記』応神段に「尾張連祖、建伊那陀宿禰」とあり、『天孫本紀』でも饒速日命の十二世孫とされている。ただし、その四世孫とされる大倉岐命は他に全く見えない。よって、度会延佳が他史料の記事をもとに本条を造作したとは考え難い。

ちなみに、『倭姫命世記』大泊瀬稚武天皇二十一年十月条には、

泊瀬朝倉宮大泊瀬稚武天皇即位廿一年丁巳冬十月、倭姫命夢教覚給久、皇太神吾一所耳坐〈波〉、御饌〈毛〉安不聞食。丹波国与佐之小見比治之魚井原坐、道主子八乎止女乃斎奉、御饌都神止由居太神〈乎〉、我坐国欲〈止〉、誨覚給〈支〉。尓時、大若子命〈乎〉差使、朝廷〈仁〉令参上〈天〉、御夢状令申給〈支〉。即天皇勅、汝大若子使罷往〈天〉、布理奉宣〈支〉。故、率手置帆負・彦狭知二神之裔、以斎斧斎鐘等、始採山材、構立宝殿而。明年〈戊午〉秋秋七月七日、以大佐々命〈天〉、従丹波国余佐郡真井原〈志天〉、奉迎止由気皇太神。度会山田原〈乃〉下津磐根〈尓〉、大宮柱広敷立〈弖〉、高天原〈仁〉千木高知〈弖〉鎮定座〈止〉。称辞定奉〈利〉奉饗〈利〉、神賀吉詞白賜〈倍利〉。

とあり、伊勢外宮に祀られる豊受大神ははじめ丹波国に鎮座し、雄略朝に伊勢へ遷坐したとする伝承がある。よって、外宮と丹波・丹後の地は密接な関係にあると言える。よって、かりに度会延佳が丹波国司条を造作したとするならば、頭注で上記の所伝に全く言及していないのは不自然である。

とするならば、この箇所は伊勢系の写本により補われた可能性が想定される。すなわち、成立当初の『国造本紀』丹波国造条には、

丹波国造

志賀高穴穂朝御世、尾張同祖建稲種命四世孫大倉岐命、定二賜国造一。

という一文があり、また丹後国造（司）条も立項されていた。それが伊勢系の写本にはそのままの形で伝えられ、『鼇頭旧事紀』が編纂される際に対校本として利用された（その後に伊勢本系の写本は散逸した）。一方、卜部系ではある段階で転写の際に脱落が生じ、それがのちに卜部兼永本をはじめとする現存諸本には伝えられたと推測されるのである。

さて、以下㉜〜㊴の諸本は、『鼇頭旧事紀』を抜粋・書写したものである。中には大量の書入を施すものもあり、『国造本紀』の研究史を辿る上では有益な点もあるが、ここでは簡潔な紹介に留めることとする。

㉜国会図書館本

国立国会図書館所蔵。外題を「先代国造本紀」、内題を『国造本紀』あるいは「先代国造紀」とする袋綴一冊の冊子本である。『鼇頭旧事紀』から『国造本紀』の本文のみを抜粋したものである。巻頭に「誠至館蔵書印」・「明治八年文科省交付」の印が捺されている。

㉝葵文庫本

静岡県立図書館葵文庫所蔵。外題に『国造本紀』とある袋綴一冊の冊子本で、『鼇頭旧事紀』から『国造本紀』の本文のみを抜粋したものである。

㉞山口県立図書館本

山口県立図書館所蔵。袋綴五冊の冊子本で、『鼇頭旧事紀』を頭注も含めて書写したものである。

㉟狩野文庫本

東北大学狩野文庫所蔵。江戸末期の国学者である常世長胤（一八三二〜八六）が、慶応三年（一八六七）に『鼇頭旧事紀』から『国造本紀』を抜粋したものである。外題に「国造本記」とある袋綴一冊の冊子本で、冊頭に「東北帝国

大学図書印」の印がある。末尾には、

慶応三年卯八月十五日写畢

神祇伯王殿学頭平朝臣篤胤

門人源阿曾美長胤（花押）

との奥書がある。

㊱哲誠文庫本

東海学園大学哲誠文庫所蔵。袋綴五冊の冊子本で、『鼇頭旧事紀』を書写したものである。

㊲松岡調手校本

多和文庫所蔵。明治六年（一八七三）、松岡調が『鼇頭旧事紀』から『国造本紀』の本文と頭注を抜粋したものである。外題に「訂正圀造本紀」とある。袋綴一冊の冊子本である。末尾に、

国造本紀者、為今旧事紀之第十巻矣。蓋古書也。按日本紀推古二十八年条、有国造本紀之名。即此紀其遺書之残闕歟。而多錯簡至于巻末、数字亡佚焉。日本紀前記係于後人擬作故無取焉。乃拠数本及常陸人栗田寛考本校正删定。此書庶幾知其古矣乎。明治六年八月十九日。事比羅宮禰宜松岡調。

との奥書がある。書入や文字の訂正が非常に多く、後述する香木舎文庫本の稿本と見られる。

㊳香木舎文庫本

多和文庫所蔵。外題に『国造本紀』とある袋綴一冊の冊子本で、前述の松岡調手校本をもとにした浄書本と見られる。冊頭に「香木舎文庫」、末尾に「まつをかのみつき」の印がある。奥書は松岡調手校本と同じである。

㊴伴信友旧蔵本

伴信友（一七七三〜一八四六）が文化六年（一八〇九）に『鼇頭旧事紀』から『国造本紀』の本文と頭注を抜粋したものである。袋綴一冊の冊子本である。末尾に「巌松堂古典部波多野扱斯書」の印がある。末尾には、

寛政十二年四月九日、伊勢松坂にて吾師の御本を借得て即日校写し竟ぬ。平安城、上田百樹。

という本奥書と、

文化六年十一月、於京転写了後、更以覧証本加筆、以圏点分別之。伴信友（花押）

という書写奥書がある。これらのことから、寛政十二年（一八〇〇）、江戸時代後期の国学者である上田百樹（?〜一八二九）が、師に当たる本居宣長の所蔵本を書写し、さらにそれを伴信友が転写・加点したもので、のちに古書肆の巌松堂に入ったことが分かる。現在は永井義憲の所蔵となっている。上田百樹あるいは伴信友のものと思われる書入が多く見られる。

結語

以上、本稿では『国造本紀』の写本について改めて史料調査を行い、これまでにその存在を知り得た合計三九種類を取り上げて、書誌情報を整理した。鎌田の研究に屋上屋を架す形となった部分も多いが、これまで詳しい調査がな

されていなかった⑬楓山文庫本、⑯八雲軒本、⑰冷泉為経本、⑲大東急文庫本、㉒徳川光圀本、㉘中臣連重本、㉜国会図書館本、㉝葵文庫本、㉞山口県立図書館本、㉟狩野文庫本、㊱哲誠文庫本、㊲松岡調手校本、㊳香木舎文庫本、㊴伴信友旧蔵本について補い、さらに今回新たに⑳徳大寺家本の調査結果を加えることができた。これで『国造本紀』本文の校異・校訂に資する主要な写本・刊本は、ほぼ網羅できたのではないかと考えている。

また、『国造本紀』序文の書式が三種類に大別できることや、序文の末尾および丹波国造・丹後国司条に伊勢系の写本の痕跡が残されている可能性を指摘したが、これらの点は『国造本紀』のみならず『先代旧事本紀』の写本系統を考える上でも、重要な手がかりとなるであろう。

※「校訂　国造本紀」と徳大寺家本との異同

拙編「校訂　国造本紀」（篠川賢・大川原竜一・鈴木正信編『国造制の研究』八木書店、二〇一三年）を底本とし、徳大寺家本（徳本）との異同を示した。

序文

(1)天孫天饒石国饒石天津彦火瓊々杵尊孫磐余尊、発レ自二日向一、赴二向倭国一、東征之時、於二大倭国一見二漁[1]夫一、謂二左右一曰、浮二海中一者。何物之耶。乃遣二粟忌部首祖天日鷲命[2]一使レ見レ之。還来復命曰、是有レ人耳。名椎[3]根津彦。即召率来矣。

1「漁」、徳本「渓」に作る。　2「命」、徳本「令」に作る。　3「椎」、徳本「推」に作る。

(2)天孫問、汝誰哉。対曰、吾是皇祖彦火々出見尊孫椎根津彦。勅曰、随レ朕為レ導耶。対曰、吾悉識二海陸之道一。故将導仕奉爾云。

(3)天孫勅、以二椎根津彦一為二導士一、来遂治二平天下一。既而初都二橿原一、即二天皇位一。

(4)勅褒二其功能一、寄二賜国造一。誅二其拒逆者一、亦定二県主一。即是其縁也。

(5)以二椎[1]根津彦命一為二大倭国造一。即大和直祖。以二剣根命一為二葛城国造一。即葛城直祖。以二彦己[2]蘇根命一為二凡河内国造一。即凡河内忌寸祖。以二天目一[3]命一為二山代国造一。即山代直祖。

1「椎」、徳本「推」に作る。 2「己」、徳本「巳」に作る。 3「目一」、徳本「一目」に作る。

(6)以二天日鷲命一為二伊勢国造一。即伊賀伊勢国造祖。以二天道根命一為二紀伊国造一。即紀河瀬直祖。誅二宇陀県主兄猾一以二弟[1]猾一為二建桁県主一。誅二志貴県主兄磯城[2]一以二弟磯城[3]一為二志貴県主一。凡厥簡二遣三臣一巡二察治否一。則有レ功者。随二其[4]勇能一定二賜国造一。誅二戮逆一者。量二其功能定二賜県主一者矣。

1「弟」、徳本「第」に作る。 2「磯城」、徳本「礒城」に作る。 3「城」、徳本「域」に作る。 4「其」、徳本「共」に作る。

(7)惣任二国造百卅四国一。

畿内

(1)大倭国造

橿原朝御世、以二椎根津彦命一初為二大倭国造一。

(2)葛城国造

橿原朝御世、以二剣根命一初[1]為二葛城国造一。

1「初」、徳本「次」に作る。

(3)凡河内国造

橿原朝御世、以㆓彦己[1]曾保理命㆒為㆓凡河内国造㆒。

1「己」、徳本「巳」に作る。

(4)和泉国司[1]

元河内国。霊亀元年割㆓置茅[2]野監㆒、則改為㆑国。元珍努宮。

1「司」、徳本下に「造歟」とあり。　2「茅」、徳本「芳」に作る。

(5)摂津国司[1]

拠㆓准法令㆒、謂㆓摂津職㆒。初為㆓京師㆒、柏原帝代改㆑職為㆑国。

1「司」、徳本「造」に作る。

(6)山城国造

橿原朝御世、阿多振[1]命為㆓山代国造㆒。

1「振」、徳本「根」に作る。

(7)山背国造

志賀高穴穂朝御世、以㆓曾能振命[1]㆒、定㆓賜国造㆒。

1「命」、徳本「令」に作る。

東海道

(8)伊賀国造

志賀高穴穂朝御世、皇子[1]意知別命三世孫武伊賀都別命、定二賜国造一。難波朝御世、隷二伊勢国一。飛鳥朝代割置如レ故。

1「子」、徳本「下」に作る。

(9)伊勢国造

橿原朝、以二天降天牟久怒命孫天日鷲命[1]一、勅定二賜国造一。

1「命」、徳本「令」に作る。

(10)嶋津国造

志賀高穴穂朝、出雲臣祖佐比禰足尼孫出雲笠夜命、定二賜国造一。

(11)尾張国造

志賀高穴穂朝[1]、以[1]二天別天火明命十世孫小止[2]与命一、定二賜国造一。

1「以」以下十八文字、徳本なし。参河国造条の「臣」の下に竄入。2「止」、徳本「焉」に作る。

(12)参河国造

志賀高穴穂朝、以二物部連祖出雲色大臣命[1]五世孫知波夜命[2]一、定二賜[3]国造一。

1「命」、徳本「令」に作る。2「命」、徳本「令」に作る。3「賜」、徳本なし。

(13)穂国造

泊瀬朝倉朝、以二生江臣祖葛城襲津彦[1]命四世孫菟上足尼一、定二賜国造一。

1「彦」、徳本なし。

(14)遠淡海国造

志賀高穴穂朝、以㆓物部連祖伊香色雄命児印岐美[1]命㆒、定㆓賜国造㆒。

1「岐美」、徳本「波呉」に作る。

(15)久努国造

筑紫香椎[1]朝代、以㆓物部連祖伊香色男命孫印播足尼㆒、定㆓賜国造㆒。

1「椎」、徳本なし。

(16)素賀国造

橿原朝世、始定㆓天下㆒時、従侍来人名美志印命、定㆓賜国造㆒。

(17)珠流河国造

志賀高穴穂朝世、以㆓物部連祖大新川命児片[1]堅石命[2]㆒、定㆓賜国造㆒。

1「片」、徳本「湏」に作る。　2「命」、徳本「令」に作る。

(18)廬原国造

志賀高穴穂朝代、以㆓池田坂井君[1]祖吉備武彦命児思加部彦命㆒、定㆓賜国造㆒。

1「君」、徳本「若」に作る。

(19)伊豆国造

神功皇后御代、物部連祖天蕤桙命八世孫若建命、定㆓賜国造㆒。難波朝御世、隷㆓駿河国㆒。飛鳥朝御世、分置如㆑故。

(20)甲斐国造

纒向日代朝世、狭穂彦王三世孫臣知津彦公此宇塩海足尼、定㆓賜[1]国造㆒。

1「賜」、徳本なし。

(21)相武国造

志賀高穴穂朝、武刺国造祖神伊勢都[1]彦命三世孫弟[2]武彦命、定㆓賜国造㆒。

1「都」、徳本「者」に作る。 2「弟」、徳本「茅」に作る。

(22)師長国造

志賀高穴穂朝御世、茨城国造祖建許呂命児宮富鷲意弥命、定㆓賜国造㆒。

(23)无邪[1]志国造

志賀高穴穂朝世、出雲臣祖名二井之宇迦諸忍之神狭命十世孫兄多毛[2]比[3]命、定㆓賜国造㆒。

1「邪」、徳本「耶」に作る。 2「毛」、徳本なし。 3「比」、徳本「此」に作る。

(24)胸刺国造

岐閇国造祖兄多毛比[1]命児伊狭知直、定㆓賜国造㆒。

1「比」、徳本「此」に作る。

(25)知々夫国造

瑞籬朝御世、八意思金命十世孫知知夫彦命、定㆓賜国造㆒。拝㆓祠大神㆒。

(26)須[1]恵[2]国造

志賀高穴穂朝、茨城国造祖建[3]許侶命児大布日意弥命、定㆓賜国造㆒。

1「須」、徳本「湏」に作る。 2「恵」、徳本「志」に作る。 3「建許侶」、徳本「〈記紀〉連許詔」に作る。

(27)馬来田国造

志賀高穴穂朝御世、茨城国造祖建[1]許呂命児[2]深河意弥命、定㆓賜国造㆒。

(28)上海上国造

志賀高穴穂朝、天穂日命八世孫忍立化多比命、定㆓賜国造㆒。

1「建」、徳本「遣」に作る。　2「児」、徳本なし。

(29)伊甚国造

志賀高穴穂朝御世、安房[1]国造祖伊許保止命孫伊己[2]侶止直、定㆓賜国造㆒。

1「房」、徳本「度」に作る。　2「己」、徳本「巳」に作る。

(30)武社国造

志賀高穴穂朝、和邇臣祖彦意祁[1]都命孫彦忍人命、定㆓賜国造㆒。

1「意祁」、徳本「立人部」に作る。

(31)菊麻国造

志賀高穴穂朝御代、无邪[1]志国造祖兄多毛[2]比命児大鹿国直、定㆓賜国造㆒。

1「邪」、徳本「耶」に作る。　2「毛」、徳本なし。

(32)阿波国造

志賀高穴穂朝御世、天穂日命八世孫弥都侶岐命[1]孫大伴直大滝、定㆓賜国造㆒。

1「命」、徳本なし。

(33)印波[1]国造

軽嶋豊明朝御代、神八井耳命八世孫伊都許利命、定㆓賜国造㆒。

1「波」、徳本「岐」に作る。

(34)下海上国造

軽嶋豊明朝御世、上海上国造祖孫久都伎直、定㆓賜国造㆒。

(35)新[1]治国造

志賀高穴穂朝御世、美[2]都呂岐命児比奈羅布命、定㆓賜国造㆒。

1「新」、徳本「親」に作る。　2「美」、徳本「呉」に作る。

(36)筑波国造

志賀高穴穂朝、以㆓忍凝見命孫阿閇色命㆒、定㆓賜国造㆒。

(37)茨城国造

軽嶋豊明朝御世、天津彦根命孫筑紫刀禰、定㆓賜国造㆒。

(38)仲国造

志賀高穴穂朝御世、伊予国造同祖建借馬命、定㆓賜国造㆒。

(39)久自[1]国造

志賀高穴穂朝御代、物部連祖伊香色雄命三世孫船瀬足[2]尼、定㆓賜国造㆒。

1「自」、徳本「目」に作る。　2「足」、徳本なし。

(40)高国造

志賀高穴穂朝御世、弥都侶岐命孫弥佐比命、定㆓賜国造㆒。

東山道

(41)淡海国造

志賀高穴穂朝御世、彦坐王三[1]世孫大陀牟夜別、定二賜国造一。

1「三」、徳本なし。

(42)額田国造

志賀高穴穂朝御世、和邇臣祖彦訓服[1]命孫大直侶宇命、定二賜国造一。

1「服」、徳本「眼」に作る。

(43)三野前国造

春日率川朝、皇子彦坐王[1]子八爪[2]命、定二賜国造一。

1「王」、徳本「皇」に作る。　2「八爪」、徳本「入天」に作る。

(44)三野後国造

志賀高穴穂朝御代、物部連祖出雲大日命孫臣賀夫良命、定二賜国造一。

(45)斐陀国造

志賀高穴穂朝御世、尾張連祖瀛津世[1]襲命大八椅[2]命、定二賜国造一。

1「世」、徳本なし。　2「椅」、徳本「埼」に作る。

(46)上毛野国造

瑞籬朝、皇子豊城入彦命孫彦狭嶋命、初治二平東方十二国一為レ封。

(47)下毛野国造

難波高[1]津朝御世、元毛野国分為二上下一。豊城命四世孫奈良別、初定[2]二賜国造一。

1「津」、徳本「穴」に作る。 2「定」、徳本なし。

(48)道奥菊多国造

軽嶋豊明御代、[1]以㆓建許[2]呂命児屋[3]主乃禰㆒、定㆓賜国造㆒。

1「以建」、徳本「坂道」に作る。 2「呂」、徳本「男」に作る。 3「主」、徳本「至」に作る。

(49)道[1]口岐閇国造

軽嶋豊明御世、建許呂命児宇佐比乃禰、定㆓賜国造㆒。

1「口」、徳本「江」に作る。

(50)阿尺国造

志賀高穴穂朝御世、[1]阿岐国造同祖天湯津彦命十世孫比止禰命、定㆓賜国造㆒。

1「阿岐」、徳本「阿岐閇」に作る。

(51)思国造

志賀高穴穂朝御世、[1]阿岐国造同祖十世孫志久麻彦、定㆓賜国造㆒。

1「阿岐」、徳本「阿岐閇」に作る。

(52)伊久国造

志賀高穴穂朝御世、[1]阿岐国造同祖十世孫豊嶋命、定㆓賜国造㆒。

1「阿岐」、徳本「阿波」に作る。

(53)染羽国造

志賀高穴穂朝御世、阿岐国造[1]同祖十世孫足彦命、定㆓賜国造㆒。

1「同」、徳本なし。

(54)浮田国造

志賀高穴穂朝[1]、瑞籬朝、五世孫賀我別王、定二賜国造一。

1「志賀高穴穂朝」、徳本「王」の下にあり。

(55)信夫国造

志賀高穴穂朝御世、阿岐[1]国造同祖久志伊麻[2]命孫久麻直、定二賜国造一。

1「岐」、徳本「支」に作る。　2「麻」、徳本「宇」に作る。

(56)白河国造

志賀高穴穂朝御世、天降天由都彦命十一世孫[1]塩伊乃己[2]自直、定二賜国造一。

1「孫」、徳本なし。　2「己」、徳本「巳」に作る。

(57)石背国造

志賀高穴穂朝御世、以[1]二建許侶命児[2]建弥依米命一、定二賜国造一。

1「以建」、徳本「故連」に作る。　2「児」、徳本「功」に作る。

(58)石城国造

志賀高穴穂朝御世、以[1]二建許呂命一定二賜国造一。

1「以建」、徳本「坂連」に作る。

(59)那須[1]国造

纏向日代朝御代、建[2]沼河命孫大臣命、定二賜国造一。

1「須」、徳本「湏」に作る。 2「建沼」、徳本「連紹」に作る。

⑽ 科[1]野国造

瑞籬朝御世、神八井耳命孫建五百建命、定㆓賜国造㆒。

1「科」、徳本「神」に作る。

⑾ 出羽国司[1]

諸羅朝御世和銅五年、割㆓陸奥・越後二国㆒始置㆓此国㆒也。

1「司」、徳本「造」に作り、下に「司本」とあり。

北陸道

⑿ 若狭国造

遠[1]飛鳥朝御代、膳臣祖佐白米命児荒礪命、定㆓賜国造㆒。

1「遠」、徳本「造」に作る。

⒀ 高志国造

志賀高穴穂朝御世、阿閇臣祖屋主田心[1]命三世孫市入命、定㆓賜国造㆒。

1「田心」、徳本「思」に作る。

⒁ 三国国造[1]

志賀高穴穂朝御世、宗我臣祖彦太[2]忍信命四世孫若長足尼、定㆓賜国造㆒。

1「三国国造」、徳本「三国造」に作る。 2「太」、徳本「大」に作る。

(65)角鹿国造

志賀高穴穂朝御代、吉備臣祖若武彦命孫建功狭日[1]命、定㆓賜国造㆒。

1「日」、徳本「曰」に作る。

(66)加[1]我国造

泊瀬朝倉朝御代、三尾君[2]祖石撞[3]別命四世孫大兄彦君、定㆓賜国造㆒。難[4]波朝御代、隷㆓越前国㆒。嵯峨[5]朝御世弘仁十四[6]年、割㆓越前国㆒、分為㆓加賀国㆒。

1「加」、徳本「賀」に作る。　2「君」、徳本「若」に作る。　3「撞」、徳本「橦」に作る。　4「難」以下二十八文字、徳本「難波朝御代隷越前国」の条を立て、「山老山我朝御世弘仁十四年割越前国分為加賀国」を本文とする。　5「嵯峨」、徳本「山老山我」に作る。　6「四」、徳本なし。

(67)加宜国造

難波高[1]津朝御世、能登国造同祖素都乃奈美留[2]命、定㆓賜国造㆒。

1「高」、徳本「立」に作る。　2「留」、徳本「小田」に作る。

(68)江沼国造

柴垣朝御世、蘇我臣同祖武内宿禰四世孫志波勝足尼、定㆓賜国造㆒。

(69)能等国造

志賀高穴穂朝御世、活目帝皇子大入来命孫彦狭嶋命、定㆓賜国造㆒。

(70)羽咋国造

泊瀬朝倉朝御世、三尾君[1]祖石[2]撞別命児石城別王、定㆓賜国造㆒。

1「君」、徳本「者」に作る。　2「石」、徳本「𠩺」に作る。

(71)伊弥頭国造

志賀高穴穂朝御世、宗我同祖建内足尼孫大河音足尼、定㆓賜国造㆒。

(72)久比岐[1]国造

瑞籬朝御世、大和直[2]同祖御戈命、定㆓賜国造㆒。

1「岐」、徳本「波」に作る。　2「直」、徳本「立」に作る。

(73)高志深江国造

瑞籬朝御世、道君同祖素都乃奈美留命、定㆓賜国造㆒。

(74)佐渡国造

志賀高穴穂朝、阿岐[1]国造同祖久志伊麻命四世孫大荒木直、定㆓賜国造㆒。

1「岐」、徳本「支」に作る。

山陰道

(75)丹波国造[1]

[2]志賀高穴穂朝御世、尾張同祖建稲種命四世孫大倉岐命、定㆓賜国造㆒。

1「造」、徳本「司」に作る。　2「志賀～賜国造」計二十七文字、徳本なし。

(76)丹[1]後国司

諸良朝御世和銅六年、割㆓丹波国㆒置㆓丹後国㆒。

1「丹後国司」、徳本なし。

(77)但遅麻国造

志賀高穴穂朝御世、竹野君同祖彦坐王五世孫船穂足尼、定二賜国造一。

(78)二方国造

志賀高穴穂朝御世、出雲国造同祖遷狛[1]一奴命孫美尼布命、定二賜国造一。

1「狛」、徳本「貊」に作る。

(79)稲葉国造

志賀高穴穂朝御世、彦坐王[1]児彦多都彦命、定二賜国造一。

1「王」、徳本「皇」に作る。

(80)波伯国造

志賀高穴穂朝御世、牟邪[1]志国造同祖兄多毛比命児大八木足[2]尼、定二賜国造一。

1「邪」、徳本「耶」に作る。　2「足」、徳本「兄」に作る。

(81)出雲国造

瑞籬朝、以二天穂日命十一世孫宇迦都久怒[1]一、定二賜国造一。

1「怒」、徳本「慈」に作る。

(82)石見国造

瑞籬朝御世、紀伊国造同祖蔭佐奈朝命児大屋古命、定二賜国造一。

(83)意岐国造

軽嶋豊明朝御代、観松彦伊呂止命五世孫十挨彦命[1]、定㆓賜国造㆒。

1「彦」、徳本なし。

山陽道

⑻4針間国造

志賀高穴穂朝、稲背入彦命孫伊許自別命、定㆓賜国造㆒。

⑻5針間鴨国造

志賀高穴穂御世、上毛野国造[1]同祖御穂別命児市入別命、定㆓賜国造㆒。

1「国造」、徳本なし。

⑻6明石国造

軽嶋豊明朝御世、大倭直同祖八代足尼児都弥自足尼、定㆓賜国造㆒。

⑻7美作国造

諾羅朝和銅六年、割㆓備前国㆒置㆓美作国㆒。

⑻8大伯国造

軽嶋豊明朝御世、神魂命[1]七世孫佐紀足尼、定㆓賜国造㆒。

1「魂」、徳本「祝」に作る。

⑻9上道国造

軽嶋豊明朝御世、元封㆓中彦命児多佐臣㆒、始国造。

(90)三野国造

軽嶋豊明朝御世、元封㆓弟彦命㆒、次定㆓賜国造㆒。

(91)下道国造

軽嶋豊明朝御世、元封㆓兄彦命亦名稲建別㆒、定㆓賜国造㆒。

(92)加夜国造

軽嶋豊明朝御世、上道国造同祖元封㆓中彦命㆒、改定㆓賜国造㆒。

(93)笠臣国造

軽嶋豊明朝御世、元封㆓鴨別命[1]八世孫笠三枝[2]臣㆒、定㆓賜国造㆒。

1「命」、徳本「今」に作る。　2「枝」、徳本「枚」に作る。

(94)吉備中県国造

瑞籬朝御世、神魂[1]命十世孫明石彦、定㆓賜国造㆒。

1「魂」、徳本「祝」に作る。

(95)吉備穴国造

纒向日代朝御世、和邇臣同祖彦訓服[1]命孫八千足尼、定㆓賜国造㆒。

1「服」、徳本「眼」に作る。

(96)吉備品[1]治国[2]造

志賀高穴穂朝、多遅麻君[3]同祖若角城命三世孫大船足尼、定㆓賜国造㆒。

1「品」、徳本「風」に作る。　2「国」、徳本なし。　3「君」、徳本「若」に作る。

(97)阿岐[1]国造

志賀高穴穂朝、天湯津彦命五世孫飽[2]速玉命、定㆓賜国造㆒。

1「岐」、徳本「波」に作る。　2「飽」、徳本「絶」に作る。

(98)大嶋国造

志賀高穴穂朝、无[1]邪志国造同祖兄多毛比命児穴委古命、定㆓賜国造㆒。

1「无邪志」、徳本「元耶志自」に作る。

(99)波久岐国造

瑞籬朝、阿岐国造同祖金波佐彦孫豊玉根命、定㆓賜国造㆒。

(100)周防国造

軽嶋豊明朝、茨城国造同祖加米乃意美、定㆓賜国造㆒。

(101)都怒国造

難波高津朝、紀臣同祖都怒足尼児男嶋足尼、定㆓賜国造㆒。

(102)穴門国造

纒向日代朝御世、桜井田[1]部連同祖邇伎都美命四世孫速[2]都鳥命、定㆓賜国造㆒。

1「田」、徳本なし。　2「速」、徳本「連」に作る。

(103)阿武国造

纒向日代朝御世、神魂[1]命十世孫味波々命、定㆓賜国造㆒。

1「魂」、徳本「祝」に作る。

南海道

(104)紀伊国造

橿原朝御世、神皇産霊命五世孫天道根命、定㆓賜国造㆒。

(105)熊野国造

志賀高穴穂朝御世、饒速日命五世孫大阿斗足尼、定㆓賜国造㆒。

(106)淡道国造

難波高津朝御世、神皇産霊尊九世孫矢[1]口足尼、定㆓賜国造㆒。

1「矢」、徳本「失」に作る。

(107)粟国造

軽嶋豊明御世、高皇産霊尊九世孫千波足尼、定㆓賜国造㆒。

(108)長国造

志賀高穴穂朝御世、観松彦色止命九世孫韓背足尼、定㆓賜国造㆒。

(109)讃岐国造

軽嶋豊明朝御世、景行帝児神櫛王[1]三世孫須[2]売保礼命、定㆓賜国造㆒。

1「王」、徳本「玉」に作る。　2「須」、徳本「湏」に作る。

(110)伊余国造

志賀高穴穂朝御世、印幡国造同[1]祖敷桁波命児速後上命、定㆓賜国造㆒。

1「同」、徳本「国」に作る。

(111)久味国造

軽嶋豊明朝、神魂[1]尊十三世孫伊与主命、定二賜国造一。

1「魂」、徳本「祝」に作る。

(112)小市国造

軽嶋豊明朝御世、物部連同祖大新[1]川命孫子到命、定二賜国造一。

1「新」、徳本「卿」に作る。

(113)怒麻国造

神功皇后御代、阿岐[1]国造同祖飽速玉命三世孫若弥尾命、定二賜国造一。

1「岐」、徳本「波」に作る。

(114)風速国造

軽嶋豊明朝、物部連祖伊香色男命四世孫阿佐利、定二賜国造一。

(115)都佐国造

志賀高穴穂朝御代、長阿比古同祖三嶋溝杭命九世孫小立足尼、定二賜国造一。

(116)波多国造

瑞籬朝御世、天韓襲命依二神教云一、定[1]二賜国造一。

1「定」、徳本「是」に作る。

西海道

(117) 筑志国造

志賀高穴穂朝御世、阿倍臣同祖大彦命五世孫日[1]道命、定二賜国造一。

1「日」、徳本「曰」に作る。

(118) 竺[1]志米多国造

志賀高穴穂朝、息長公同祖稚沼毛二俣命孫都紀女加、定二賜国造一。

1「竺」、徳本「笠」に作る。

(119) 豊国造

志賀高穴穂朝御代、伊甚[1]国造同祖宇那足尼、定二賜国造一。

1「甚」、徳本「長」に作る。

(120) 宇佐国造

橿原朝、高魂尊孫宇佐都彦命、定二賜国[1]造一。

1「国」、徳本「田」に作る。

(121) 国前国造

志賀高穴穂朝、吉備臣同祖吉備都命六世孫[1]午佐自命、定二賜国造一。

1「孫」、徳本なし。

(122) 比多国造

志賀高穴穂朝御世、葛城国造[1]同祖止波足尼、定二賜国造一。

1「同祖」、徳本なし。

(123)火国造

瑞籬朝、大分国造同祖志貴多奈彦命児遅男江命、定㆓賜国造㆒。

(124)松津国造

難波高津朝御世、物部連祖伊香色雄命孫金弓連[1]、定㆓賜国造㆒。

1「弓連」、徳本なし。

(125)末羅国造

志賀高穴穂朝御世、穂積臣同祖大水口足尼孫矢田稲吉、定㆓賜国造㆒。

(125)阿蘇国造

瑞籬朝御世、火国造同祖神八井耳命孫速瓶玉命、定㆓賜国造㆒。

(127)葦分国造

纒向日代朝御代、吉備津彦命児三井根子命、定㆓賜国造㆒。

(128)天草国造

志賀高穴穂朝御世、神魂[1]命十三世孫建嶋松命、定㆓賜国造㆒。

1「魂」、徳本「祝」に作る。

(129)日向国造

軽嶋豊明朝御世[1]、豊[2]国別皇子三世孫老男、定㆓賜国造㆒。

1「世」、徳本「世世」に作る。 2「豊」、徳本「坐」に作る。

(130) 大隅国造

纏向日代朝御世、治二平隼人同祖初小一、仁徳[1]帝代者伏布為二曰[2]佐一、定[3]二賜国造一。

1「徳」、徳本「穂」に作る。　2「曰佐」、徳本「日代」に作る。　3「定」、徳本なし。

(131) 薩摩国造

纏向日代朝、伐[1]二薩摩隼人等一鎮レ之。仁徳朝代曰[2]佐改為レ直。

1「伐」、徳本「代」に作る。　2「曰」、徳本「日」に作る。

(132) 伊吉嶋造

磐余玉穂朝、伐[1]二石井従[2]者新羅海辺人一、天津水凝後上毛布直造。

1「伐」、徳本「代」に作る。　2「従者」、徳本「者従」に作る。

(133) 津嶋県直

橿原朝、高魂尊五世孫建弥己[1]々命、改為レ直。

1「己々」、徳本「巳巳」に作る。

(132) 葛津立国造

志賀高穴穂朝御世、紀直同祖大名草[1]彦命児若彦命、定二賜国造一。

1「草」、徳本「茅」に作る。

(135) 多褹嶋

註

（1）鎌田純一『先代旧事本紀の研究』研究の部（吉川弘文館、一九六二年）、阿部武彦「先代旧事本紀」（『日本古代の氏族と祭祀』吉川弘文館、一九八四年、初出一九七一年）など。
（2）井上光貞「国造制の成立」（『井上光貞著作集3　古代国家の形成』岩波書店、一九八五年、初出一九五一年）。
（3）鎌田純一『先代旧事本紀の研究』研究の部（前掲）。
（4）吉田晶「国造本紀における国造名」（『日本古代国家成立史論』東京大学出版会、一九七三年、初出一九七一年）。
（5）篠川賢「『国造本紀』の再検討」（『日本古代国造制の研究』吉川弘文館、一九九六年）。
（6）鎌田純一『先代旧事本紀の研究』校本の部（吉川弘文館、一九六〇年）。
（7）『国史大系』（経済雑誌社、一八九八年）。
（8）『新訂増補国史大系』（吉川弘文館、一九三六年）。
（9）鎌田本刊行以前のテキストとしては、溝口駒造訓注『改造文庫　旧事紀』（改造社、一九四三年）などもある。
（10）鎌田純一校注『神道大系古典編8　先代旧事本紀』（神道大系編纂会、一九八〇年）。これには、栗田寛『国造本紀考』（一八六一年）も収められている。
（11）佐伯有清・高嶋弘志編『国造・県主関係史料集』（近藤出版社、一九八二年）。
（12）このほかに、『天理図書館善本叢書　和書之部41　先代旧事本紀』（八木書店、一九七八年）、『続日本古典全集　先代旧事本紀・旧事紀直日』（現代思潮社、一九八〇年）なども刊行された。
（13）その成果は、拙編「校訂　国造本紀」・拙稿「『国造本紀』諸本の書誌学的検討」（篠川賢・大川原竜一・鈴木正信編『国造制の研究』八木書店、二〇一三年）として発表した。
（14）フランク・ホーレーについては、横山学『書物に魅せられた英国人』（吉川弘文館、二〇〇三年）など参照。
（15）鎌田は当初、卜部兼永本と石川忠総本を同一祖本から出た兄弟関係にある写本であるとし（鎌田純一『先代旧事本紀の研究』校本の部、前掲）、のちに「卜部兼永本より出た一本を祖としたと見られる系統」と見解を改めた（鎌田純一「解題」〈鎌田純一校注『神道大系古典編8　先代旧事本紀』前掲〉）。筆者は以前、前者の説を採用して、卜部兼永本と石川忠総本を兄弟関係にあると理解したが（拙稿「『国造本紀』諸本の書誌学的検討」前掲）、その後、石川忠総本に関する松本弘毅の専論が発表された（松本弘毅

「石川忠総本『先代旧事本紀』の写本系統的位置」『早稲田大学日本古典籍研究所年報』八、二〇一五年）。松本は、石川忠総本は卜部兼永本より出た一本を祖とする写本であると位置づけており、妥当な推定であると思われることから、本章では松本の見解にしたがうこととしたい。

(16) 周知のとおり、『先代旧事本紀』は『古事記』とセットで書写されて伝来することが多い。このうち『古事記』の写本系統には、伊勢系と卜部系の二系統が存在する。それに対して『先代旧事本紀』の現存諸本は、全て卜部系（現状では卜部兼永本を祖本とする）であり、これまで伊勢系の写本は確認されていないが、おそらくは『古事記』と同様、卜部系・伊勢系の二系統が存在したと考えられている。

(17) 横田健一「解題」（『天理図書館善本叢書　和書之部41　先代旧事本紀』前掲）。

付論　史料としての『国造本紀』

『国造本紀』の諸本には様々な文字の異同が見受けられる。たとえば、現存最古の卜部兼永本(1)は、北陸道の最初に若狭国造を置き、次を高志国造とし、その次に、

三国造

志賀高穴穂朝御世、宗我臣祖彦大忍信命四世孫若長足尼、定㆓賜国造㆒。

と記している。これをあえて素直に読むならば、「三（クニの名）＋国造」または「三国（ウジナ）＋造（カバネ）」ということになるが、「三」という「クニの名」はいかにも不自然である。また、三国造（みくにのみやつこ）という氏族も知られない。したがって、ここには何らかの脱落が生じている可能性が高い。大半の写本はこれをそのまま「三国造」と書き写しているが、注目されるのは隠顕蔵本『国造本紀』と『鼇頭旧事紀』である。

まず、隠顕蔵本はこの箇所を、

三方国造

志賀高穴穂朝御世、宗我臣祖彦太忍信命四世孫若長足尼、定㆓賜国造㆒。

と記している。隠顕蔵本は吉田家に伝来したものであることから、その底本とされた写本にも、おそらく卜部兼永本と同様に「三国造」とあったと思われる。隠顕蔵本の筆記者は、この「三国造」を若狭国三方郡に所在した国造であると考え、二文字目に「方」の字を補ったのであろう(2)。

一方、『鼇頭旧事紀』はこの箇所を、

三国国造

志賀高穴穂朝御世、宗我臣祖彦太忍信命四世孫若長足尼、定二賜国造一。

と記している。実は「三国国造」に作るのは、諸本の中でもこの『鼇頭旧事紀』の系統だけである。『鼇頭旧事紀』の本文は寛永板本をもとにしたと見られているが、この寛永板本には「三国造」とある。また、『鼇頭旧事紀』は隠顕蔵本の系統の写本を対校に用いたとされている。とするならば、『鼇頭旧事紀』の著者である度会延佳（一六一五〜九〇）は、「三国造」や「三方国造」に作る写本を参照しながら、どちらの文字も採用することなく、独自に「三国国造」が正しいと判断したことになる。

ちなみに、現在広く用いられているテキストは、いずれも『鼇頭旧事紀』の校訂を採用して「三国国造」に作っている。[3] たしかに、「三国国造」は『越中石黒系図』[4]に、

若長宿禰〈道公祖。志賀高穴穂朝定二賜三国国造一。〉

とあり、『国造本紀』以外の史料にも登場するが、「三方国造」は他史料に全く見えない。また、「三国」をウジナに冠する氏族としては、『日本書紀』継体元年（五〇七）三月癸酉条に、

納二八妃一。（略）次三尾君堅楲女曰二倭媛一、生二二男・二女一。其一曰二大娘子皇女一。其二曰二椀子皇子一。是三国公之先也。

とあり、継体天皇と倭媛の間に所生した椀子皇子の後裔として、三国公氏が確認できる。[5] この氏族は、天武十三年（六八四）に真人姓へ改姓しており（『日本書紀』天武十三年十月己卯条）、その後も中央官人としての活躍が知られる（『続日本紀』慶雲二年〈七〇五〉十二月癸酉条など）。左京・右京・山城国に分布が見られるほか（『新撰姓氏録』左京皇

別・右京皇別・山城国皇別）、越前国坂井郡の大領を輩出していたことが知られる(6)（天平三年〈七三一〉「越前国正税帳」(7)・宝亀十一年〈七八〇〉四月三日「越前国坂井郡司解」(8)）。それに対して、「三方」をウジナに冠する氏族は管見の限り知られない。これらのことからすれば、『鼇頭旧事紀』の校訂は首肯すべきである。卜部兼永本に見える「三国造」は、本来は『鼇頭旧事紀』が考証したように「三国国造」と記されていたと理解するのが穏当であろう(9)。

こうした校異・校訂の問題を、我々はテキストの校訂者に任せがちである。しかし、一つ一つの文字には、『国造本紀』を書き写して後世に伝えようとした人々が、そこに記された「歴史」をどのように理解し、再構築しようとしたのかがきわめて端的に表れている。それが書き写されるようになった時から、『国造本紀』の研究はすでに始まっているのである。

卜部兼永本が発見され、『国造本紀』の史料性が再評価されるようになってから、半世紀以上が経過しようとしている。写本にまで立ち戻って「史料」としての『国造本紀』と向き合うことが、そこから「歴史」を読み解くために、いま改めて求められていると言えよう。

註

（1）諸本の関係や伝来については、本書第四部第二章参照。

（2）「三方国造」が存在した可能性については、拙稿「豪族からみた若狭国と三方郡のはじまり」（『美浜町歴史シンポジウム記録集』七、美浜町教育委員会、二〇一三年）でも検討を行った。

（3）鎌田純一『先代旧事本紀の研究』校本の部（吉川弘文館、一九六〇年）、同校注『神道大系古典編8　先代旧事本紀』（神道大系編纂会、一九八〇年）、佐伯有清・高嶋弘志編『国造・県主関係史料集』（近藤出版社、一九八二年）など。

（4）佐伯有清「利波臣氏の系図」（『古代氏族の系図』学生社、一九七五年）、米沢康『北陸古代の政治と社会』（法政大学出版局、一

九八九年)、須原祥二「越中石黒系図と越中国官倉納穀交替記」(『日本歴史』六〇一、一九九八年)、大川原竜一「利波氏をめぐる二つの史料」(『富山史壇』一六三、二〇一〇年)など。

(5)三国公氏は、このほかに『日本書紀』白雉元年(六五〇)二月甲申条にも見える。また、『先代旧事本紀』巻八「神皇本紀」応神天皇条では、稚沼笥二俣皇子尊が三国君氏の祖とされている。

(6)本書第四部第一章参照。

(7)『大日本古文書』一―四二八。

(8)『大日本古文書』六―六〇三。

(9)こうした考察を踏まえて、拙編「校訂　国造本紀」・「国造関係史料集」(篠川賢・大川原竜一・鈴木正信編『国造制の研究』八木書店、二〇一三年)でも「三国国造」を採用した。

終　章　総括と展望

本書では、系譜伝承を通して古代氏族の実態と諸相を考察した。最後に、各章の論旨を整理するとともに、今後の展望を簡単に述べておきたい。

第一部第一章「『円珍俗姓系図』の構成と原資料」では、『円珍俗姓系図』の本系図をA部分（景行天皇とその皇子女の系譜）、B部分（伊予御村別君氏の系譜）、C部分（因支首氏の系譜）に区分し、このうち特にA・B部分を対象として基礎的な検討を行った。

A部分は、基本的に『日本書紀』に見える景行天皇の系譜記事を引き写している。『円珍俗姓系図』と『日本書紀』との間には、表記の相違がわずかに見られるが、それらは独自の原資料に拠ったのではなく、『日本書紀』を参照して『円珍俗姓系図』の当該箇所を記す際に、用字を調整・統一したために生じたものである。

また、『円珍俗姓系図』では原則として人名の上に「子」・「次」と記し、子がいる人物は名前の下に「之」を付しているが、A部分の景行天皇と武国凝別皇子には、子がいるにもかかわらず「之」が付されていない。このことは、A部分がほかとは別の時期に記されたこと、すなわちA部分がB部分へ後次的に架上されたことを示している。同様に、B部分の二行書き箇所の冒頭に位置する和尓乃別命の上には「子」がない。同部分末尾の忍乃別君の下にも「之」がなく、真浄別君の上下にも「子」・「之」がない。このことは、二行書き箇所が後から挿入されたことを示すものである。

一方、これまでB部分は、伊予御村別君氏と伊予別君氏という二つの氏族の系譜が組み合わされているとされてきたが、これらは厳密に区分できず、B部分はあくまでも伊予御村別君氏の系譜と理解すべきである。この伊予御村別君氏は、史料によって伊予別君氏と言い換えられる場合がある。また、B部分の「□別君之」という文言は、従来は「此れ別君の祖」の意とされてきたが、これはその上に置かれた□尼古乃別命の又名の一部と解される。さらに、B部分の二行書き箇所の左傍に、左に約四五度傾斜して記されている「□系図」は、本来は「伊予別公系図」とあり、円珍はこれを参照して書入を行ったと考えられる。

第一部第二章「『円珍俗姓系図』の成立過程と系譜意識」では、引き続き『円珍俗姓系図』を取り上げ、本系図のC部分と円珍の自筆と思われる書入を手がかりに、この系図の成立過程を明らかにするとともに、そこから看取される系譜意識について考察を行った。

C部分の途中に登場する身は、略系図の冒頭にも置かれ、貞観九年（八六七）二月十六日「讃岐国司解」でも言及されるなど、因支首氏の中で重要な位置を占めていたことが知られる。身は「小乙上」の冠位を有し、「難破（ママ）長柄朝廷、任㆓主帳㆒」との尻付を持つが、実際は孝徳朝の人物ではなく、八世紀初めに少初位上の位階を有し、讃岐国多度郡の主帳に任じられた人物である。系図に見える「小乙上」は、「少初上」の誤記である。「難破長柄朝廷」は、身が孝徳朝からすでに主帳に任じられていたように記したものである。

この身の下には「之」が付されていない。また、B部分は□尼牟□乃別君の世代で終わっており、身とほぼ同時代に位置づけられる。このことは、C部分の原資料がB部分と同じく、八世紀初め（身の代）で終わっていたことを示している。さらに、ほかの氏族においても、七世紀後半から一部では氏族系譜の提出・管理が始まっており、八世紀初めにはのちの系図につながるような記録が氏族間で広く作成されるようになったことが知られる。したがって、八世紀初めの段階には、B部分は水別命から□尼牟□乃別君の世代（B部分の冒頭から末尾）まで、C部分は忍尾別君から身の世代（C部分の冒頭から途中）までが伝えられており、それらが『円珍俗姓系図』作成時に原資料として用いられたと考えられる。

C部分の冒頭に位置する忍尾別君については、伊予国から讃岐国に到来して因支首氏の女と婚姻し、その間に生まれた□思波・与呂豆は母姓により因支首氏を名乗るようになったと伝えられているが、実際には因支首氏は伊予国から移住してきたのではなく、もとから讃岐国に本拠を構えていた氏族と見られる。因支首氏と伊予御村別君氏は早くから交流していたと思われるが、忍尾別君が到来したという伝承は、伊予御村別君氏との同宗関係を主張するために、因支首氏が創出したものである可能性がある。

また、『円珍俗姓系図』の成立過程と、延暦・大同・貞観の三期にわたる因支首氏から和気公への改姓申請の動きは連動している。『円珍俗姓系図』（の原型）は、因支首氏と伊予御村別君氏との同宗関係を示す必要が生じた延暦・大同期の改姓申請の際に、B・C部分の原資料を基礎とし、両者の間に二行書き箇所を挟み込み、冒頭にA部分を架上し、さらにC部分の身以降に大同の時点で生まれていた人物までを書き継いで作成された。

円珍は承和の初め、得度後の勘籍に必要な手実を故郷から取り寄せる際、自氏に伝来した系図の写しを送付するように父の宅成へ依頼した。宅成は『円珍俗姓系図』（の原型）に円珍ら四人を書き継いで一括書写し、宅麻呂と広雄を僧名に修正して、円珍のもとへ送った。その後、円珍が書入を行い、『円珍俗姓系図』は現状を呈するに至った。よって、円珍は系図の作成には直接関わっておらず、その意味で『円珍俗姓系図』は円珍が作成したものではない。彼が関与したのは、略系図と書入の箇所に限られる。

因支首氏にとっての『円珍俗姓系図』（の原型）は、景行天皇・武国凝別皇子に出自を持ち、伊予御村別君氏と同宗関係にあることを主張して、和気公への改姓の妥当性を示す社会的な役割（機能）を担っていた。それに対して円珍にとっての『円珍俗姓系図』は、自氏の改姓、祖先と自身との世代数、王統譜における自氏の始祖の出生順など、もっぱら自らの出自をたどるために用いられた。ここに、因支首氏という「氏族」と、円珍という「個人」との間に存在する系譜意識の位相差を見出すことができる。さらに言うならば、始祖伝承と不可分であった非現実的な「氏族」の系譜意識の中から、より現実的な「個人」の系譜意識が醸成され、それが中世の系譜意識へつながっていくという経緯が想定される。

第二部第一章「『海部氏系図』の構成と成立過程」では、『籠名神社祝部氏係図《ママ》』（『海部氏系図』）と『籠名神宮祝部丹波国造海部直等氏之本記』（『勘注系図』）の書誌情報を確認した上で、『海部氏系図』と本系帳との関係、およびこの系図の各部分の成立過程について考察を行った。

『海部氏系図』の冒頭には「従四位下籠名神」とあるが、籠神社の神階が従四位下であったのは貞観十三年（八七一）から元慶元年（八七七）までであることから、『海部氏系図』はこの間に作成されたと推測される。このことは、系図の末尾に置かれた海部直田雄が嘉祥元年（八四八）から数十年間、籠神社に奉仕したと推定されることとも矛盾しない。一方、『勘注系図』の成立年代は、その筆跡や奥書から十七世紀後半と推定されるため、後世の人による考証が含まれている可能性が高い。『勘注系図』には出典が明記されておらず、古伝承にもとづく箇所と後から追加された箇所の切り分けが難しいことからしても、その利用は参考に留めておくのが穏当である。

先行研究では『海部氏系図』と本系帳との関係に議論が集中してきた。しかし、諸史料から確認できるのは、延暦十八年（七九九）に撰進が命じられた本系帳では始祖名・別祖名を掲載し、枝流および継嗣の歴名は記載しなかったこと、貞観年間（八五九〜七七）から諸社の祝部氏は本系帳を毎年提出しており、元慶五年（八八一）にはそれが三年一進に改められたこと、本系帳を撰進する際には複数（写し）が作成され、その一部を自氏で保管する場合があったこと、本系帳には系図が付される（一部が系図で記される）場合があり、それが省略される場合もあったこと、以上の諸点であり、これらをもとに『海部氏系図』が本系帳そのものであると判断することはできない。むしろ、現在確認されている本系帳やその逸文は文章系譜の形式で記されていることから、現状では『海部氏系図』は本系帳と密接な関係にはあるが、本系帳そのものではないと理解しておくのが適切である。

『海部氏系図』はA部分（彦火明命〜健振熊宿禰）、B部分（海部直都比〜海部直□尼）、C部分（海部直伍佰道〜海部直田雄）に大別することができる。B・C部分の成立は、七〜九世紀における氏族系譜の整備と関連している。すなわち、七世紀末から八世紀初めにかけて、それ以前に海部直氏に伝えられていた祖先の伝承にもとづいて、海部直都比から海部直□尼に至る系譜（のちのB部分）が整理された。ついで八世紀中葉から諸氏族の間で本系帳が作成されるようになると、前述の原資料に続けて海部直伍佰道以降の系譜が追加され、その作業は九世紀後半の海部直田雄の代まで続けられたと考えられる（のちのC部分）。

残るA部分については、海部直氏の始祖とされる彦火明命に着目するならば、この彦火明命を介して尾張連氏を中心とする大規模な同祖系譜が形成されたのは比較的新しい時期であり、海部直氏の系譜がその中に取り込まれる過程で『海部氏系図』の冒頭に彦火明命が位置づけられた（A部分が架上された）と見られる。その時期は、およそ八世紀中葉以降から九世紀後半までの間と推測される。つまり、貞観年間に祝部氏人帳（祝部氏人本系帳）の毎年撰進が命じられたことを直接の契機として、貞観十三年から元慶元年のある時期に、それまで伝えられていた本系帳を基礎とし、そこに見える人名を系線で結んで竪系図の形式で改めて作成したものが、現存する『海部氏系図』と考えられる。

第二章「『海部氏系図』の歴史的背景」では、引き続き『海部氏系図』を取り上げ、特にC部分に記された伍佰道・愛志・千嶋・綿麿らの奉仕年代と祝の奉仕形態、さらに海部直氏と尾張連氏・和邇臣氏との関係について考察を行った。

まず、前者の点に関して、伍佰道の尻付には「従乙巳養老元年合卅五年奉仕」とあるが、養老元年以前の「乙巳」は大化元年（六四五）か慶雲二年（七〇五）であり、「卅五年」と矛盾する。この「乙巳」は「丁巳」の誤りで養老元年を指しており、伍佰道は養老元年から三十五年間、つまり天平勝宝三年（七五一）あるいは天平勝宝四年（七五二）まで奉仕したと見られる。一方、千嶋の尻付には「従㆓養老五年㆒至㆓于養老十五年㆒仕奉」とあり、養老は八年（七二四）までしかないことが問題となるが、これは養老元年から十五年目の天平三年（七三一）を指すか、あるいは「天平十五年」（七四三）の誤写と推定される。

このように理解するならば、伍佰道・愛志・千嶋・綿麿の奉仕年が重複することになるが、これは必ずしも錯誤によるものではなく、養老元年から天平勝宝三年あるいは四年までの間は、実際に複数の人物が同時期に祝として奉仕していたと考えられる。また、海部直氏という一つの氏族として把握される勢力の中には複数の系統が存在しており、伍佰道・愛志・千嶋は親子三代ではなく、それぞれ異なる系統から出て祝の職に就いたと理解できる。

次に、後者の点について、この系図の冒頭には尾張連氏の始祖とされる彦火明命が位置していることから、海部直氏は尾張連氏と同祖関係を形成していることになるが、その二代後には和邇臣氏の祖とされる健振熊宿禰が置かれており、一つの系譜中に尾張連・和邇臣両氏の祖が登場する。こうした現状が生じたのは、海部直氏の系譜に健振熊宿禰が加えられた段階と、彦火明命が加えられた段階との間に時間差が存在するためである。つまり、海部直氏は日本海沿岸地域の和邇臣氏（和邇部）と交流するようになり、七世紀後半までのある時期に自氏の系譜を健振熊宿禰に結びつけ、和邇臣氏と同祖であることを主張するようになった。しかし、八世紀中葉に本系帳が作成されるようになると、海部直氏は彦火明命を中心とする尾張連氏の大規模な同祖関係の中に取り込まれ、それ以前から称していた系譜の上に彦火明命が架上されることとなった。

したがって、はじめは和邇臣氏との同祖関係を主張していた海部直氏が、のちに尾張連氏との同祖関係を主張するようになったという点において、『海部氏系図』は一種の仮冒系譜と言える。ただし、一般的な仮冒系譜では、自氏の系譜を新しい別の氏族の祖に付け替えることが行われるが、『海部氏系図』は途中に健振熊宿禰が不自然な形で置かれたままになっている。これは、彦火明命を架上した時期の海部直氏にとって、健振熊宿禰はもはや和邇臣氏との紐帯としてではなく、地方伴造（海部直）あるいは国造（丹波国造）としてのいわゆる「奉事根原」を示す自氏の祖として認識されていたためと考えられる。

第三部第一章「大神朝臣狛麻呂と武蔵国高麗郡」では、霊亀二年（七一六）に武蔵守の地位にあった大神朝臣狛麻呂が、武蔵国高麗郡の設置において果たした役割について考察を行った。

「狛」は「高麗」と通用され、その場合は高句麗の意味で用いられていることから、名前に「狛」を含む大神朝臣狛麻呂は、高句麗（高句麗人）と何らかの関係を有していたと見られる。武蔵国高麗郡出身の高麗朝臣福信が武蔵守の任にあった時期には、新羅郡の設置や武蔵国の所属変更など武蔵国に関連する重要な政策が実施されていることから類推しても、武蔵守であった狛麻呂の意向が高麗郡の設置に影響した可能性は十分にある。

また、大神朝臣氏の複姓氏族の一つである三輪引田君氏からは、難波麻呂が大使として高句麗（小高句麗国・報徳国）へ派遣された。彼は高句麗の遺民を引き連れて帰国したと見られる。三輪引田君氏は本宗の大神朝臣氏と血縁も本拠も近い関係にあり、しかもその本拠である大和国城上郡辟田郷の近くには、大字に狛という地名が残っている。この地には山城国の高句麗人の後裔が中世に移住してきていることから、かつて難波麻呂が伴ってきた高句麗遺民の一部がこの付近に居住し、大神朝臣氏や三輪引田君氏との結びつきを維持しながら定着したことが想定される。

さらに、大神朝臣氏は、その祖とされる大友主が対外交渉に活躍したとの伝承を有し、実際には七世紀中葉から対外交渉に従事した人々を多く輩出していた。大神朝臣氏が奉祭する大物主命にも対外交渉に霊験を示す軍神としての伝承があり、そうした神格は八世紀以降にも信仰の対象とされていた。このように対外交渉に従事した実績を有する大神朝臣氏より出た狛麻呂だからこそ、高句麗遺民に関わる政策に積極的に取り組み、結果として高麗郡の建郡が円滑に進んだと考えられる。したがって、外交に関与した祖先や奉祭神の伝承は、八世紀における大神朝臣氏の行動にも大きな影響を与えていたと言える。そして、大神朝臣氏の外交氏族としての側面は、後世の人々によって大三輪真鳥の伝承へと再構築され、近世まで語り継がれていった。

第三部第二章「上野国美和神社の官社化と神階奉授」では、かつての上野国山田郡に鎮座した美和神社の八世紀末から九世紀における動向、特に官社化と神階奉授が実施された歴史的背景について考察を行った。

美和神社は延暦十五年（七九六）に官社に預かり、元慶四年（八八〇）以前に従五位上となり、元慶四年には正五位下勲十二等を与えられ、最終的には従一位にまで上った。『上野国神名帳』には、貫前神社所蔵本（一宮本）・総社神社所蔵本（総社本）・伴信友著『逸各国神名帳』所収本（信友本）など多くの写本が伝存しているが、美和神社は一宮本の鎮守項・郡別項と信友本の鎮守項にのみ記されており、信友本の郡別項や総社本には所載されていない。ただし、この相違は写本の作成意図や、その後に加えられた改変に起因するものであり、美和神社を従一位とする記述の信憑性を疑う必要はない。

また、『上野国交替実録帳』神社項の断簡C4には、美和神社は正一位と記されているが、これは誤記であると推定される。当該箇所を含む山田郡の部分は異筆で記されており、このことは『上野国交替実録帳』が項目ごとに作成されたことをうかがわせる。断簡C4に加えて断簡Eにも美和神社に関する記載があり、断簡C4の当該部分は「向殿一宇」と、断簡Eは「正一位美和名神社」と、それぞれ従来の釈文を修正することができる。

美和神社が官社化され、さらに神階を賜った背景には、二つの歴史的前提が想定される。一つは、この神社の祭神とされる大物主命が持つ軍神としての神格である。大和王権が軍神としての大物主命を奉戴して各地へ進出したことにともない、各地にこの神を祭る神社が勧請・分祀されたのであり、上野国の美和神社もこうした背景をもって創祀されたと見られる。いま一つは、蝦夷征討との関係である。桓武朝における東北への派兵や、陽成朝に起こった元慶の乱の鎮圧において、上野国から徴発された兵士の中に山田郡の美和神社（軍神としての大物主命）を奉祭する集団が含まれており、のちに美和神社の蝦夷征討に対する霊験が人々の間で観念されたことが一つの要因となって、官社化や神階奉授が実施されたと考えられる。大神朝臣氏が奉祭した大物主命の伝承は、八・九世紀の地方社会においても一定の影響力をもって生き続けていたと言うことができる。

第三部第三章「『大神朝臣本系牒略』の編纂と原資料」では、『大神朝臣本系牒略』の成立とその歴史的背景を確認した上で、古代の部分を作成する際に利用された原資料について考察を行った。

『大神朝臣本系牒略』は、大神神社の神職であった髙宮信房が、一七九〇年代の後半頃に編纂した系図である。当時の髙宮家には『髙宮氏中興系図』が伝来していたが、信房の代に玄賓庵へ神牌を納める際にこの『髙宮氏中興系図』以前に遡る系図が必要とされたことが、『大神朝臣本系牒略』の編纂目的の一つと考えられる。

この系図の主要部分は、古代の神名・人名を記した第一系図（素佐能雄命〜大神朝臣成主）と、中近世の人名を記した第二系図（高宮勝房〜信房）より構成される。このうち第二系図の作成には、慶長年間（一五九六〜一六一五）に発生した火災で灰燼に帰した高宮家旧蔵文書の写しや、墓石、神牌、前述の『高宮氏中興系図』などが参考にされた。

一方、第一系図については、執筆に当たって引用・参照したと思われる史料名が随所に示されているが、それらの史料に見えない人物・続柄や、逆に他史料に見えるにもかかわらず『大神朝臣本系牒略』には記載されていない人物もいる。このことは『大神朝臣本系牒略』第一系図が、他史料から知られる大神朝臣氏の人物を網羅的にピックアップし、続柄を考証して系線で結ぶという単純作業によって作成されたものではないことを示している。これらの箇所は、おそらく延暦年間（七八二〜八〇六）に大神朝臣氏が作成した本系帳の内容が、別の文献に部分的に引用されるなどして伝えられており、そうした情報を基礎としつつ、前掲の引用史料により考証を加えながら執筆されたと推測される。

また、『大神朝臣本系牒略』の第一系図では、他史料を引用・参照した際にはその史料名を注し、典拠とした史料の文章を原則として忠実に引用する方針が貫かれている。抜粋して引用する場合も、文意を変更しないように配慮している。そもそも引用史料名を注記することは、その記載の信憑性に関して第三者による検証を可能にするものである。こうした作業方針は、編者が創作・潤色を行う意図をもって『大神朝臣本系牒略』を編纂したのではないことを明確に示している。

ただし例外として、天日方奇日方命・田々彦命・志多留命・特牛・興志・伊可保・三支・成房・成主の尻付に関しては、引用史料との間に明確な対応が確認できない箇所がある。特に、興志の尻付には、

類聚三代格曰、大神氏上代々補大神主事。弘仁十二年五月四日太政官符称、大神朝臣者、大田々根子命苗裔。高市麻呂正嫡流。自二従四位下伊可保一、連綿不レ絶而補二神主一。又、若宮者、高市麻呂二男興志以来補二神官一。云々。

とあり、伊可保の尻付には、

自二伊可保一代々補大神主、連綿不レ絶。見二続紀三代格一

とある。これらは『類聚三代格』の逸文の可能性があるが、なお検討が必要である。

第四部第一章「国造の氏姓と「クニの名」」では、国造に任命された人物・氏族が称した氏姓（国造の氏姓）に関する研究史を概観した上で、国造が「クニの名＋カバネ」を称するという原則の普遍性や、一部の国造が「クニの名＋カバネ」以外の氏姓を称するに至った経緯について考察を行った。

先行研究では「某国造」と「クニの名＋カバネ」の対応関係、律令制下の国造の氏姓、郡領氏族の氏姓などから、国造の氏姓を推定してきた。これらの方法によって導き出された氏姓を概観するならば、大半の国造が「クニの名＋カバネ」に該当する氏姓を称していることが改めて確認される。よって、国造は原則として「クニの名＋カバネ」を称したと考えられる。「クニの名＋カバネ」以外を称した国造の例は、国造に任命される以前の氏姓や、最終的な身分表記にもとづく氏姓が記されている場合、あるいは現存史料から「クニの名＋カバネ」が検出できない場合に限定されるのであり、上記の原則を必ずしも否定するものではない。

従来の研究では、額田国造の氏姓は額田国造（国造姓）、羽咋国造の氏姓は羽咋君（羽咋公）、二方国造の氏姓は不明、明石国造の氏姓は海直、讃岐国造の氏姓は讃岐凡直・佐伯直、粟国造の氏姓は粟凡直、火国造の氏姓は火君（肥君）と推定されてきた。しかし、出土文字資料などを含めて、改めて現存史料の調査を実施したところ、各田直（額

田直）・羽咋直・二方直・証直・讃岐直・粟直（阿波直）・火直（肥直）という氏姓が検出された。これらは「クニの名＋カバネ」に該当するものであり、諸国造が称した氏姓の候補として新たに追加することができる。

「クニの名＋カバネ」は国造としての仕奉を示す氏姓であったが、伴造としての仕奉を合わせ持つ国造もいた。そうした国造は、庚午年籍による定姓にあたり、後者による仕奉にもとづく氏姓を選択することがあり、その場合には「クニの名＋カバネ」以外の氏姓を称するようになった。また、「クニの名＋カバネ」を求める複数の氏族が競合したため、結果的に「クニの名＋カバネ」以外を称したケースや、国造と伴造の両方の仕奉を示す氏姓を称し、「クニの名＋カバネ」とそれ以外との氏姓とが、状況に応じてそれぞれ単独で使用されることもあった。しかし、これらはいずれも後次的に「クニの名＋カバネ」を称したケースであり、やはり国造は原則として「クニの名＋カバネ」を称したと考えることができる。

周知のとおり『国造本紀』は計一三五の国造に関する任命時期、系譜（同祖関係）、初代の国造に任命された人名などを記載している。そこに掲載された国造は、大宝二年（七〇二）に選定された国造氏であると考えられるが、とするならば、その氏姓が記されていないことは不審である。しかも、笠臣国造条・津嶋県直条・葛津立国造条には、各国造の氏姓（笠臣・津嶋県直・葛津直）が国造名の箇所に掲出されてしまっている。これは、国造に任命された氏族のウジナはその国造の「クニの名」と基本的に一致するということが広く認識されていたために、『国造本紀』の原資料の編纂段階か、あるいはそれらが『国造本紀』として最終的にまとめられる段階で生じた混乱によるものと推測される。

第四部第二章「『国造本紀』の書誌学的検討」では、国造制研究の基本となる『国造本紀』の写本に関して、先行研究では簡単な紹介に留まっていた写本や、未調査だった写本なども含め、①卜部兼永本、②陽明文庫本、③山田以

文本、④曼殊院本、⑤中原職忠本、⑥石川忠総本、⑦卜部家本、⑧卜部兼右本、⑨清原宣賢本、⑩卜部兼従本、⑪村井古巌本、⑫秘閣本、⑬楓山文庫本、⑭三浦為春本、⑮白雲書庫本、⑯八雲軒本、⑰冷泉為経本、⑱九条家本、⑲大東急記念文庫本、⑳徳大寺家本、㉑徳川頼房本、㉒徳川光圀本、㉓寛永板本、㉔御巫清直本、㉕隠顕蔵本、㉖神楽岡庫本、㉗前田綱紀本、㉘中臣連重本、㉙鈴鹿文庫本、㉚谷森善臣本、㉛鼇頭旧事紀、㉜国会図書館本、㉝葵文庫本、㉞山口県立図書館本、㉟狩野文庫本、㊱哲誠文庫本、㊲松岡調手校本、㊳香木舎文庫本、㊴伴信友旧蔵本、以上の合計三九種類について調査を実施し、その成果を整理した。

特に、⑬・⑯・⑰・⑲・㉒・㉘・㉜・㉝・㉞・㉟・㊱・㊲・㊳・㊴については、これまで詳しい調査がなされていなかったため、それらを写本系統の中に位置づけるとともに、新たに⑳の調査結果を加えることができた。また、『国造本紀』序文の書式は、改行の位置、行頭の字下げ、各段落頭の○の有無、冒頭の五つの段落を追い込みで記載するか否かなどの点によって、卜部兼永本系・石川忠総本系・卜部兼右本系・秘閣本系、三浦為春本系、御巫清直本、以上の三種類に大別できることを指摘した。

さらに、すでに散逸した伊勢系の写本では、序文の末尾を「惣任国造百四十ヽヽ四国」に作り、丹波国造条・丹後国司条が立項されていた可能性がある。これらの要素は、伊勢系の写本を対校本として用いた『鼇頭旧事紀』の中に保存されることとなった。一方、卜部系ではある段階で転写の際にこれらの箇所の脱落が生じ、それがのちに卜部兼永本をはじめとする現存諸本に伝えられたと考えられる。このことは『国造本紀』のみならず『先代旧事本紀』の写本系統を復元する上でも、重要な手がかりとなるものである。

以上、各章の概要を整理した。本書は論点が多岐にわたっており、必ずしも体系的な叙述になっていないが、これまで知られていなかった古代氏族の実態と諸相の一端を、いくつかの具体例に則して明らかにすることができたと思われる。

最後に、今後の展望を述べておきたい。第一に、史書と系譜伝承との関係についてである。『古事記』序文（序章参照）で語られているとおり、史書の成立以前には様々な系譜伝承が多元的に併存しており、(1)かつそれらは「不変性」と同時に「可変性」も有していた。(2)その中には『古事記』崇神段・『日本書紀』崇神七年八月己酉条（第三部第二章参照）で、崇神天皇に対して大田々根子命が出自を口頭で語っているように、いまだ文字化されていないものも多数存在したであろう。(3)そうした系譜伝承は、各氏族から提出された後、国史編纂の過程でその内容を裁定された。(4)『日本書紀』持統五年（六九一）八月辛亥条（第一部第二章参照）に見える「墓記」の撰進も、この文脈で理解しなければなるまい。(5)そして、系譜伝承が史書に掲載されることは、天皇への仕奉関係の確認・創出を意味した。(6)つまり、史書とは多様な系譜伝承群の中から立ち現れてくるとともに、それらを固定化し、その主張の正統性を担保する役割を担ったと考えられる。氏族や系譜伝承の研究を深化させるためには、こうした史書の機能に留意し、『古事記』・『日本書紀』の成立論にまで立ち戻って検討を行う必要がある。(7)その際には、津田左右吉の古典研究にもいまなお学ぶべき点が多く残されていると思われる。(8)また、民俗学や文化人類学の成果を取り入れることも有効であろう。(9)特に、史書や系譜伝承によって語られる始祖（神格）と氏族（人格）の関係性を一種の隠喩・換喩としてとらえるならば、その「知的な変換体系」が社会秩序の基盤を形成しているという点において、クロード・レヴィ＝ストロースが説いたトーテミズムの概念を援用できるのではないかという見通しを持っている。(10)

第二に、アジア諸国との文化的な交流、およびその主体となった人や集団の往来についてである。改めて言うまでもないが、五～七世紀の歴史を振り返るならば、東漢直氏・秦造氏などの渡来系氏族や、百済王氏・高麗王氏といった亡命貴族をはじめとして、多くの人々が日本列島へ到来した（第三部第一章参照）。先進的・専門的な知識や技術を請われて来日した渡来人・渡来僧も少なくなかった。彼らは各地に拠点を構え、あるいは居所を定められて、地域社会の中へ溶け込んでいったが、その歩みが容易なものではなかったことは想像に難くない。大陸・半島に由来する人々が列島の人々と衝突・融合を繰り返し、そこに新たな地域社会が形成・継承されていく過程を手がかりとして、国家間の外交政策を論じるだけでは読み解くことのできない政治・文化の深層にも目を向けていきたい。

第三に、地方支配制度と氏族との関わりについてである。以前にも言及したことがあるが、[11]かつては大和に発生した王権が強大な政治力・軍事力をもって地方の勢力を制圧し、その結果、各地域に君臨していた首長たちは一介の地方官たる国造として王権への仕奉を強いられるようになり、その地域には部民が編成され、くさびを打ち込むように屯倉が設置された、という地域史像が描かれることが多かった。とりわけ「某部＋カバネ」という氏姓を称する氏族が多く見られる東国は、地域的多様性（第四部第一章参照）の理解のもとに、王権に対する隷属性の高い地域として位置づけられてきた。たしかに、国造への任命、部民の編成、屯倉の設置などは、その地域が王権の支配に組み込まれることを意味する。しかし、一方で天皇家や中央氏族のもとに出仕して頻繁に接触の機会を得ることは、自らの支配地域における権力の安定・強化にもつながる。各地域の氏族にとっては、大和王権の地域支配制度に積極的に参加することで、当該地域の支配権が承認されたことを示す氏姓を獲得し、さらに在地における人材や物資の管理・貢納を通して、中央への仕奉関係を主体的に構築することもあったと思われる。必ずしも一方向的ではなく、中央と地方の双方向的な交流・攻防の中で地方支配制度が成立・展開し、それが古代国家の形成へとつながっていった様相を総体的に描き出したいと考えている。

なお、本書およびこれまで刊行した拙著には収録しなかったが、本書に関連する内容を含む論考としては以下のものがある。

①「南天竺婆羅門僧正碑とその註」(『早稲田大学・奈良県連携事業成果報告書』、二〇一三年)

②「南天竺婆羅門僧正碑・註とその伝来」(『早稲田大学・奈良県連携事業成果報告書』総集編、二〇一四年)

③「古代豪族の系譜・系図を読み解く」(洋泉社編集部編『古代史研究の最前線　古代豪族』洋泉社、二〇一五年)

④「婆羅门僧正菩提僊那传记的抄本和印本」(『早稲田大学日本古典籍研究所年報』一〇、二〇一七年)

⑤「史書」(河野貴美子/ヴィーブケ・デーネーケ/新川登亀男/陣野英則/谷口眞子/宗像和重編『日本「文」学史』二、勉誠出版、二〇一七年刊行予定)

⑥「人制研究の現状と課題」(篠川賢・大川原竜一・鈴木正信編『国造制・部民制の研究』八木書店、二〇一七年刊行予定)

このうち①・②・④では、唐より来日した婆羅門僧正菩提僊那の伝記を取り上げ、その事績と伝来過程を検討した。③では、古代の系譜が持つ特徴と機能を簡潔に紹介した。⑤では、系譜伝承との関係が注目される史書の通時代的なあり方について、特に神功皇后伝承を事例として見通しを示した。⑥では、国造制や部民制の史的前提となった人制の研究史を整理し、集団編成の変化などにも論及した。

前述した第一の課題は③・⑤と、第二の課題は①・②・④と、第三の課題は⑥とそれぞれ関連する内容である。本書とあわせて一読されたい。

註

(1) 松木俊曉「支配を支えるものとしての〈物語〉」(『言説空間としての大和政権』山川出版社、二〇〇六年、初出二〇〇四年)。

（2）系譜伝承の「可変性」と「不変性」については、拙稿「氏族系譜研究の現状と分析視角」（『日本古代氏族系譜の基礎的研究』東京堂出版、二〇一二年、初出二〇一一年）参照。

（3）川田順造『無文字社会の歴史』（岩波書店、二〇〇一年、初版一九七六年）、同『口頭伝承論』上・下（平凡社、二〇〇一年、初版一九九二年）。なお、新川登亀男は「「文」の世界が拡大し、必要性を増すことに比例して、非「文」の世界もあらたに拡大し、必要性を増すのであり、両者は一卵性双生児のように成長していく」と述べているが、系譜伝承の研究においても「「文」の世界」と「非「文」の世界」の段階差を改めて問い直す必要があろう。新川登亀男「「文」と非「文」の世界」（河野貴美子／ヴィーブケ・デーネーケ／新川登亀男／陣野英則編『日本「文」学史』一、勉誠出版、二〇一五年）参照。

（4）遠藤慶太『「晋書」および『続日本紀』』（『平安勅撰史書研究』皇學館大学出版局、二〇〇六年、初出二〇〇五年）。

（5）「墓記」の性格については、『日本書紀』持統二年（六八八）十一月戊午条に「己先祖等所仕状」とあるように、氏族の祖先たちが代々にわたって王権に奉仕してきたことを記した系譜伝承の類と見るのが通説であり、筆者もそのように考えている。坂本太郎「纂記と日本書紀」（『坂本太郎著作集2　古事記と日本書紀』吉川弘文館、一九八八年、初出一九四六年）、野口武司「「墓記」と『日本書紀』」（『梅澤伊勢三先生追悼　記紀論集』続群書類従完成会、一九九二年）、加藤謙吉「『日本書紀』とその原史料」『日本史研究』四九八、二〇〇四年）、中村友一『日本古代の氏姓制』（八木書店、二〇〇九年）など参照。なお、「墓記」の撰進を命じられた十八氏のうちで大神朝臣氏が筆頭に挙げられている理由については、これまで未詳とされてきたが、これは「墓記」の管理が理官の担当職務であり、その理官を統率していたのが大神朝臣高市麻呂であったことと関係があろう。拙稿「大神氏の成立と展開」（『大神氏の研究』雄山閣、二〇一四年、初出二〇一二年）参照。

（6）長谷部将司「氏族秩序の変容と再構築」（『日本古代の地方出身氏族』岩田書店、二〇〇四年）。

（7）近年の主な研究としては、新川登亀男・早川万年編『史料としての『日本書紀』』（勉誠出版、二〇一一年）、遠藤慶太『日本書紀の形成と諸資料』（塙書房、二〇一五年）、笹川尚紀『日本書紀成立史攷』（塙書房、二〇一六年）などがある。

（8）津田左右吉『古事記及び日本書紀の新研究』（『津田左右吉全集』別巻一、岩波書店、一九六六年、初版一九一九年）、同『日本古典の研究』上・下（『津田左右吉全集』一・二、岩波書店、一九六三年、初出一九四六・五〇年）など。

（9）南方熊楠「トーテムと「命名」」（『南方熊楠全集7　文集3』乾元社、一九五二年、初出一九二一年）、折口信夫「信太妻の話」（『折口信夫全集2　古代研究　民俗学編1』中央公論社、一九九五年、初出一九二四年）など。

（10）クロード・レヴィ＝ストロース著・仲沢紀雄訳『今日のトーテミスム』（みすず書房、一九七〇年）、クロード・レヴィ＝ストロース著・大橋保夫訳『野生の思考』（みすず書房、一九七六年）など。

（11）拙稿「甲斐国造の「氏姓」と氏族的展開」（『日本古代氏族系譜の基礎的研究』前掲、初出二〇一一年）。

あとがき

本書は筆者にとって、『日本古代氏族系譜の基礎的研究』（東京堂出版、二〇一二年）、『日本古代氏族研究叢書　大神氏の研究』（雄山閣、二〇一四年）、『Clans and Religion in Ancient Japan—The Mythology of Mt. Miwa—』（Routledge, London, UK, 二〇一六年）、『Clans and Genealogy in Ancient Japan—Legends of Ancestor Worship—』（Routledge, London, UK, 二〇一七年）に続く五冊目の単著である。篠川賢・大川原竜一両氏との共編著『国造制の研究—史料編・論考編—』（八木書店、二〇一三年）も含めるならば、六冊目の著書となる。

本書執筆に至る経緯や問題関心については序章・終章で言及したので、ここでは最近感じていることを簡単に述べて「あとがき」に代えることとしたい。

筆者は、早稲田大学大学院文学研究科博士後期課程を単位取得退学し、香川大学総合情報センターで特命助教、滋賀大学経済学部で特任准教授を務めた後、数年前まで早稲田大学高等研究所で准教授として勤務していた。若手研究者の育成を目的として設置されたこの研究所には、当時、人文科学・社会科学・自然科学の各分野の研究者が三〇名ほど所属していた。それまで日本中世史や日本文学の研究者が籍を置いたことはあったが、日本古代史の研究者は筆者がはじめてであった。

研究所に着任して驚いたのは、毎月の研究会がすべて英語で行われていたことである。改めて言うまでもないが、日本古代史の分野では中国・韓国の論文に接する機会はあっても、英語を使う機会はほとんどない。筆者も例外ではなく、投稿論文の英文要旨を書いたことがある程度であった。しかし、周りを見渡せば、社会科学・自然科学はもちろん、人文科学の研究者もみな海外への留学や在外研究の経験があった。筆者個人のキャリアの問題でもあるのだが、それ以上に日本古代史の分野が「ガラパゴス化」しているかのような不安と危機感を抱いたことを、いまでもよく覚えている。

研究計画の進捗状況を確認するため、研究所では関連分野の教員によるヒアリングが定期的に実施されていた。最初のヒアリングで英語の必要性についてお聞きしたところ、せっかくこのような環境に身を置くのだから、日本古代史の単著を英語で書いてみてはどうかというご提案をいただいた。これまた驚いたが、他分野や海外の研究者と交流するうちに、筆者自身も新しいことに挑戦したいと思うようになり、イギリスの大手出版社Routledgeに企画書を提出してみることにした。実に無謀な試みであったが、研究所の先生方のご支援もあり、出版社の審査を何とか通過することができた。

それからは手引書を読み、辞書を引き、先行論文を参考にして、英文を書く日々が続いた。当然、出版契約書や執筆要項も英語である。特に引用史料（漢文）の書式や訓点の調整では、こちらの意図を説明するのに苦労し、編集者にはご面倒をおかけした。Routledgeの研究叢書には文字数の上限が定められていたため、当初予定していた内容では一冊に収まりきらず、途中で構成を変更したこともあった。最終的には分冊する形になったが、昨年五月に一冊目を、今年二月に二冊目を無事に出版することができた。

出版後、RoutledgeではFeatured Authorsの一人に選出していただいた。校正を依頼したEditage社からもインタビューを受け、その内容はインターネットを通じて公開された。日本古代史の研究者がめずらしかったのであろうが、筆者にとっては大変光栄なことであった。

英語による原稿の執筆は、日本語のそれの何倍も時間のかかるものであったが、海外の研究者に向けて書くがゆえに、自分の研究の意義や独自性をいかにわかりやすくアピールするか、突き詰めれば、何のために自分がこのテーマを研究しているのかを見つめる貴重な機会となった。高等研究所に在籍したのは短い期間であったが、その後の研究を進める上で大きな糧になったと思う。なお、これまでは国際シンポジウムなどで同席した中国の研究者とも、英語を使ってコミュニケーションをとることがあったが、上述した経験とノウハウを応用させて、最近は中国語での論文執筆にも取り組んでいる（終章参照）。引き続き英語圏のみならず、アジア地域の研究者とも積極的に交流していきたい。

また、海外への情報発信を意識するにつれて、「日本」が海外でどのように研究されているのかということにも関心を持つようになった。二十一世紀に入ってから、多くの大学や研究機関で「日本学」に関する取り組みが盛んに行われている。早稲田大学でも角田柳作記念国際日本学研究所が開設され、国際日本学の教育プログラムがスタートしたと聞く。日本古代史の研究者も、こうした動きにより一層関わっていくことが求められるであろう。

そもそも古代においては「日本」という枠組み（パラダイム）そのものが自明ではない。それが東アジア世界の中でどのように出現し、理解と再構築を経て、あるいは継承と断絶を経て、我々の歴史認識に影響を与えているのかを考えることは、古代の「日本」だけでなく、現代の国際社会における「日本」の立ち位置を問い直すことにもつながるはずである。本書はそうした「日本」のはじまり・なりたちの一端を、古代氏族の系譜伝承を手がかりに描き出そうとしたものである。今後はより広い視野に立って研究を発展させるとともに、その魅力と奥深さを学生に伝えていきたいと考えている。

本書の執筆にあたっては、指導教授である新川登亀男先生にまずお礼を申し上げたい。先生には公私にわたってお世話になっており、修士論文・博士論文の審査では主査の労を執っていただいた。就職した後も共同研究に誘ってくださり、国内外の学会やフィールドワークに同席・同行する機会を得て、研究の幅を広げることができた。とりわけ、二〇一一年に中国杭州で開催された国際シンポジウム「東アジアの漢籍遺産」に参加することがなければ、のちに筆者の関心が海外へ向くこともなかったであろう。思い起こせば、大学院生の頃、筆者は『紀伊国造次第』や『出雲国造系図』など、後世に書写された古代氏族の系譜を研究テーマとしていた。学界に広く知られていない史料を自ら調査し、それを手がかりに新しいことを論じるのは楽しく、やりがいのあるものであったが、史料性・信憑性の問題もあり、成果をまとめるのに苦労した。遠回りばかりする弟子を見かねて、先生は古代の史料を扱うように何度もすすめてくださった。時間がかかってしまったが、本書ではそうした古代の（特に平安前期に成立した）史料を中心的に取り上げて、先生から出された「宿題」に取り組んだつもりである。ただし、まだまだ論じ尽くせていない点もある。これからも研究に精進してまいりたい。

また、博士論文の審査で副査をお願いした川尻秋生・篠川賢両先生には、その後も折に触れご助言を仰いでいる。あたらしい古代史の会、国造研究会、早稲田古代史研究会、早稲田大学日本古典籍研究所、奈良県・早稲田大学連携事業「古代における南西アジア文化とヤマト文化の交流に関する調査・研究」、私立大学戦略的研究基盤形成支援事業「近代日本の人文学と東アジア文化圏—東アジアにおける人文学の危機と再生—」第三研究グループ「早稲田大学と東アジア」、成城大学民俗学研究所共同研究「日本古代の氏と系譜」のメンバーの方々にも、多くの刺激を受けている。第三部第三章で取り上げた『大神朝臣本系牒略』の所蔵者である髙宮澄子氏、第四部第二章で取り上げた『国造本紀』の所蔵機関の関係各位には、史料調査にあたり格段のご高配を賜った。校正や索引作成では、堀川徹・須永忍両氏のご協力を得た。さらに、吉川弘文館編集部の並木隆・石津輝真両氏、編集工房トモリーオの高橋朋彦氏には、複雑な系図の翻刻を含み、予定の枚数を大幅に超過した原稿にもかかわらず、終始行き届いたご配慮をいただいた。記して謝意を表する次第である。

最後に、私をいつも支えてくれている妻と娘、そして私を学問の道に進ませてくれた両親に心より感謝するとともに、本書を捧げることをお許しいただきたい。

なお、本書は、科学研究費補助金若手研究B（一五K一六八三四）による研究成果の一部である。

二〇一七年二月三日

鈴木正信

著者略歴

一九七七年　東京都生まれ
二〇〇八年　早稲田大学大学院文学研究科博士後期課程単位取得退学
早稲田大学高等研究所准教授などを経て、
現在　文部科学省教科書調査官　博士（文学）（早稲田大学）

主要著書
『日本古代氏族系譜の基礎的研究』（東京堂出版、二〇一二年）
『大神氏の研究』（雄山閣、二〇一四年）
『国造制の研究』（共編著、八木書店、二〇一三年）
『Clans and Religion in Ancient Japan』（Routledge, London, UK, 二〇一六年）
『Clans and Genealogy in Ancient Japan』（Routledge, London, UK, 二〇一七年）

日本古代の氏族と系譜伝承

二〇一七年（平成二十九）五月一日　第一刷発行

著者　鈴《すず》木《き》正《まさ》信《のぶ》

発行者　吉川道郎

発行所　株式会社　吉川弘文館
郵便番号一一三—〇〇三三
東京都文京区本郷七丁目二番八号
電話〇三—三八一三—九一五一〈代〉
振替口座〇〇一〇〇—五—二四四番
http://www.yoshikawa-k.co.jp/

印刷＝株式会社 精興社
製本＝株式会社ブックアート
装幀＝山崎　登

ISBN978-4-642-04636-7

索　　引

事　　項

あ　行

か　行

さ 行

た　行

な　行

は　行

ま 行

や 行

ら 行

わ 行

人名・神名・氏族名

あ 行

か　行

さ　行

た　行

な　行

は　行

ま　行

や 行

ら 行

わ 行

史 料 名

あ 行

か 行

さ　行

た　行

な　行

は　行

ま　行

や　行

ら　行

わ　行

研　究　者

あ　行

か　行

さ　行

た　行

な　行

は　行

ま　行

や　行

ら・わ行